IPTV

나남
nanam

김국진

(사) 미디어미래연구소 소장
전 방송통신융합추진위원회 추진위원
디지털방송추진위원회 (1기) 위원
한국방송공학회 학술위원

최성진

서울산업대 매체공학과 교수
전 방송통신융합추진위원회 전문위원
디지털방송추진위원회 (3기, 4기) 뉴미디어분과위원장
지상파, 위성 DMB 기술표준화위원

나남신서 · 1205

IPTV

2007년 3월 25일 발행
2008년 2월 25일 2쇄

지은이_ 김국진 · 최성진
발행자_ **趙相浩**
발행처_ (주) 나남
주소_ 413-756 경기도 파주시 교하읍
출판도시 518-4
전화_ 031) 955-4600 (代)
FAX_ 031) 955-4555
등록_ 제 1-71호(79. 5. 12)
홈페이지_ www.nanam.net
전자우편_ post@nanam.net

ISBN 978-89-300-8205-1
ISBN 978-89-300-8001-9 (세트)
책값은 뒤표지에 있습니다.

나남신서·1205

IPTV

김국진 · 최성진

나남
nanam

IPTV

by

Kim, Kook Jin
Choi, Seung Jhin

nanam

머리말

방송통신융합과 관련해서 융합서비스로서 IPTV에 대한 논의가 지난 몇 년간 활발하게 전개되어 왔다. IPTV란, 일정한 서비스 품질이 보장되는 네트워크에서 쌍방향성을 가진 IP(*Internet Protocol*)방식으로 TV 혹은 이와 유사한 단말기를 통해 실시간 방송프로그램, 데이터, 영상, VOD, 전자상거래 등의 멀티미디어서비스를 제공하는 것이라고 정의될 수 있다. 흔히 IP라는 점에서 공개망이냐 폐쇄망이냐의 논란이 있으나 기존의 방송처럼 서비스의 안정성을 보장하는 차원에서 보면, 폐쇄망이 필요한 개념이 될 것이다.

여기서는 이러한 개념의 IPTV를 중심으로 다루고 있다. IPTV가 이전에는 이를 도입하여 서비스를 개시하고자 사업자를 중심으로 한 이슈수준에 있었다면, 이제는 이미 시범서비스도 있었고, 방송통신 융합의 대표적 사례로 언급되는 만큼 단지 우리 미디어산업의 이슈를 넘어 우리 사회의 이슈로 자리매김하고 있다고 보아야 한다.

그러나 여전히 IPTV에 대해서 일부 사업자들과 이해당사자만이 정보와 지식을 가지고 있는 터라 사회적으로 올바른 이해와 선택이 쉽지 않은 상황이다. 사회적인 올바른 이해와 수용은 해당 미디어의 발달양상과 기존 미디어의 변화에도 영향을 미칠 뿐만 아니라 결국 최종 수용자의 생활과 가계, 문화에도 영향을 미치므로 대단히 중요한 것이라고 하겠다.

따라서 IPTV에 대한 이해를 돕기 위하여 저자들은 의견과 열의를 함께하여 이렇게 책으로 내게 되었다. 이러한 서적의 필요성을 감안하여 흔쾌히 출판을 결정해주신

나남출판의 조상호 박사님께 감사드린다. 아울러 편집을 맡아 수고해 주신 방순영 편집부장께도 고마운 인사를 드리고자 한다. 그리고 각국의 IPTV 분석에 도움을 준 미디어미래연구소의 이찬구 선임연구원, 윤현구·이정희·강지혜·김유석 연구원에게도 감사드린다.

아무쪼록 이 책이 IPTV에 대한 이해와 해당부문의 발달은 물론이고, 우리 사회에 의미 있는 미디어로서 자리매김하는 데 일조가 되기를 바라는 마음이다.

2007년 2월

김국진·최성진

나남신서 · 1205

IPTV

차 례

제 1 장

유비쿼터스와 방송통신 산업의 변화

1. 유비쿼터스의 개념

유비쿼터스(*ubiquitous*)란, 라틴어 '유비'(ubi: *where*) 또는 '유비크'(ubique: *everywhere*)에서 유래한 용어로 '언제 어디서나 동시에 존재한다'라는 뜻으로 물이나 공기처럼 도처에 편재(遍在)한 자연상태를 의미한다.

이 용어가 정보화사회의 차세대 키워드가 되면서 현재 유비쿼터스 컴퓨팅, 유비쿼터스 네트워크라는 용어가 사용되기 시작하였다. 즉 유비쿼터스 컴퓨팅, 유비쿼터스 네트워크란 물이나 공기처럼 우리 주변 환경에 내재돼 모든 사물 및 사람이 보이지 않는 네트워크로 연결된 새로운 공간이다.

사용자가 컴퓨터나 네트워크를 인지하지 않은 상태에서 장소에 구애받지 않고 자유롭게 네트워크에 접속하며, 컵·화분·자동차·벽·교실이나 사람들이 지니고 다니는 옷·안경·신발·시계 등 모든 사물에 다양한 기능을 갖는 컴퓨터 장치를 심고, 이들을 근거리 무선통신과 인터넷 인프라에 의해 네트워크로 연결하는 것이다.

유비쿼터스 개념은 1988년 제록스 팰러앨토연구소(PARC)의 마크 와이저(Mark Weiser)가 처음 제시한 유비쿼터스 컴퓨팅이 그 효시다. 즉 〈그림 1-1〉과 같이 유비쿼터스 컴퓨팅의 목표는 모든 인공물에 컴퓨터 기능을 심고, 이들이 유무선 네트워크

〈그림 1-1〉 유비쿼터스 공간의 주요 요소 및 기능

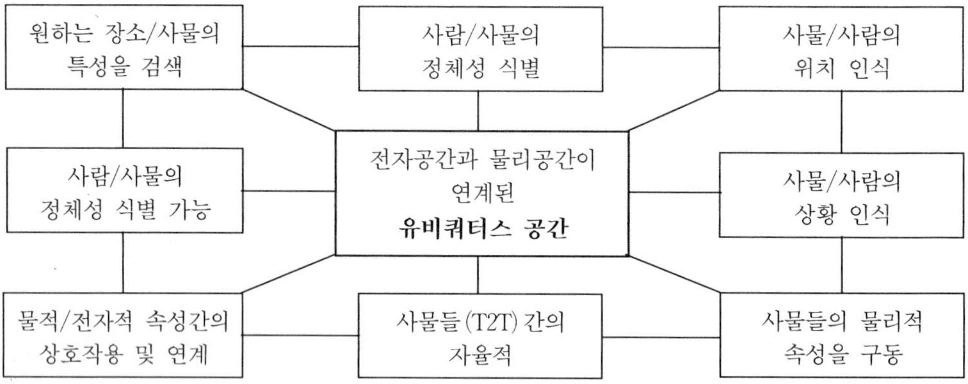

출처: *The Computer for the 21 Century*, Mark Weiser(1991).

로 연결될 수 있게 함으로써 사람 또는 기기들이 언제 어디서나 네트워크에 실시간으로 연결되어 다양한 서비스를 실현하는 것이다.

유비쿼터스 환경은 언제, 어디서, 어떠한 형태의 정보도 수·발신 할 수 있으며, 커뮤니케이션 행위를 할 수 있고, 동시에 어떠한 단말기와 장비로도 연결이 가능한 '5-Any'(*Anytime, Anywhere, Anynetwork · Anydevice, Anyone, Anything*)의 공간이다. 이러한 환경을 기반으로 '5C Every', 즉 컴퓨팅(*Computing Every*), 커뮤니케이션(*Communication Every*), 접속(*Connectivity Every*), 콘텐츠(*Contents Every*), 쾌적함(*Calm Every*)을 모두 실현시킨다.

유비쿼터스 사회는 "전산화 → 정보화 → 지식화 → 유비쿼터스화"라는 4단계 패러다임에 따라 도래할 것이며, 커뮤니케이션 형태와 대상을 중심으로 3단계로 나누어 발전할 것이다. 제1단계는 유비쿼터스 네트워크 단계(사람 대 사람 통신)로 언제 어디서나 유·무선 광대역 네트워크로 연결된 이동단말기, DTV 등을 통해 모든 사람이 서비스를 제공받는 단계이다. 제2단계는 유비쿼터스 센서 단계(사람 대 사물 통신)로 사람뿐만 아니라 모든 건축물과 사물들에 센서를 부착하여 사물 인식능력을 갖는 단계이다. 제3단계는 유비쿼터스 컴퓨팅 단계(사물 대 사물 통신)인데 모든 사물에 부착된 센서 간에 상황인식(*context awareness*)에 의한 자율서비스가 제공되는 지능화 단계로 완전한 의미의 유비쿼터스 컴퓨팅이 실현되는 것을 의미한다.

2. 유비쿼터스와 미디어산업 구조변화

유비쿼터스는 현대 미디어 기술 발전의 결정체가 될 것으로 전망된다. 유비쿼터스 환경에서는 미디어가 융합되고 네트워크가 결합되며, 이를 통해 사람과 집단이 통합되는 환경이 조성될 수 있다. 따라서 유비쿼터스는 미디어의 융합 현상과 불가분의 관계를 맺게 되고, 결과적으로 현재 진행중인 방송통신융합의 문제와도 무관할 수 없다.

이런 관점에서 본다면, 유비쿼터스 단계에서는 미디어에 대한 개념 자체가 변화되어야 할지도 모른다. 연결과 중개를 의미하는 미디어의 본래적 의미에서 원격통제와 환경관리 개념으로 전환되고 있음을 알 수 있다. 미디어는 단순한 전달수단이 아니라 우리가 주변 공간을 조직화하고 관리하며, 사람들과 관계를 맺고 활동하는 데 필수적인 도구로 진화하고 있기 때문이다.

〈표 1-1〉에서 분류한 제 3세대 뉴 미디어의 최대 특징은 올드미디어에 컴퓨터와 네트워킹 그리고 전자상거래 기능이 추가적으로 통합되어가는 것이라고 할 수 있다. 실제로 AOL, 야후, 아마존 등의 정보제공(제 1세대 기능)과 멀티미디어 서비스(제 2세대), 그리고 인터넷 접속과 전자상거래 기능(제 3세대)까지 모두 구비한 포털사이트(닷컴)들이 대표적 예이다.

〈표 1-1〉 미디어 진화의 발전 경로와 시기 구분

세대 특징	제 1세대 중계 미디어 (~1939)	제 2세대 멀티미디어 (1939~1994)	제 3세대 뉴 미디어 (1994~)	차세대 지성 미디어 (2005?~)
주요 미디어 기술	인쇄, 전파, 전화통신, 카메라 기술	컬러 TV, 초기 위성 방송, PC 통신, 케이블TV (CNN, TBS 등) 등	디지털 압축과 복원 기술, 휴대 통신 기술, 동영상 기술	나노 테크놀로지 (지능을 가진 컴퓨터), 인터넷
주요 미디어 서비스	정보, 영상, 소리 등의 중계 (*Intermediary*)	비디오, 오디오, 텍스트가 결합된 멀티미디어 서비스	통합 미디어 서비스 (*convergence service*)	인텔리전트 미디어 서비스

출처: 심상민, 《미디어는 콘텐츠다》(2001).

올드 미디어의 진화도 이러한 변화 과정과 불가분의 관계를 맺는다. 값싸고 대중적인 미디어인 TV의 경우, 개인을 위한 맞춤 TV인 '마이채널' 개념(*My TV*)의 확산으로 계층화가 나타나기 시작했고, 미디어 수용자의 저변도 달라지고 있다. 고급 콘텐츠를 제공하는 서비스가 정착되어 시장의 계층화와 그룹화가 급속히 진행되는 것이다.

1) 컨버전스에서 유비쿼터스로의 변화

미래의 가전은 단독제품의 시대를 지나 TV-통신-컴퓨터가 복합적으로 합쳐진 통합의 시대가 올 것으로 예측된다. 지금 우리는 콤보(VCR+CD+DVD), 복합기(복사+팩스+스캐너), 노트북(내장형 MP3+무선랜), 셋톱박스(내장형 하드디스크), 카 네비게이션(교통정보+DMB), 인터넷 정보가전(인터넷 TV·냉장고·세탁기·전자레인지·보안시스템), 휴대폰(MP3+디카+캠카+휴대인터넷), 스마트 폰(PDA+휴대폰+동영상), PMP(DMB+게임기+라디오), IPTV(방송+인터넷전화+초고속 인터넷) 등 컨버전스 제품이 넘쳐나는 사회에 살고 있다.

〈그림 1-2〉 미디어 발달사

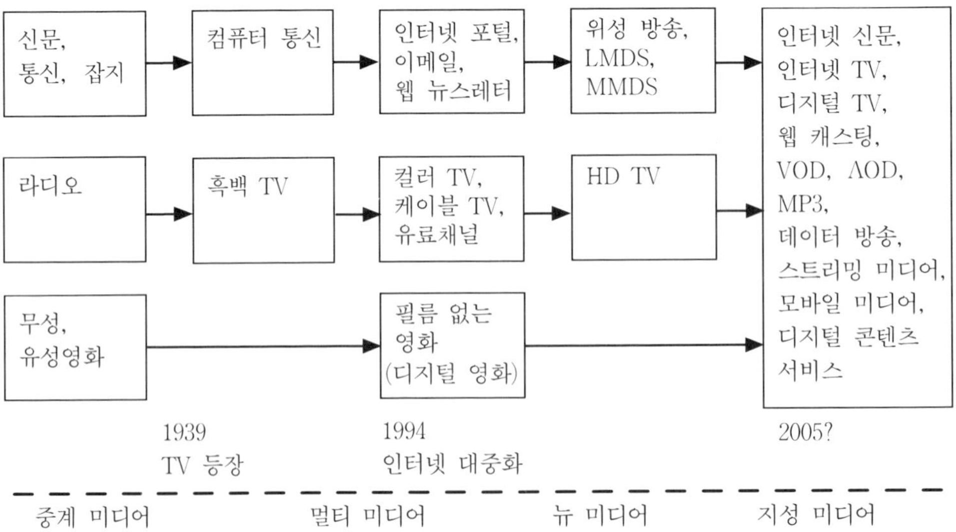

출처: 심상민, 《미디어는 콘텐츠다》(2001).

아날로그 미디어가 분리형 미디어였다면, 디지털 미디어는 통합형 미디어로 방송, 통신, 컴퓨터, 가전 등에서 고유기능들이 융합함으로써 새로운 형태의 제품과 서비스가 등장하고 있다. 특히 통신기술(정보전송기술)과 컴퓨터기술(정보처리기술)이 결합하여 발전한 정보통신기술(ICT)은 전통산업의 디지털화를 견인하고 있으며, 이는 제조산업 등에 새로운 비즈니스 기회를 제공하고 있다.

커뮤니케이션 분야에서 융합은 서로 다른 미디어시스템이나 조직이 서로 결합하고 교차하는 것을 말하며, 미디어 융합화란, 다른 종류의 네트워크 플랫폼이 기본적으로 같은 종류의 서비스를 전송할 수 있는 가능성을 의미하거나 전화, TV, PC 등의 소비형 기기의 통합화를 말한다. 디지털 미디어 융합은 디지털 기술을 매개로 컴퓨터, 가전, 통신, 멀티미디어 등 여러 디지털 기기와 기반기술, 콘텐츠가 서로 유기적으로 합쳐지는 현상이다. 이처럼 디지털 미디어 환경에서 콘텐츠의 융합, 네트워크의 통합, 단말기의 복합은 기업, 산업, 법제도까지 확산시켜 사회적 융합을 유도할 전망이다.

〈그림 1-3〉 디지털 컨버전스의 유형

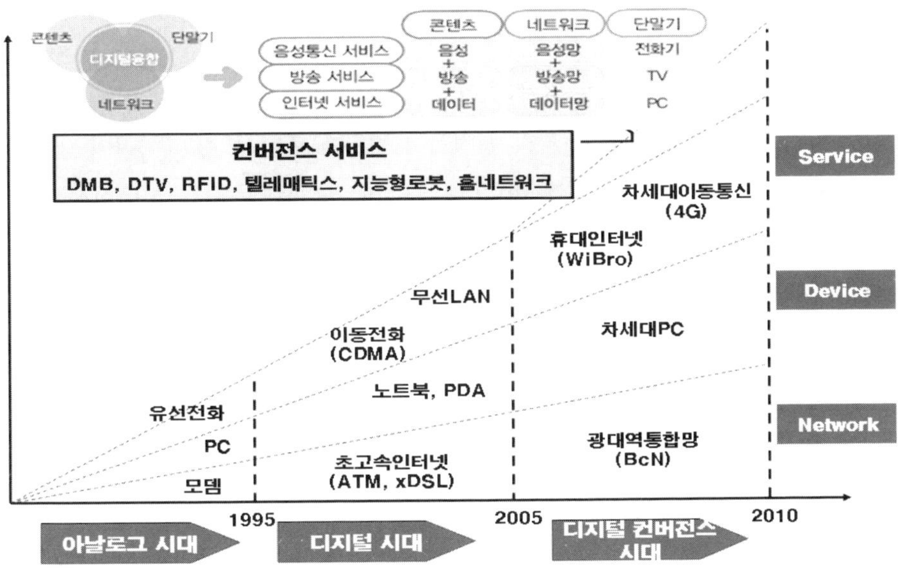

출처: 정보통신부.

유비쿼터스 사회는 디지털 컨버전스의 완성으로 이루어지는 지능사회(*intelligence society*)이다. 오늘날 융합은 크게 기술, 고객, 정부(규제), 기업이라는 동인에 의해 가속화되고 있다. 융합과 유비쿼터스 환경의 관계는 크게 기술동인과 고객동인을 중심으로 통합과 확장을 가속화하는 방향으로 전개될 것이며, 이 가운데서 규제와 기업 동인이 유비쿼터스 환경의 진행속도를 결정할 것으로 보인다.

2) 유비쿼터스와 미디어 산업 가치사슬체계의 변화

컨버전스는 미디어콘텐츠의 기획, 제작, 유통으로 이루어지는 미디어산업의 가치사슬체계를 근본적·혁신적으로 변화시키고 있다. 예컨대, 가치사슬체계가 기능적으로 모호해지고, 미디어산업 내 또는 산업간 보완, 경쟁, 대체 기능을 통해 타 산업 전반에 영향을 미치고 있다.

향후 유비쿼터스 패러다임은 문화콘텐츠의 생산 및 소비양식을 새롭게 창조하여 미디어산업뿐만 아니라 연관 산업을 중심으로 산업 전체에 큰 파급효과를 불러일으킬 전망이다. 예컨대, 공급자 측면의 기업에게는 u-비즈니스의 기회를 제공할 것이며, 수요자 측면의 소비자에게는 소비자의 아이디어가 신제품 개발에 직접 관여하는 u-프로슈머[1]의 역할을 제공할 것이다.

이처럼 컨버전스와 유비쿼터스 환경은 현재의 방송, 인터넷, 신문, 출판, 모바일콘텐츠 등 미디어산업의 차별화된 장르적 성격을 모호하게 변형시키고, 미디어 네트워크 발전에 기반한 유통채널의 다변화로 미디어콘텐츠의 유비쿼터스화를 가속화시키고 있다. 또한 유비쿼터스 미디어 콘텐츠는 이용자의 다양화·다변화하는 필요와 욕구에 대해 언제·어디서나 충족시킬 수 있는 생활 기능적·지능적 성격으로 확대될 것이다.

---

1) 프로듀서(*producer*)와 소비자(*consumer*)의 합성어로 남들이 제작하거나 상업용으로 제작한 음악, 게임, 영화 등 콘텐츠를 즐기는 소비자인 동시에 스스로 전문가용 소프트웨어나 기기를 이용해 콘텐츠의 제작자가 되기도 하는 사람들을 지칭한다.

3) 미디어 서비스 경쟁 현황과 IP 미디어

초고속 인터넷과 무선 브로드밴드가 발전하면서 시장 중심이 온라인 및 무선 기반으로 이동 중이다. 2006년 이동전화 가입률 83%, 인터넷 이용률 73.5%, PC 보급률 79.4% 등 온라인 IT 인프라가 세계 최고수준이며, MP3 대중화로 온라인 음악시장이 급성장했고, HD급 영상콘텐츠는 HDTV(기기)·IP미디어(IPTV) (서비스)·FTTH(광인터넷망) 서비스 수요를 촉진시킬 것으로 전망된다.

미디어 서비스 경쟁시장에서 가장 두드러진 현상은 미디어이용자의 경제/사회 활동 영역이 무선기반으로 급속도로 이동하고 있다는 사실이다. 유선 브로드밴드 중심에서 무선 브로드밴드 중심으로의 시장이동이 예상된다. 2005년 무선통신 규모는 17조4천억 원이고, 이 중 무선데이터(무선인터넷)시장이 4조2,940억 원(2008년 6조3,280억 원으로 약 20% 성장 예상)을 나타냈다. 무선데이터시장 중에서는 휴대폰을 통해 서비스되는 콘텐츠 정보이용료 시장(DMB 포함)이 전년 대비 18.2% 성장한 9천억여 원 규모를 보였다(국내 모바일 콘텐츠시장의 세계시장 비중 7.9%). 특히 2005년 온라인 음악시장의 81.5%가 모바일 콘텐츠시장에서 발생하였다.

차세대 무선망은 All-IP 기반으로 정지 및 이동 중에 다양한 형태의 서비스를 고속·고품질로 송수신하는 시스템으로 발전할 것이다. 와이브로(*WiBro*)는 초기 30Mbps로 시작, 50Mbps급 양방향서비스로 발전하고, 4세대 이동통신과 통합/발전할 것으로 전망된다. IMT-2000은 데이터 서비스 강화를 위하여 상용서비스 중인 CDMA 2000 계열의 1xEV-DO를 필두로 10Mbps급의 HSDPA, 이후 30Mbps급의 3G 에볼루션(*Evolution*) 시스템으로 발전될 것이다. 또한, 차세대 무선LAN은 수요급증에 따라 전송속도 면에서 지속적으로 발전하여, 2007년 200Mbps급, 2010년 1Gbps급의 무선 LAN이 출현하게 될 것이다.

2009년 국내 무선인터넷 시장은 4조2천억 원 규모로 전망된다. 모바일게임, WiBro 서비스 등의 활성화로 세계 신규서비스 시장을 선도할 것으로 기대되나, 향후 성장률은 급격히 둔화될 것으로 전망된다. 모바일 콘텐츠 서비스는 더욱 활성화될 전망이다.

특히 DMB는 유비쿼터스 환경 대응 신기술이 대세를 이루는 상황에서 필수적인 이동방송 매체로 자리매김할 것으로 예상된다. 현재, 위성DMB는 전국을 커버할 수 있는 반면, 지상파DMB는 일부 권역에서만 서비스가 가능하다는 한계가 있지만, 유료 모델이 위성DMB의 약점으로 작용할 수도 있다. ETRI에 의하면, 2010년까지 가입자 규모는 지상파DMB 1,140만 명, 위성DMB는 457만 명에 이르고, 시장규모는 지상파DMB 7,481억 원, 위성DMB 6,045억 원에 달할 것으로 예측된다.

WiBro와 HSDPA의 시장 동시 출현도 주목되는 점이다. WiBro의 세계 최초 상용제품이 2005년 9월 개발되었고, 상용서비스 도입에서 초기 단말기 보조금 정책이 초기 시장 형성에 긍정적 영향을 미칠 것으로 기대된다. HSDPA와 WiBro는 무선 대용량서비스가 가능하다는 공통점 때문에 경쟁재로 보일 가능성도 배제할 수 없다.

또 다른 미디어 서비스 경쟁시장에서 주목할 점은 방송사업자/통신사업자/인터넷 포털 간 경쟁이다. 방송시장을 보면, 위성방송 매출증가와 디지털TV 활성화 등으로 지속적 성장을 경험 중이다. 2006년 CATV(중계유선 포함) 가입자 수는 2006년 1,398만이며, SO는 초고속서비스도 제공하고 있다(초고속시장에서의 시장점유율 17.2%). 그러나 여전히 지상파방송사가 제작에서 방영까지의 전 단계를 수직계열화하고 있어 독점적 지위를 누리고 있다.

2006년 지상파방송사 매출액이 전체 방송시장에서 차지하는 비중은 47.3%, 전체 TV 광고시장에서 차지하는 비중은 71.6%를 차지하고 있다. SO들도 MSO로 수평적 통합뿐 아니라, CJ, 동양 등의 대기업들이 주요 PP 중심으로 SO들을 인수하는 수평/수직적 통합을 병행하고 있다. 통신사업자도 xDSL 중심으로 초고속서비스와 VOD를 제공하고 있다. 포털의 경우, 기존 포털 외에도 동영상 블로그, 실시간 개인방송 CP들이 다수 등장하여 다양한 TV포털간 경쟁이 격화되고 있다.

2007년에도 유무선통신서비스와 방송서비스가 합해진 정보통신서비스는 4%의 성장률을 기록할 것으로 기대한다. 특히 신규서비스 상용화에 따른 통신/방송 수요 증가, 단말기 및 차세대 통신장비 수요증가로 성장이 예상되며, 정보통신서비스는 신규서비스 출시가 시장 활성화의 촉매제로 작용할 것이다. 또한, TPS(*Triple Play Service*), 콘텐츠의 고가화 등이 통신/방송 수요증대 요인으로 작용할 것이다.

유무선통신망간 연동과 xDSL/LAN, FTTH/HFC 등의 인터넷망, 지상파, 위성 및 케이블 등의 방송망이 50Mbps~100Mbps의 유무선 광대역통합망(BcN)으로 발전하고 있다. 고품질(HD급) 영상을 온라인 제공, 고속 이동 중에도 통신망에 접속할 수 있는 기술이 보편화되고, IPv4의 IPv6로의 진화과정을 통해 인터넷 주소 고갈 문제도 해결될 전망이다. BcN의 유선가입자망은 FTTx, HFC, xDSL을 중심으로 발전할 전망이다.

특히 통신사업자와 CATV SO는 광대역화에 힘입어 TPS(초고속 인터넷+VoIP+방송) 완성을 목표로 사업을 추진 중이다. xDSL 기반 영상서비스 전송을 위해서는 안정적 콘텐츠 전송과 대용량 채널전송을 위해 멀티캐스팅 기술이 필요하다. 멀티캐스팅이 가능하면 IP미디어 서비스 제공이 가능해진다. 이는 PC중심에서 TV를 포함한 가전영역으로의 확대를 의미한다. IP미디어는 멀티캐스팅 기술덕택에 동시 접속자 수 제한을 극복함으로써 양방향서비스와 멀티채널 서비스를 제공할 수 있게 된다. IP미디어가 규제장벽을 극복하고 안착하면, 기존의 대중매체라는 TV개념을 급속도로 변화시켜, 인터넷처럼 TV를 개인매체화시키는 데 기여할 것이다.

이상의 유무선 미디어 서비스간 경쟁 외에도 타산업 및 타기술과의 융합을 통한 또 다른 경쟁환경이 예상된다. 대표적인 고정 환경서비스인 홈 네트워크(*Home- network*) 서비스는 정부의 시범사업 추진정책에 따라 현재 민간기업 중심의 컨소시엄이 구성되어 운영중이다. 시범사업 실시의 주된 배경은 주거환경에 적합한 홈 네트워크, 홈 디지털 서비스 모델을 산업체에서 조기에 발굴할 수 있도록 정부지원의 시범사업을 실시하려는 것이다. 홈 엔터테인먼트가 홈 네트워크 시장의 킬러 애플리케이션이 될 것으로 전망된다. 홈 네트워크 시장은 크게 접속(데이터)시장, 홈 오토메이션 시장, 홈 엔터테인먼트 시장으로 대별되나, 홈 엔터테인먼트 시장이 홈 네트워크 시장의 80% 이상을 차지할 것으로 예상된다. 다양한 기술과 표준이 등장하여, 정부 주도의 표준화 노력이 가시화되고 있다.

타 산업과 연계된 이동환경의 미디어 서비스로는 텔레매틱스(*Telematics*)가 있다. 텔레매틱스가 크게 주목받는 이유는 자동차산업과 정보통신산업이 융합되어 시너지 효과를 극대화할 수 있는 새로운 개념의 부가가치서비스를 창출할 수 있다는 점이다. 텔레매틱스 초기에는 긴급 구조, 교통정보 및 주행안내 등 안전 보안 및 운전자 지원 정보 서비스가 주류이나, 원격진단 등 차량관리서비스와 더불어 제3의 인터넷 공간으로서 이동차량 환경에서도 사무실/가정에서 이용하던 서비스를 단절 없이 이용할 수 있는 차량의 모바일 오피스 서비스로 발전될 전망이다.

그 외에도 RFID(*Radio Frequency Identification*)/USN(*Ubiquitous Sensor Network*)[2]을

활용한 다양한 유비쿼터스 미디어 서비스 등장도 기대된다. 2004년 정부주도로 시범사업이 추진된 이후 RFID/USN 시장창출이 지속적으로 증가하고 있다. RFID는 태그가격 인하에 따라 공공 및 민간영역으로 확산되고 있다. RFID 관련 국내 기업매출액 규모는 2004년 1,200억 원 규모에서 2005년 2,900억 원으로 증가한 것으로 추정된다. RFID는 무선정보 대량처리가 가능해, 광범위 효과가 기대된다. 개인 휴대기기의 보편화와 모바일 RFID 서비스 등의 등장으로 실물자원을 휴대폰, PDA 등 기기를 통해 인식하여 관련 정보를 네트워크를 통해 서비스 받을 수 있게 되며, 오프라인 매체와 온라인 매체 간의 융합도 기대된다. 예를 들어 음악 전문잡지에 RFID를 설치했을 경우, 모차르트에 대한 특집기사를 읽으면서 그 기사에 휴대폰을 대기만 해도 해당 음악을 휴대폰을 통해 들을 수 있을 것이다.

2) RFID/USN 서비스는 모든 사물에 센싱컴퓨팅 및 통신 기능을 탑재하여 언제 어디서나 정보를 처리 제공할 수 있도록 지원하는 유비쿼터스 서비스.

3. 유비쿼터스화에 따른 방송통신 산업의 변화

1) 방송과 통신의 융합

사전적 의미에서의 융합(*converge*)은 서로 다른 방향으로부터 같은 지점으로 접근하거나 서로 교차하는 것을 의미하고, 융합화(*convergence*)란 연합(*union*) 및 공통적 결론을 향해 움직이는 것을 의미한다. 즉, 융합화란 다른 종류의 네트워크 플랫폼에 기본적으로 같은 종류의 서비스를 전송할 수 있는 가능성이나 전화기, TV, PC 등의 소비형 기기의 통합을 말하는 것이다. 융합화의 의미는 종래 정보통신산업의 각 분야에서 기술발전으로 인해 서비스 영역 및 이에 대한 제도적 적용의 경계가 불분명해지면서 제기된 용어로서, 기본적으로 융합화는 통신과 방송, 그리고 컴퓨터를 포함하는 커뮤니케이션 기술 확장으로 이해할 수 있다.[3)]

지금껏 매체는 그 기능에 따라 서로 분리되어서 다른 네트워크와 다른 플랫폼을 사용했다. 즉, 방송은 TV 수상기, 음성전화는 전화기, 컴퓨터 서비스는 컴퓨터를 고유 플랫폼으로 하여 그 서비스를 제공한 것이다. 그러나 최근에는 디지털, 네트워크, 인터넷으로 대표되는 기술혁신으로 모든 서비스를 하나의 네트워크에 통합된 기기를 통해 제공할 수 있게 되었다. 이제 방송산업, 인터넷으로 대표되는 컴퓨터 산업, 전화로

〈표 1-2〉 융합의 개념

기관 및 연구단체	정의 내용
OECD(1992)	기존 경제섹터들간의 기술적, 규제적 경계가 모호해지는 현상
World Telecommunications Development Report(1995)	복합서비스 제공에 필요한 고속 데이터 전송 및 검색이 용이한 고성능 전송망 차원에서의 융합
ITU-F(1996)	기존 인프라를 기반으로 새로운 서비스를 제공하는 것, 새로운 능력을 제공하기 위해 기존의 서비스 기술들을 향상하는 것, 기존 분리된 기술과 시장 또는 정치적으로 정의된 산업구조들을 통합하는 기술, 시장 법과 제도 능력

출처: 이상우 외, 《통신 방송 융합에 따른 법제도 개선 및 산업정책 연구》, 정보통신정책연구원(2003).

3) 송해룡, 《디지털 미디어 서비스 그리고 콘텐츠》, 2004.

〈표 1-3〉 방송과 통신 서비스의 비교

구 분	방 송	통 신	융합서비스
전달 과정	1 : 다수 → 일방향	1 : 1 → 쌍방향	1 : 특정다수 → 한정된 쌍방향
수요자 특성	수동적	능동적	수동적 및 능동적
사회적 영향	대(大)	소(小)	대(大)
규 제	내용 규제	기술 규제	(특정적) 규제 혼란

출처: 정보통신부.

대표되는 통신산업이 상호 융합함으로써 서로의 고유영역을 넘어서고 있으며, 최근에는 특히 인터넷을 중심으로 각 산업부문이 집중 융합하는 현상도 보이고 있다.

방송과 통신산업의 융합현상은 디지털 기술 및 인터넷의 발전으로 더욱 가속화 추세에 있다. 이에 따라 새로운 서비스들에 대한 분류의 필요성이 최근 들어 부각되고 있으며, 기존의 서비스 분류기준으로는 구분할 수 없는 서비스들이 출현함에 따라 기존 규제 제도의 개선과 변화의 필요성 또한 중요한 사안으로 대두되고 있다. 그러나 방송과 통신 융합과 관련된 산업분류 및 규제기관 재정립에 대한 중요성이 널리 인식되어 있음에도 불구하고, 아직까지 융합화에 대한 정의와 개념이 명확하지 않은 것이 사실이다. 이는 방송통신융합화의 개념이 학문적 이론에 의해 도출된 것이 아니라, 기술발전 및 통합된 서비스에 대한 시장과 소비자의 욕구 등 방송통신산업 전반에 걸친 환경의 변화로부터 기인하는 것이기 때문이다. 일반적으로 방송통신융합은 방송망과 통신망이 결합된 단일한 망을 통하여 두 가지 서비스를 동시에 제공함으로써 기존의 기술 및 규제상의 경계가 불분명해지는 현상으로 정의할 수 있다.[4]

특히 과거 아날로그 시대에는 다른 매체에 비해 뚜렷이 구별되어 존재하던 전통적인 방송은 디지털화가 가속됨에 따라 다른 매체와 대별되는 방송 자체의 경계영역이 무너지면서 방송과 통신의 구분이 점차 어려워지는 상황이다. 특히 인터넷의 등장과 모바일폰의 상용화가 이루어지면서 다양한 부가서비스의 개발차원에서 방송서비스가 부수

4) 송영하 · 정하제, "통신 · 방송 융합서비스 주요 동향 및 이슈: 국내 위성 DMB 서비스 도입 현황을 중심으로", 《전자통신 동향분석》, 2004.

〈그림 1-4〉 디지털 컨버전스 이전과 이후

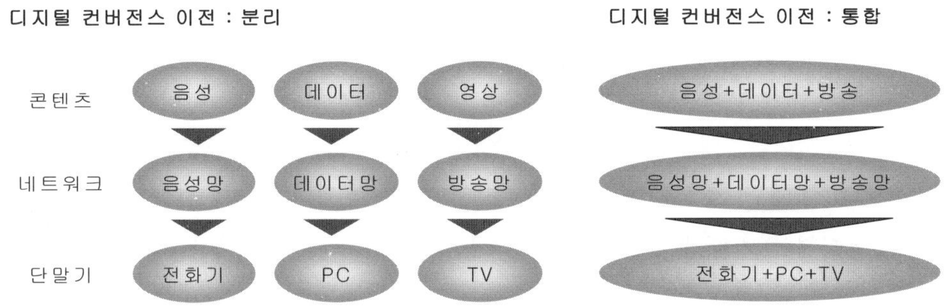

적으로 추가됨으로써 네트워크와 단말기기의 차원에서 중복과 융합현상은 더욱 두드러지고 있다. 이러한 현상은 단순한 기술적 융합과 복합화의 의미를 넘어서서, 산업과 시장 차원에서 핵심 사업자들 사이의 시장선점과 경쟁이라는 맥락에서 이해하는 것도 가능하다.

방송과 통신이 동일한 디지털 신호체계에 의해 이루어짐에 따라 방송망과 통신망으로 이원화되었던 기존의 상이한 전송체계가 하나로 통합될 수 있는 기술적 근거가 마련됐다. 디지털 기술의 고도화가 방송과 통신을 융합한 멀티미디어 서비스로의 이행을 촉진시킨 것이다.

방송기술의 변화에 따른 방송 자체의 개념변화는 곧 방송서비스 영역에서의 변화와도 연결된다. 가장 두드러진 변화의 하나는 채널의 대폭적 증가에 따른 방송 프로그램 서비스의 다양화와 전문화, 그리고 디지털 기술에 의해 가능해진 각종 부가서비스를 들 수 있다. 방송중에 프로그램과는 별도의 영상, 음성, 데이터를 보낼 수도 있고, 시청자가 퀴즈쇼나 실시간 여론조사에 참여할 수 있는 양방향 소통도 가능해졌다. 이러한 변화로 인해 자연히 방송의 전통적 존재방식에 대해서도 새로운 인식이 필요하게 된 것이다.

방송기술과 서비스에서 획기적 변화를 의미하는 방송의 디지털화는 방송 패러다임의 일대 전환을 예고하고 있다. 디지털 방송은 디지털화를 통하여 고선명·고음질을 실현하고 다양한 부가기능을 제공함으로써 시청자에게 선택의 자유를 확대하도록 하는 방송서비스의 고품질화와 고기능화의 구현을 의미한다.

디지털 방송기술을 통해 이제는 영상, 음성, 음향, 문자, 그래픽 등의 다양한 정보형태와 TV 수상기, 컴퓨터 모니터 등의 다양한 단말기기를 통합한 멀티미디어 방송이 가능하고, 광대역으로 시청자의 참여를 보장하는 양방향서비스를 가능하게 한다. 기존의 아날로그 방송이 '방송'(*broadcasting*)이라는 개념 하에서 일방향의 비교적 제한된 서비스를 제공했다면, 디지털 방송은 디지털 기술이 지닌 일반적 특징들(고화질, 고음질 서비스 제공, 대용량 저장 및 전송, 다채널화와 양방향서비스 등)을 방송에서도 구현할 수 있게 함으로써 방송과 통신기능(인터넷 포함)의 융합과 함께 방송을 통한 멀티미디어 서비스를 구현할 수 있도록 하고 있다.

2) 유비쿼터스와 방송통신 개념의 변화

유비쿼터스 환경에서 방송은 통합된 네트워크를 통해 제공되는 다양한 형태의 디지털 콘텐츠 중 하나의 형태로 이해할 수 있다. 이미 기존 지상파와 케이블 방송의 이동수신이 가능해지고, 그 방식도 집단시청과 개인시청 등 다양한 방법으로 구현되고 있다. 이처럼 단말기기의 다양화, 시청방식의 변화, 시청시간의 유연성 등은 기존 방송의 편성개념이나 시청개념에 대해서도 변화를 가져오고 있다.

방송서비스 및 산업의 차원에서 보면, 유비쿼터스 방송은 방송과 통신, 그리고 컴퓨터의 융합에 의해 발전하는 개념으로 그 중심에는 디지털 방송이 자리한다.

방송 디지털화가 의미하는 것은 첫째, '고화질화'이다. 디지털 방송은 아날로그 방송에 비해 2~5배의 고화질 영상을 구현할 수 있다.

둘째, 시청방식의 변화를 의미한다. 기존의 일방적인 단방향 정보전달에서 양방향의 정보전달 기능으로 변화했다.

셋째, 방송의 정보기기화를 의미한다. 홈 서버 등 다양한 부가기능을 수행하는 방송용 정보기기가 등장하기 시작할 것이다.

마지막으로 방송의 '유비쿼터스화'를 의미한다. 방송의 멀티미디어화를 통해 다양한 방식으로 언제 어디서나 방송을 시청할 수 있는 환경이 구축될 것이다.

'방송의 디지털화'란 좁은 의미에서 보면 방송기술이 기존의 아날로그에서 디지털 방식으로 전환되는 기술적 변화를 의미한다. 그러나 보다 넓은 의미에서 보면, 이는 그러한 기술상의 변화뿐만 아니라 방송의 개념과 존재방식은 물론 방송서비스의 영역, 방송과 수용자의 관계, 그리고 방송산업의 구조 등에 일대 혁신을 가져오는 변화를 의미한다. 따라서 방송의 디지털화는 방송에 있어서 일종의 패러다임의 전환이라는 성격을 지닌다.[5)]

방송의 디지털화는 우선 방송의 전통적 개념 자체의 새로운 변화를 의미한다. 본래 방송(*broadcasting*)이라 함은 방송사가 불특정 다수의 시청자에게 일시에 일정한 메시지를 일방적으로 전송하는 매스미디어 영역에 속했다. 방송의 디지털화를 통해 가능하게 된 다채널화와 그에 따른 다양한 전문채널의 등장은 보다 많은 수용자들을 대상으로 한 '협대역 방송'(*narrow-casting*)을 가능하게 하였고, 보다 최근에는 개별 수용자의 취향이나 요구에 따라 쌍방향서비스가 가능해진 수준으로 발전함에 따라 여러 가지 주문

〈표 1-4〉 방송의 개념과 형태의 변화

구 분	Broadcasting	Narrow-casting	Personal-casting
시 기	1990년대 전반까지	1990년대 후반	2000년대
방송주체	선택된 소수		누구든지 (정보의 자유시장)
전송수단	지상파 (전파 자원의 유한희소성)	지상파 + 위성 + CATV + 인터넷 (압축전송 → 다채널화)	디지털 지상파 · 위성 · CATV + 유/무선 인터넷 → 멀티미디어
전송신호	아날로그	아날로그 + 디지털	디지털
표시수단	NTSC/PAL/SECAM	HDTV화, 멀티화면, 다중화	HDTV화, 멀티화면, 다중화, 이동체화
시청자	불특정 다수	불특정 다수 특정 대상/分衆	불특정 다수와 함께 특정 대상
서비스 형태	일방적 · 획일적	특정화 · 개별화	개별 · 쌍방향
제작형태	대량 생산/대량 공급	차별화	소량다품/발주형 → 소비자 선택

출처: 이기현, 《유비쿼터스와 방송의 미래》(2004).

5) 강상현, "지상파 디지털 방송 정책 방향", 〈지상파 디지털 방송 정책 연구 보고서〉, 1999.

형 서비스가 가능한 '개인형 방송'(*personal-casting*) 단계까지 진전되고 있다.[6]

〈표 1-4〉에서 보는 바와 같이, 1990년대 전반까지 방송은 선택된 소수의 방송사가 프로그램을 제작하여, 불특정 다수의 시청자들에게 전송하는 지상파 방송이 전부였다. 1990년대 후반에 들어 단일한 전송수단이었던 지상파 방송은 위성과 CATV 그리고 인터넷으로 전송수단이 다양화되었다. 이런 변화과정 속에서 기존 아날로그 방식의 전송 신호에 디지털 방식이 결합되었고, 일방적이고 획일적이었던 기존의 서비스 형태가 특정화, 개별화되는 특징을 띠게 되었다.

기술의 발달과 함께 급격한 변화를 겪고 있는 방송은 이제 거의 완벽한 디지털 전송 신호를 갖게 되었고 머지않은 미래에 기존의 아날로그 방송을 완전히 대체할 것으로 보인다. 그리고 자유로운 정보시장의 형성으로 방송 주체도 독과점에서 탈피하여 다원화될 것이며, 개별적이며 양방향적 서비스 형태를 지니게 된다. 전송수단 역시 디지털 지상파, 위성, CATV 그리고 유/무선 인터넷으로 더욱 세분화되고, 불특정 다수의 시청집단과 더불어 한정된 특정집단도 나타나게 될 것이다.

또한 방송 콘텐츠도 일종의 문화상품으로 인식되고, 미디어의 발전으로 이러한 문화적 상품의 생산과 유통 및 소비방식에서 다양화와 다원화가 가속화될 것이다. 따라서 유비쿼터스와 같은 네트워크의 통합구조 속에서 기존의 지상파나 케이블 방송의 위상 변화를 간단히 전망하기는 힘들다. 그 이유는 순수하게 기술발전에 따른 기술적 요인 외에도, 시장에서의 사업자 경쟁구도나 이용자의 수요변화 또는 정부의 산업정책적 동인 등 다양한 요인들이 개입될 것이기 때문이다.

3) 유비쿼터스화에 따른 방송통신 산업구조의 변화

방송과 통신 등은 제각각의 독자적인 망과 콘텐츠를 제공하였고, 이러한 서비스는 디지털화와 융합을 거침으로써 이른바 디지털 혁명을 맞게 되는데 유무선, 방송통신 융합서비스의 등장이 그것이다. 여기에서 방송 콘텐츠는 단일망이 아닌 복합망을 통해 다양한 방식으로 제공되었고 원소스 멀티유즈(OSMU: *One Source Multi Use*)라는 가치사슬 구조가 생겨났다.

6) 강상현 외, 《디지털 방송론》, 방송문화진흥회, 2002.

방송과 통신 및 관련 산업은 현재의 독자적 시장영역에서 망의 고도화, 미디어 기술의 발전, 신규 단말기의 발전 등의 시장변화 요인에 의해 방송·통신 간 미디어 통합을 가속화시킴으로써 새로운 비즈니스 모델을 예고한다.

〈그림 1-5〉는 방송통신융합에 따라 콘텐츠-네트워크-단말기 흐름이 어떻게 변하고 있는지를 보여준다. 각 채널별로 각기 다른 콘텐츠가 각기 다른 네트워크를 통해 각기 다른 단말기로 전송되던 이전의 모델에서 핵심 사업자군은 이른바 종합미디어그룹으로서 디지털 콘텐츠 사업에 경쟁적으로 진출한다. 이들 사업자군은 콘텐츠의 디지털화와 망의 고도화와 통합화, 단말기 진화라는 변화에서 살아남은 융합매체로서 통합 디지털 콘텐츠를 통합 네트워크를 통해 이용자가 보유한 유비쿼터스 단말기에 서비스를 제공한다.

이러한 비즈니스 모델에서 u-방송은 전통적인 위성, 지상파, 케이블은 물론이고 모바일, T-커머스, VOD, PPV, 쌍방향, 개인화, 인터넷, 이메일 등 넓은 부가서비스를 실현할 수 있다. 〈그림 1-6〉은 u-방송에서의 새로운 사업 기회를 잘 보여준다. 기존의 텔레비전은 전송 네트워크나 프로그램 면에서 전통적 방식을 벗어나 핵심 콘텐츠

〈그림 1-5〉 방송통신융합에 따른 비즈니스 모델

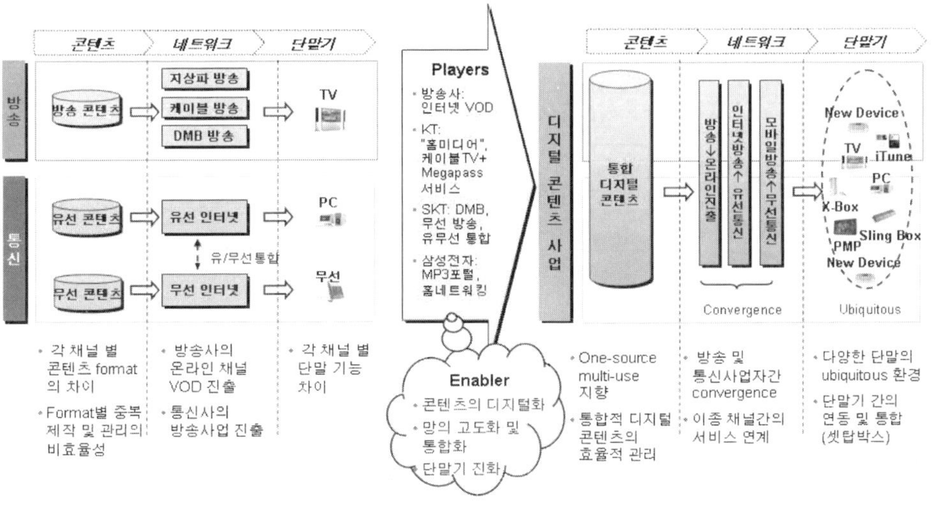

출처: 성열홍, 《방송통신 융합과 미디어 트렌드의 변화》(2006).

와 더불어 다양한 부가서비스를 통해 구체적인 이익을 실현할 수 있다. 유비쿼터스 시대의 방송사업자는 통합 디지털 콘텐츠를 통합 네트워크를 통해 개별 수신 단말기 또는 통합형태의 수신단말기에 성공적으로 서비스하게 될 것이다.

이러한 비즈니스는 최종적으로 이용자의 삶의 질을 향상시켜준다. 이는 방송 콘텐츠가 유비쿼터스 비즈니스 모델에 따라 크게 세 가지로 기획될 수 있음을 의미한다.[7]

첫째는 콘시어지형으로서 자신이 위치한 공간에서 최적의 방송을 즐길 수 있어야 한다. 콘시어지형 사업모델이란 유비쿼터스 네트워크를 활용하여 사람들의 불안과 고민을 해소하고 생활의 질을 향상시키기 위해 보이지 않게 일상생활을 지원하는 것으로 불안 해소차원에서는 건강 방범(건강 화장실, 지킴이 핫라인, 홈 시큐리티) 등이 있으며, 자기실현차원에서는 여가, 이동, 개발(음악선생, 여행스케줄관리, 네비게이션) 등이 있다. 둘째, 지식/자산관리형으로 자신이 요구하는 정보, 지식, 엔터테인먼트 등을 방송 동영상은 물론이고 오디오, 데이터 방송 등을 통해 제공해야 한다. 세 번째는 광역계측형으로 메인 콘텐츠를 제공함과 동시에 교통, 날씨, 기후, 방재 등에 대한 정보에 접근할 수 있어야 한다. u-방송 환경에서 방송 콘텐츠는 동영상 및 보다 확장된 콘텐츠를 통해 이러한 서비스를 제공할 수 있다.

〈그림 1-6〉 u-Broadcasting 사업의 새로운 기회

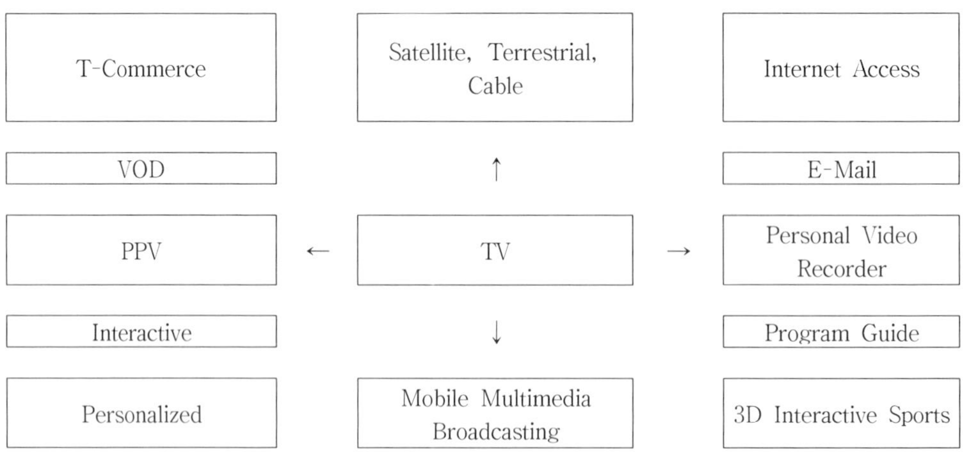

출처: 전석호·김원제, 2003.

7) 노무라종합연구소, 2002; 전석호·김원제, 2003.

제 2 장

IPTV의 개념, 환경 및 기술

1. IPTV 개념과 정의

IPTV는 영상압축을 포함한 디지털 신호처리기술과 광대역 신호전송기술에 힘입어 등장한 신규서비스로서 홍콩과 일본에서는 '광대역 TV'(*Broadband TV*), 영국에서는 'Telco TV', 프랑스에서는 'TV over DSL'이라고 칭한다. 용어에서 알 수 있듯이 각국에서는 자국의 방송매체환경을 기반으로 하여 IPTV에 대한 용어 및 법적, 제도적 정의와 개념을 완성해 가고 있다.

국내에서는 사업자별, 규제기관별로 공식적이고 명백하게 정의하고 있지는 않지만, 방송위원회는 "IPTV는 텔레비전 등 방송프로그램을 인터넷망(IP망) 을 이용하여 공중에게 보내주는 다채널방송"이라고 정의하여, 네트워크보다는 방송프로그램을 강조하고 이를 공중에 보내기 때문에 IPTV를 방송으로 정의하고 있다.[1] 정보통신부는 "초고속

1) 방송법상 '방송'이라 함은 "방송프로그램을 기획 · 편성 · 또는 제작하여 이를 공중에게 전기통신설비에 의하여 송신하는 것"으로서 특정 송신 및 수신 수단을 제한하지는 않고 있으며, 그동안의 방송법 개정 추이를 살펴보면 새로운 플랫폼과 서비스 등장에 맞추어 동태적으로 개념들이 변화함을 할 수 있다.

2000년 제정된 방송법에는 위성방송의 개념을 추가하여 지상파방송 · 종합유선방송 · 위성방송으로 분류하였으며, 2004년 개정시에는 네트워크 개념보다는 수신자 입장에서 정보를 제공받는 형태로 텔레비전방송 · 라디오방송 · 데이터방송으로 분류한 것이 그 단적인 예라 할 수 있다.

인터넷망을 통하여 양방향으로 다양한 멀티미디어 콘텐츠를 제공하는 신규 통신방송융합 서비스"라고 정의하여 방송위원회와는 역으로 통신사업자가 사용하는 인터넷 네트워크와 인터넷상에서 전송되는 멀티미디어 콘텐츠를 강조하면서 IPTV를 통신사업자가 운영하는 신규 통신서비스로 정의하고 있다.

사업자 입장에서는 KT의 경우 "IP 네트워크 기반 하에 고화질 디지털방송 서비스와 VOD 서비스 및 양방향 TV 서비스를 제공하는 서비스"라고 정의하고 있으며, 하나로통신은 "초고속 인터넷망을 기반으로 전용 셋톱박스를 이용하여 기존의 방송프로그램 및 각종 멀티미디어 콘텐츠를 가정의 TV에 제공하는 서비스"라고 정의하고 있고, 케이블TV에서는 "IP(*Internet Protocol*)를 이용해 50~60개의 다채널 방송서비스를 가입자에게 제공하고, 다양한 방송콘텐츠와 전자프로그램가이드, VOD, 데이터방송과 융합된 T-인터넷 등 차세대 동영상서비스를 제공하는 것"으로서 초고속 인터넷상에 방송콘텐츠를 전송하는 것(한은영, 2005)으로 정의하였다.

또한 최근 방송통신융합 추진위원회에서는 "일정 수준의 품질(QoS: *Quality of Service*)이 보장된 네트워크에서 양방향 IP방식을 통해 TV 혹은 유사한 단말기에 실시간 방송프로그램, VOD, 데이터방송, 전자상거래 등을 제공하는 멀티미디어 서비스"로 정의하였다. 이 정의들을 보면, 네트워크 측면에서는 통신에, 콘텐츠 측면에서는 방송에 접근된 개념을 사용하되 각 사업자가 속한 분야의 시각이 투영되어 있음을 알 수 있다.

이러한 다양한 정의를 전송매체, 단말기, 콘텐츠 측면에서 정리하면, 전송매체 관점에서는 지상파, 케이블, 위성으로 구분되는 기존 방송매체시장에 IP 전송방식의 초고속 인터넷망이 또 하나의 전달매체로서 등장하는 것이며, 단말기 측면에서는 PC만을 접속대상으로 하던 초고속 인터넷 영역을 TV를 포함한 방송가전 영역으로 확대하여 추가적인 단말기 창구를 확대하는 것이고, 콘텐츠 측면에서는 개방형 회로(*open circuit*)인 인터넷상에 존재하는 콘텐츠가 폐쇄형 회로(*close circuit*)에서 유통되는 기존 방송콘텐츠에 추가되는 것이다(변동식, 2004).

이러한 정의들을 분명히 하기 위해서 네트워크와 기술적 측면에서 접근하면, 초고속 인터넷에 사용되는 네트워크에는 xDSL, FTTH, HFC, LAN 등이 있다. HFC 네트워크의 경우 케이블TV 방송 사업자가 이 망을 통해 초고속 인터넷 서비스를 실시하고 있으며, IP(*Internet Protocol*)는 정보를 전달하는 방식을 표현하는 것으로 통신과 방송 모두에서 사용 가능한 신호전송방식이다. 따라서 '초고속 인터넷망' 또는 'IP망'이라는 용어의 사용보다는 '초고속 인터넷 서비스' 및 '방송서비스를 실시하는 광대역망'(*Broadband Network*)이라는 용어가 적절할 것으로 판단된다.

또한 방송통신융합 현상은 네트워크융합으로 출발하여 매체간 융합으로 이어질 것으로 예상되어 방송위원회도 16대 국회에서 방송법 개정을 통해 기존의 네트워크 구분에 따른 역무구분(지상파방송, 종합유선방송, 위성방송)을 폐지한 바 있다. 또한 정보통신부도 네트워크융합의 필요성을 강조하여 최근 BcN 정책을 강하게 실천하기 때문에, 신규서비스인 IPTV를 수직적 규제체계의 네트워크 중심적으로 분류하는 것보다는 수평적 규제체계의 서비스 중심체계로 정의하는 것이 미래 지향적이다.

2. IPTV를 둘러싼 시장환경

1) 방송시장 환경

지상파 방송만이 존재하던 우리나라에 최초의 유료방송인 케이블TV가 1995년 출범한 지 12년이 지난 지금, 2002년 위성방송에 이어 2005년 5월 위성 이동 멀티미디어방송과 2005년 12월 지상파 이동 멀티미디어방송뿐만 아니라 방송통신융합서비스인 IPTV까지 시범서비스되었다. 이렇게 지난 12년 동안 방송산업의 지형은 상당히 복잡하고 다양하게 변화하였다.

이러한 방송산업의 발전으로 고전적 방송영역의 개념을 넘어, 지상파방송의 수동적 수용자로서의 '시청자'의 개념에 유료방송사업자와 계약주체로서의 '가입자' 개념이 도입되었고, 방송의 디지털화로 양방향방송이 가능해지면서 기존 유료방송에서의 단순한 서비스 선택자로서의 가입자 개념을 벗어나 데이터방송 등 다양한 서비스를 필요에 따라 편집, 가공할 수 있는 '정보이용자'로서의 개념으로까지 발전했다. 또한 유료방송을 통한 다채널방송과 다수의 윈도우를 통해 접근 가능하도록 원소스 멀티유즈(*One Sourse Multi Use*) 개념이 보편화되었다.

2002년에는 KT를 대주주로 하는 위성방송 스카이라이프가 개국하면서 방송시장에 본격적인 경쟁개념이 도입되었으며, 2005년 TU미디어 및 지상파DMB 개국으로 방송시장 내 경쟁은 더욱 심화되어, 각 매체의 성격규정에 따른 엄밀한 방송시장 획정과 이를 바탕으로 한 공정경쟁의 틀을 마련해야 한다는 목소리가 높아지고 있다.

국내 방송사업자들에 의한 방송산업 매출규모는 1996년 2조3,337억 원에서 2006년 9조7,199억 원으로 타 산업에 비해 높은 성장률을 나타내고 있다. 또한 2004년 전체 방송서비스 매출액 가운데 종합유선방송사가 차지하는 비중이 처음으로 50%를 넘은 이래, 지상파방송 중심의 매출에서 방송채널사용 사업자와 종합유선방송 사업자로 매출규모가 확대되고 있다. 방송위원회의 〈2007년 방송산업 실태 조사보고서〉에 따르면, 2006년 지상파방송 매출액(지상파 DMB 포함)은 전체 방송서비스 매출액 가운데 38.1%를 차지한 데 비해 케이블TV는 종합유선, 중계유선, 방송채널사용사업을 포함해 56.9%를 차지한 것으로 나타났다. 이를 매출액 규모로 보면, PP를 포함한 케이블

〈그림 2-1〉 방송서비스별 매출액 추이

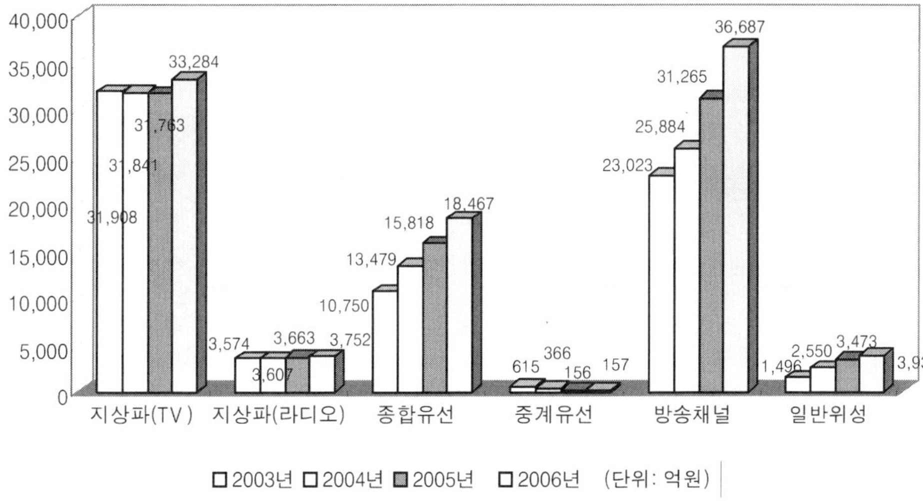

출처: 방송위원회(2007) 방송산업실태조사보고서 재구성.

TV 시장이 5조 5,311억 원으로 2005년 매출액 4조 7,238억 원에 비해 약 17% 증가했다. 또한 시청률 면에서도 케이블업계의 약진이 두드러져 2000년 1.5%에 그쳤던 케이블TV 시청점유율은 2006년 33%로 대폭 증가했다.

이와 같이 지상파방송사는 케이블TV에 의해 지상파 시청점유율이 상당히 잠식됐고, 일일 평균 시청시간도 점차 줄어들고 있는 등 더욱 혹독한 경영환경에 처해 있다고 할 수 있다.

유료방송은 먼저, 가장 큰 기반인 가입자 규모를 보면, 2007년 4월 현재 전체 대상 가입가구 수 1,845만 가구 중 유료방송 가입가구는 1,432만 가구에 달한다. 이 중 종합유선방송은 1,232만 가구로 약 68%, 위성방송은 201만 가구로 약 11%이다.

2003년부터 케이블업계는 복수종합유선방송 사업자(MSO), 복수방송채널사용 사업자(MPP)나 복합사업자(MSP) 중심으로 재편되고 있다. 이 가운데 MSO와 MSP 결합사업자의 2006년 매출액은 3조 3,416억 원으로, 점유율은 전체 SO와 PP의 60.6%를 차지한다.

〈그림 2-2〉 지상파방송 및 케이블TV 시청점유율 변화 추이

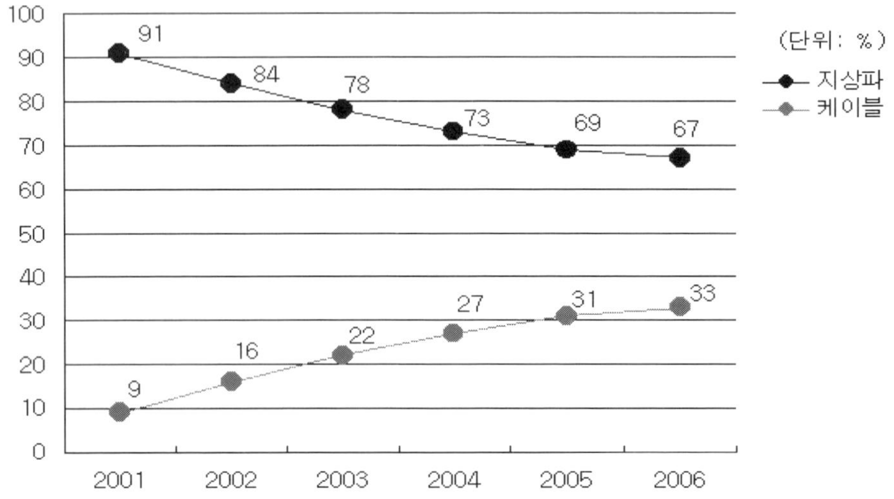

출처: 광고정보 2006.10, AGB닐슨 미디어리서치 작성.

현재 MSO는 태광, CJ, 씨앤앰, CMB, 온미디어, 현대백화점, 큐릭스, GS 홈쇼핑 등이며 이들 8개 MSO가 확보하고 있는 종합유선방송사는 모두 80개, 총매출액은 1조 4,971억 원에 이르고 있으며, 전체 종합유선방송 시장에서 MSO의 점유율은 매출액 기준 81.1%이다. 종합유선방송 사업자들이 MSO 중심으로 재편되면서, MSO들은 디지털 서비스 실시뿐만 아니라 가입자당 매출(ARPU) 증가를 위해 초고속 인터넷 서비스를 실시하고, 이를 위한 자가망 구축과 동시에 망 업그레이드를 실시하였다.

국내 유료TV 방송시장은 외국과 비교해서 2005년 현재 약 94%의 높은 홈 패스율(*Pay-TV Penetration*)을 나타내고 있는데, 이는 중계유선방송의 종합유선방송으로의 전환이라는 정부정책과 위성방송 실시에 힘입은 바 큰 것으로 보인다.

이렇듯 홈 패스율은 외국과 비교하여 상당히 높은 편이나, 〈그림 2-3〉에서 보는 바와 같이 우리나라 유료방송의 ARPU는 상당히 낮은 편이다. 이러한 이유의 첫 번째는 중계유선방송과 종합유선방송 간의 유사 콘텐츠를 제공하면서 가입가구 유치를 위해 심각할 정도의 가격경쟁을 실시하였기 때문이다. 다음으로는 다채널 방송임에도 불구하고 시청자가 원하는 콘텐츠가 제공되지 않는데 그 원인이 있는데, 이는 〈표 2-1〉에

서 보듯이 유료방송의 상위 3위까지의 채널은 모두 지상파 계열의 채널이며, 케이블 TV 및 위성방송으로 실시간 재전송되는 지상파 채널을 합하면 상위 10위까지의 채널 중 7~8개가 지상파 계열의 채널이라는 사실에서 단적으로 드러난다.

〈그림 2-3〉 국내외 유료방송사의 가구당 GDP 대비 ARPU

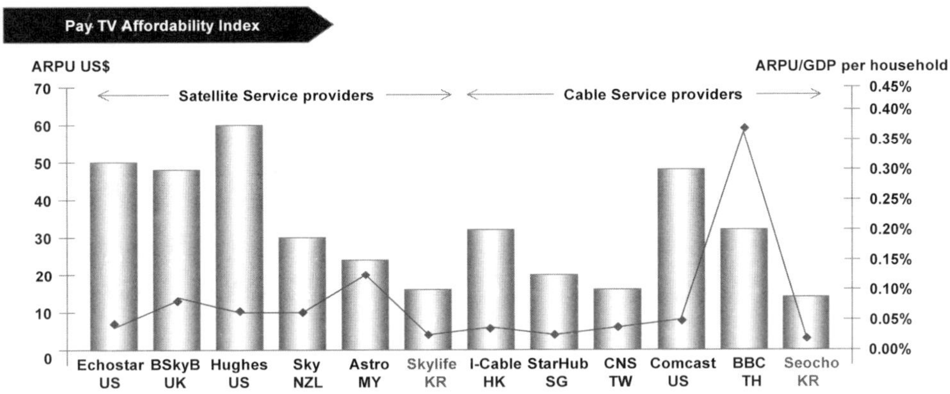

Note : Affordability index= ARPU/GDP per capita x # of persons in average household
Source : CSFB estimates, BNS Analysis

〈표 2-1〉 케이블TV 및 위성방송 채널 시청점유율 순위(2006. 12)

구 분	케이블TV		위성방송(스카이라이프)	
순 위	채 널	시청점유율	채 널	시청점유율
1	MBC드라마넷	8.8	KBS DRAMA	10.8
2	KBS DRAMA	7.6	MBC드라마넷	8.7
3	SBS드라마플러스	7.3	SBS드라마플러스	6.9
4	Tooniverse	6.9	OCN	5.2
5	OCN	5.1	YTN	4.7
6	YTN	3.8	MBC ESPN	4.0
7	채널CGV	3.7	JEI재능방송	3.6
8	JEI재능방송	3.7	애니원	3.6
9	SUPER ACTION	3.3	코미디TV	3.5
10	Champ	3.1	XTM	3.1

출처: TNS미디어(2007).

〈표 2-2〉 케이블TV 평균 패키지 현황

구 분	가입자당 매출액	패키지별 제공채널 및 가격			
		의무형	보급형	고급형	기본형
평 균	5,344원 5,655 (번들제외시)	22개 채널 2,872원	45.7개 채널 4,600원	57.8개 채널 5,609원	62.8개 채널 9,207원

출처: 방송위원회(2006), 〈2005년 케이블TV채널 상품운영현황〉 참고.

유료방송이 독자적 킬러 콘텐츠가 없을 경우 가입자 입장에서 매체별 차이는 결국 가격으로 인지할 수밖에 없으며, 사업자들은 가격경쟁으로 갈 수밖에 없다. 지금 우리나라 유료방송시장이 저가경쟁으로 인해, 정상적인 PP수신료 배분이 불가하여 콘텐츠 재투자가 되지 않고, 이는 가입자의 가격지불 유인을 감소시킴으로써 다시 가격경쟁으로 이어지는 악순환이 계속되는 실정이다.

〈표 2-2〉에서 보는 바와 같이 우리나라 케이블TV의 평균 ARPU는 5,000원대인데 ARPU가 가장 낮은 방송사는 2,000원대에도 못 미치기도 한다. 의무형과 보급형 등 저가 패키지 가입자 수는 총 828만7,102명으로, 전체 케이블TV 가입자의 70%에 달하는 등 케이블TV 시장은 이미 저가시장으로 고착화되어 있다. 유료방송시장의 저가시장 고착화는 기존 중계유선서비스의 저가구조를 탈피하지 못하고 단체계약을 통한 저가마케팅을 지속한 케이블TV에 일차적 책임이 있다. 또한 위성방송의 경우도 케이블TV와의 경쟁, 지상파방송 재송신 불가 및 MPP계열 PP송출불가로 제살 깎아먹기식의 할인정책으로 가입자를 유인하는 등 저가경쟁에 뛰어들 수밖에 없었는데 이와 같은 저가정책은 가입자에게 방송서비스는 저가 또는 무료서비스로 인식되어 당분간 유료방송시장의 선순환은 어려워 보인다.

그러나 국내 디지털 케이블TV는 방송위원회의 정책에 따라 아날로그 케이블TV와는 달리 가격 저가경쟁을 지양하고 있다는 점, 위성방송 스카이라이프도 최근 클린 세일 정책으로 저가경쟁을 지양하고 디지털 프리미엄 서비스 시장으로 가기 위한 노력을 한다는 점, 유료방송시장의 네트워크 구조가 우수하고 홈 패스율이 높다는 점, 디지털화되면서 가입자를 유인할 수 있는 다양한 부가서비스 제공이 가능하다는 점 등에 의해 새로운 가능성을 나타내고 있다.

2) 통신시장 환경

국내 통신시장은 유선통신시장과 무선통신시장으로 분류할 수 있다. 유선통신시장에서는 KT, 하나로텔레콤, 데이콤 등이 시내전화, 시외전화, 국제전화, VoIP(*Voice over Internet Protocol*) 등을 서비스하고 있으며, KT, 하나로텔레콤, 두루넷, 데이콤, 케이블방송 사업자인 SO가 초고속 인터넷 서비스를 실시하고 있다. 무선통신시장에서는 SKT, KTF, LGT의 3개 사가 무선전화서비스, KT파워텔, 티온 등의 주파수공용통신(TRS) 서비스를 제공하고 있으며, SKT, KTF, LGT 등 5개 사가 무선인터넷 서비스를 실시하고 있다.

국내 통신사업자들에 의한 통신시장 매출규모는 1997년도에 11조 원에서 2005년 38조 8천억 원으로 높은 성장률을 나타내고 있다. 한편, 1997년도에는 전체 시장 매출규모의 72%를 차지했던 유선통신시장은 2004년도에는 41.3%로 시장점유율이 낮아졌는데, 이는 전 세계적으로 무선통신이 유선통신을 대체하는 추세와 같은 맥락이다.

〈표 2-3〉 국내 통신사업자 현황

사업자 군		현 황
유선통신 사업자	음성전화	• 시내전화 : KT, 하나로텔레콤, 데이콤(3개사) • 시외전화 : KT, 하나로텔레콤, 데이콤 등 (5개사) • 국제전화 : KT, 하나로텔레콤 등 5개 기간통신사업자와 375개의 별정통신사업자 등 총 380개사
	초고속인터넷	• KT, 하나로텔레콤, 두루넷, 데이콤, SO 등 총 100여개 사업자
무선통신 사업자	음성전화	• SKT, KTF, LGT(3개사) • KT파워텔, 티온 등 주파수공용통신(TRS) 사업자
	초고속인터넷	• SKT, KTF, LGT 등 5개사
VoIP 사업자	인터넷전화	• 애니유저넷 등 인터넷 전화 역무의 신설 및 사업

〈그림 2-4〉 국내 통신시장의 유무선 점유율 변화 추이

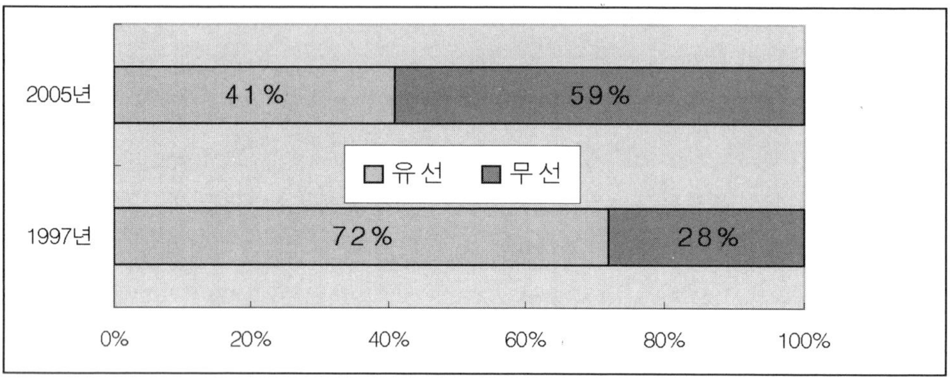

2006년을 기준으로 유선통신시장과 무선통신시장별로 살펴보면, 유선통신시장에서는 KT가 전체 유선통신 가입자의 92%(매출액 11조8천억 원)를 차지하여 유선통신시장에서 시장지배적 사업자가 되었고, 하나로텔레콤이 7.5%(매출액 1조7천억 원), 데이콤이 0.4%(매출액 1조2천억 원)를 차지하여 유선통신시장에서의 쏠림현상이 두드러지게 나타났다. 한편 무선통신시장에서는 SKT가 전체 무선통신 가입자의 50.4%를 차지하였고, KTF가 32.1%, LGT가 17.4%에 해당하는 시장을 형성하였다.

세부서비스별로 살펴보면, 시내전화서비스의 경우 1999년 경쟁도입을 시장에 적용한 이후 KT의 시장점유율은 지속적으로 소폭 하락하고 있으나, 현재도 가입자 기준 92.1%라는 압도적 시장점유율을 보유하고 있는데, KT의 이러한 시내전화시장 독점력은 미국(ILECs: 83.7%), 영국(BT: 77.6%), 호주(Telstra: 74.0%), 일본(NTT: 77.7%) 등 주요 국가의 지배적 사업자와 비교해도 역시 높은 수준으로 국내 시내전화시장의 경쟁상황이 취약하다는 것을 알 수 있다.

이처럼 시내전화시장에서 KT 독점력이 유지되는 것은 경쟁 활성화의 억제요인으로 작용하는 가입자 선로를 KT가 독점적으로 보유함으로써 발생하는 당연한 결과이며, KT의 이러한 시장지배력은 유무선 통합서비스 등 차세대 통신서비스 시장으로 전이될 가능성이 매우 높다. 또한 정부가 KT 민영화 추진과정에서 KT의 시장지배력을 완화하고 경쟁 활성화를 촉진하기 위해 도입한 제도들이 실효성 없이 추진돼 후발 사업자

〈표 2-4〉 국내 유선통신 사업자 가입자 점유율 현황

유선통신 사업자	2006.12월 말(명)	점유율
KT	21,288,733	92.1%
하나로텔레콤	1,745,266	7.5%
데이콤	85,171	0.4%
합 계	23,119,170	100.0%

출처: 정보통신부 유무선 통계자료 재구성.

〈표 2-5〉 전화서비스 전환가입자수 현황

구 분	이동전화	시내전화	비고
전환 가입자수	1,582만 명	100만 명	시내전화의 경우 수도권의 번호이동이 시작된 2004년 8월부터 계산

출처: 정보통신부 유무선 통계자료 재구성.

들의 경쟁력 강화효과가 미미한 것으로 나타났다. 즉, 2002년 4월부터 도입 시행중인 가입자 선로 공동활용제도(LLU: *Local Loop Unbundling*)는 제공대가의 적정성 논란, 회선 여유율의 과다인정에 따른 경쟁사업자에 대한 회선제공의 빈번한 거부 등 시행상 문제점이 지속적으로 발생함에 따라 후발사업자의 활용이 미미해 제도개선이 시급히 요구되는 실정이며, 2003년 도입된 의무설비제공 제도는 설비제공 기준고시가 1996년 이후 개정되지 않아 제도의 실효성이 미흡한 상황이다.

또한 번호이동성 제도는 〈표 2-5〉에서와 같이 이동전화 2006년 12월 누적 전환가입자수가 1,582만 명에 이른 반면, 시내전화시장에서는 전체 시내전화가입자 2,312만 명의 4.35%인 100만 명에 불과해 시내전화 번호이동성제도의 실효성이 의문시되는 결과가 나타났다. 이는 하나로텔레콤의 커버리지 한계라는 번호이동성의 장애요소와 더불어 1위 사업자에게 시차제까지 적용하며 강력히 추진된 이동통신시장과 달리 시내전화 번호이동성이 후발사업자인 하나로텔레콤에 불리한 순차제로 실시된 것에 기인한 것으로 보인다.

〈표 2-6〉 시외전화 시장점유율 추이

(단위: %)

구분	사업자	1999	2000	2001	2002	2003	2004	2005	2006
시외전화 (매출액 기준)	KT	90.0	83.4	80.9	80.4	77.0	84.1	85.4	85.6
	데이콤	10.0	14.3	16.3	16.4	19.4	11.6	6.1	4.8
	온세	0.0	2.3	2.8	3.2	3.6	3.4	2.7	2.1
	기타	—	—	—	—	—	0.9	5.8	7.5

출처: 정보통신부 기간통신사업 관련 통계자료.

시외전화의 경우는 〈표 2-6〉처럼 KT 매출액기준 시장점유율은 1999년 90.0%에서 2003년 77.0%까지 감소하였으나, 이후 다시 상승해 2006년에 85.6%에 이르고 있으며, 여전히 KT의 독점적 시장지위가 유지되고 있다.

초고속 인터넷시장은 2003년을 기점으로 가입성장률이 연 5% 이내로 둔화되는 현상이 나타나고 있으며, 홈 패스율 역시 2003년을 기점으로 연 3% 성장으로 정체상태를 보이고 있다. 또한 가입자당 매출규모인 ARPU도 2001년도 34,831원을 정점으로 감소하고 있다. 이러한 ARPU 감소의 주요 원인은 사업자들간의 가격경쟁, 3년 계약 이후의 모뎀임대 수익선의 종료 및 장기가입자에 대한 할인혜택 등으로 분석된다.

초고속 인터넷시장은 KT, 하나로텔레콤, 파워콤이 치열한 경쟁을 벌이고 있으며 부가통신사업자로 분류되는 케이블TV 업체들이 방송서비스와의 결합판매 및 저가정책을 무기로 공격적 마케팅을 벌이고 있다.

그리고 초고속 인터넷시장의 사업자별 시장점유율은 〈표 2-7〉에서와 같이 선발사업자인 두루넷과 하나로텔레콤이 1999년 각각 56.2%와 33.3%로 전체 시장의 89.5%를 점유했으나, KT의 시장진입으로 인해 2005년 상반기 양사의 점유율은 7.9%와 23.3%로 하락하였고, 반면 1999년 말에 시장에 진입한 KT는 진입 1년 만에 시장점유율 43.9%를 차지, 시장지배적 사업자로 성장하였다. 이는 KT가 독점적으로 보유한 시내전화망을 인터넷 가입자망으로 활용해 ADSL 방식의 인터넷 서비스를 제공함으로써 월등한 경쟁우위를 갖고 있기 때문이다.

전용회선 측면에서 살펴보면, KT의 전용회선 전체 매출액 기준 시장점유율은 지속적으로 하락하는 추세이나, 2005년 상반기 점유율이 51.5%로 예외적인 사유가 없는 한 지배력을 보유할 개연성이 높다. 전용회선시장은 가입자 선로설비 및 인입구간의 필수성으로 구조적 진입장벽이 존재하며 브랜드 이미지, 장기계약, 전국적 망보유의 어려움 등으로 전반적으로 진입장벽이 높다.

〈표 2-7〉 국내 초고속 인터넷사업자 가입자 점유율 현황

구 분	2006.12.	xDSL	케이블모뎀 (TV)	아파트 LAN	FTTH (광케이블)	위성	점유율
KT	6,352,542	4,746,553		1,512,891	91,683	1,415	45.2%
하나로텔레콤	3,612,749	630,776	2,071,586	877,555	32,832	0	25.7%
온세통신	220,156	724	189,523	29,909	0	0	1.6%
드림라인	28,370	15,333	12,179	858	0	0	0.2%
LG데이콤	111,905	5,155	37,781	68,969	0	0	0.8%
LG파워콤	1,204,293		652,164	552,129	0	0	8.6%
종합유선방송	2,262,403	51,228	2,138,138	73,037	0	0	16.1%
중계유선방송	15,251	2,190	7,079	5,982	0	0	0.1%
전송망(NO)	55,408	6,902	44,536	3,970	0	0	0.4%
별정통신사업자	179,621	29,807		149,814	0	0	1.3%
합 계	14,042,698	5,488,668	5,152,986	3,275,114	124,515	1,415	100.0%

출처: 정보통신부 유무선 통계자료 재구성.

〈표 2-8〉 주요 초고속 인터넷 사업자들의 시장점유율 추이

(단위: %)

구 분	사업자	1999	2000	2001	2002	2003	2004	2005	2006
초고속인터넷 (가입자 수)	KT	5.1	43.9	49.4	47.3	50.0	51.0	51.2	45.2
	하나로	33.3	26.8	26.4	27.6	24.4	23.1	22.7	25.7
	두루넷	56.2	19.3	16.8	12.5	11.6	10.8	6.9	—
	LG파워콤	—	—	—	—	—	—	2.1	8.6

출처: 정보통신부 유무선통계자료 재구성.

3. 국내 IPTV 도입 배경

세계적으로 유선통신 사업자들의 IPTV 시장진출은 유무선 대체로 인한 매출감소와 케이블TV 사업자의 초고속 인터넷시장 및 음성통화 역무진입 등과 관련이 깊으며, IPTV는 기존 유선통신 사업자들에게 동영상서비스를 통한 새로운 매출확보, 케이블TV 사업자의 TPS(*Triple Play Service*)와의 경쟁, 기존 가입자의 이탈방지 효과를 가져다주는 것으로 보고 있다.

우리나라에서 IPTV는 디지털신호 처리기술 및 광대역 전송기술의 발달과 함께 전송 네트워크 고도화를 바탕으로 축소되고 있는 유선통신산업의 신성장 동력의 하나로 추진되고 있는데 이를 자세히 살펴보면 다음과 같다.

첫째, 최근 몇 년간 계속된 무선의 유선 대체현상 등으로 유선통신 가입자 및 통화량 감소와 그에 따른 가입자당 매출감소 현상이 나타나고 있으며(김영석·김훈, 2005), 유선통신 사업자들이 초고속 인터넷 접속서비스의 개선을 위해 네트워크 고도화에 상당한 투자를 하고 있으나 투자대비 초고속 인터넷시장의 성장이 예상에 미치지 못하고 있다는 평가이다(정보통신연구원, 2004).

〈그림 2-5〉에서 보는 바와 같이 초고속 인터넷시장은 2003년을 기점으로 홈 패스율(*penetration ratio*)이 정체상태에 돌입하였고, 가입자당 매출도 타 사업자와의 가격경쟁, 가입 3년 이후 모뎀임대 수익선의 종료 및 장기 가입자에 대한 할인혜택 등으로 2001년도에 34,831원이 2004년에 30,728원으로 감소하였다. 따라서 유선통신 사업자들은 규모의 경제 차원에서는 기존 초고속 인터넷가입자의 이탈방지 및 고객 충성도 향상을, 범위의 경제 차원에서는 가입자당 매출확대를 위한 새로운 수익선 확보를 위해 IPTV를 추진하는 것으로 판단된다.

다채널 유료방송시장은 이미 전 세계적으로 상당한 역사를 가진 산업영역으로 비교적 검증된 비즈니스 모델을 형성하고 있으며, 국내외적으로 방송시장 규모[2]가 지상파

---

2) 방송위원회 보고서에서 따르면, 1996년도 국내 방송시장별 매출 규모는 지상파방송이 전체시장의 88%(2,054억 원)를, 케이블방송이 12%(12억 원)를 차지하였고, 2004년도에는 지상파방송이 46%(3조 5,448억 원), 케이블방송이 17%(1조 3,479억 원), 방송채널사용사업이 33%(2조 5,884억 원), 위성방송이 3%(2,550억 원)을 차지하였다.

〈그림 2-5〉 초고속 인터넷 홈 패스율과 ARPU

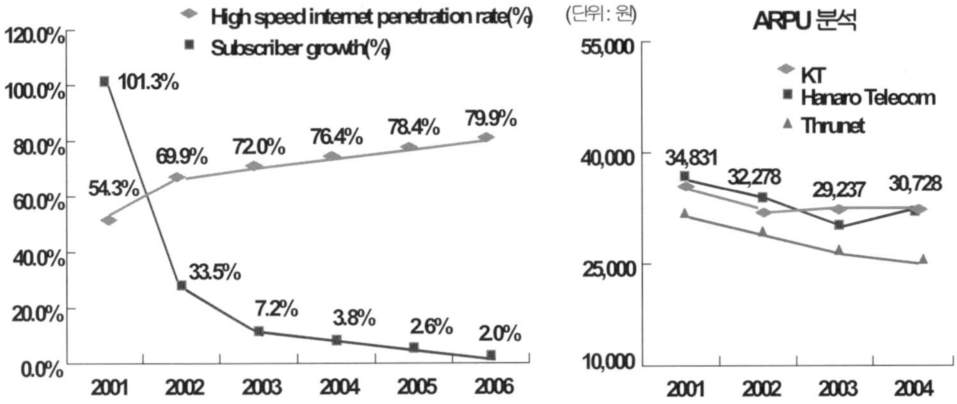

출처: JP Morgan, 2004 및 정보통신부 자료.

방송보다 큰 경우가 많고, 점차 그 비중이 늘고 있는 것이 거의 공통된 현상이며, 통신사업자들은 새로운 수익선을 추구하기 위해 유료방송분야에 관심을 가지고 있다. 즉, 통신사업자에게 IPTV는 이미 소유하고 있거나 구축 중인 고도화된 네트워크 기반에서 통신시장 포화에 따라 비교적 검증된 비즈니스 모델인 유료방송으로의 접근인 셈이다(김도연, 2005).

또한 현재 국내 유료방송시장은 외국과 비교해서 높은 홈 패스율에 비해 낮은 현금창출능력(EBITDA)을 나타내기 때문에, IPTV 도입은 새로운 수익을 창출할 수 있는 영역으로 판단하는 것으로 보인다(최성진·조남욱, 2005).

둘째, 방송통신융합 초기부터 융합서비스 제공에 적극적인 케이블TV 사업자들은 디지털 전환 이후 TPS(*Triple Play Service*)의 제공을 통해 기존의 다채널방송뿐 아니라 인터넷접속서비스와 IP방식의 음성전화(VoIP) 서비스까지를 제공하고자 하기 때문에(김도연, 2005), 유선통신 사업자들은 케이블TV 사업자들의 TPS전략에 대응하고자 IPTV 도입을 추진하고 있다(Datamonitor, 2004).

셋째, 방송통신융합의 핵심서비스인 홈네트워크 서비스 시장을 선점하기 위해 IPTV를 추진하는 것으로 판단된다. 홈네트워크로 이루어지는 4대 서비스는 통신, 제어(*control*), 보안 및 엔터테인먼트 서비스이고, 이 중 제어와 보안서비스는 방송사업

〈그림 2-6〉 IPTV 서비스로 인한 ARPU 증대

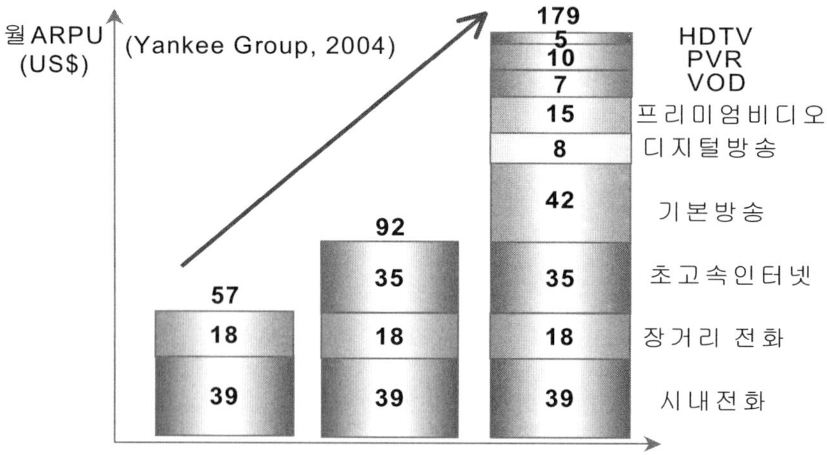

출처: Yankee Group, 2004.

자나 통신사업자 모두 쉽게 기술적으로 구현 가능하며, 홈 네트워크 서비스 활성화를 위해 가장 필요한 것은 엔터테인먼트 서비스인 방송서비스이다.

현재 케이블TV방송 사업자들은 홈 네트워크 서비스를 위해 방송서비스에 통신서비스인 VoIP를 추가 실시하여 홈 네트워크 시장진입을 꾀하고 있다. 또한 유선통신 사업자들은 현재 제어, 보안, 통신서비스를 모두 제공하고 있으며, 이들 서비스를 묶어 홈 네트워크 서비스를 실시하고 있으나, 이 서비스를 더욱 활성화시키고 가입자 확보를 위해 가장 필요한 미디어 서비스를 갖추고자 IPTV 도입을 서두르고 있는 것으로 볼 수 있다(최성진 · 조남욱, 2005).

이와 같은 배경에서 국내에서는 KT가 2004년 홈 엔 멀티캐스팅 서비스를 시작으로 최근 '메가TV' 프로젝트로 다채널 TV, VOD 등의 서비스 제공을 실시하고 있다. KT는 2005년 7월 쌍용정보통신을 IPTV 시스템 구축사업자로 선정하고, 여의도 KT 신사옥에 미디어센터를 구축하여 휴맥스와 함께 IPTV 셋톱박스 시제품을 선보이기도 했으며, 데이터방송서비스 개발에도 발걸음이 빨라지고 있다. 또한 2006년에는 KTH와 KT커머스 등 자회사들을 통해 TV-커머스 등 다양한 비즈니스와 서비스 개발을 본격화하였다.

하나로텔레콤은 2005년에 VOD · 데이터방송 등의 하나TV 포털 서비스를 실시하고 있으며, 2007년에 본격적인 IPTV를 도입하고 VOD, TV-커머스, 홈 네트워크 등 완벽한 IPTV를 제공할 계획이다.

SK텔레콤은 디지털 홈 프로젝트와 BcN 프로젝트를 통해 IPTV 형태의 서비스를 제공할 예정이다. 데이콤과 파워콤도 망의 시너지효과를 극대화하기 위해 IP플랫폼 구축 방안을 모색 중에 있으며[3] 통신사업자 외에도 다음과 네이버 등 대형 포털도 홈 네트워킹 시범서비스에 참여하고 있다.

3) 디지털타임즈, 2005. 9. 20.

4. IPTV 시스템 개념

IPTV가 서비스되기 위해서는 <그림 2-7>과 같이 하드웨어 부분으로 플랫폼 부분, 네트워크 부분(전달망과 가입자망), 터미널에 해당하는 셋톱박스 부분이 필요하고, 가입자에게 프로그램을 제공하기 위해서는 다양한 콘텐츠가 필요하다.

<그림 2-7>과 같이 IPTV 서비스를 위한 시스템은 PP(*Program Provider*), 또는 CP(*Contents Provider*)로부터 제공되는 방송프로그램을 전용선, 위성안테나, 공중파로부터 수신하여 IPTV 사업자의 채널편성 계획에 따라 재편성된다. 이때, 영상방송신호, 음성방송신호 등으로 구분된 신호들은 MPEG-2 또는 H.264 등의 압축방식에 의해 압축된 후 가입자 관리, 가입자 수신제한, 다양한 부가서비스를 위해 CAS(*Conditional Access System*), SMS(*Subscriber Management System*), 데이터방송시스템에서 제공되는 정보들과 다중화된 후 네트워크인 광케이블로 IP(*Internet Protocol*) 방식에 따라 스트리밍되고, 스트리밍된 신호들은 신호 집선장치(DSLAM)까지 모두 전달된다. 그리고 집선장치와 가입자 셋톱박스를 연결하는 QoS(*Quality of Service*)가 보장된 가입자단 네트

<그림 2-7> IPTV를 위한 시스템 개념도

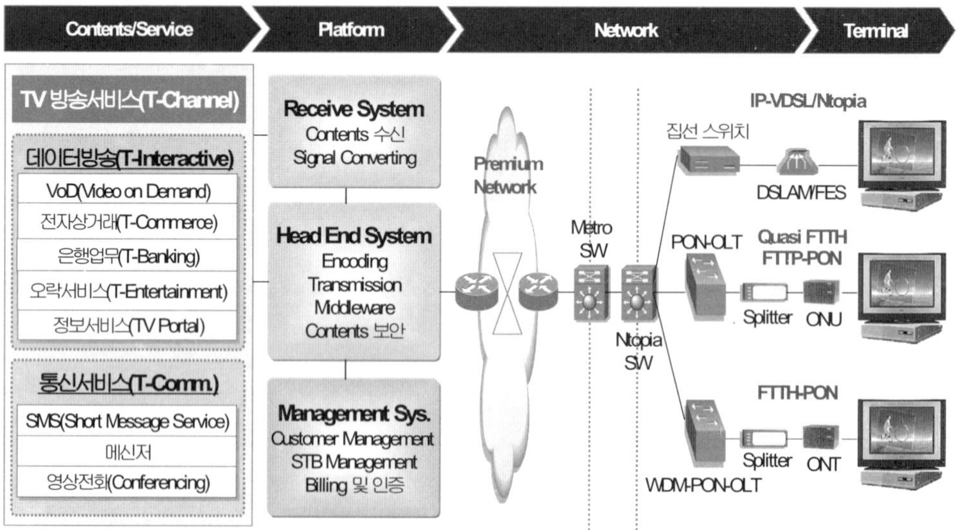

• DSLAM: Digital Subscriber Line Access Multiplexer,

워크를 통해 셋톱박스에서 요청한 신호들만이 전달되고, 셋톱박스에서 TV 디스플레이를 위해 디코딩된 후 영상이 TV 화면에 표현된다. 이러한 IPTV 시스템은 방송수신시스템(*I/O Link System*), 프로그램 정보관리시스템(*Program Management System*), 제한시스템(*Conditional Access System*), 압축시스템(*Encoding System*), 스트리밍 시스템(*Streaming System*), 고객관리시스템(*Subscriber Management System*) 등의 서브시스템들로 구성된다.

1) 플랫폼 부분

IPTV 서비스는 지상파 방송사, 위성방송사, 방송채널사용 사업자(PP: *Program Provider*) 등 콘텐츠제공 사업자들에게서 제공되는 콘텐츠를 방송센터에서 입력받아 IPTV 서비스 기술표준에 적합하도록 디지털 신호처리하고, 방송 스케줄에 맞게 편성한 후 방송프로그램을 xDSL, FTTP(*Fiber-To-The-Premise*), HFC(*Hybrid Fiber Coaxial*), FTTH 등의 유선망을 통해 가입자의 셋톱박스로 신호를 IP 방식으로 전송한다.

〈표 2-9〉 IPTV 플랫폼 구성 시스템

수신 시스템	각종 방송신호를 수신하여 안정적으로 헤드-엔드 시스템으로 전송하는 방송수신 시스템
헤드-엔드 시스템	수신 시스템에서 입력된 각종 방송신호를 압축 및 다중화하여 가입자에게 전송하는 시스템
CAS 시스템	방송을 허가된 가입자들만 수신할 수 있도록 하는 제한하는 시스템
미들웨어 시스템	다양한 부가서비스를 시스템 전체와 연동하도록 하는 소프트웨어 시스템
트래픽 관리 시스템	방송신호의 트래픽 관리, 신호 관리, NMS 등을 위한 시스템
SMS 빌링 시스템	가입자를 관리하고 과금 등을 관리하기 위한 시스템
콘텐츠 보관 시스템	가입자에게 각종 콘텐츠 등을 공급하기 위한 시스템
VOD, NVOD 시스템	가입자를 대상으로 VOD 서비스 및 NVOD 서비스를 위한 시스템
관리 시스템	회사 내의 자산 및 급여, 인사, 회계 등을 위한 전산 시스템
광고 삽입 시스템	광고를 자동으로 삽입시키기 위한 시스템

〈그림 2-8〉 IPTV 플랫폼 시스템 구성도

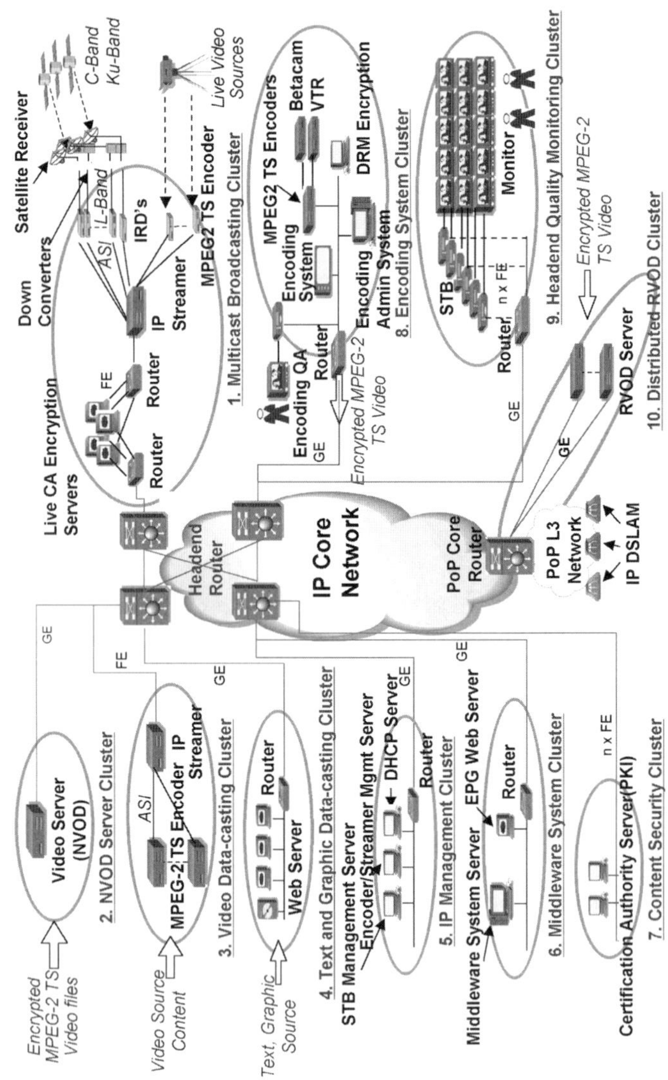

이때, 콘텐츠 제공사업자들이 제공한 콘텐츠를 입력받아 네트워크로 전송할 수 있도록 입력된 신호를 MPEG-2, H.264 등의 압축방식에 의해 압축하고, 이러한 정보와 다양한 데이터들을 다중화하고, 전송네트워크에 적합하도록 다중화된 신호들을 디지털 신호처리 기법에 의해 처리하는 부분을 플랫폼이라 한다. 플랫폼은 〈표 2-9〉에서와 같이 수신시스템, 헤드앤드 시스템, CAS 시스템, 미들웨어 시스템, SMS 및 빌링 시스템, VOD 시스템 등으로 구성되며, 이러한 기능들은 디지털 케이블TV방송 시스템과 동일한 요소 기능들이다.

〈그림 2-8〉의 플랫폼 시스템 구성에서 하나로텔레콤의 경우는 두루넷 인수로 인해 전송네트워크의 70% 이상이 광동축혼합망(HFC)으로 이루어져 있어 대역폭에 제한을 덜 받는 상태이므로 신호압축을 MPEG-2 방식에 의해 설계하고, 〈표 2-10〉에서와 같이 압축효율이 MPEG-2보다 약 2배 이상 효율성이 있는 H.264 방식의 상용화가 입증

〈표 2-10〉 IPTV에 사용 가능한 압축 기술들의 비교

Criteria	MPEG-2	H.264/MPEG-4 Part 10	Window Media 9	VC-1
Standards Maturity	Long standard	New standard	Proprietary	Not finalized
Royalty	Well defined	Newly defined	Announced by MS	Not defined
BW requirement for SD	4-5Mbps	1.5-2Mbps	1.5-2Mbps	1.5-2Mbps
Encoder availability	Widely available now	Prototype available	Prototype available	Not available
Video server availability	Widely available now	Announced support	Announced support	Not available
STB availability	Widely available now	Prototype	Prototype/trial	Not available
Availability of STB〈150＄	Now	2005-Q4	2006-Q2	Unknown
Availability of STB〈100＄	Now(Large Quantity)	2006-Q2	2006-Q4	Unknown
Technical support/ advertisement	Mature	Improving by experts	By Microsoft only	Unknown
Support of content Community	High	Medium	Low	Unknown
Reference	All IPTV service running at present	UK(MPEG-2 currently but migration plan)	YahooBB(reconsidering standard now)	None

될 경우, 2008년경 MPEG-2 방식을 H.264 방식으로 전환하는 것을 고려하고 있는 것으로 알려졌다.

KT의 경우는 MPEG-2 압축방식을 사용할 경우 현재 보유한 전송 네트워크 중 QoS가 보장될 수 있는 Ntopia급 이상의 네트워크에서 서비스가 가능하므로 KT 전체 네트워크 중 상당부분의 네트워크에서 서비스가 불가능하게 되고, H.264 압축방식을 사용할 경우 IP-VDSL급 이상의 네트워크에서 영상서비스가 가능하게 되므로 KT 전체 설치 네트워크 중 약 40%정도에서 영상을 서비스할 수 있게 된다. 그러나 아직 H.264 압축방식은 VOD 서버, 셋톱박스와의 연동, 미들웨어와의 연동 등 해결해야 하는 기술문제들을 안고 있다.

2) 전송 네트워크 부분

IPTV 플랫폼에서 처리된 방송신호들은 〈그림 2-9〉와 같이 구성된 네트워크를 통해 전국으로 방송신호를 서비스한다. 이러한 네트워크 구성은 디지털 케이블방송을 위한 DMC(*Digital Media Center*) 네트워크 구성도와 동일하고, 단지 IPTV는 IP(*Internet Protocol*) 방식에 의해 신호를 전송하고, 디지털 케이블TV는 주파수 측면의 OpenCable 방식에 의해 신호를 전송하는 전송표준의 차이가 있을 뿐이다.

IPTV 서비스를 위한 전국 네트워크 구성은 콘텐츠 수급이 용이한 지역에 중앙 헤드엔드(CHE: *Central Headend*) 시스템을 구축하고, 전국 주요지역에는 지역 헤드엔드(LHE: *Local Headend*) 시스템을 구축하여, 중앙 헤드엔드 시스템과 지역 헤드엔드 시스템을 광망으로 연결한다.

IPTV 중앙 헤드엔드에서는 외부 콘텐츠를 정해진 인코딩방식(MPEG-2, H.264)으로 변환한 후 IP 스트리머(*streamer*)를 통해 헤드엔드 라우터로 전송하고, VOD, 데이터, CG 등의 정보들과 헤드엔드 라우터에서 결합하여 지역에 위치한 시외 집중국을 거쳐 지역 헤드엔드 시스템까지 광케이블을 통해 전송한다. 지역 헤드엔드 시스템에서는 중앙 헤드엔드에서와 같이 지역방송 콘텐츠들을 신호 처리하여 중앙 헤드엔드에서 보내온 신호정보들과 결합해 정보 집선장치인 DSLAM까지 전달한다. 집선장치인 DSLAM에서는 가입자의 셋톱박스까지 연결되는 가입자 선로의 전송채널 용량 문제로 가입자

〈그림 2-9〉 IPTV 전국 네트워크 구성도

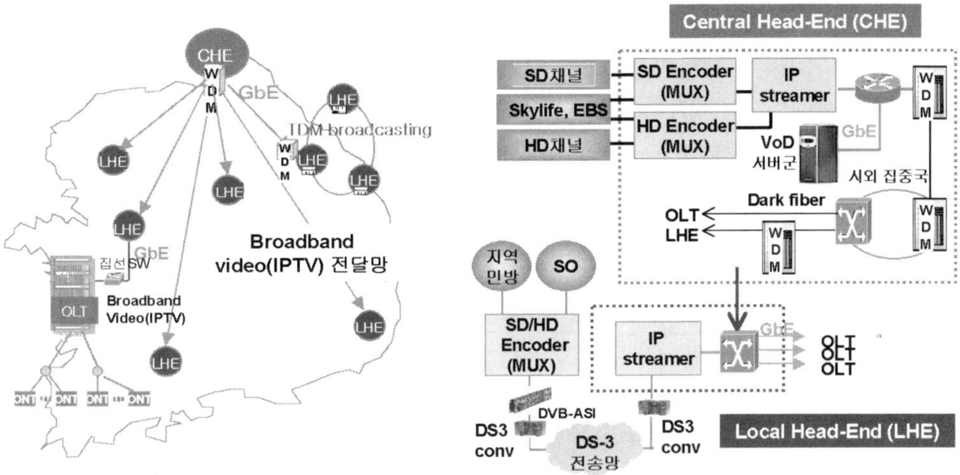

출처: 방송통신융합 정책과제-진단과 처방, 미디어미래연구소.

가 요청한 채널만 DSLAM에서 가입자망으로 전송하여, 가입자 셋톱박스에서 TV형식으로 디코딩해서 정보를 화면에 표시한다.

디지털 케이블TV 서비스를 위한 시스템도 IPTV 서비스를 위한 시스템과 거의 동일하며, 단지 IPTV의 지역 헤드엔드 시스템이 지역 케이블TV 사업자의 시스템에 해당하는 것과, 신호 전송방식이 IPTV는 IP방식의 스트리밍 형태로 전송하고, 디지털 케이블TV방송은 OpenCable 방식에 주파수 신호형태로 전송되는 점만 차이가 있다.

3) 가입자 망 부분

국내에 포설된 가입자 네트워크의 종류는 구리-ADSL, 광-ADSL, IP-VDSL, Ntopia-E, HFC(*Hybrid Fiber Coaxial*), FTTP(*Fiber-To-The-Premise*), FTTH(*Fiber-To-The-Home*), Nespot 등 다양하다. 무선 인터넷 접속을 위한 네트워크인 Nespot을 제외하고는 모든 네트워크가 셋톱박스까지 유선으로 이루어진 네트워크이며, 케이블방송에서 이용하는 광동축혼합망(HFC)을 제외하고는 모든 네트워크는 통신사업자들이 사용하는 네트워크이다.

이러한 네트워크의 구성도는 <그림 2-10>과 <표 2-11>과 같다.

이러한 다양한 네트워크 중에서 IPTV 서비스를 위해 사용 가능한 네트워크는 네트워크가 갖고 있는 신호 전송대역폭, 서비스 종류 및 신호압축방식에 따라 달라질 수 있다. 따라서 하나로텔레콤과 KT가 IPTV 서비스를 위해 준비하고 있는 몇 가지 상황을 전제로 사용 가능한 네트워크의 비율이 어느 정도인지 살펴보자.

<그림 2-10> IPTV 가입자 네트워크 구성도

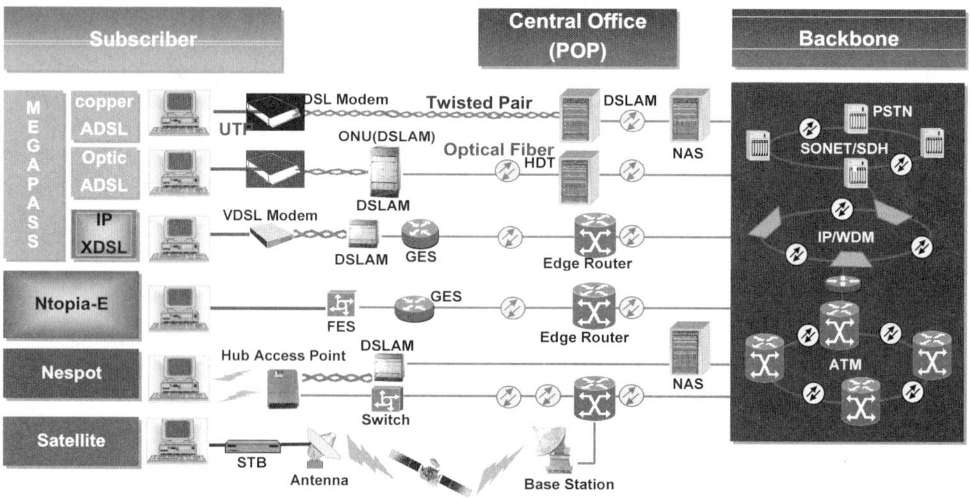

<표 2-11> 국내 가입자 네트워크 구성 비율(2006년 12월 기준)

구 분	xDSL	HFC	LAN	FTTH	위성	계	비율
KT	4,868,662	—	1,411,391	66,881	1,684	6,348,618	45.5%
HTI	680,708	2,082,467	825,765	16,233	—	3,605,173	25.9%
LG-PC	—	588,329	449,454	—	—	1,035,783	7.4%
CATV-SO	46,920	2,125,924	68,814	—	—	2,241,658	16.1%
계	5,675,859	5,152,531	3,030,989	83,114	1,684	13,944,177	100%
비 율	40.7%	37.0%	21.7%	0.6%	0.0%	100%	—

첫째의 경우, IPTV 플랫폼에서 신호압축을 위해 MPEG-2 방식을 사용하고, HD급 영상을 서비스한다고 가정하자. 이 경우 HD 방송프로그램 2채널[4]을 서비스하는 데 40Mbps의 대역폭이 요구되고, 초고속 인터넷을 서비스하는 데 10Mbps, VoIP 또는 영상전화를 서비스하는 데 2Mbps~20Mbps, 원격검침이나 원격제어를 하는 데 1Mbps가 요구된다. 따라서 HD급 방송프로그램 2채널, 초고속 인터넷, VoIP, 원격제어 또는 원격검침을 동시에 서비스하기 위해서 필요한 대역폭은 적어도 50Mbps 이상이다.

두 번째 경우, IPTV 플랫폼에서 신호압축을 위해 H.264 방식을 사용하고, HD급 영상을 서비스한다고 가정하자. 이 경우, H.264 신호 압축방식이 MPEG-2 신호 압축방식보다 압축 효율이 약 2배 이상이므로 요구되는 전송대역폭에 절반 정도의 대역폭이면 동일한 서비스를 실시할 수 있다. 따라서 HD급 방송프로그램 2채널, 초고속 인터넷, VoIP, 원격제어 또는 원격검침을 위해서 필요한 대역폭은 적어도 30Mbps 이상이다.

결국 MPEG-2 신호 압축방식으로 HD급 방송프로그램을 2채널, VOD, 초고속 인터넷만을 서비스한다고 가정해도, 요구되는 대역폭은 적어도 약 50Mbps급 이상이며, 이 경우 IPTV 서비스를 위해 사용 가능한 네트워크는 KT의 경우 VDSL급 이상의 네트워크이고, 하나로텔레콤의 경우는 HFC 네트워크이다. 따라서 현재의 네트워크 상태에서 IPTV 서비스를 실시할 수 있는 KT의 네트워크는 전체 초고속 인터넷 가입자 중 약 150만 가구 정도이다.

또한 H.264 신호 압축방식으로 HD급 방송프로그램을 2채널, VOD, 초고속 인터넷만을 서비스한다고 가정해도, 요구되는 대역폭은 적어도 약 30Mbps급 이상이며, 이 경우 IPTV 서비스를 위해 사용 가능한 네트워크는 KT의 경우 VDSL급 이상의 네트워크이다. 따라서 현재의 네트워크 상태에서 IPTV 서비스를 실시할 수 있는 KT의 네트워크 비율은 전체 초고속 인터넷 가입자의 약 40%에 해당하는 약 200만 가구 정도이다.

그러나 아직 H.264 압축방식은 VOD 서버, 셋톱박스와의 연동, 미들웨어와의 연동 등 해결해야 하는 기술문제들을 안고 있다.

MPEG-2 신호 압축방식을 사용하든 H.264 압축방식을 사용하든, KT나 하나로텔레콤이 전국적으로 IPTV 서비스를 실시하기 위해서는, KT의 경우 현재 포설되어 있

4) 우리나라의 경우, 각 가정에 TV의 설치 대수가 평균 1.4개 이상이기 때문에 IPTV를 서비스할 경우 적어도 2채널 이상의 방송 프로그램을 전송해야 한다.

〈그림 2-11〉 가입자단에서의 IPTV와 디지털 케이블TV의 신호처리방식 차이

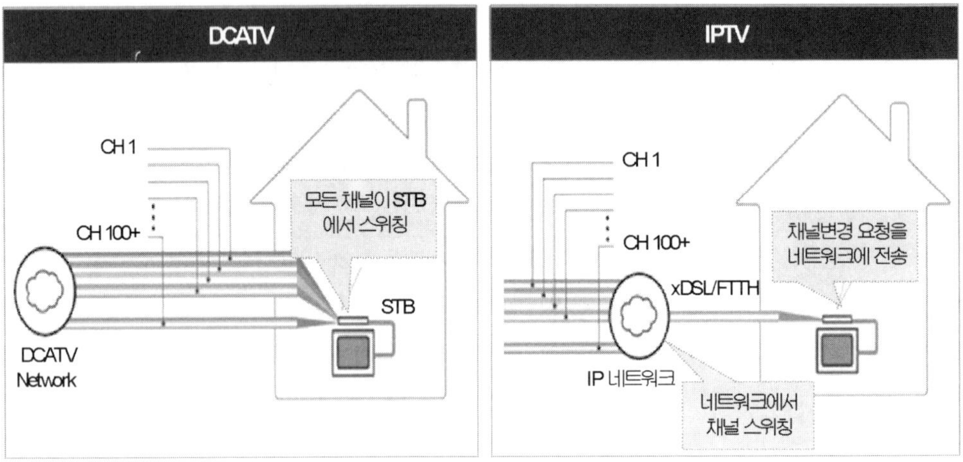

는 네트워크 중 약 60% 정도에 해당하는 ADSL 네트워크를 업그레이드해야 하고, 하나로텔레콤의 경우는 현재 포설되어 있는 네트워크 중 약 20% 정도의 ADSL 네트워크를 업그레이드해야 한다.

가입자 망 측면에서 디지털 케이블TV와 IPTV를 비교하면, 디지털 케이블TV 서비스와 IPTV 서비스는 TPS 서비스(초고속 인터넷 서비스+VoIP 서비스+방송서비스)를 제공하는 측면에서는 거의 동일하나, 서비스가 제공되는 가입자단 측면에서는 〈그림 2-11〉과 같이 현저한 차이를 나타낸다.

디지털 케이블TV는 방송국에서 제공하는 모든 콘텐츠가 광동축혼합망(HFC)을 통해 가정 내에 설치된 셋톱박스까지 모두 전달되고, 가입자가 시청하고자 하는 채널을 선택하기 위해 리모콘을 작동하면 셋톱박스에서 채널이 변경되어 선택 채널의 프로그램이 TV 화면에 즉시 나타난다. 그러나 IPTV는 방송국에서 제공하는 모든 콘텐츠가 가정 내 설치되어 있는 셋톱박스까지 전달되지 못한다. 왜냐하면 가입자단의 전송 네트워크가 xDSL 계통의 경우 신호 대역폭이 적기 때문에 방송국에서 제공한 모든 콘텐츠가 셋톱박스까지 전달되지 못하고, 광(optic)망이 설치되어 있는 집선장치까지만 전달되기 때문이다. 따라서 가입자가 시청하고자 하는 채널을 선택하기 위해 리모콘을 작동하면 선택 명령신호가 셋톱박스를 통해 신호 집선장치까지 전달되며 집선장치에서

선택된 채널이 셋톱박스로 전달되고, 전달된 신호가 신호처리를 거쳐 TV 화면에 나타난다. 이 경우 IPTV 네트워크는 TCP/IP 프로토콜 방식의 데이터 통신방식을 기반으로 하기 때문에 지터(*jitter*) 현상이 발생할 수밖에 없고, 지터현상이 크면 전송 비트율이 순간적으로 높아지기 때문에 통신에서 신호패킷 유실의 확률이 높아지며, 이를 보정하기 위해 IPTV 셋톱박스에 일정 수준의 사용자 버퍼를 설치해야 하는데, 이는 사용자 명령에 대한 반응속도를 느리게 하므로 채널변경 속도가 느려지는 현상을 발생시킨다. 최근 IPTV 시범서비스에서 채널변경 속도는 약 3.5초 정도로 나타났다.

4) 콘텐츠 부분

IPTV 서비스는 〈그림 2-12〉에서와 같은 서비스를 실시할 계획이다. 이 서비스들은 디지털 케이블TV 서비스에서와 같이 TV 방송서비스, TV 전자상거래, 은행업무 등과 같은 데이터방송서비스, 영상전화, SMS(*Short Message Service*) 등과 같은 방송통신 결합서비스인 TPS 서비스를 제공하는 측면에서는 거의 동일하다.

〈그림 2-12〉 IPTV 서비스 종류와 추진전략

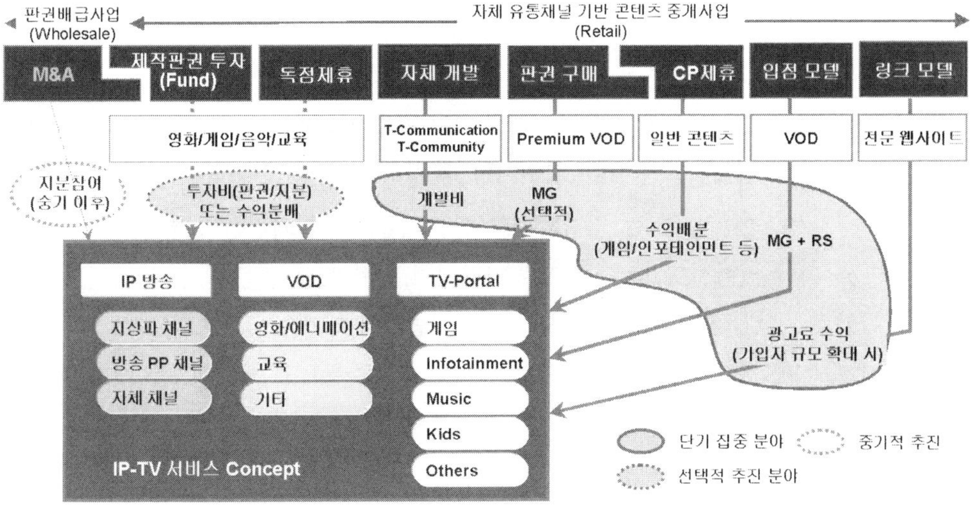

〈표 2-12〉 IPTV의 콘텐츠와 관련된 포토폴리오

서비스 포토폴리오	특징	상반관계(*trade-offs*)	디지털 CATV와 차이점
데이터방송	• 적은 투자 및 적은 위험성 내재 • 유용한 콘텐츠	• 낮은 ARPU • 낮은 보존력	• 저
상업용 서비스	• 적은 투자 요구 • 비교적 적은 위험성 내재	• 낮은 ARPU • 낮은 보존력	• 중상
양방향 서비스	• 적정 투자 요구 • 적정 위험성 내재	• 낮은 ARPU • 낮은 보존력	• 중상
NVOD 프리미엄	• 높은 ARPU • 높은 수용자 요구	• 높은 콘텐츠 투자 요구 • 네트워크 한계 존재	• 중상
기본 다채널방송	• 높은 수용자 요구	• 높은 콘텐츠 투자 요구 • 네트워크 한계 존재	• 중하 (틈새 채널 필요)
프리미엄 다채널방송	• 높은 수용자 요구	• 높은 콘텐츠 투자 요구 • 네트워크 한계 존재	• 중하 (틈새 채널 필요)

출처: 〈방송통신융합 정책과제-진단과 처방〉, 미디어미래연구소.

하지만 현재 디지털 케이블 TV와 차이가 있는 이유는 IPTV가 법적으로 방송인지 통신인지가 명확하게 규정되지 않았기 때문에 전문 웹사이트와의 연동서비스가 가능한 것으로 되어 있으나, IPTV가 방송의 규제를 받을 경우에는 개방형 회로에서 운영되는 전문 웹사이트 연동서비스는 제공하기 어려울 것으로 판단된다.

또한 〈표 2-12〉에서와 같이 IPTV 콘텐츠 서비스를 통한 ARPU 요소와 디지털 케이블TV 서비스와의 차별성, 도입의 위험성과 관련된 콘텐츠 포토폴리오를 살펴보면, ARPU가 낮은 경우의 콘텐츠는 디지털 케이블TV 서비스와 차별성이 별로 없고, 투자가 적게 소요되며 위험성도 적은 것으로 나타나며, ARPU가 높은 경우의 콘텐츠도 디지털 케이블TV 콘텐츠와 차별성이 별로 없고, 높은 투자비용이 소요되므로, IPTV 콘텐츠는 디지털 케이블TV에서 서비스되고 있지 않은 틈새(*niche*) 콘텐츠를 개발하여 서비스를 실시해야 할 것이다.

5) 셋톱박스 부분

셋톱박스는 IPTV 서비스 제공 시 상당히 중요한 요소에 해당한다. 셋톱박스에 포함되는 기능들은 〈그림 2-13〉과 같은데, IPTV 서비스 사업자가 제공 예정인 서비스 기능에 따라 셋톱박스의 물리적 기능이 달라질 수밖에 없고, 이에 따라 셋톱박스의 단가 및 유통모델이 달라질 것으로 예상된다.

따라서 셋톱박스의 기능을 어느 정도로 할 것인지를 판단하여 셋톱박스 기능을 선정해야 하는데, 현재 IPTV 서비스 사업자들은 기본형에 약간의 기능을 추가하여 셋톱박스 가격을 약 15만 원 정도로 예상하고 있다.

〈그림 2-13〉 셋톱박스의 물리적 기능 구조

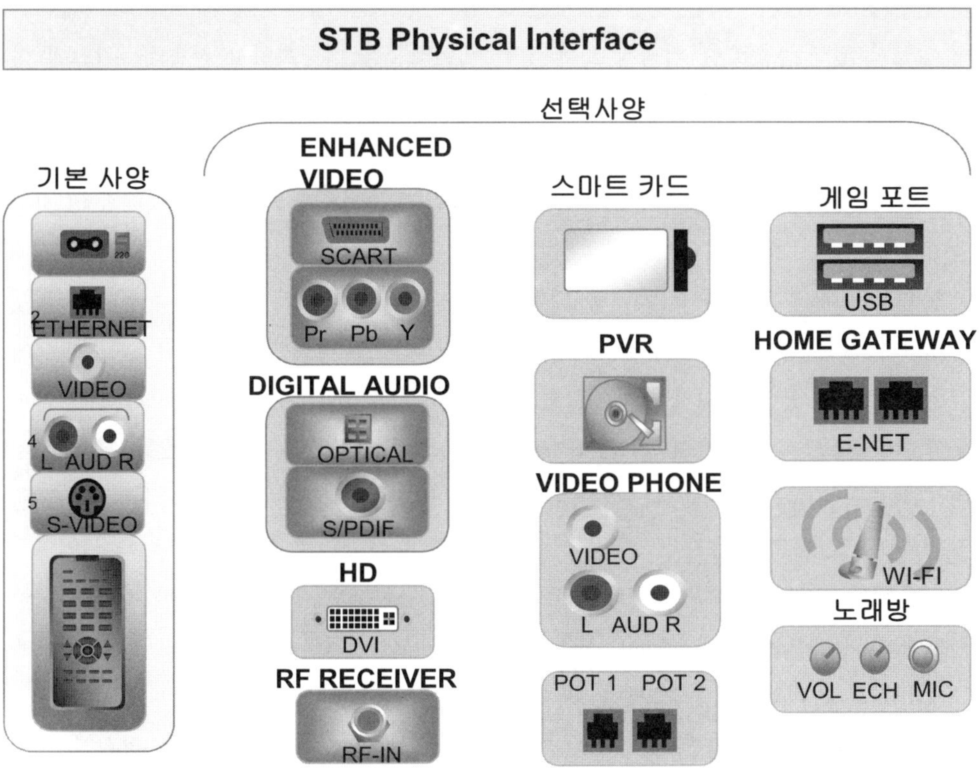

5. IPTV와 디지털 케이블TV, 인터넷TV의 비교

1) IPTV와 디지털 케이블TV의 비교

플랫폼 측면에서 IPTV와 디지털 케이블TV를 비교하면, 지상파방송사, 위성방송사, 방송채널사용사업자(PP: *Program Provider*) 등 콘텐츠제공 사업자들에게서 제공되는 콘텐츠를 방송센터에서 입력받아 MPEG-2, H.264 방식으로 디지털신호처리하고 방송 스케줄에 맞게 편성하는 것은 동일하다. 다만 IPTV는 편성된 방송프로그램을 xDSL, FTTP(*Fiber-To-The-Premise*), HFC(*Hybrid Fiber Coaxial*), FTTH 등의 유선망을 통해 가입자의 셋톱박스로 IP 방식 신호를 전송하고, 디지털 케이블TV는 국가에서 정한 OpenCable 표준방식에 따라 RF(*Radio Frequency*) 방식으로 전송하는 신호처리 측면이 다를 뿐 플랫폼 구성요소나 플랫폼 구성도는 유선방송이므로 거의 유사하다.

다시 말해, 콘텐츠 제공사업자들이 제공한 콘텐츠를 입력받아 네트워크로 전송할 수 있도록 입력된 신호를 압축하고, 다양한 데이터들을 다중화하고 전송네트워크에 적합하도록 다중화된 신호들을 디지털신호 처리기법에 의해 처리하기 위해 수신시스템, 헤드엔드 시스템, CAS 시스템, 미들웨어 시스템, SMS 및 빌링 시스템, VOD 시스템 등으로 구성되며, 이러한 기능들은 디지털케이블TV 방송 시스템과 동일한 요소 기능들이다.

전송 네트워크 측면에서 IPTV와 디지털 케이블TV를 비교하면, IPTV는 IPTV 플랫폼에서 처리된 방송신호들을 네트워크를 통해 전국으로 방송신호를 서비스하는데, 이러한 네트워크 구성은 디지털 케이블방송을 위한 DMC(*Digital Media Center*) 네트워크 구성도와 동일하다. 단지 IPTV는 IP(*Internet Protocol*) 방식에 의해 신호를 전송하고, 디지털 케이블TV는 주파수 측면의 OpenCable 방식에 의해 신호를 전송하는 전송표준의 차이가 있을 뿐이다.

또한 IPTV 서비스를 위한 전국 네트워크 구성은 콘텐츠 수급이 용이한 지역에 중앙 헤드엔드(CHE: *Central Headend*) 시스템을 구축하고, 전국 주요지역에는 지역 헤드엔드(LHE: *Local Headend*) 시스템을 구축하여, 중앙 헤드엔드 시스템과 지역 헤드엔드 시스템을 광망으로 연결한다. IPTV 중앙 헤드엔드에서는 외부 콘텐츠를 정해진 인코딩 방식(MPEG-2, H.264)으로 변환한 후 IP 스트리머(*streamer*)를 통해 헤드엔드 라우터로 전송하고 VOD, 데이터, CG 등의 정보들과 헤드엔드 라우터에서 결합하여 지역에 위치한 시외 집중국을 거쳐 지역 헤드엔드 시스템까지 광케이블을 통해 전송한다.

지역 헤드엔드 시스템에서는 중앙 헤드엔드에서와 같이 지역방송 콘텐츠들을 신호처리하여 중앙 헤드엔드에서 보낸 신호 정보들과 결합하여 정보 집선장치인 DSLAM까지 전달하고, DSLAM에서 가입자의 셋톱박스까지 연결되는 가입자 선로의 전송채널 용량 문제로 가입자가 요청한 채널만 가입자망으로 전송하여, 가입자 셋톱박스에서 TV형식으로 디코딩한 정보를 화면에 표시한다. 디지털 케이블TV 서비스를 위한 시스템도 IPTV 서비스를 위한 시스템과 거의 동일하며, 단지 IPTV의 지역 헤드엔드 시스템이 지역 케이블TV사업자의 시스템에 해당하는 것과, 신호 전송방식이 IPTV는 IP방식의 스트리밍 형태로 전송하고, 디지털 케이블TV 방송은 OpenCable 방식에 주파수 신호 형태로 전송되는 점만이 차이가 있다.

결론적으로 IPTV의 네트워크 구성도는 디지털 케이블TV의 DMC(*Digital Media Center*) 네트워크 구성도와 유사하고, 가입자망 측면에서는 네트워크의 대역폭 입장에서 디지털 케이블TV가 우수하여 채널변경 속도가 IPTV보다 빠르며, 콘텐츠 측면에서는 방송을 본업으로 한 디지털 케이블TV가 우수하고, 다양한 요소를 통한 종합적 평가에서도 디지털 케이블TV가 IPTV보다 우수하게 나타남을 알 수 있다.

따라서 IPTV 서비스를 위한 4대 요소인 콘텐츠, 네트워크, 플랫폼, 단말기 측면에서 디지털 케이블TV와 IPTV는 물리적 측면에서 유사하여 경쟁관계에 놓일 것이 분명하다. 서비스 측면에서는 디지털 케이블TV가 IPTV보다 우수함을 알 수 있으나, 이는 단일 사업자의 자본력에 의해 좌우되는 요소가 크므로 디지털 케이블TV보다 우위를 점하기 위해 자본력에 의한 콘텐츠 시장의 왜곡현상을 발생시킬 가능성이 있다.

2) IPTV와 인터넷TV의 비교

IPTV와 인터넷TV를 다양한 요소에서 비교해 보면 〈표 2-13〉과 같다.

IPTV 서비스는 제한된 운영지역에서만 실시될 수 있으며, 제한된 지역에 거주하면서 서비스 가입을 신청한 가입자에게만 서비스가 이루어진다. 그러나 인터넷TV는 전세계 어느 곳에 거주하거나 상관없이 인터넷에 접속 가능한 사람은 모두 이용할 수 있다. 이는 IPTV가 디지털 케이블방송과 같이 폐쇄형 네트워크(*close network*)에서 이루어지는 서비스이고, 인터넷TV는 기존 인터넷 네트워크(*open network*) 상에서 이루어지는 일상적 영상서비스를 의미한다.

〈표 2-13〉 IPTV vs. Internet TV

	IPTV	Internet Video Streaming
시청권역	지역(사업영역이 제한적)	초국가적 또는 전세계적
이용자	공개된 IP와 공개된 지역의 공개된 고객	모든 이용자 가능 (일반적으로 비공개)
영상화질	통제된 Qos 방송용 TV 품질	최상의 품질 Qos는 보장못함
연결대역폭	최소 4Mbps	
비디오 포맷	MPEG-2 MPEG-4 Part2 MPEG-4 Part10(AVC) Microsoft VC1	Windows Media RealNetworks Quicktime Flash 등
수신기	STB	PC
해상도	Full TV display	QCIF/CIF
신뢰도	안정적	경쟁에 따라 다름
안정성	이용자는 법적으로 보호받음	불안정
저작권	콘텐츠 보호 가능	종종 보호받지 못함
기타 서비스	EPG, PVR	
고객지원	현장설치 및 고객지원	일반적으로 못함
케이블, 지상파, 위성 방송과의 보완관계성	잠재적으로 공통 STB, 보완적 관계	

출처: ITU-T(2006)

또한 IPTV는 디지털케이블방송과 같이 신호품질이 보장될 수 있도록 QoS가 보장되어야 하고, 단말기는 TV를 대상으로 한다. 이러한 특징 때문에 IPTV는 가입자의 정보보호 및 콘텐츠의 저작권 보호가 이루어져야 한다. 그러나 인터넷TV는 기존 인터넷상에서 이루어지는 서비스이므로 신호품질은 QoS가 보장될 필요는 없으며, 이용자의 정보보호나 영상 저작권도 보호받지 못할 수 있다.

결론적으로 인터넷TV는 개방형 네트워크에서 이루어지는 인터넷 서비스에 영상서비스가 추가된 형태라면, IPTV는 폐쇄형 네트워크에서 가입을 신청한 신청자만이 고품질의 방송 및 부가서비스를 제공받는 디지털 케이블방송과 같은 유료방송서비스임을 알 수 있다.

6. 인터넷 프로토콜(IP) 기술

인터넷은 공통의 프로토콜(*protocol*)을 사용하여 공통의 서비스를 제공하는 이기종간 네트워크들이 결합된 집합체를 의미한다. 따라서 인터넷은 어느 한 사람이 계획하거나 통제할 수 있는 네트워크가 아니다. 그러므로 인터넷은 네트워크의 네트워크(*Networks of Networks*) 또는 정보의 바다라고 불릴 정도로 무한히 많은 정보들로 가득 차 있다. 과거 대부분의 사람들은 컴퓨터를 개인용으로만 사용했기 때문에 활용할 수 있는 정보의 양은 한정될 수밖에 없었다. 따라서 사람들은 컴퓨터와 컴퓨터를 연결하여 좀더 많은 정보를 서로 나누는 방법을 생각하게 되었고, 지역적으로 가까운 곳에 있는 컴퓨터들을 서로 연결하여 정보를 공유하거나 편지를 서로 주고받을 수 있게 되었다. 차츰 먼 곳에 산재된 정보를 공유하기 위한 인간의 욕심이 생기게 되었고, 이것을 해결하기 위해 탄생한 것이 바로 인터넷이다.

인터넷은 산재되어 있는 네트워크들을 하나로 연결해 놓은 집합체이기 때문에 인터넷에 연결되기만 하면 자신의 컴퓨터를 통해 가까운 곳에서부터 이 지구상 어느 곳이든 접근할 수 있다. 〈그림 2-14〉는 일반적 인터넷의 구조를 나타낸다.

〈그림 2-14〉 일반적 인터넷의 구조

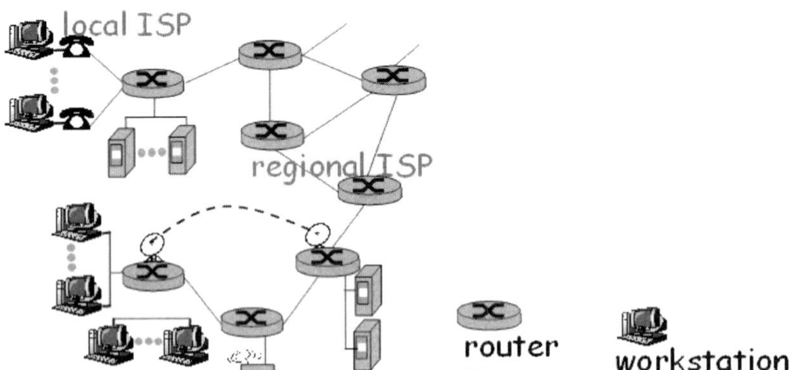

1) 인터넷의 역사

인터넷은 처음부터 전 세계를 묶는 가상의 지구촌 사회를 구축할 목적으로 만들어진 것은 아니다. 과학문명의 발전과정은 과거나 지금이나 전쟁을 통한 인간의 간절한 요구에 의해 방향이 결정되고 있다. 인터넷 역시 미국 국방부(*Department of Defence*)의 군 전략 및 전술에 근거하여 소련의 핵폭격이나 장거리 유도탄 공격을 가상해 어떠한 경우도 신뢰성 있는 정보를 보유할 수 있도록 분산된 정보망의 필요에 의해 시작되었다.

1983년 1월 1일 TCP/IP가 유일한 공식 프로토콜이 된 후, ARPANET[5]에 연결된 네트워크, 기기, 및 사용자 수는 급격히 증가하였다. NSFNET[6]과 ARPANET이 상호

---

5) 미국 국방부 ARPA에 의해 1969년에 설립된 ARPANET은 최초로 운영된 패킷 교환 네트워크로서, 종전의 회선 교환 데이터 전송이 사용될 때는 송신 측과 수신 측의 데이터 속도가 같아야 한다는 것이 필수적이었지만, 패킷 교환방식에서는 서로 다른 데이터의 전송 속도로 데이터의 송수신이 가능하다. 초기 ARPANET가 개발되었을 때 서로 다른 제조업체의 컴퓨터끼리 상호 연결이 어려웠다. 이 때의 어려움은 개방형 표준통신규약이 없었다는 것이며, 이 때문에 서로 다른 컴퓨터끼리의 통신은 실질적으로 불가능했다. 그러나 ARPA의 Vint Cerf와 Bob Kahn은 임의의 여러 개의 패킷 교환 네트워크를 경유하여 통신이 가능한 인터-네트워킹을 위한 방식과 프로토콜을 개발하기 시작했다. 이러한 노력이 TCP/IP 프로토콜을 만드는 근간을 형성했고, 오늘날 인터넷의 토대가 되었다.

6) ARPANET을 계속 유지하기 위해 미국 과학재단은 ARPANET의 후속 시스템을 설계하여 이것을 모든 대학 연구 그룹에 개방하였고, 이를 위해, 미국 과학재단은 San Diego, Boulder, Champaign, Pittsburgh, Ithaca, Princeton에 있는 여섯 개의 슈퍼컴퓨터를 연결하는 백본 네트워크를 구축하는 것부터 시작하기로 결정하였다. 각 슈퍼컴퓨터는 fuzzball이라 불리는 LSI 11 마이크로컴퓨터로 이루어지며, 하드웨어 기술은 ARPANET에 사용된 것과 동일한 것이지만, 소프트웨어 기술은 달랐다. fuzzball들은 처음부터 TCP/IP 권한으로 통화하였고, 이것이 최초의 TCP/IP WAN을 구성하였다. 또한 미국 과학재단은 백본에 연결된 상당수의(최종적으로는 약 20개) 지역 네트워크에 자금을 지원하여 수천 개의 대학, 연구실, 도서관 및 박물관의 사용자들이 슈퍼컴퓨터에 접속하여 다른 사용자와 통신할 수 있도록 하였다. 백본과 지역 네트워크를 포함하는 네트워크를 NSFNET라 한다. 1990년대 동안 다른 많은 나라와 지역에서도 ARPANET과 NSFNET에 비교되는 국가 차원의 연구망들을 구축하였다. 유럽에서는 EuropaNET과 EBONE이 있었는데, 이들은 2Mbps 회선으로 시작하여 후에 34Mbps 회선으로 업그레이드하였다. 결국, 유럽의 네트워크 인프라스트럭처도 산업으로 연계되었다.

연결되었을 때, 그 성장은 기하급수적이었다. 많은 지역 네트워크들이 합류했고, 캐나다, 유럽 및 태평양에 이르는 연결이 네트워크를 형성하였다. 1980년 중반 즈음, 정치인들의 공식적 지원이 없었음에도 불구하고, 사람들은 네트워크의 집합을 인터넷(*Internet*)으로 보기 시작했고, 후에 인터넷이 되었다.

인터넷을 하나로 묶은 것은 TCP/IP 참조모델과 TCP/IP 프로토콜 스택이다. TCP/IP는 전 세계적으로 서비스를 가능하게 만들었고, 19세기에 철도시설이 표준규격을 채택한 것이나 또는 모든 회사가 공통 신호 프로토콜을 채택한 것에 견줄 만하다.

인터넷상에서 이것이 실제로 의미하는 것은 무엇인가? TCP/IP 프로토콜 스택으로 동작하고, IP 주소를 가지고 있고, IP 패킷을 인터넷에 연결된 다른 컴퓨터로 보낼 수 있으면 그 컴퓨터는 인터넷상에 있다고 정의한다. 전자우편을 주고받는 단순한 능력으로는 충분하지 않다. 왜냐하면 전자우편은 인터넷 외에 다른 많은 네트워크에서도 가능하기 때문이다. 그러나 많은 개인용 컴퓨터들이 모뎀을 이용하여 인터넷 서비스 제공자에게 전화를 걸 수 있고, 임시 IP 주소를 할당받으며, 다른 인터넷 호스트에 IP 패킷을 보낼 수 있다는 사실은 다소 애매하다. 컴퓨터가 서비스 제공자의 라우터에 연결되어 있으면 인터넷과 연결되어 있다고 간주한다.

전통적으로(1970년부터 약 1990년까지), 인터넷의 주요 응용은 다음과 같은 네 가지였다. ① 전자우편(*E-mail*)이다. 즉, ARPANET의 초창기 이래로 전자우편을 작성하고, 보내고, 받을 수 있는 기능이 주변에 퍼졌으며, 엄청난 인기를 얻은 서비스이다. ② 뉴스(*News*)이다. 즉, 뉴스그룹은 공통 관심사를 가진 사용자들이 메시지를 교환할 수 있는 전문화된 포럼이다. 컴퓨터, 과학, 여가활동, 정치 등을 포함하는 기술적 주제와 비기술적 주제에 대해 수천 개의 뉴스그룹이 존재한다. ③ 원격 로그인(*Remote Login*)이다. 즉, 텔넷(*Telnet*), rlogin 또는 SSH 프로그램을 사용하여 인터넷상의 어디서나 사용자의 계정을 가지고 있는 다른 컴퓨터에 로그-온 할 수 있다. ④ 파일 전송(*File Transfer*)이다. 즉, FTP 프로그램을 사용하여, 인터넷상의 한 컴퓨터에서 다른 컴퓨터로 파일을 복사하는 것이 가능하다. 막대한 양의 기사, 데이터베이스 및 기타 정보들은 이 방법이 유용하다.

1990년대 초반에 이르기까지 인터넷은 학계, 정부, 산업연구원들이 주로 이용하였다. 한 가지 새로운 응용인 WWW(*World Wide Web*)는 모든 것을 변화시켰고, 수백만의 새로운 사용자와 비학계 사용자들을 인터넷으로 인도하였다. CREN의 물리학자 팀 버너스 리(Tim Berners Lee)에 의해 창안된 이 응용은 근간이 되는 설비의 어느 것도 변경하지 않고도 쉽게 인터넷을 이용할 수 있게 하였다. National Center의 마크 앤드리슨(Marc Andreessen)이 일리노이 주의 얼바나(Urbana)에 있는 슈퍼컴퓨터 응용을 위해 개발한 모자이크 브라우저와 함께 WWW는 다른 페이지들에 대한 임베디드(*embedded*) 링크를 가진 텍스트, 그림, 사운드, 심지어 비디오를 포함하는 수많은 페이지의 정보를 가진 사이트에 연결할 수 있게 하였다. 링크를 클릭하면 사용자는 그 링크가 지정하는 페이지로 한번에 이동할 수 있다. 예를 들면, 많은 회사들은 제품정보, 가격목록, 판매상, 기술지원, 고용인과의 통신, 주주정보 등에 대한 페이지를 가리키는 항목을 포함한 홈페이지를 가지고 있다.

2) 프로토콜의 정의

프로토콜은 원래 외교상 언어로 국가와 국가 간의 교류를 원활하게 하기 위한 외교에 관한 의례나 국가 간에 약속을 정한 의정서이다. 이것을 통신에 적용한 것이 통신 프로토콜(*communication protocol*)이다. 즉, 통신 프로토콜은 어떤 시스템이 다른 시스템과 통신을 원활하게 수용하도록 해주는 통신규약이다.

인간과 인간이 대화할 경우, 두 사람이 서로 다른 언어를 사용하면 의사소통이 이루어질 수 없지만, 인간의 대화에서는 말의 전후관계, 상대방의 표정들을 통해 어느 정도 문법에 맞지 않아도 서로 내용을 전달할 수 있다. 이것은 인간이 분석하고 추론하는 지능을 지니고 있기 때문이다. 그러나 컴퓨터는 인간과는 달라 융통성이 없으므로, 미리 규칙을 정해놓고 이 규칙을 따르지 않으면 통신이 불가능하다. 따라서 컴퓨터가 관여하는 통신에서는 규칙, 즉 프로토콜의 확립이 필수적이다.

앞에서 기술한 바와 같이 모든 형태의 통신에 있어서 프로토콜이 규정되어 있다. 그렇지만 프로토콜이 본격적으로 인식되기 시작한 것은 컴퓨터를 사용한 온라인 시스템이 등장할 때부터이며, 보다 구체화된 것은 컴퓨터 네트워크가 등장한 1970년대이다.

이와 같은 계기로 만든 것은 미국 국방성이 개발한 ARPA(*Advanced Research Project Agency*) 네트워크이다. 이는 미국의 대학 및 연구소의 컴퓨터들이 연결되어 있는 대규모 컴퓨터 네트워크로서, 패킷교환 방식을 처음으로 실용화하고 분산처리를 위한 각종 프로토콜이 개발되었다. 이때부터 미국 학회에서는 프로토콜이 대대적으로 거론되기 시작하였다. 그 후 ARPA 네트워크의 성과를 토대로 각종 프로토콜이 실용화되었는데, CCITT에서는 공중 패킷교환망 프로토콜인 X.25를 표준화하였다. 이 X.25 프로토콜은 지금까지의 여러 가지 프로토콜을 계층구조 개념을 도입하여 체계화한 것으로, 그 후 프로토콜 개발에 대단한 영향을 주었다.

통신업자들을 중심으로 한 이와 같은 데이터 통신 프로토콜의 표준화와 병행하여 컴퓨터 제조업자들도 적극적으로 표준화를 추진하고 있다. 결국 이용자의 다양한 요구에 유연하게 대처하기 위한 분산처리 지향의 컴퓨터 네트워크를 효율적으로 구축하기 위해서 어떤 기능을 어떻게 일치시킬 것인가, 또한 이러한 기능을 실현하기 위해서는 어떤 프로토콜을 채용해야 하는가 등에 초점을 맞추고 있다.

단일의 컴퓨터 시스템에서 단말-센터 간에 프로토콜은 효율성을 높이기 위한 것이라면 어떤 방식을 사용해도 상관없으나 두 개의 시스템 간이나 그 이상의 시스템 간에 통신을 하려는 경우라면 각각의 프로토콜이 다른 경우에는 자유로운 통신이 되지 않는다. 네트워크상에서 통신을 하기 위해서는 모든 시스템 간에 알맞은 프로토콜이 필요하다. 즉, 프로토콜은 상대와의 약속이기 때문에 시스템과 시스템 사이에 혹은 프로그램 상호 간에 각각의 대상끼리 약속을 만들지 않으면 안 된다. 그래서 이 프로토콜로 다른 기종 상호간에 자유롭게 효율적인 통신을 하기 위해서는 통일된 프로토콜의 표준화가 빠질 수 없는 중요한 사항이다. 더욱더 계층화된 경우에는 그 경계와 그 사이에 교환이 필요하며, 이것을 층간에 인터페이스라고 한다. 네트워크 아키텍처를 계층구조에 따라 프로토콜을 정하고 보다 좋은 범위에서 정보통신이 가능하도록 표준화가 진전되고 있다.

네트워크의 아키텍처의 표준화는 통신측에서는 CCITT가 주관하고, 또 ISO(국제표준화기구)는 정보처리 측면에서 검토가 별도로 시작되었지만, 현재는 공동으로 표준화 작업이 진행되고 있다. 아무래도 국제기구이기 때문에 급속한 진전은 기대하기 어렵지만 차츰 결과가 나오고 있다. 타 기종간 통신을 가능하게 하기 위한 네트워크 아키텍처의 표준으로 개방형 시스템간의 상호접속(OSI: *Open System Interconnection*)이 발표되었다. OSI는 먼저 통신의 제 기능을 몇 개의 계층으로 분류해서 표준화 줄거리를 결정하고,

다음 각각의 줄거리 내에서 상세부분을 결정하는 방법을 취하고 있다.

3) 프로토콜의 기능

프로토콜의 기능은 세분화와 재합성(*fragmentation packetization and reassembly*), 캡슐화, 연결제어(*connection control*), 흐름제어(*flow control*), 오류제어, 동기화, 순서결정, 주소설정, 다중화, 전송서비스의 10가지 기능을 수행한다.

첫째, 세분화와 재합성 기능은 긴 메시지 블록을 전송에 용이하도록 세분화하여 전송하며, 수신측에서는 세분된 데이터 블록을 원래의 메시지로 재합성시키는 기능이다. 이때 두 개의 실체 간에 교환되는 세분화된 데이터 블록을 프로토콜 데이터 단위(PDU: *Protocol Data Unit*)라고 한다.

둘째, 캡슐화(*encapsulation*) 기능은 각 계층의 프로토콜에 적합한 데이터 블록이 데이터와 제어정보를 갖고 있지만, 때로는 제어정보만으로 구성되는 PDU도 있다. 이때 사용되는 제어정보는 주소(발신자와 수신자의 주소가 명시), 오류검출부호(오류를 검출하기 위해 프레임을 검사하는 절차), 프로토콜 제어(프로토콜 기능을 구현하기 위한 별도의 정보)이다.

셋째, 연결제어 기능은 두 통신매체 간에 관련을 맺는 것으로 연결확립(*connection establishment*), 데이터 전송(*data transfer*), 연결해제(*connection termination*)와 같은 3단계의 과정을 거친다.

넷째, 흐름제어 기능은 수신 실체가 송신 실체의 데이터 전송량이나 전송속도 등을 조절하는 기능이다. 이와 같은 가장 간단한 흐름제어는 정지・대기방식으로 매 PDU를 적용한 후 수신측 확인신호(ACK)를 받기 전에는 전송할 수 없게 한 것이다. 즉, 보다 효과적인 프로토콜 방식은 ACK를 수신하기 전에 보낼 수 있는 데이터량을 정해준다.

다섯째, 오류제어(*error control*) 기능은 전송도중 발생 가능한 오류들을 검출하고 정정하는 기능으로 대부분의 오류제어는 프레임 순서를 검사하여 오류를 찾고 PDU를 재전송한다.

여섯째, 동기화(*synchronization*) 기능은 연결된 통신국간의 타이밍을 맞추는 기능이다. 즉, 2개의 실체가 같은 상태를 유지하는 것이다. 여기서 상태란 초기화 상태, 검사 전 상태, 종료상태 등을 말하는데, 2개의 프로토콜 실체가 동시에 명확히 정의되어야 한다.

일곱째, 순서결정(*sequence*) 기능은 전송하는 데이터들의 송수신 순서가 어긋나지 않도록 흐름제어 및 오류정정을 용이하게 하는 기능이다. 이러한 순서결정의 목적은 순서에 맞는 전달, 흐름제어, 오류제어 등이다.

여덟째, 주소설정(*addressing*) 기능은 송수신국의 주소를 명기함으로써 정확한 목적지에 데이터가 전달되도록 하는 기능으로, 방송에서 각 스테이션은 자기의 고유번호를 갖는 패킷을 찾으며, 교환망에서는 데이터의 올바른 전달이나, 연결의 확립을 위해서는 목적지 스테이션을 확인해야 한다는 것을 예로 들 수 있다.

아홉째, 다중화(*multiplexing*) 기능은 하나의 통신로를 다수의 가입자들이 동시에 사용 가능하게 하는 기능이다. 프로토콜 연결의 다중화는 1 : 1 대응과 두 방향으로 일어날 수 있는데, 이는 상향 워드 다중화(*upward multiplexing*)와 하향 워드 다중화(*downward multiplexing*)가 있다. 상향 워드 다중화는 여러 개의 상위레벨을 다중화하거나 하나의 하위레벨을 연결하여 공유하는 것이고, 하향 워드 다중화는 분할이라고 불리기도 하는데 하나의 상위레벨 연결이 복수 개의 하위레벨 서비스를 이용하여 이루어지는 경우이다. 이때 상위레벨의 연결 트래픽이 여러 개의 하위레벨 연결로 분할되는데 이는 신뢰성, 효율성, 성능향상 등을 좋게 한다.

마지막 기능으로 전송서비스는 프로토콜의 실체가 사용되도록 별도의 부수적 서비스를 제공할 수 있는데, 그 예로는 우선순위(메시지 단위로 우선순위가 높은 메시지 순으로 전송), 서비스 등급(서비스 등급에 따라 서비스), 보안성(액세스 제한 등의 보안체제를 구현) 등이 있다.

4) 네트워크 에지 (*Network Edge*)

〈그림 2-15〉와 같이 네트워크 에지는 송신측과 수신측에 설치된 장치들을 연결하는 형태로서, 네트워크 에지는 End System(Hosts),[7] client/Server 모델,[8] peer to peer

7) www. 이메일과 같은 응용이 실행되는 형태.

8) 클라이언트 호스트가 요청하고 서버는 요청을 받는 형태.

〈그림 2-15〉 네트워크 에지 형태

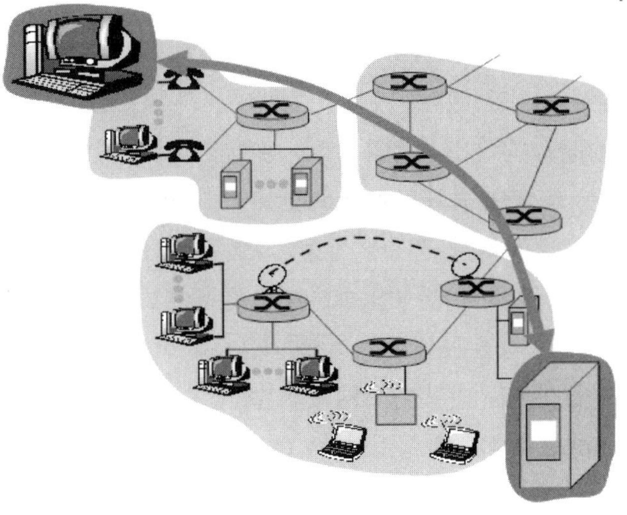

모델[9]의 3가지 형태로 분류된다.

또한 이러한 네트워크 에지는 Connection Oriented 방식과 Connectionless 방식의 2가지 형태의 데이터 전송방식을 사용하고 있다.

첫째 방식인 Connection Oriented 방식은 다음과 같다. 일반적으로 전화망을 예를 들면, 누군가와 통화하기 위해 우리는 수화기를 들고 다이얼을 돌린 다음, 통화를 하고 전화를 끊는다. 마찬가지로 가상회선방식은 패킷이 전송되기 전에 발·착신 스테이션 간에 논리적 통신경로가 미리 설정되는 방식을 말한다. 가상회선방식의 통신절차는 연결설정, 데이터전송, 연결해제 단계가 있다.

이 연결의 중요한 요소는 연결이 마치 튜브처럼 동작한다는 것이다. 송신측은 한쪽 끝에서 개체(비트)를 밀어 넣고 수신측은 다른 쪽 끝에서 전송되는 순서대로 객체를 수신한다. 대부분의 경우에 비트가 전송되는 순서대로 도착할 수 있도록 순서가 보존된다. 연결이 설정될 때, 송신자, 수신자 및 서브넷은 최대 메시지 크기, QoS 등과 같이 사용될 파라미터에 대하여 협상(*negotiation*)한다. 대개 한쪽에서 제안하고 다른 쪽

---

9) 호스트들이 동기화되어 통신하는 형태.

은 그것을 받아들이거나, 거절하거나 또는 다른 제안을 한다. 또한 연결설정시 중간의 교환기에 있는 경로테이블(*Routing Table*)에 해당 가상회선이 지나갈 경로를 지정하여 데이터 전송단계에서는 가상회선(*Virtual Circuit*)의 확인자에 의해 경로테이블(*Routing Table*)을 단순히 검색만 하면 된다.

둘째, Connectionless 방식은 다음과 같다. 일반적으로 우편망을 예로 들면, 각 메시지(편지)는 완전한 목적지 주소를 가지고 있고, 메시지의 각 부분은 다른 부분들과 전혀 상관없이 시스템을 통하여 경로가 지정된다. 두 개의 메시지가 동일한 목적지로 전송되는 경우 일반적으로 먼저 전송된 메시지가 첫 번째로 도착하게 된다. 그러나 첫 번째로 전송된 메시지가 지연된다면 두 번째 메시지가 먼저 도착할 수 있다.

따라서 데이터그램 방식은 연결경로를 확립하지 않고 각각의 패킷을 순서에 무관하게 독립적으로 전송하는 방식으로 통신절차로는 데이터 전송절차만 존재하고, 각 패킷에는 착신지 주소가 포함되어 있어야 하며, 중간의 교환기에서 각 패킷의 착신지 주소를 분석하여 교환기 단위로 경로선택 기능을 수행한다.

5) 네트워크 코어(*Network Core*)

네트워크 코어는 〈그림 2-16〉과 같이 인터넷의 End system과 연결되어 있는 스위치(*Switch*), 라우터(*Router*) 등이 메쉬(*Mesh*)형태로 연결되어 있는 것을 말한다.

그리고 네트워크 코어를 통해 인터넷을 실행할 경우, 데이터를 전송하는 방법은 회선교환(*Circuit switching*) 방식과 패킷교환(*Packet switching*) 방식이 있다.

먼저, 회선교환 방식은 데이터 통신에 있어 두 지점 사이의 단일접속에 전념하기 위해, 접속시간 동안 물리적 경로가 취득되는 네트워크의 한 형태이다. 일반적인 음성전화서비스가 바로 회선교환 방식이다. 전화회사는 통화가 진행되는 시간동안 당신이 거는 번호에 물리적 특정경로를 지정한다. 그 시간 동안에는 누구라도, 그 통화와 관련해 지정된 물리적 회선을 사용할 수 없다.

데이터 통신을 구분하는 또 하나의 기준은 송신자와 수신자 사이를 전용통신로로 연결하는가에 따른 것이다. 즉, 전화망의 경우 회선 설정, 데이터 전송, 회선 해제의 단계를 거치는데 이러한 통신방식을 회선교환이라고 한다.

〈그림 2-16〉 네트워크 코어

회선교환에서는 각 물리적 링크마다 연결을 위한 채널이 전용된다. 경로연결은 데이터 전송이 시작되기 전에 이루어지고, 사용자가 요구한 채널용량은 경로상의 각 노드 쌍 사이에 예약되며, 통신망의 각 노드는 요구된 접속을 조정할 수 있는 교환능력을 가지고 있어야 한다. 그리고 사용자의 호(*call*)가 접속되기 위해 연결설정 지연시간이 걸리지만, 일단 회선이 설정되면, 통신망은 사용자에게 투명한 전송을 할 수 있다. 그러나 회선교환 방식은 사용자가 데이터를 전송하지 않을 때에도 채널을 전용하기 때문에 회선을 비효율적으로 사용하게 된다.

또한 회선교환 방식은 송수신 터미널 간에 데이터를 교환하는 방식으로, 주파수 분할(*Frequency-Division Multiplexing*) 방식과 시분할(*Time-Division Multiplexing*) 방식이 사용된다. 회선교환 방식은 컴퓨터와 터미널 간의 교환기에 의해 통신회선이 설정되며 전용회선에 의한 정보전송 형태가 된다.

둘째, 패킷교환 방식은 〈그림 2-17〉과 같이 데이터가 전달되는 방식으로, 전송하려는 정보가 적당한 크기의 데이터 블럭(패킷)으로 나뉘어 각각 전송되는 방식이다.

패킷은 분할된 각 데이터 블럭의 또 다른 명칭으로, 각 패킷의 앞부분(*header*)에 수신처의 주소, 전송경로, 데이터 오류검사 정보, 패킷의 번호 등의 제어정보를 부가한다. 통신망에서는 이 제어정보를 사용하여 패킷이 수신처에 정확하게 전달되도록 중재

〈그림 2-17〉 패킷교환 방식

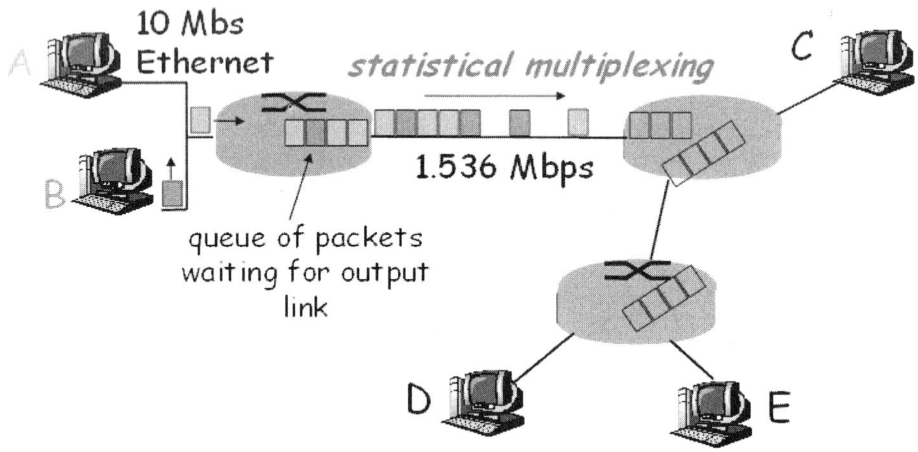

처리하며, 인터넷은 패킷교환 방식을 사용하며 기본적으로 무연결(*connectionless*) 네트워크이다.

패킷교환 방식은 원래 군사적 목적으로 개발되었다. 즉, 도청을 방지하기 위해 송신측에서 음성대화 내용을 여러 개의 조각으로 나눠 혼합해 전송하거나 서로 다른 회선을 통해 전송하면, 수신측에서 다시 전송된 순서에 맞게 복원하였다. 이렇게 초기에 군사적 목적으로 개발되기 시작한 패킷 스위칭은 원거리에 존재하는 단말기들이 서로 자원을 공유할 수 있도록 하기 위해 설치된 미 국방성의 ARPANET을 시작으로 구체적 모습을 띠게 되었으며, 이후 텔리넷, 타임넷 등 공중패킷망(PSDN)이 등장하기 시작했다.

패킷교환 방식에서 정보를 전송하는 방법은 데이터그램 방식과 가상회선 방식이 있다. 데이터그램 방식은 호출과정 없이 패킷이 데이터 전송에 필요한 제어 및 주소 정보를 가지고 서로 다른 경로를 통해 제각기 전송되는 방식이다. 따라서 각각의 패킷이 효율적 전송로로 독립적으로 전송되나, 모든 패킷이 송수신 주소를 가져야 하므로 오버헤드가 많이 발생하며, 수신 후에는 데이터를 재조립해야 하는 불편이 있다. 그러나 가상회선 방식은 데이터그램 방식과는 달리 호출시 선택된 경로를 타고 모든 데이터가 전송되는 방식이다. 따라서 패킷은 단지 논리채널정보라는 간단한 주소정보만 가지면

되고, 가상회선 방식은 마치 물리적 회선이 두 이용자 사이에 연결된 것과 같다.

패킷 스위칭에서 회선은 패킷이 전송될 때만 점유된다. 따라서 사용자간에 호출이 성립된 상태라도 다른 사용자가 호출할 수 있어 회선사용이 효율적이며 경제적이다. 또한 에러체크를 통한 재전송으로 신뢰성 있는 패킷전송을 보장한다. 패킷 교환기 내에 복잡한 기능이 요구되는 단점이 있으나, 교환기 내의 변환기능은 이기종 단말기 사이에도 통신할 수 있도록 해준다.

6) 가입자 접속망 (*Access Network*)

일반적으로 가입자 접속망은 에지 라우터(*Edge router*) 또는 스위처(*Switch*)에 어떠한 형태로 접속되는가에 따라 분류된다. 일반적으로 유선 네트워크인 경우 xDSL, HFC, FTTP, FTTH 등의 네트워크들이 네트워크 특성에 따라 다양한 형태로 접속된다.

(1) xDSL (*Digital Subscriber Line*)

전통적인 전화서비스를 위해 일반 가정 및 소규모 회사와 전화국 간에는 〈그림 2-18〉처럼 TP(*Twisted Pair*)[10] 라고 불리는 구리회선으로 연결되어 있다. 전통적으로 전화기와 같은 입력장치는 음향신호를 받아서 그것을 음량과 음조의 형태와 동등한 전기적 신호로 변환하고, 신호체계는 이미 아날로그 신호 전송에 적합하도록 설정되어있기 때문에, 전화기와 전화회사 간에 아날로그 정보를 주고받는 방법으로서 사용하는 것은 쉽다. 그러나 이것을 컴퓨터에 사용할 경우에는 모뎀이 필요하다. 모뎀은 아날로그 신호를 변조(*modulation*)하여, 그 값들을 디지털신호 0과 1의 연속된 값으로 바꾼다.

아날로그 전송은 구리선을 통해 전송될 수 있는 가용 정보량의 일부만을 사용하기 때문에, 일반 모뎀을 사용하여 전송할 수 있는 최대 데이터양은 대략 56Kbps 정도이

---

10) TP케이블은 절연물질을 이용하여 외부의 영향으로부터 차폐 효과를 거둘 수 있는가, 없는가에 따라 UTP(*Unshielded Twisted Pair*)와 STP(*Shielded Twisted Pair*)케이블의 두 종류가 있다. 전송거리는 100m이며, 특정한 에러율 범위 내에서 전송능력에 따라 카테고리(*Category*) 1에서 5까지로 구분한다. 카테고리 3(약칭하여 CAT.3 또는 CAT3라고 함)은 주로 10Mbps에 사용하며, 카테고리 5는 100Mbps에 이용한다. 최근 카테고리 6 규격도 사용하는 곳이 있지만, 카테고리 5를 이용하는 것이 보편적이다.

〈그림 2-18〉 TP 케이블의 구조

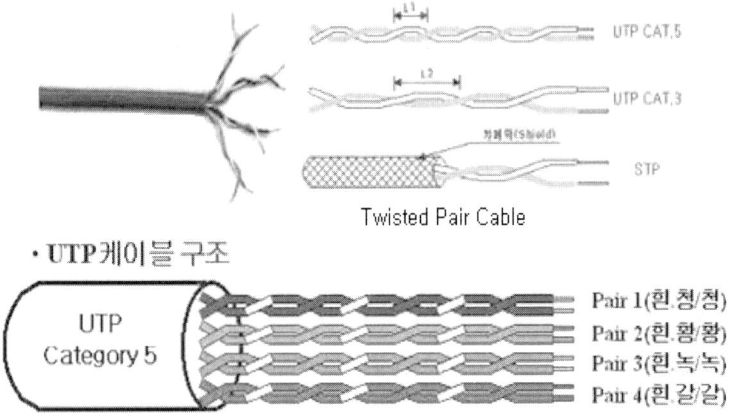

며, ISDN을 이용하면 최고 128Kbps까지 수신할 수 있다. 정보를 수신하기 위한 컴퓨터의 능력은 전화회사가 디지털 데이터로서 도착하는 정보를 여과하므로, 전화회선을 위해 아날로그 형태로 실어 보내고, 모뎀은 그것을 다시 디지털로 바꾸어야 한다는 사실 때문에 제한된다. 다시 말하면, 가정이나 사업체로부터 전화회사에 아날로그 신호로 전송하는 것은 대역폭의 병목현상을 만든다.

〈그림 2-19〉와 같이 xDSL은 디지털 데이터를 아날로그 형태로 바꾸고, 또다시 복원할 필요가 없다고 가정하는 기술이다. 디지털 데이터는 사용자의 컴퓨터에 디지털 데이터로 직접 전달되며, 이것은 전화회사가 그것을 사용자에게 전달하기 위한 대역폭을 더 넓게 사용할 수 있도록 해준다. 또한, 사용자의 선택에 따라, 대역폭의 일부를 아날로그 신호를 전송하는 데 사용할 수 있어, 전화와 컴퓨터를 한 회선으로 동시에 사용할 수 있게 해준다.

대부분의 xDSL 기술들을 이용하기 위해서는 가정이나 사업체에 신호분할기를 설치해야 하나, 신호분할을 전화회사로부터 원격지에서 관리하는 것도 가능하다. 이것을 무분할기 DSL, DSL lite, G.Lite 또는 유니버설 ADSL 등으로 부르며, 최근에 표준이 되었다.

xDSL 모뎀들은 북미와 유럽 표준에 의해 확립된 데이터 속도의 배수를 따른다. 일

〈그림 2-19〉 ADSL 서비스 구조

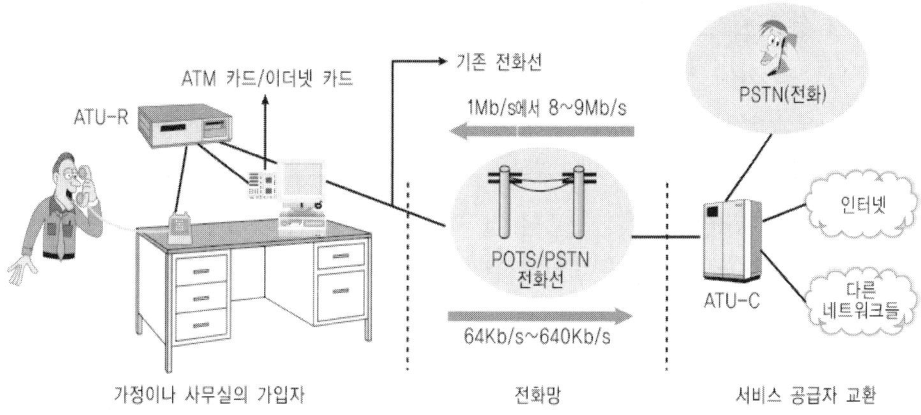

반적으로 리피터를 사용하지 않고 커버할 수 있는 xDSL의 최대범위는 5.5㎞이다. 전화회사와의 거리가 가깝다면, 데이터 전송속도는 증가한다. 다른 요소는 구리선의 굵기이다. 굵은 24구경 전선은 26구경 전선보다 동일한 속도로 더 멀리 전송한다. 만약, 반경 5.5㎞의 범위를 넘는 지역의 주민들도, 전화회사가 광케이블을 이용하여 로컬루프를 확장했다면, xDSL을 사용할 수 있을 것이다.

전화회사는 다수의 xDSL 사용자들을 고속의 백본 네트워크에 연결시키기 위해 DSLAM을 사용한다. 일반적으로 DSLAM은 기가비트의 속도로 데이터를 전송할 수 있는 ATM 네트워크에 접속된다. 각 전송의 다른 쪽 끝에 있는 DSLAM은 신호들을 역다중화하여, 그것들을 개인별 xDSL 접속에 적절히 전달한다.

다음은 DSL의 종류에 대해 알아보자.

▪ ADSL (*Asymmetric Digital Subscriber Line*)

ADSL이라고 불리는 DSL의 형태는 가정과 소규모 사업체의 사용자들에게 가장 친숙하다. ADSL이 "비대칭"이라고 불리는 이유는 양방향 대역폭의 대부분이 데이터를 사용자측으로 전송하는 하향방향에 전념하기 때문이다. 상향으로는 오직 사용자 인터페이스와 관련된 적은 부분의 대역폭만이 할당되기 때문이다. ADSL을 사용하면, 하향으로는 최고 6.1Mbps의 속도를, 상향으로는 최고 640Kbps의 속도로 데이터를 전송할 수 있다. 하향의 넓은 대역폭은 사용자들의 전화회선을 통해 동영상, 오디오 및 3차원 이미지 등을 사용자의 컴퓨터나 인터넷에 연결된 TV세트에 전달할 수 있다는 것을 의미한다. 그 외에 하향 대역폭의 일부는 데이터가 아닌 음성에 전념할 수 있으므로, 별도의 회선 없이도 전화통화를 함께 할 수 있다. 케이블TV 회선을 통한 비슷한 서비스와는 달리, ADSL은 같은 지역의 이웃들과 대역폭을 나누어 사용하기 위해 경쟁하지 않는다. 대부분의 경우, 기존의 전화회선을 이용하여 ADSL을 이용할 수 있을 것이며, 일부지역에서는 회선을 업그레이드할 필요가 있다.

▪ G.Lite 또는 DSL Lite

G.Lite는 본질적으로 사용자측에서 회선분할이 필요치 않은 저속의 ADSL이다. 이것은 전화회사가 "the truck roll"이라고 부르는 것의 비용을 절감시켜 준다. G.Lite는 ITU-T의 공식표준 G-992.2로서, 하향으로는 1.544Mbps에서 6Mbps까지, 그리고 상향으로는 128Kbps에서 384Kbps까지의 데이터 전송속도를 제공한다. G.Lite는 DSL의 형태 중에서 가장 광범위하게 설치될 것으로 기대되고 있다.

▪ HDSL (*High bit-rate DSL*)

널리 사용되었던 DSL의 초창기 변종은 HDSL로서, 기업사이트 내부와 전화회사와 고객의 사이의 광대역 디지털 전송을 위해 사용되었다. HDSL의 주요 특성은 대칭형이라는 점인데, 양방향의 대역폭의 크기가 같다는 것이다. 이러한 이유 때문에, 최대 데이터전송속도는 ADSL보다 낮다. HDSL은 단일 꼬임대선상에서 북미기준 및 유럽기준으로는 E-1회선상에서 만큼의 데이터량을 전송할 수 있다.

▪ SDSL (*Symmetric DSL*)

SDSL은 HDSL과 비슷한데, 회선을 통해 양방향 공히 북미와 캐나다 지역에서는 1.544Mbps 또는 유럽에서는 2.048Mbps의 속도로 전송한다. 이것은 양방향의 전송속도가 같기 때문에, 이름에 대칭형(*Symmetric*)이라는 말이 들어있다.

▪ VDSL (*Very high data rate DSL*)

VDSL은 비교적 가까운 거리에서 더 빠른 속도를 보장한다. 즉, 300m 정도의 길이에서 51~55Mbps 가량의 속도를 낸다. 이것은 ADSL보다 다소 후에 등장해 현재 광범위하게 포설되어 ADSL과 혼재하여 사용되고 있다.

(2) 케이블 모뎀 (*Cable Modem*)

〈그림 2-20〉과 같이 케이블 방송망은 성형구조를 갖는 광케이블 망과 수지형 구조의 동축케이블 망의 혼합된 형태이다. 디지털 혹은 아날로그 신호를 헤드엔드로부터 광송수신기(ONU: *Optical Fiber Network Unit*)까지는 광케이블을 이용하여 전송하고, FTTC(*Fiber To The Curb*) 형태의 망구조를 가지고 있다. 광송수신기는 수신한 광신호를 전기신호로 바꾸어 동축케이블을 이용하여 각각의 가입자까지 전송하게 된다.

상대적으로 하향대역폭에 비하여 상향대역폭이 좁은 관계로 〈그림 2-12〉와 같이 셀(*Cell*)이란 개념을 도입하여 하나의 ONU로부터 분기되어 나오는 가입자들을 하나의 셀로 구분하며, 간편한 셀 분할과 업그레이드를 통하여 전송속도 향상이 용이하여 경

〈그림 2-20〉 케이블 방송망 개념도

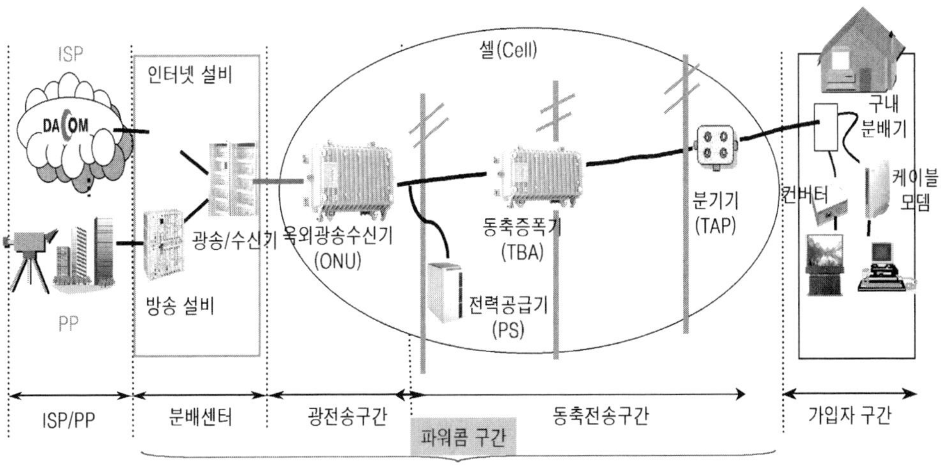

제적으로 적기에 서비스 제공이 가능하다. 기존의 인프라를 이용하여 디지털방송 및 인터넷을 바로 수용할 수 있으므로, 미래서비스 수요대비 가장 경제적 매체이다.

현재 국내 케이블방송망의 주파수는 상향이 5MHz~42MHz, 하향이 54MHz~750MHz로 운용되고 있으며, 특히 대다수의 SO들이 자체 구축한 케이블TV 망은 80~90%가 86MHz 대역의 디지털 전송망으로 업그레이드된 상태이다.

HFC[11] 망은 LAN 환경과 같이 컴퓨터를 켬과 동시에 인터넷을 바로 사용할 수 있게 되므로 별도의 접속과정이 필요 없으며, 광대역 케이블망을 이용하기 때문에 인터넷, TV시청은 물론 디지털TV 전환시 양방향서비스나 IP기반의 다양한 서비스를 이용하여 TPS(*Triple Play Service*) 구현이 용이하다. 또한 서비스 구역이 여러 개의 셀로 구분되어 시설되며 셀별 독립망으로 구성되어 있기 때문에 가입자 증가시 셀 분할 등으로 즉각 대응이 가능하며 망의 운용이 용이하다. 한편 단점으로는 동축 구간이 옥외에 설치되어 있으므로 기후 등 외부의 환경적 영향을 많이 받을 가능성과 상향 잡음의 유입으로 디지털 전송망에 비교하여 상대적으로 어려움이 있을 수 있으나, 현재는 망관리시스템(NMS: *Network Management System*) 등의 발달로 안정적인 양방향 부가서비스가 가능하다.

케이블 방송망을 통해 인터넷 서비스를 실시하기 위해서는 DOCSIS(*Data Over Cable Interface Specification*)라는 표준이 필요하다. 즉, DOCSIS는 SO와 개인 또는 회사의 컴퓨터나 TV셋 간의 데이터 입출력을 처리하는 장치인 케이블 모뎀의 표준 인터페이스를 말한다. 케이블 모뎀기술 표준화는 DOCSIS, IEEE 802.14, DAVIC 등에서 표준

---

11) 동축케이블에는 Thick과 Thin형태의 2가지 종류가 있다. Thin형은 가는 굵기의 케이블로 유연성이 뛰어나고 설치가 용이하며, 10Base-2 방식에 사용된다. Thick형은 Thin형에 비해 두껍고 유연성이 떨어지므로 주로 건물 백본에 이용되고 10Base-5 방식으로 포설할 때 사용한다. 10Base-2 방식은 10base-5에 비해 설치가 용이하고, 비용이 저렴하지만, 안정성이 떨어지고, 매체 장애시 전체 네트워크에 영향을 미치는 단점이 있다. 이 방식은 BNC 커넥터를 이용하여 스테이션의 랜-카드와 케이블을 연결하는데, T자형 커넥터를 사용하여 접속하고, 200Mbps까지 서비스가 가능하다. 10Base-5는 안정성과 전송거리가 긴 장점이 있으나, 시공이 10Base-2에 비해 불편하고, 각 노드마다 트랜시버(*Transceiver*)를 붙여야 하는 단점이 있다. 백본 케이블의 정해진 위치에 트랜시버를 설치하고, 여기에 AUI케이블을 연결한다. AUI케이블의 반대편에는 랜-카드를 접속하게 된다. 10Base-5는 500Mbps까지 지원한다.

〈그림 2-21〉 케이블 방송망의 셀 분할 개념도

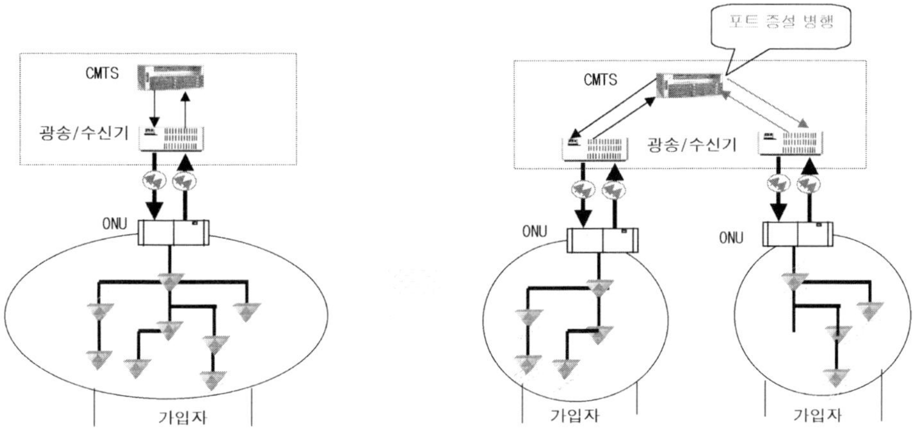

을 제정하고 있지만, 실질적으로 DOCSIS로 단일화가 이루어져 있다.

DOCSIS 1.0은 케이블 모뎀을 이용하여 초고속 인터넷을 사용할 수 있도록 한 계기가 되었으며, 전화 등 부가서비스를 위한 QoS를 보장하기 위한 기술을 사용하기 위해 DOCSIS 1.1 표준이 1995년 케이블랩스에서 시작하여 1997년 7월 발표되었고, 1998년 3월 ITU-T에 의해 표준으로 제정되었다. 이어 DOCSIS 2.0에선 잡음에 대한 강인성(*rubustness*)이 요구됨에 따라 물리계층의 변복조 방식을 개선하였고, 6㎒당 최대 하향 42Mbps, 상향 30Mbps급의 서비스 지원이 가능하다. 또한 현재 개발 중인 DOCSIS 3.0 경우는 하향 200Mbps, 상향 100Mbps의 전송속도가 가능하다. 이와 같이 DOCSIS 표준이 진화됨에 따라 전송속도가 획기적으로 개선될 뿐 아니라 TPS(*Triple Play Services*)와 같은 다양한 방송/통신융합 서비스가 가능해지고 있다.

제 3 장

국가별 IPTV 동향 및 정책이슈 분석

현재 IPTV에 대한 정확한 통계는 제시되지 못하는 실정이다. MRG의 2006년 통계에서는 490만 명이라고 하고, Strategy Analytics는 600만 명이라고 한다. 그것은 IPTV에 대한 개념 정의의 문제로부터, 이 시장에 대한 초기의 미미한 추세 및 큰 기대가 상충하면서 차이가 심한 수치들이 난무하고 있기 때문이다.

시장조사 전문업체인 MRG는 전 세계적으로 IPTV의 가입자 규모가 2010년에는 5천만 명이 될 것이라는 전망도 내놓았다. 이러한 높은 성장세 전망은 미국을 제외한 유럽과 아시아에서의 성장세에 따른 전망이라는 것이 해당기관의 입장이다. MRG에 의하면, 2010년에는 IPTV의 매출액규모가 167억 달러 규모가 되고 이 중 128억 달러가 서비스부문에서 그리고 39억 달러가 시스템과 소프트웨어부문에서 나올 것으로 보았다.

iSuppli는 2007년 세계 IPTV 가입자 수는 2006년 490만 명에 비해 3배가 되는 1,450만 명에 달하고, 2010년 6,300만 명까지 늘어날 것이며 유선통신장비와 관련 반도체 판매의 증가를 견인할 것이라고 내다봤다(전자신문, 2007.1.3). 이 보고서에 의하면, IPTV 가입자 수의 증가에 따라 통신회사들은 네트워크 대역과 용량 확대를 위한 장비투자에 나설 것이며, 그 영향으로 유선통신장비 매출규모는 2007년 1,014억 달러로 지난해에 비해 7.2% 가량 늘어날 것으로 예측된다. 또한 유선통신장비에 탑재되는 반도체의 판매도 2007년 194억 달러에 달해, 전년대비 18.3% 성장할 것으로 전망하였다.

한편 Strategy Analytics는 앞선 전망보다 크게 예측치를 내고 있는데, IPTV 가입규모가 2011년 8천만 가구 이상이 될 것으로 보고 있다. 그러나 대부분의 가입자들이 결합서비스 형태로 IPTV를 사실상 무료로 시청하고 있기 때문에 유료시청은 단지 절반 정도가 될 것이라고 한다. 2006년에 600만 가구가 IPTV 사업자가 전송하는 디지털TV를 시청하고 있었지만 600만 가구 중 겨우 330만 가구만 TV 프로그램에 대해 직접적으로 요금을 지불했다. 통신사업자 및 인터넷 서비스 사업자들(ISPs)은 신규고객을 끌어들이거나 기존 가입자들을 묶어두기 위해 브로드밴드 및 전화에 TV를 무료 번들로 제공했기 때문에 초기에 유료시청이 많지 않다는 것이다. Strategy Analytics는 2011년에는 유료시청이 4,090만 가구로 증가할 것으로 예상한다.

그런가하면, 보다 보수적인 전망도 있다. Forrester는 완만한 성장으로 유럽 xDSL/fiber 브로드밴드 가입자 넷 중 하나가 10년 안에 IPTV를 갖게 될 것이라고 예측한다. 그러나 개별 국가별로 보면, 겨우 13%의 보급률이 예상되는 영국과 33%의 IPTV 보급률이 기대되는 프랑스 등 차이가 심할 것으로 보았다. Forrester는 2005년 이후 브로드밴드 TPS에 관심을 갖고 수용하는 유럽 소비자들을 추적했는데, 수용은 증가하고 있지만, 관심 정도는 별다른 변화가 없다는 평가도 내놓았다. 유럽의 IPTV 환경은 매우 다양하며 미성숙한 상태라는 것이다. 유럽에서는 지배적 통신사업자들 가운데 절반 이상이 IPTV를 출시했다. DT, FT, Telecom Italia, Telefonica 등 13개 서유럽 사업자들이 IPTV를 출시했다. Forrester에 따르면 지배적 사업자들은 아직 충분한 IPTV 가입자를 확보하지 못한 상태이다. 2006년 5월말, Belgacom, FT, Telefonica는 각각 1.7%, 1.2%, 1.8%의 IPTV 가구 보급률을 기록했다고 평가하였다.

일부 사업자의 경우를 제외하면 실적이 좋지 않은 것은 사실이다. 그러나 IPTV 시장은 아직 초기 단계이다. 각국의 통신사업자들은 모두 IPTV에 관심을 가지고 있으며 경쟁대상이 되는 케이블 사업자나 방송사업자들도 이에 대한 관심을 기울이고 있어 급격한 변화가 예상된다. 더욱이 All-IP시대가 되면 IPTV는 자연스럽게 보편화될 것으로 전망된다.

1. 북미지역

1) 미 국

(1) 개 요

미국은 케이블이 강세인 시장으로, 케이블 사업자들과 후발 통신사업자 간의 경쟁이 두드러지는 것이 특징이다. 현재 미국 가구의 약 85%가 유료TV에 가입한 상태로, 유료TV 보급률이 크게 늘어나진 않을 것으로 보인다. 다만 인구증가로 인해 총 유료TV 가구 수가 연간 약 1%~1.5% 정도씩 늘고 있는 정도이다. 그 중에서 케이블이 미국 가구의 60%, 유료TV 가구의 70%를 점유하고 있으며, 위성은 30% 미만을 점유하고 있다(일부 가구는 케이블과 위성을 동시에 이용하기 때문에 다소 중복된다). 여기에 2%~2.5%는 C-band, MMDS, SMATV, 기존 전화회사의 TV 등으로 분산되어 있다.

〈그림 3-1〉 미국 유료TV 시장의 구조

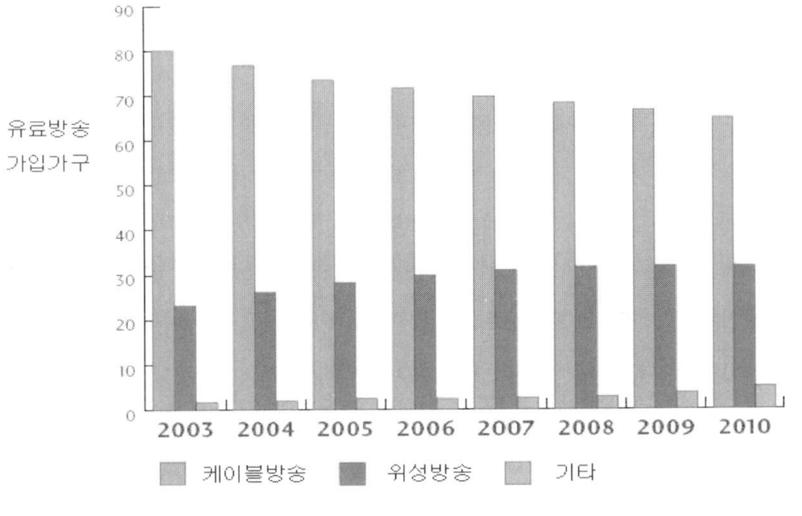

출처: Yankee Group(2007).

〈그림 3-2〉 미국 통신사업자 매출액 비교

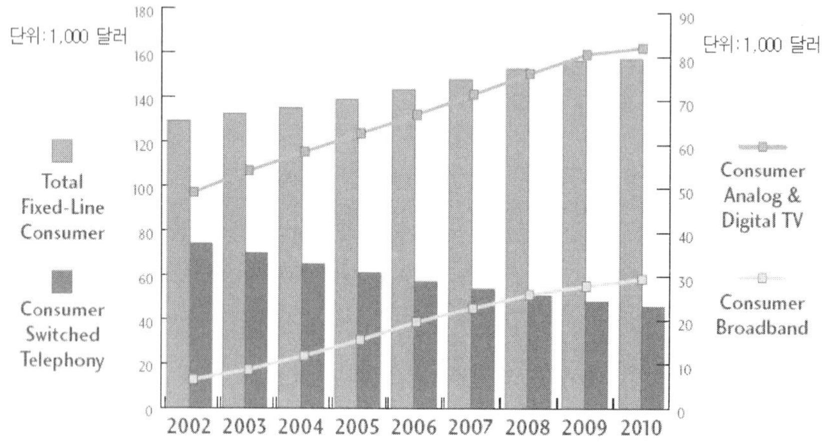

출처: Yankee Group(2007)

현재 미국은 유료TV 보급률이 너무 높아서 크게 증가할 가능성이 적으며, 진입하려는 대부분의 시장에서 지배적인 케이블 사업자 및 두 개의 위성 사업자와 경쟁해야 하는 상황에 직면해 있다.

이처럼 경쟁이 치열한 시장임에도 불구하고 통신사업자들은 왜 TV 비즈니스에 뛰어들어야 하는가? 대답은 "할 수밖에 없기 때문"이다. 유선 음성통화는 심각한 가격압박을 받고 있으며, 미국 가구의 6%는 유선전화를 갖고 있지도 않다. 음성통화 시간은 유선전화에서 이동전화로 점차 옮겨가고 있다.

이와 같은 상황을 극복하기 위해 미국 통신사업자들은 시기에 따라 다른 모습으로 방송시장에 진입했다. 즉, 1999년에서 2002년까지 M&A가 활발하게 전개되다가, 2002년부터 2004년까지는 방송사업자, 특히 위성사업자와의 전략적 제휴를 통한 번들 서비스가 주로 이뤄졌다. 2003년부터 현재까지는 IPTV 개발을 통한 직접적 진입방식이 추진되고 있다(김진기, 2006). 1996년 텔레커뮤니케이션법(*Telecommunication Act*)의 개정으로 통신과 케이블TV를 동시에 제공할 수 있게 되면서 통신사업자들의 방송사업 참여에 이점으로 작용했다.

미국의 IPTV 서비스 가입자 규모는 2005년부터 2010년까지 연평균 110%씩 증가하여 TV시청가구에서 IPTV 점유율이 0.2%에서 8.6%로 상승할 것으로 전망되었다(Gartner, 2006; 오정숙, 2006에서 재인용). IPTV 서비스를 제공하기 위한 인프라의 보급 및 규제완화 등과 더불어 소비자에게 경쟁상품에 비해 콘텐츠와 가격의 매력이 부각될 때 이와 같은 긍정적 전망이 현실화될 것으로 보인다.

〈표 3-1〉 미국의 IPTV 가입자 규모전망(2005~2010)

	2005	2006	2007	2008	2009	2010	CAGR 2005~2010
총 IPTV 가입가구	263	623	1,867	3,752	6,550	10,684	109.8%
TV시청 가구 중 IPTV 점유율	0.2%	0.5%	1.6%	3.1%	5.3%	8.6%	

출처: Gartner(2006); 오정숙(2006)에서 재인용.

〈그림 3-3〉 미국의 브로드밴드 가입자 전망

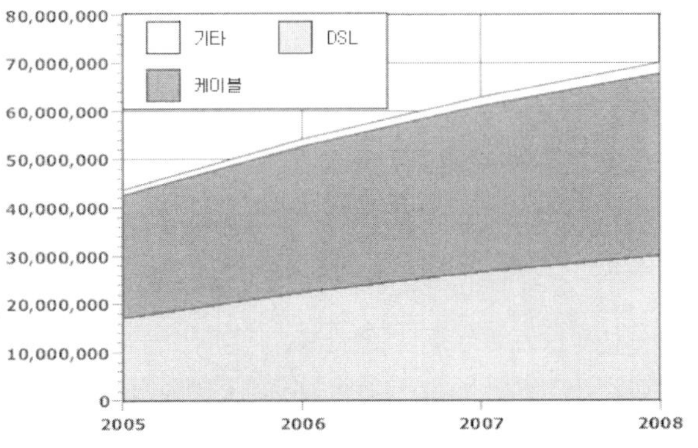

가 입 자 수

	2005	2006	2007	2008
DSL	17,164,000	22,397,000	26,695,000	30,045,000
케이블	25,457,000	30,293,000	34,447,000	37,732,000
기타	1,090,000	1,464,000	1,808,000	2,233,000

출처: BRIDGE(2007).

그렇지만 현재 미국의 IPTV 시장은 전 세계 IPTV 가입가구 상위 10개 국가에 들지 못하는 것으로 나타났다.[1] 전 세계 IPTV 가입가구의 68%가 서유럽에 있고, 아시아에는 28%가 있다. 북미, 동유럽, 중동, 북아프리카를 합해도 270만 가구(8%) 밖에 되지 않는다. IPTV는 아직 성숙단계라고 할 수 없으나, 케이블이 강세인 미국의 향후 유료TV 시장의 판도를 변화시킬 잠재력을 가진 것으로 평가된다.

한편, 2008년까지는 케이블 모뎀이 미국의 고속인터넷 시장에서 우위를 유지할 것으로 보인다. 그렇지만 시간이 지나면서 케이블의 브로드밴드 시장점유율은 점차 낮아지고 있으며, 반대로 통신사업자들의 DSL은 성장하고 있다.

(2) 사업자별 동향

SureWest가 2004년 IPTV 서비스를 제공하는 등 독립적인 소규모 통신사업자들에 의해서 지역단위로 진행되다가 2005년 9월 Verizon의 'FiOS' TV 출시 이후 AT&T[2]를 비롯한 기존의 지역전화사업자들도 IPTV 시장에 본격적으로 진입하기 시작했다. Verizon의 FiOS와 AT&T의 U-verse는 통신업계에서는 주목할 만한 브랜드가 되었지만, 여전히 충분한 고객을 확보하지 못하고 있으며, IPTV에 대한 회의론이 남아 있는 상태이다. 또한 케이블과 견주어 차별화된 킬러 애플리케이션을 도입하지도 못하고 있다.

① Verizon

미국의 양대 통신사업자 가운데 하나인 Verizon은 2005년 9월부터 텍사스 주 Keller에서 FiOS라는 명칭으로 IPTV 서비스를 제공한 이후, 버지니아 주 Herndon 등 5개

---

1) Telephony online(2007년 1월 2일), USA not in IPTV Top Ten.

2) FCC는 2006년 12월 AT&T와 BellSouth의 합병을 승인했다. 이로써 AT&T는 BellSouth와 Cingular의 지분을 100% 확보해 역대 최대 및 최강의 거대 사업자가 탄생하게 되었다. 인수 규모(860억 달러)는 2005년 미국에서 진행된 세 건의 빅딜(Sprint/Nextel 360억 달러, Verizon/MCI 85억 달러, SBC/AT&T 160억 달러)을 모두 합친 것보다 큰 액수이다. FCC는 이 거래를 통해 발생하는 공공의 혜택이 중대하다고 판단하고 합병을 승인했다. 이에 따라 BellSouth와 Cingular의 서비스는 AT&T 브랜드로 제공될 것이며, AT&T 가입자는 유선전화와 인터넷뿐만 아니라 휴대전화 서비스까지 패키지로 이용할 수 있게 되었다. AT&T의 주가는 2006년 3월 6일 27.02달러(종가)에서 12월 29일 35.75달러(종가)로 치솟았다.

〈표 3-2〉 미국 통신사업자의 IPTV 제공 현황

사업자명	서비스명	서비스 개시시기
SureWest	Digital TV	2004
Verizon	FiOS TV	2005. 9
AT&T	U-verse	2006. 1

주로 서비스를 확대하고 있다.

Verizon은 IPTV의 기술이 성숙하기 위해서는 아직 몇 년의 시간이 더 필요하다는 것을 인식하고, 케이블 기술에 기반을 둔 보다 안전하고 검증된 접근방식을 채택하기로 결정했다. Verizon의 비디오 서비스 FiOS TV는 2006년 11월 현재, 인터넷 프로토콜 대신 라디오주파수(RF: *Radio Frequency*)와 QAM(*Quadrature Amplitude Modulation*) 기술을 이용해 전통적 방송 비디오를 전송했다. 이에 OECD는 FiOS TV를 IPTV의 범주에서 제외하기도 했다(OECD, 2006).

FiOS TV는 350개 이상의 TV 방송채널을 제공하는데, 이 가운데 20~22개는 HD채널이다. Disney, MTV Networks, BET와 프로그램 공급계약을 체결하고, Discovery, NBC, ESPN 등과 콘텐츠 제휴를 확대했으며, 1,800편 이상의 VOD를 확보해놓은 상태에서 계속 추가할 계획이다. 또한 TV방송, HD프로그램, VOD, DVR 등을 이용하기 쉽도록 하기 위해 쌍방향 프로그램 가이드를 제공하고 있다. 케이블과 비교할 때, FiOS TV는 고객들에게 다음 혜택들을 제공한다(Yankee Group, 2007).

첫째, 디지털 서비스를 프리미엄 서비스로 제공하는 케이블 사업자와 달리, Verizon의 서비스는 기본적으로 디지털이다. 그래서 12.95달러의 기본형 방송 티어뿐만 아니라 VOD 서비스도 이용하고자 하는 FiOS TV 고객은 월 9.95달러만을 추가하는 것으로 디지털 셋톱박스를 이용할 수 있다. 반면에 전통적인 케이블 가입자들은 VOD를 이용하기 위해 60달러를 추가해서 디지털 티어로 업그레이드해야 한다.

둘째, Verizon의 요금은 케이블의 평균에 비해 낮은 편이다.

셋째, IP VOD 서비스를 제공한다. Verizon의 리니어 채널이 케이블처럼 RF로 전송되는 데 비해, VOD 서비스는 IP를 통해 전송된다. 따라서 잠재적으로 대역폭의 효

〈표 3-3〉 Verizon의 비디오 전략

투자	• 2010년말까지 180억 달러
플랫폼 기술	• FTTH
커버리지	• 1,800만 가구
비용절감	• 구리 설비 교체에 따른 연간 유지비용 절감 10억 달러
용량	• 다운로드 30Mbps, 업로드 5Mbps • RF 비디오를 위한 추가적인 850MHz • IP를 통한 VOD

출처: Yankee Group(2007).

율성 및 용량의 향상, 공중 인터넷상의 IP 콘텐츠와의 쉬운 연결을 가능케 하고, 폭넓은 IP 표준 및 기술을 강화하는 혁신을 가속화시킬 수 있다.

넷째, HD를 위해 대역폭이 확대된다. Verizon의 광 설비는 케이블의 HFC 설비보다 훨씬 용량이 크다. 이는 HD 콘텐츠가 점차 증가함에 따라 앞으로 더 큰 장점이 될 것이다. 그렇지만 switched broadcast 같은 신기술은 MSO들이 아직까지는 우위를 점할 수 있도록 하고 있다.

다섯째, Verizon은 상호작용적 애플리케이션을 제공한다. 이와 같은 상호작용적 애플리케이션은 Direct TV와 DISH Network에 의해 공격적으로 도입되고 있지만 케이블에서는 아직 도입되지 않고 있는 것이다.

나아가 Verizon은 IPTV 기술이 성숙하여 안정화되면 All-IP switched 비디오 서비스로 전화한다는 로드맵을 갖고 있다. Verizon에 따르면, 소프트웨어 역량이 가능해지면 자사의 모든 비디오를 IP로 옮길 것이라고 한다. 그렇지만 Verizon의 VOD 서비스는 음성전화, 데이터 서비스와 마찬가지로 광케이블로 연결된 IP를 이용해 전송되는 것이다. Verizon은 자사의 FiOS TV고객들이 각 방에 별도의 PVR-enabled 셋톱박스를 두지 않더라도 집안에 다른 TV수상기 두 개까지 녹화된 쇼를 볼 수 있도록 해주는 PVR 셋톱박스를 배포하기 시작했다. FiOS TV 서비스는 15~25개 채널에서 130~150 채널에 이르기까지 다양한 채널상품 및 영화 패키지(44개 영화 채널)를 포함하고 있다. FiOS TV의 서비스 티어는 〈표 3-4〉와 같다.

〈표 3-4〉 FiOS TV의 서비스 티어

기본형	15~25 채널
기본확장형	175~195 채널
La Conexión	스페인어 패키지, 130~150 채널
영화 패키지	44개의 영화 채널(Starz!, Showtime, Encore, TMC, Flix and Sundance)
스포츠 패키지	12개 이상의 스포츠 채널(Fox College Sports, Outdoor Channel, Gol TV, and the Golf Channel)
	영화 및 스포츠 패키지에서 제공되는 모든 채널
프리미엄 채널	HBO 및 Cinemax
국제 채널	ART, TV Japan, RAI, TV5 등에 대해 개별적으로 요금이 부과되는 국제 채널
스페인어 패키지	20개 이상의 스페인어 뉴스, 스포츠, 영화, 텔레노벨라 채널
주문형 라이브러리	1,000편 이상의 무료 프로그램

Verizon은 텍사스 주 Keller에서 FiOS를 런칭한 뒤 3사분기 말까지 또는 약 1년 후에는 FiOS TV가입자가 10만, FiOS 인터넷가입자가 50만에 달할 것으로 기대했다. 그리고 두 상품의 월간 가입자 변동률(*churn*)이 1.5% 미만인 것으로 보고 있다. Verizon은 2010년 말까지 FiOS 인터넷 고객 700만, FiOS TV 고객 400만으로 끌어올리겠다는 계획이다. 이와 같은 계획에 기초해서 FiOS는 2009년부터 영업수익 흑자를 내기 시작할 것으로 기대하고 있다. 이에 따르면 2010년 말까지 1,800만 가구 또는 28개 주 3,300만 가구의 절반 이상에 도달할 전망이다(BRIDGE, 2007). 2010년까지 FiOS TV가 유료 TV시장의 20~25%에 도달할 것으로 기대하는 것이다.

② **AT&T**

AT&T는 2004년 12월 IPTV 프로젝트(*Project Lightspeed*)를 발표하고 추진하면서 비디오 비즈니스에 새로 진입했다. 2006년 6월 말 FTTN 네트워크상의 Microsoft TV IPTV Edition을 이용해 PVR 셋톱박스에 전송되는 SDTV 채널로 구성된 U-verse TV 서비스를 출시했다. U-verse TV는 AT&T Yahoo! 초고속 인터넷 접속 서비스와 번들로 제공된다. AT&T는 고객들이 셋톱박스를 통해 프로그램을 자신의 TV수상기로, 음

〈표 3-5〉 AT&T의 비디오 전략

투자	• 2008년 말까지 44억 달러
플랫폼 기술	• FTTN; 일부 전원지역은 FTTH 채택 • 현재 ADSL2+; VDSL2 i
커버리지	• 1,800만 가구
비용절감	• 5년 내 가입자당 비용 50% 감소 • 연간 7억 달러의 영업비용(Opex) 절감 • 광 교체에 따라, - 99%의 유지비 감소(central office와 multiplexer 구간) - 47%의 유지비 감소(multiplexer와 drop 구간)
용량	• 20~25Mbps • VDSL2는 50Mbps

출처: Yankee Group(2007).

악을 자신의 스테레오로, 사진을 자신의 PC로 보낼 수 있도록 할 것이다. TV 방송 채널은 MPEG4(H.264) 인코딩을 이용해 IP 멀티캐스트로 전송된다. 40억 달러를 투자해 2007년 말부터 광케이블을 통한 IP 기반의 영상, 음성 및 인터넷 서비스를 제공하는 것이 AT&T의 목표이다.

AT&T는 Verizon과 다른 전략을 취했다. 네트워크를 FTTH로 업그레이드하는 대신, 광케이블을 노드까지만 가져가는 FTTN 방식을 선택한 것이다. 이를 통해 Verizon의 접근방식에 비해 상당한 비용절감을 이루었지만, 각 가정으로 전송되는 정보 처리량에 한계를 가질 수밖에 없다. 대신 경쟁력 있는 서비스를 제공하기 위해 향상된 비디오 압축포맷인 MPEG-4를 채택했다.

U-verse는 고객들이 자신의 AT&T Yahoo! 인터넷 계정을 이용해 녹화일정을 조정할 수 있도록 하는 DVR에 대한 웹 원격접속서비스를 제공한다. 대부분의 케이블 박스가 한 번에 2개의 프로그램을 녹화할 수 있는 것에 비해, DVR 수신기는 한 번에 4개의 프로그램까지 녹화할 수 있다.

한편, HD에 대한 수요가 증가하면서 AT&T 역시 이에 대응하고 있다. 케이블과 위성사업자들은 속속 자사의 라인업에 HD채널을 추가하고 있다. 그렇지만 MPEG-2로 HD스트림을 전송하려면 평균 19.4Mbps의 대역폭이 필요하다. Rate-shaping은 이를 14~15Mbps 정도로 낮출 것이다. 그럼에도 불구하고 대역폭 조건은 사업자에 부담이 된다. 보다 효율적인 압축기술인 MPEG-4를 이용함으로써 AT&T는 약 8~10Mbps로 HD스트림을 제공할 수 있다. 여기에 덧붙여 DVR을 보급함으로써 각 가구에서 한 채널을 시청하면서 또 다른 채널을 녹화할 수 있을 것이다.

〈표 3-6〉 U-verse가 제공하는 신규 융합서비스

	비디오	브로드밴드	음성	무선
원격접속	인터넷 부모 시청제어 조정	인터넷 부모 시청제어설정, DVR 스케줄, 홈 네트워크 접속, 홈 네트워크상의 디지털 사진, 음악 이용		DVR 설정 및 인터넷 부모시청제어 조정
메시징	발신자 번호 보기, 이메일, 보이스메일, 팩스헤더 등 모든 메시징 확인	보이스메일 듣기 및 팩스 헤더 읽기	이메일, 보이스메일, 팩스헤더 등 모든 메시지의 청취	이메일, 보이스메일, 팩스헤더 등 모든 메시지의 청취
주소록	주소록 보기	주소록 보기/편집	주소록으로 전화걸기	주소록으로 전화걸기
음악	TV 또는 홈 스테레오를 통해 홈 네트워크에 저장된 음악 다운로드 및 청취	TV 또는 홈 스테레오를 통해 인터넷 라디오와 홈 네트워크에 저장된 음악 다운로드 및 청취		홈 네트워크에 저장된 음악 다운로드 및 청취
사진	온라인이나 홈 네트워크에 저장된 사진을 TV로 감상	온라인이나 홈 네트워크에 사진을 저장하고 감상하거나 가족, 친구들과 사진을 공유		온라인이나 홈 네트워크에 저장된 사진을 TV로 감상
부모 시청제어 (*Parental Control*)	특정 사용자에 대한 TV와 인터넷 시청제한을 설정/조정하고 보고서카드 검토	TV와 인터넷 시청제한을 설정/조정하고 보고서카드 검토 및 응답		TV와 인터넷 시청제한을 설정/조정하고 보고서카드 검토 및 응답

출처: Yankee Group(2007).

〈그림 3-4〉 TPS를 위해 필요한 대역폭

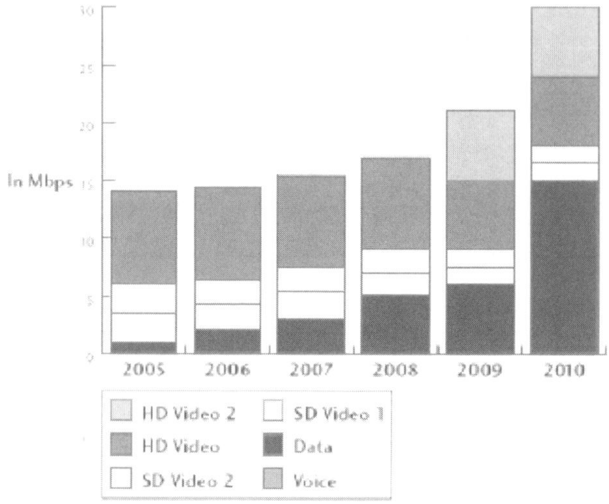

출처: Yankee Group(2007).

그런데 IPTV의 가장 큰 단점은 TV의 숫자에 따라 비디오 스트림이 추가된다는 것이다. 두 대 이상의 HDTV를 보유한 가구는 계속 늘어날 전망이다. 따라서 이를 해결하기 위해 AT&T는 네트워크 기술의 진화를 기대하고 있다. MPEG-4의 HDTV 역시 검증되지 않았으며, 경험적 척도를 갖고 있는 사업자도 없다. HDTV 보급은 빠르게 성장하고 있다. 여전히 HD프로그램은 제한적이지만 증가하고 있으며, HD수상기의 가격은 점점 낮아지고 있어 수요가 늘어나고 있다. 현재 미국의 5가구 중 1가구는 HDTV를 보유하고 있으며, 2010년 말까지 8천만 가구에 약간 못 미치는 수준으로 성장할 전망이다.

AT&T는 IPTV 서비스인 U-verse와 더불어, 위성사업자 DISH Network와 함께 또 다른 TPS 계획에 착수했다. 2003년 DISH Network와 제휴하여 자사의 DSL과 음성상품, 그리고 DISH Network의 TV 서비스를 연계하여 TPS와 유사한 Homezone 서비스를 제공한 것이다. AT&T는 현재 2Wire와 함께 DISH 수신기에 DSL 모뎀을 장착한 새로운 홈 게이트웨이 장치를 개발하고 있다. 이로써 AT&T는 VOD 서비스를 직접

TV에 전송할 수 있게 된다. VOD를 위해 Akimbo와 제휴했으며, Akimbo는 1만 편 이상의 텔레비전 프로그램 및 주문형 영화 라이브러리를 운용한다. 이 VOD 서비스는 125개 이상의 콘텐츠 파트너들로부터 제공받는다. 그렇지만 이 콘텐츠의 대부분은 틈새 수용자에게 어필했음에도 불구하고, 매스마켓 소구력은 미지수이다.

또한 2Wire의 미디어 게이트웨이는 EchoStar/DISH Network와 AT&T/Yahoo! 고속인터넷 서비스를 연결해주며, 250GB의 하드드라이브(정규 TV쇼 180시간 분량)와 4배속 전방재생, 그리고 DVD/CD 플레이어를 장착하고 있다.

Homezone은 AT&T의 U-verse가 제공되지 않는 고객들에게 우선적으로 제공될 것이지만, U-verse가 제공되는 곳에서도 추가옵션으로 제공될 수 있다. 그렇지만 앞으로도 계속 고객들에게 별도의 브랜드로 제공될 것이다. 사업 파트너인 AT&T와 DISH 양쪽 모두가 모든 사안에 대해 협력할 필요를 느끼지 않기 때문이다. 게다가 분리된 기술 및 네트워크는 혁신의 속도를 떨어뜨릴 것이며, 케이블의 혁신과 경쟁하는 것을 더욱 어렵게 할 수 있다.

③ 기타 통신사업자의 비디오 서비스

SureWest는 캘리포니아 로즈빌(Roseville)을 거점으로 하는 통신사업자로서 2004년부터 캘리포니아 새크라멘토 지역에 'Digital TV'라는 명칭으로 IPTV 서비스를 제공한다. 2006년 1월 SureWest는 미국에서 가장 먼저 HDTV급 IPTV를 도입했다. 2006년 10월 현재 275개의 SD 비디오 및 오디오 채널과 17개의 HD 채널, 약 900시간에 달하는 VOD를 제공하고 있다.

(3) 정책이슈

① 전국 비디오 프랜차이즈 면허 관련 논란

미국에서 TV 서비스 같은 다채널 비디오 서비스를 제공하기 위해서는 해당지역의 지방정부로부터 프랜차이즈 면허를 받아야 한다.[3] 하지만 통신사업자들은 서비스를

3) MVPD(*Multichannel Video Program Distribution*)란, 케이블TV·위성방송·VOD·MMDS/LMDS(무선케이블TV) 등 지상파 방송을 제외한 다채널 영상미디어사업을 의미한다. 미국은 1990

제공하고자 하는 각 지역의 지방정부와 개별적으로 협상을 벌여야 하기 때문에, 이 제도가 비디오 서비스 시장의 경쟁확산을 저해하고 있다고 주장했다. IPTV 서비스를 위해 광케이블망을 도입하고 있는 AT&T와 Verizon은 전국 비디오 면허를 만들거나 지역 면허과정을 합리화해달라고 요구해왔다.

비록 전국단위의 면허는 아니지만, 가장 먼저 텍사스 주가 주정부에서 면허를 부여할 수 있도록 주 법령을 개정해, AT&T가 최초로 텍사스 주의 면허를 획득했고, Verizon도 2005년 10월 21개 지역에 대한 면허를 획득했다. 이후 2006년 10월 20일 미국의 8개 주(캘리포니아, 인디애나, 캔자스, 뉴저지, 노스캐롤라이나, 사우스캐롤라이나, 텍사스, 버지니아)가 주 단위의 면허를 입법했다. 주 단위 면허는 통신기업의 빠른 시장진입을 위한 포괄적 면허를 부여한다.

FCC는 MVPD 시장의 시장경쟁을 촉진하기 위해 2006년 12월 통신사업자가 TV시장에 보다 쉽게 진입할 수 있도록 지역 면허과정을 합리화하는 규정을 허가했다. 이에 따라 지방자치기구는 신규참가를 신청한 기업에 대해 6개월 이내, 해당지역의 공공설비를 이미 이용하는 기업의 경우 90일 이내에 프랜차이즈 신청을 승인해야 한다. 민주당 위원 2명의 반대에도 불구하고, 이 규정은 3대 2로 가결됐다.

FCC는 프랜차이즈 계약에 부당한 요구조건이 포함되지 않도록 지방자치기구를 감시하는 역할을 맡는다. 지방정부는 소비자의 이익을 위해 조건에 대한 협의를 진행할 수 있지만, 통신사업자에게 부당한 요구조건을 제시하는 행위를 감시하는 것이다. 지방정부의 불합리한 프랜차이즈 허가거부 유형으로는 무기한 협상연장, 무리한 빌드아웃[4] 요구, 법정 상한(5%)을 넘어서는 프랜차이즈 요금 및 보상금 등의 요구, 공공·교육·정부부문의 부당한 접속요구 등이 해당된다.

그러나 이 규정이 이미 시행되는 주법에 우선하는 것은 아니다. 미국에서는 텍사스와 캘리포니아 주를 포함한 14개 주가 이미 텔레비전 방송관련 법률개정에 착수했다.

년대 이후 지상파 외에도 각종 방송·통신망을 통해 전송되는 다양한 영상서비스가 도입되면서 신규 영상미디어 서비스를 포괄하는 개념으로 MVPD를 도입하고, 이를 지상파 방송과 구분해서 규제하고 있다.

4) build-out: 신규사업자에게 지역 내 모든 주민들에게 서비스를 제공하도록 하는 규정으로서, 시민단체들은 이 조항을 제한하면 인구가 적은 지역의 저소득층이 소외될 수 있다고 지적한다.

미시건 주가 통신업체들의 멀티채널 비디오 시장진입을 촉진하기 위해 제정된 비디오 프랜차이즈 개혁법을 발효시킨 10번째 주가 됐다.

AT&T는 다른 한편으로 자사의 IPTV 서비스인 "U-verse TV"를 "케이블 서비스"가 아니라 "정보 서비스"로 규정해서 지방정부의 면허 허가요건(LFA)을 충족시키지 않아도 되도록 하고자 한다.[5] 다시 말해, IPTV를 VoIP와 유사하게 다뤄야 한다는 입장이다. IP를 통해 전송되는 서비스이기 때문에 커뮤니케이션 서비스라기보다는 데이터 서비스로 취급해야 한다는 것이다. 이는 AT&T 입장에서 서비스 도입을 위한 프랜차이즈 비용이 필요 없어진다는 의미이다.

그러나 2007년 8월 미국 코네티컷 주의 연방판사는 AT&T의 다채널비디오 서비스 "U-verse TV"가 연방법상의 케이블 서비스라고 판결했다. 이는 "U-verse TV는 양방향 서비스인 만큼 비록 시청자 화면에서 고전적 케이블TV와 유사한 형태로 제공될지라도, 연방법상의 케이블TV 개념규정에 부합하지 않는다"는 코네티컷 규제기관의 판결(6월) 내용을 뒤집은 것으로서, 미국에서 통신사업자들이 IPTV 서비스를 시작하기 전에 프랜차이즈 방송면허를 취득하도록 한다는 의미를 갖는다.

② IPTV에 대한 프로그램 공정접근성(*Program Access Rule*) 혜택

방송 프로그램에 대한 공정 접근성 혜택이 IPTV에 대해서도 적용될 수 있는지 논란이 일고 있다. 파괴력이 강한 이른바 'must-have' 프로그램에 대한 접근성은 통신사업자의 IPTV 서비스의 성공에서 중요한 열쇠이다. 미국에서는 케이블 사업자와 인터넷 사업자에 대한 규제의 차이가 존재하기 때문에 방송 프로그램에 대한 공정 접근성 혜택이 IPTV에게도 적용될 수 있는가에 대한 쟁점이 새롭게 부각되는 것이다.

텔레커뮤니케이션법(*Telecommunication Act* 1996)에는 IPTV 사업자에 대한 명확한 규정이 없으나, IPTV는 인터넷 사업자이면서 유료방송시장에 해당하는 MVPD로서의 지

5) AT&T에 따르면 프로젝트 Lightspeed는 각 사용자들이 네트워크와 직접 상호작용하고 특정 프로그램을 선택할 수 있는 전환(*switched*), 일대일(*point-to-point*), 양방향 네트워크이다. 이는 지배적 케이블 사업자들이 한 번에 모든 가입자의 가구에 모든 채널들을 전송하고 각 가정이 선택한 채널을 시청할 수 있는 셋톱장비에 의존하는, 보다 덜 효율적인 다중접속(*point-to-multipoint*) 방송 같은 전송방식과 차별화된다.

위와 규제를 적용받고 있다. IPTV를 포함하여 모든 MVPD 사업자는 콘텐츠의 공정한 접근과 공급을 보장받을 수 있다. 미국은 '어떠한 플랫폼이든 상관없이 방송 프로그램을 이용할 수 있어야 한다'는 공정 접근성의 이념을 준수하고, 유효경쟁이 가능한 수준까지 MVPD의 유료방송시장을 성장시키기 위하여 당분간 프로그램 접근 규정을 계속 유지할 것으로 보인다.[6]

③ 망 중립성(*network neutrality*) 논쟁

망 중립성 논란의 핵심은 통신사업자 또는 케이블사업자들이 온라인 비디오 등 트래픽이 많이 발생하는 콘텐츠를 제공하는 Google, MSN, Vonage 등의 서비스를 우선적으로 전송해주는 프리미엄 전송에 대한 대가에 관한 것이다. AT&T와 Verizon 등의 통신사업자들은 거대 CSP들이 자사의 브로드밴드망을 이용해 사업을 하면서도 지속적 투자가 요구되는 망 이용에 대한 정당한 요금을 지불하지 않는 것은 불합리하다는 입장이다.

이와 관련하여 통신사업자들은 CSPs의 컨텐츠 및 서비스가 소비자에게 정확히 전송될 것을 보장하는 채널(*guaranteed channel*)을 제공하는 계약을 체결할 것을 제안하였다. 이것은 소비자들에게 'Vanilla Internet'[7]을 경유함으로써 발생할 개연성이 있는 패킷의 손실 및 지연에 대한 서비스 품질을 보장한다는 의미이다. 이러한 프리미엄 서비스에서는 사업모델과 기술적인 가능성이 중요하다고 할 수 있을 것이다.

이와 관련 비즈니스 모델은 'Vanilla Internet'을 경유하는 것보다 프리미엄 인터넷을 이용하는 경우에 더 높은 이용료를 이용자에게 부담하도록 하며, 요금의 일부가 TN(*Transit Network*)/AP(*Access Providers*) 사업자에게 전달되는 것이다. 이에 따라 소비자는 프리미엄 서비스를 이용하는 프리미엄을 지불하고, CSPs 및 통신사업자들은 프리미

---

6) 2002년 6월, FCC는 프로그램에 대한 공정한 접근 규정을 2007년 10월까지 연장했다.

7) 다음으로 프리미엄 인터넷(*Premium Internet*)은 공중망 인터넷과 구별되는 품질을 지니는 새로운 인터넷 서비스를 제공하는 것을 의미한다. 이러한 프리미엄 인터넷의 기본개념은 최선형(*best-effort*) 속성을 지니는 현행 인터넷의 망구조(이를 'Vanilla Internet'이라고 부름)와의 차별성을 근거로 한다. 오늘날 'Vanilla Internet'에서는 인터넷망이나 출구로(*off-ramp*)에서 패킷의 우선순위(*prioritisation*)를 정하지 않으므로, 모든 패킷은 순차적으로 모여서 전송되며, 전송과정에서 일부 트래픽의 손실 및 지연이 발생할 수 있다.

〈표 3-7〉 망중립성 관련 주요 쟁점

반대의견	찬성의견
• 통신사업자 및 ISP는 고품질의 동영상서비스 등의 안정적 제공을 위해서 네트워크 서비스를 차등화하여 요금을 부과할 필요가 있다고 주장 • 통신사업자들은 '소비자에게 선택권을 준다'는 개념을 주장 • 통신 · 케이블 업체 및 ISP들은 프리미엄 서비스의 수익금으로 인프라 개선 및 대역폭 향상에 다시 투자 • 동기부재로 인해 신규업체들의 인터넷 사업 참여가 줄어들고 소비자의 선택권도 줄어들 것	• 망 중립성이 보장되지 않을 경우, VoIP와 동영상서비스 등의 부문에서 경쟁사의 서비스를 차단하는 등 네트워크 불평등 초래 • 부가요금을 지불하지 않은 업체들이 의도적으로 차단될 수도 있고, 정치적 견해가 다른 사이트의 접속을 차단할 수도 있는 우려 존재 • 계층별 인터넷 격차를 초래할 우려 • 신생기업 및 소규모 사업자들은 적절한 대역폭을 위한 충분한 자금이 부족 • 통신 및 ISP 등은 가격담합할 가능성 있음

엄 서비스를 제공하는 비용을 보상받게 된다. 한편, 기술적 가능성은 일부 문제점들이 남아있는 것으로 분석되고 있다. 물론 AT&T나 Verizon과 같은 하나의 사업자가 모든 인터넷 전송을 진입로(*on-ramp*) 부터 출구로(*off-ramp*) 까지 모두 전송하는 경우가 해결책이 될 수 있지만, 공중망 인터넷을 부분적으로 포함하거나, 사설망(*private network*) 을 경유하는 것이 일반적인 인터넷망 구조이다.

이처럼 새로운 인터넷 정산모형에 대하여 첨예한 반대의견이 소비자와 CSPs에 의하여 제시되는데, 핵심적 논리는 일부 패킷에 대하여 프리미엄 서비스를 제공하는 것은 2계위 시스템(*two-tier system*) 을 창출한다는 것이다.

소비자 및 CSPs의 반대의견은 다음과 같이 요약할 수 있다. ① 우선순위가 공중망 인터넷(*public internet network*) 에서 발생한다면 우선순위가 아닌 패킷들의 간접적 품질저하가 나타날 수 있다. ② CSPs에게 프리미엄 서비스의 대가를 지불하도록 강제하기 위해서 우선순위가 아닌 패킷에 대한 계획적 품질저하가 나타날 수 있다. Verizon과 AT&T는 최근에 이러한 행위를 할 것이라는 것을 부인했다. 왜냐하면 그들이 이러한 행위를 하는 경우에 경쟁자인 케이블 사업자들이 자신들의 행위에 불만족스러워 하는 고객을 유인할 것이기 때문이라는 것이다. ③ 프리미엄 서비스를 제공하는 사설 인터넷망(*private network*) 에 대한 투자가 증가하는 반면에 공중망 인터넷에 대한 투자가 저하되어 인터넷 서비스의 품질저하를 유발할 수 있다는 것이다.

망 중립성 문제는 2006년 미국 의회의 핫 이슈였으며, 당시 6개 관련 법안이 제안됐지만 의회를 장악한 공화당이 망 중립성에 소극적이었기 때문에 법제화로 이어지기 힘들었다. 그러나 2006년 11월 중간선거에서 망 중립성에 호의적 입장을 보이는 민주당이 상하원을 장악하면서 2007년 초부터 망 중립성 이슈가 미국 의회에서 부각되고 있다.

AT&T가 BellSouth를 합병하는 조건으로 망 중립성을 명문화하기로 하면서 망 중립성에 관한 논란은 새로운 국면에 들어섰다. AT&T가 합의한 망 중립성 원칙은 일반 가정과 인터넷 백본을 연결하는 AT&T 네트워크에 적용되며, 기업고객들이 사용하는 특별한 데이터와 음성서비스에는 적용되지 않는다. 또 AT&T가 최근 시작한 텔레비전 서비스도 망 중립성을 적용받지 않는다.

2) 캐나다

(1) 개 요

IPTV의 시행 및 보급이라는 측면에서, 캐나다는 유럽의 몇몇 국가에 비해서 상대적으로 발전이 더디게 진행되고 있다. 유럽의 경우 이미 2006년 연말을 기준으로 70만 가구 이상이 IPTV 서비스를 즐기고 있지만, 캐나다는 아직도 10여 만 가구 정도만이 IPTV 서비스를 이용하고 있기 때문이다.

그러나 성장속도와 잠재시장 규모라는 면에서 볼 때, 캐나다는 성장가능성이 충분한 시장으로 볼 수 있다. 캐나다의 브로드밴드 시장[8]에서 케이블과 위성의 점유율이 80%에 이르고 있으나, 디지털 브로드밴드 부문에서 DSL의 점유율은 70%에 이른다. DSL은 2001년도에 139만 가구에 불과했지만, 2005년도에는 무려 338만 가구로 급격하게 성장했다. 이처럼 IPTV의 잠재시장이라고 할 수 있는 DSL 시장이 안정적으로 발전되어 있기 때문에, IPTV 서비스의 성장잠재력도 높은 것으로 평가된다.

현재 캐나다에는 4개의 IPTV 서비스 제공업자가 존재한다. 그 사업자들은 MTS, SaskTel, Telus TV, 그리고 BellSouth의 Aliant이다. 이 중에서 MTS Allstream은 주

---

8) 방송 및 통신서비스 모두 포함.

로 위니펙 지역에서 5만 6천 가구 이상의 가입자를 확보한 캐나다 최대 규모의 IPTV 사업자이다. 제 2위의 사업자는 Max Interactive TV라는 브랜드명으로 IPTV 서비스를 제공하는 SaskTel로서, 현재 4만 3천 가구 이상의 가입자를 확보한 것으로 알려졌다. 다른 두 사업자는 Aliant TV와 TelusTV로, 2005년에 서비스를 개시한 후발주자이다. Telus는 2005년에 Aliant는 2006년에 서비스를 개시했다. 이들 후발주자의 성과에 대한 정확한 자료는 아직 공개되지 않았지만, MTS나 SaskTel보다는 가입자 규모 및 수익 규모면에서 규모가 작은 것으로 추정된다. 2005년까지 캐나다의 IPTV 서비스 가입자 수는 모두 12만 5천 가구로 추정되지만, 최근의 iSuppli의 기사에 따르면 그 수가 2010년에 640만까지 증가할 것으로 전망되고 있다.

(2) 사업자별 동향

① Manitoba Telecom (MTS Allstream)

MTS Allstream은 캐나다 위니펙(Winnipeg)에서 가장 규모가 큰 IPTV 서비스 사업자이다. 2005년 회계연도까지 MTS Allstream은 위니펙 지역에서 5만 6천 가구 이상의 가입자를 확보했다. MTS Allstream은 2003년 1월에 IPTV 서비스를 개시한 이래로 빠른 속도로 성장을 거듭했으며, 2003년 11월에 CRTC(*Canadian Radio-Television and Telecommunication Commission*)로부터 VOD 면허를 받아 VOD 서비스 시장에도 진출했다. 초고속 인터넷 서비스와 MTS TV의 번들링 서비스는 2003년 10월에 개시했으며, 최근에는 HD 서비스를 도입하여 고선명 다채널 방송시장에서 케이블 및 위성방송 사업자들과 직접적 경쟁을 벌이고 있다.

기존 방송사업자들과의 경쟁을 위해서, 현재 MTS Allstream은 콘텐츠 확충에 많은 노력을 기울이고 있다. 2005년 2월에 22개의 뉴스채널들을 추가하여 현재 200개 이상의 기본 및 특수채널들을 제공하고 있다. Fox News, Bloomberg Television, MTV 2와 같은 미국 채널들과 프랑스 채널들, 그리고 시간대별 임대채널들을 제공하고 있으며, 20개의 채널 패키지를 판매하고 있다. 이들 채널 패키지 요금은 최저 24.99 달러부터 49.99 달러까지이며, 설치비는 25달러이다.

HD채널은 2006년 8월에 서비스를 개시했다. MTS Allstream의 연차보고서에 따르면, Allstream의 방송서비스는 현재 위니펙 지역에서 93% 이상의 도달률을 보이고 있다. 이는 2004년도 연말에 72.8%에 비해서 상당히 높은 수준이며, 2005년도 연말에 91.9%에서 약간 상승한 수치이다. 매니토바(Manitoba) 주에서 MTS TV의 방송시장 점유율은 2005년도를 기준으로 이미 22%에 도달한 것으로 알려졌다.

MTS Allstream은 특히 2005년도에 브로드밴드 네트워크의 시설확충 및 콘텐츠 확대로 디지털 텔레비전 부문의 가입자 수와 수익성 면에서 큰 성장을 보였다. 전체 수익성장률은 2005 회계연도 동안 7.6%였다. MTS Allstream은 IPTV 서비스 제공을 위한 자사 브로드밴드 네트워크의 업그레이드 및 시설확충을 위해서 지난 3년 동안 약 3억 달러를 투자했으며, 그 결과 2005년도 매출액이 20억 달러, 순이익이 2억 1,270만 달러에 이르는 성공을 거뒀다. 2005년도 연말에 디지털 텔레비전 서비스 가입자 수는 51,561가구에 이르렀으며, 이는 2004년에 비해서 58.3% 성장한 것이다.

아직 정확한 수치가 발표되지는 않았지만, 가입자 수의 증가로 MTS Allstream의 수익성은 2006년도에 더욱 성장한 것으로 알려졌다. 지난 한 해 동안 디지털 방송부문의 수익은 27.2% 상승한 것으로 알려졌으며, 초고속 인터넷 가입자 수도 16.6% 증가한 것으로 추산된다. 특히 2006년도에는 TV부문의 광고수익이 눈에 띄게 증가했으며, 매니토바 남부지역에 기반을 둔 Valley Cable Vision을 인수함에 따라 3,700가구의 추가 가입자를 확보하게 되었다.

MTS Allstream은 IPTV 부문에서 가장 안정적으로 성장해온 사업자이다. 또한 번들링 서비스의 판매증가로 가입자 수가 지속적으로 증가하기 때문에, 비디오 부문의 투자가 계속될 것으로 전망된다. 기존의 경쟁전략이 가격 프로모션 등을 통한 가격전략이었다면, 향후에는 양질의 콘텐츠 확충을 통해서 제품경쟁으로 발전할 것으로 예상된다. 현재 MTS는 국내외 콘텐츠 사업자들과 콘텐츠 수급계약을 맺는 데 많은 관심을 기울이고 있다. 이외에도 MTS Allstream은 텔레비전 부문에서의 성공을 기반으로 모바일 서비스 부문에서도 스트리밍 텔레비전 서비스와 스트리밍 라디오 서비스를 제공하기 시작할 예정이다.

② SaskTel

SaskTel은 캐나다 중부지역인 서스캐처원(Saskatchewan) 주에 기반을 둔 통신사업자이다. SaskTel은 다른 거대 통신사업자들보다 빨리 DSL망을 통한 비디오 서비스 시장에 뛰어들었으며, 2002년 9월에 IPTV 서비스를 개시한 이래 빠른 속도로 성장을 거듭하고 있다. 현재 SaskTel은 HD 서비스를 도입하여 고선명 다채널 방송시장에서 Access와 Shaw 등의 케이블방송 사업자들과 직접 경쟁을 벌이고 있다. SaskTel은 IP

〈표 3-8〉 SaskTel의 패키지 종류와 요금

패키지 유형	서비스 내역	요금	
		번들링 가입*	미가입
기본 패키지	초고속 인터넷 서비스 Max Front Row VOD Max Local on Demand Live Event PPV 디지털 TV채널(30개) Galaxie 음악채널(45개) 양방향 TV가이드 이메일주소(10개) 셋톱박스 등 설치장비	36.95	51.95
More Max	기본패키지 테마패키지(5개) 또는 무비매니아패키지	56.9	71.9
Mega Max	기본패키지 테마패키지(5개) 추가 테마패키지(5개) 혹은 무비매니아패키지	76.85	91.85
Ultimate Max	기본패키지 테마패키지(13개) 무비매니아패키지	96.8	111.8
Max TV**	기본패키지 More Max Mega Max Ultimate Max	26.95 46.90 66.85 86.80	41.95 61.90 81.85 101.80

* SaskTel의 핸드폰 서비스 플랜 가입자의 경우 월 10달러의 할인 혜택을 받을 수 있으며, 장거리 무제한 요금제에 가입할 경우 월 5달러의 할인 혜택을 받을 수 있다(할인혜택 중복 가능).

** 초고속 인터넷 서비스 제외 및 이메일 주소(1개) 제공.

TV 서비스를 개시한 후, 번들링 서비스의 판매증가로 초고속 인터넷 시장에서 성장을 거듭했으며 현재는 서스캐처원 주(州)의 초고속 인터넷 시장점유율이 76%에 이른다.

인터넷 접속, 텔레비전(HDTV포함) 및 VOD 서비스 등을 제공하는 TPS 서비스는 SaskTel의 자회사인 Max Entertainment Services에서 관리하고 있다. 이 회사는 2003년 3월까지 캐나다 내의 총 9개 지역에서 사업자면허를 승인받아, 불과 2년 만인 2005년까지 총 16만 6천 가구를 확보하는 성과를 거두었다. 최근에는 고화질 및 다채널서비스에 대한 시장수요에 대응하기 위해 HDTV서비스를 개시하기도 했다.9)

Max HD Ultimate라는 이름으로 출시된 Max Entertainment의 HD 패키지는, 27개의 Max HD채널, 13개의 정규 테마패키지, Movie Central, HD Adventure, Max Front Row 접속서비스, 35개의 라디오 채널, 45개의 Galaxie music stations 및 초고속 인터넷 서비스 등을 포함하고 있다.

서비스 요금은 번들링 서비스에 가입했을 경우에는 최저 36.95 달러에서 최고 96.80 달러이며, 번들링 서비스에 가입하지 않았을 경우, 최저 51.95 달러에서 최고 111.80 달러에 이른다. 번들링 서비스에 가입함으로써 얻을 수 있는 할인 혜택은 최저 13.4%에서 최고 28.9%로 평균 21.6% 수준이다.

Max Entertainment는 SaskTel의 사업부문들 중에서 가장 수익성이 높다. 2002년도의 IPTV 서비스 도입으로 신규가입자 수가 빠르게 증가하여, 2004년에 운영수익이 1천만 달러를 넘기도 했다. 2004년~2005년의 운영수익 증가율은 17.34%였다.

Max Entertainment의 가입자 수는 매우 빠르게 성장하고 있다. 2002년 서비스 개시 당시 1만 가구로 시작하여, 2004년 연말에는 25,800가구, 2005년 연말에는 42,089가구에 이르렀으며, 이는 연간성장률로 환산할 경우 약 63.1%(16,289가구의 신규가입자)에 해당한다. 2006년 11월에는 총 가입가구가 5만 가구를 돌파했다.

SaskTel은 Max의 HD 서비스 및 PVR 개발을 위해서 2007년에 1,200만 달러를 투자할 계획이다. 2005년도 재무정보에 따르면 IP 서비스와 네트워크 접속 향상을 위해

---

9) SaksTel의 HD 서비스는 북미최초로 MPEG-4 기반의 IPTV 네트워크기술을 이용했다. 이 기술의 실현을 위해서, SaksTel은 Alcatel, Kasenna, Motorola, Tandberg, 2Wire, Widevine 등의 네트워크 및 소프트웨어 공급업자들과 제휴를 맺었다. 2006년 상반기에 맺은 SaskTel과 Alcatel의 거래는 캐나다 달러로 약 350만 달러에 이른다.

〈표 3-9〉 SaskTel의 사업부문별 수익

(단위: 백만 달러)

	2004년	2005년	증감폭	증감률
지역 전화	321.9	321.3	−0.6	−0.19%
장거리 전화	126.1	116.1	−10.0	−7.93%
Max Entertainment	159.2	186.8	27.6	17.34%
기타	49.2	52.9	3.7	7.52%
총계	656.4	677.1	20.7	3.15%

출처: SaskTel의 연간재무정보 재구성.

서 지출한 투자비용은 106만 달러였으며, 이외에도 5백만 달러가 초고속 인터넷 서비스 확대에 투자되었다.

SaskTel은 네트워크 부문의 투자뿐만 아니라 안정적인 콘텐츠 수급을 위한 투자에도 적극적이다. 이미 오랫동안 콘텐츠 부문에서 안정적 공급망을 확보한 케이블방송 사업자들과 경쟁하기 위해서 양질의 다양한 콘텐츠를 확보해야 한다고 판단하고, 2005년도에 Warner Bros., Sony, Paramount 등의 주요 할리우드 스튜디오와 Max Front Row의 VOD 서비스 계약을 맺은 바 있으며, 2006년 10월부터 27개 채널의 HDTV 서비스를 실시하기도 했다. 2007년 상반기의 목표는 시청자들의 선택성과 개인화된 편성을 높일 수 있는 PVR(*Personal Video Recorder*)을 도입하는 것이다.

③ Telus

Telus는 캐나다 서부지역에서 가장 규모가 큰 통신사업자로서, 브리티시컬럼비아(British Columbia) 주와 앨버타(Alberta) 주, 그리고 동부의 퀘벡(Quebec) 주에서 ADSL가입자에게 IPTV 서비스를 제공하고 있다. Telus는 Telus TV라는 브랜드명으로 2005년 연말에 에드먼턴(Edmonton)과 캘거리(Calgary) 지역에서 IPTV 서비스를 개시했으며, 점차 다른 지역으로 서비스를 확장했다. Telus TV 서비스는 2006년 연말부터 밴쿠버(Vancouver) 주변지역에도 공급되었다.

Telus TV의 가입자 수는 정확하게 공개되지는 않았으나, 그 숫자는 IPTV 서비스

〈표 3-10〉 Telus TV의 유선부문 수익현황

(단위: 백만 달러)

수 익		2005년 3사분기	2006년 3사분기	변화율
음 성	지 역	541.8	533.4	−1.6%
	장거리	221.5	199.1	−10.1%
데이터		376.2	410.8	9.2%
기 타		59.1	57	−3.6%
총 수익		1198.6	1200.3	0.1%

도입이 비교적 빠른 MTS TV나 SaskTel보다는 낮은 것으로 추산된다. 현재 Telus TV는 470만 개의 네트워크 접속회선과 100만 인터넷 서비스 가입자를 확보하고 있다. IPTV 기술과 관련해서, Telus TV는 Alcatel, Advanced Fiber Communications 및 Lucent Technologies의 기술 및 장비를 이용하고 있다.

기본 패키지는 월 22달러에 24개의 채널이 제공되며, 오락, 스포츠, 뉴스 등의 특별 패키지를 추가할 경우 최대 4개 패키지까지 개당 월 6달러에 추가할 수 있으며, 그 이상의 패키지 추가에 대해서는 할인 혜택을 받을 수 있다. 케이블 사업자들과는 차별화를 두어,[10] Telus TV는 44개의 독립채널을 채널당 2달러의 요금으로 제공하기도 한다. VOD영화의 경우는 편당 5달러에 서비스되고 있다. 기술적 이유로 IPTV가입자들은 반드시 Telus의 ADSL 인터넷 서비스 플랜에 가입해야 한다.

2005년 연말서비스 개시 이후로, 아직까지 Telus의 IPTV 부문에 대한 정확한 수익성이나 가입자 수 등이 집계되지는 않았다. 그러나 Telus의 2006년 재무제표를 보면, 유선부문의 데이터 수익이 2005년보다 2006년에 약간 상승한 것을 볼 수 있다. 반면에 같은 시기에 유선부문의 음성수익은 약간 줄어들었다. 이는 IPTV와 전화서비스 및 인터넷 서비스의 번들링 제공으로 인해서, 음성부문의 수익은 약하게 줄어든 대신에,

10) 케이블 사업자인 Shaw의 경우, 기본 패키지의 경우 33개 채널로 구성되며 월 요금은 25달러이다. Full package의 경우 63개 채널에 47.95달러이며, Digital Package는 200개 이상의 채널에 영화패키지가 추가되어 60.95달러에 제공되고 있다. VOD는 디지털 서비스 가입자에 한하여, 편당 4.99에 제공되고 있다.

데이터 수익이 증가하여 전체 수익이 증가한 것으로 추정해 볼 수 있다.

Telus는 2009년 연말까지 브리티시컬럼비아, 앨버타, 퀘벡 지역을 중심으로 브로드밴드 네트워크 시설확충 및 업그레이드에 6억 달러를 투자할 계획이다. Telus는 현재 광섬유케이블과 기존 자사의 네트워크를 이용해서 약 7천 개 이상의 집단주거지역에 초고속 인터넷망을 구축하고 있다. 2006년에만 이미 1억 9천 달러를 투자했으며, 2007년부터 2009년까지 3년 동안 추가로 6억 달러를 투자하여 브리티시컬럼비아, 앨버타, 퀘벡에서 상위 38개 지역에서 네트워크 설비를 확충 및 업그레이드할 계획이다.

④ **BellSouth**

BellSouth는 캐나다에서 가장 큰 통신사업자이자 방송사업자로서, 현재 400여 개 이상의 디지털 비디오 및 오디오 채널을 전국방송형태로 제공하고 있다. 또한, PVRs 및 대화형서비스를 위한 하드웨어를 공급하고 있기도 하다. BellSouth는 현재 Bell ExpressVu와 Bell Canada를 통해서 약 170만 시청자에게 비디오 서비스를 제공하고 있다. BellSouth의 비디오 서비스는 직접위성방송시스템(*direct-to-home satellite*), 초고속 디지털가입자 회선(VDSL: *very high bit rate* DSL), 광동축 혼합망(*hybrid fiber co-axial cable*)의 세 가지 전송방식을 통해서 이루어지고 있다.

이 중에서, VDSL을 통한 비디오 서비스는 2005년 연말까지 757동의 집단주거시설에 설치계약을 맺고 그중 464개 시설에 설치를 완료했다. HFC를 통한 비디오 서비스는 몬트리올 지역에서 제공되고 있다. BellSouth는 2005년 8월 몬트리올에 기반한 케이블 회사인 Cable VDN Inc.의 집단주거시설 가입자[11]와 초고속 인터넷가입자를 260만 달러에 인수했다. Cable VDN은 2005년 하반기를 기준으로 약 1만 3천 가구의 텔레비전 서비스 가입자와 3천 가구의 초고속 인터넷 서비스 가입자를 보유하고 있었으며, 이들 가입자를 인수함으로써 BellSouth는 몬트리올 지역에서 보급률 40%대의 텔레비전 서비스 제공업자로 자리매김할 수 있었다. Cable VDN의 주 네트워크는 몬트리올 전역에 매설되어 있기 때문에, 가상적으로 약 40만 가구가 BellSouth의 잠재적 IPTV 서비스 가입자가 된 셈이다.

---

11) MaxTV라는 브랜드명으로 서비스가 제공되고 있음.

BellSouth는 2004년 1월에 CRTC로부터 온타리오 주와 퀘벡 주에서 SFUs(*Single Family Units*)를 이용한 지상파 비디오 신호 전송서비스에 대한 면허를 승인받았다. 면허 승인 이후, Bellsouth는 IPTV 신호를 지상파를 통해서 전송할 수 있도록 네트워크를 개발하고 있다. 2005년 Bell은 몬트리올 주의 일부 지역에서 아날로그와 디지털 공용 BDU와 전통적인 광섬유 네트워크를 모두 운영하기 시작했다.

BellSouth의 IPTV 가입자 수가 정확하게 알려지지는 않지만, Telus와 마찬가지로 IPTV 서비스 개시가 상대적으로 늦기 때문에 MTS TV와 SaskTel에 비해서는 저조할 것으로 예상된다. 또한 IPTV 부문의 수익에 대해서도 정확하게 발표되지는 않는다. 다만 전체 비디오 부문의 ARPU가 2005년에 월간 약 50달러로 전년도의 49달러에 비해서 약간 상승했다. 이러한 성장은 2005년도에 비디오 서비스 가격을 올렸기 때문이다. BellSouth는 2005년 3월에 기존 가입자들이 이용하는 패키지에 평균 3달러의 가격 인상을 적용했으며, 2005년 10월에는 기본 패키지와 테마 패키지의 신규가입비를 2~3달러 정도 인상했다.

2005~2006년 동안 기존 소비자들은 전체적으로 보다 가격이 높은 프로그램 패키지 서비스로 이동했지만, 동시에 번들 서비스에 가입하거나 가입을 유지할 경우 할인해주는 프로모션으로 인해서 이 부문에서의 수익증가율은 그다지 두드러지지 않았다. 2006년도에는 BellSouth의 비디오 서비스 가입자가 계속 증가함에 따라 비디오 부문의 수익증가가 계속되었으며, 특히 2005년의 서비스당 가격인상 효과로 ARPU의 증가가 눈에 띄게 높아졌다. BellSouth는 지속적인 수익성 향상을 위해서, 비디오 서비스에 집중투자할 계획이며, 특히 고화질 IPTV 서비스 보급에 더 많은 노력을 기울일 예정이다. 비디오 서비스 부문의 투자는 주로 퀘벡부터 윈저(Windsor) 지역에 이르는 광범위한 지역의 도시들을 중심으로 IPTV 플랫폼을 구축하는 데 집중될 예정이다.

(3) 주요 정책 이슈

캐나다의 경우, 통신사업자의 방송진출에 대한 명시적 규제를 두고 있지 않고, 방송 및 통신분야에서 경쟁을 제고시키겠다는 위원회의 방침에 따라 통신사업자들의 방송서비스 제공에 특별한 제한은 없다. 따라서 IPTV 사업자의 방송면허 허가과정에 대해서도 일반 방송사업자와 동일한 절차를 거쳐 면허를 부여했다.

2002년도에 제기된 MTS TV의 위니펙 지역에서 IPTV 서비스 제공을 위한 면허 허가과정을 살펴보면, CRTC가 IPTV 서비스에 대해서 가지고 있는 정책입장을 알 수 있다. CRTC는 MTS의 IPTV 서비스 사업자에게 지역 방송사업자로서의 면허를 부여했으며, 이는 기존의 케이블방송 사업자들과 동일한 면허이다. 이 면허에 따르면, 면허 소유자는 CRTC가 면허 부여시 허가한 지역에서만 서비스를 제공할 수 있으며, 면허 신청 시에 신청자는 반드시 당해 서비스에 대한 서비스 계획을 제출해야 한다.

CRTC는 현재 IPTV 서비스 제공업자들에게 Class 1의 지역방송면허를 부여한 상태이다. 그러나 모든 IPTV 서비스 사업자들이 서비스를 시작하기 위해서 방송면허를 먼저 발급받고 있지는 않다. Telus TV의 경우, 이미 VOD 서비스를 제공한 상태에서 CRTC에게 VOD 사업자로서의 면허를 신청했다. Telus는 2003년 9월에 전국 규모의 VOD 서비스에 대한 승인을 받았다. CRTC에 제출한 신청서에서 Telus는 영어서비스를 중심으로 하는 영화 콘텐츠를 중심으로 서비스한다고 계획서를 제출했다.

이에 대해 CRTC는 면허와 관련하여 Telus에게 일주일 기간 동안 편성표를 요구했고, 그 기간 동안 성인편성에 대한 정책을 수립했다. 그 결과 5%의 영어영화가 캐나다 사람에 의해서 제작된 것이어야 하고 VOD 서비스의 수익 5%는 지역 프로덕션에 지출되어야 한다고 규정했다. 결과적으로, 현재의 규정들이 변화하는 기술환경을 충분히 반영하지 않는다는 것을 반증한 셈이다.

IPTV 사업자의 면허와 관련한 방송법에서, CRTC는 '공공규칙 2001-59'[12]에서 케이블 방송프로그램배포사업자(BDUs)로서 지역 면허부여의 절차를 적용할 수 있다고 밝혔다. CRTC는 캐나다를 5개의 지역으로 정의하고, 각 지역에서 개별 케이블사업자가 최대 3개의 면허를 소유할 수 있다고 명시하고 있다. 그 3개의 면허에는 Class 1, Class 2, Class 3가 포함된다. 이로 인해 콘텐츠 규제와 관련해서 CRTC는 IPTV 사업자에게 다른 다채널서비스 사업자와 마찬가지로 '캐나다 다채널 방송규제조항'의 조항들을 적용하고 있다.

통신법과 관련해서, CRTC는 '공공규칙 1997-49'[13]와 '통신결정 CRTC 97-8'[14]에서

12) Public Notice 2001-59.

13) Public Notice 1997-49.

14) Telecom Decision CRTC 97-8.

통신사업자가 방송사업자의 핵심 사업영역에 들어가기 위해 청원했을 경우, 지역전화사업에 효과적인 경쟁이 있다고 보장될 때까지 그 청원을 받아들이지 않는다고 규정했다. 그러나 1998년 1월 1일에 CRTC는 지역전화시장에 대한 진입장벽이 완화되는 만큼 통신사업자의 방송진출도 허용될 수 있다고 결정했다.[15]

CRTC는 2006년부터 2008년 사이에 방송 및 융합서비스 부문에서의 규제를 대폭적으로 개선할 계획이다. 그러나 아직까지 별다른 개선방안이 발표되고 있지는 않다. CRTC가 현재 개선을 고려하는 부분은 HD 프로그램의 배포와 관련하여 아날로그방송의 디지털 전환과 관련된 규정들, 기술발전에 따른 상업라디오에 대한 규제조항들, 지상파방송에 대한 규제조항들, VOD 및 유료방송서비스에 대한 면허절차, 그리고 방송프로그램배포사업자(BDUs)에 대한 규제들이 포함된다. VOD 및 유료방송서비스, 그리고 방송프로그램배포사업자에 대한 규정들은 2007년에 발표 예정으로, 향후 IPTV 서비스에 대한 규제변화가 예상된다.

---

15) Broadcasting Decision CRTC 2002-235 참조. http://www.crtc.gc.ca/archive/eng/Decisions/2002/db2002-235.htm

2. 유럽

유럽에서는 프랑스와 이탈리아가 IPTV 시장을 주도하고 있으며 영국, 스페인, 덴마크, 스웨덴, 네덜란드, 벨기에 등의 국가에서 IPTV 서비스를 제공하고 있다. 가입자 면에서 가장 큰 사업자는 프랑스의 Free로 2006년 말 현재 총 126만 명의 가입자를 확보하고 있으며, France Telecom이 30만 명으로 그 뒤를 잇고 있다. 이탈리아에서는 FastWeb이 87만 가구를 보유하고 있다.

IPTV 사업자들의 시장진입 성공 및 가입자기반 확보 여부는 관련정책, 시장환경 및 사업자 역량 등에 따라 국가별로 큰 차이를 보이지만 유럽 IPTV 시장은 특히 정부의 정책완화와 기존 유료TV와의 경쟁, 축구 중계권 확보 등이 주요 이슈가 된다.

프랑스와 이탈리아와 같이 성공적인 IPTV 시장으로 평가받는 유럽국가들의 경우 정부의 규제완화에 크게 도움을 받았다. 이들 국가들은 통신사업자의 IPTV 시장 진입에 대해 비교적 유연한 자세를 보였으며, 콘텐츠와 관련해서도 특별한 규제조항을 두고 있지 않았다. 또한 LLU를 통해 신규사업자가 적정한 가격에 기존 사업자의 지역회선을 이용할 수 있도록 하고, 기존 사업자와 동등하게 경쟁할 수 있게 함으로써 신규사업자의 IPTV 시장을 촉진시켰다. 현재 IPTV 시장을 주도하는 프랑스, 이탈리아, 영국을 비롯하여 네덜란드, 스페인, 핀란드 등 여러 국가들이 IPTV 사업자 면허를 허가할 때 가입자망에 대해 LLU 의무를 부과하고 있다. 이러한 LLU 의무는 기존 사업자가 네트워크 접속에서 시장지배력을 가지고 있는 한 당분간 지속적으로 유지될 전망이다.

낮은 유료방송 보급률이 시장진입을 용이하게 하기도 한다. 이탈리아의 경우 IPTV 도입시 공영방송 Rai와 민영방송 Mediaset이 전체 방송시장의 약 80%를 점유했으나, 케이블 방송시장이 부재해 유료방송 보급률이 매우 낮았다. 프랑스의 경우도 지상파 방송이 전체 방송시장 매출액과 시청률, 방송광고 시장 등에서 독보적 위치를 고수하고 있어 케이블방송의 보급률이 15%에 불과했다. 따라서 통신사업자들의 IPTV 시장 진입에 따른 저항요소가 적었으며, 다채널 방송에 대한 소비자들의 욕구 또한 높았다. 반면, IPTV 성장이 부진한 영국의 경우 위성방송 사업자인 BSkyB의 유료방송 시장 지배력이 매우 컸으며, 무료 디지털 방송인 Freeview의 급속한 성장으로 IPTV 시장진입이 매우 어려웠다.

유럽에서는 IPTV 성장의 핵심요인 가운데 하나가 축구경기 중계권이다. 유럽 내의 유료방송 사업자들은 가입자 확보를 위해 축구경기 중계권에 엄청난 금액을 지불했다. 이러한 축구 중계권 협상은 대부분 영국의 Sky, 프랑스의 Canal Plus, 독일의 Kirch가 주도하는데, 이들이 축구에 관심을 갖는 것은 이를 통해 자신들의 유료채널 가입자 저변을 넓히기 위해서이다. 그러나 축구경기 중계권을 소유한 위성방송 사업자가 IPTV에도 경기를 재송신하면서 IPTV도 차츰 경쟁력을 갖추기 시작했다. 현재 영국을 비롯해 덴마크, 스웨덴, 이탈리아 등이 밤 10시 이후부터 낮 동안의 축구경기를 보여주는 'Near Live' 방식으로 IPTV 플랫폼에 축구 중계를 제공하고 있다.

다음에서는 프랑스, 이탈리아, 영국을 중심으로 IPTV 사업자 및 정책현황을 알아보고자 한다.

1) 영국

(1) 개요

영국의 유료방송 시장은 위성방송 사업자인 BSkyB와 NTL이 전체 방송시장의 절반가량을 지배하고 있어 IPTV의 진입장벽이 매우 높은 국가이다. 위성방송 BSkyB 시청가구 수는 2006년 말 800만을 넘어 2010년 1천만을 바라보는 명실상부한 유료방송의 선두주자로 자리잡고 있으며, 케이블사업자 NTL도 VOD 서비스와 Replay TV 서비스로 가입자를 확대하고 있다. 또한, 무료 디지털 지상파방송인 Freeview의 급속한 성장도 IPTV의 활성화에 어려움을 더하고 있다.

그러나 불리한 경쟁여건 속에서도 통신사업자들은 신규서비스에 대한 영국 소비자들의 니즈와 신기술에 대한 개방성, 그리고 온라인 시장의 활성화로 점차 IPTV 시장이 활성화될 것으로 보고, IPTV 사업을 통해 시장점유율과 수익률을 향상시킬 수 있을 것으로 기대하고 있다. 이에 BT가 지난해 말 영국 통신시장에서의 강한 브랜드 경쟁력, 그리고 차별화된 PPV기반 요금전략을 바탕으로 BT Vision을 출시했으며, Tiscali도 Homechoice와의 합병을 통해 서비스를 전국화하려는 계획에 있다. 그 밖의 통신업체들도 영국에서 IPTV 서비스를 출시할 계획을 밝혀, IPTV 시장의 경쟁요인이 증가할 것으로 예상된다.

〈그림 3-5〉 2006년 영국의 방송 플랫폼별 보급률

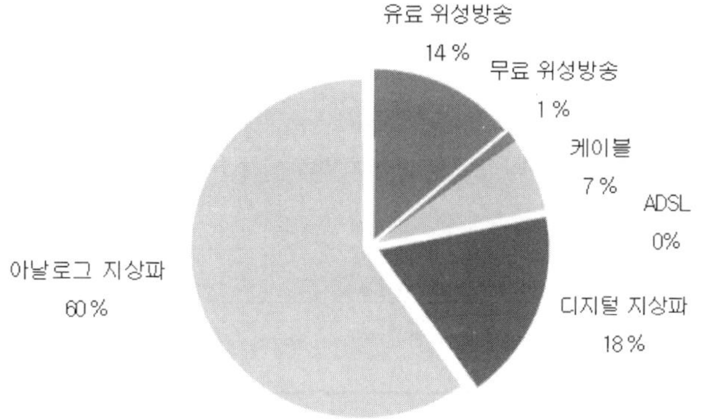

출처: Ofcom(2007).

(2) 사업자 현황

영국에서는 Video Networks의 Homechoice와 Kingston Comm.의 KIT가 각각 2000년, 2001년부터 이미 서비스를 시작했다. 그러나 Homechoice는 Kingston Comm.이 지난 2006년 4월 서비스를 중단한 이래 독점적 IPTV 사업자로 존재했음에도 불구하고 2006년 말까지 가입자 수 4만5천 명에 불과한 저조한 성장을 보이고 있다.

영국의 IPTV 가입자 수가 저조한 이유는 유료방송 사업자인 BSkyB와 디지털지상파 방송의 지배력으로 인해 IPTV에 대한 요구가 크지 않기 때문이기도 하지만 무엇보다도 Homechoice가 LLU사업자로 현재까지 런던과 스티버니지 지역에서만 서비스를 제공하기 때문에 가입자 확보에 한계가 있기 때문이라고 할 수 있다. 이에 통신사업자인 Tiscali와의 합병을 통해 사업활성화를 위한 방안을 모색하고 있다.

한편, 지난해 말 BT가 DTT broadcast/DSL VOD를 출시하며 IPTV 서비스를 시작하였고, 프랑스의 통신사업자 France Telecom도 2006년 내에 영국에서 IPTV 서비스를 실시한다고 밝혔다. 그 밖의 통신업체들도 IPTV를 통한 방송진출에 관심을 모으고 있어 향후 영국의 IPTV 시장의 경쟁이 증가할 것으로 예상된다.

〈표 3-11〉 영국의 IPTV 사업자 현황

사업자	IPTV 서비스명	서비스 내용	커버리지	기술 아키텍처				가입자 수
				액세스 소유권	액세스 기술	STB+ DTT 튜너	STB+PVR	
Video Networks (2006년 8월 Tiscali UK와 합병)	Homechoice (TPS 브랜드)	35~85개 생방송TV, VOD	런던, 스티버니지	BT의 LLU	ADSL	×	×	2006년 45,000
British Telecom	BT Vision*	—	—	자가망	—	—	—	—
Kingston Communications	KIT	2006년 4월 3일 서비스 중단**						

출처: OECD(2006).

* BT의 BT Vision은 IP 기반 실시간 비디오서비스 전송을 포함하지 않으므로, 현재 IPTV 서비스의 범주에 포함되지 않음.

** 2001년 10월 서비스를 시작한 후 2006년 4월에 경영난으로 서비스 중단.

① **Video Networks**

Video Networks는 유럽의 가장 오래된 IPTV 사업자 가운데 하나이다. Video Networks는 이미 2000년대부터 TPS의 일환으로 IPTV 서비스 Homechoice를 제공했다. 2003년에는 VOD 서비스를 확대해 지상파와 일부 Freeview TV 채널, 그리고 전화서비스를 포함시켰으며, 현재는 영국과 스티버니지를 중심으로 비디오, 브로드밴드, 전화를 묶은 TPS를 제공하고 있다. ARPU는 420파운드이며, 올해 안으로 HDTV, PVR, multi-room, 광고, 게임 등으로 새로운 수익을 창출해 낼 것으로 기대하고 있다. 그러나 2006년 현재까지 Homechoice는 가입자 수 4만5천 명에 불과한 저조한 성장세를 보였다. 이에 지난 8월에는 이탈리아의 인터넷 제공업체인 Tiscali와 합병을 발표하는 등 다방면으로 사업을 확장하려는 노력을 보이고 있다. Tiscali는 Homechoice와의 합병으로 VOD 서비스 운영권을 100% 갖게 되었고, Homechoice는 영국 Tiscali 지분의 11.5%를 소유하게 되었다. Tiscali는 현재 Homechoice를 전국적인 Tiscali IPTV 서비스에 포함시킬 계획을 갖고 있으나, 네트워크 인프라 설립에 필요한 자원부족으로 어려움을 겪고 있다.

Homechoice가 제공하는 Replay TV, TV on-demand, Movie on-demand 패키지는 전 세계에서 가장 훌륭하다고 평가받고 있다. 현재 90% 이상의 Homechoice 고객들이 온디맨드 콘텐츠를 이용하고 있으며 3분의 1 이상의 고객들이 한 달에 평균 1편 이상의 영화를 대여한다.

Replay TV는 소비자가 보고자하는 프로그램의 채널을 통해 제공된다. 따라서 BBC One에서 보고자하는 프로그램을 선택하고 '선택'키를 누르면 BBC One Replay TV 서비스를 이용할 수 있다. 이러한 서비스를 통해 가입자들은 지난 7일간 방영되었던 모든 프로그램을 재시청할 수 있다. Replay TV는 현재 BBC Three와 같은 디지털 채널을 포함한 모든 BBC 채널에서 가능하며, 이용하는 유료패키지의 종류에 관계없이 모든 가입자들에게 기본적으로 제공된다. Homechoice 또한 C1이라는 브랜드의 온디맨드 방송을 제공하며, C1 Taste는 기본 가입자들을 위해 C1의 서비스를 일부만을 시청할 수 있도록 한 서비스이다.

V:MX Music TV는 Homechoice가 소유하는 10개의 온디맨드 뮤직비디오 채널을

〈표 3-12〉 Homechoice의 TPS 서비스 구성

	패키지	Digital TV channel	Kids TV Pack	V:MX Music TV Pack	VOD	Freetime Calls (Optional)	Anytime Calls	가격
Basic	Max Speed	35개 채널	월£6	월£6	Taster	포함	월£5	월£27.99
	4Mbps	35개 채널	월£6	월£6	Taster	포함	월£5	월£22.99
	2Mbps	35개 채널	월£6	월£6	Taster	포함	월£7	월£17.99
Big	Max Speed	60개 채널	월£4	월£6	포함	포함	월£5	월£37.399
	4Mbps	60개 채널	월£4	월£6	포함	포함	월£5	월£32.99
	2Mbps	60개 채널	월£4	월£6	포함	포함	월£7	월£27.99
Max	Max Speed	85개 채널	포함	포함	포함	포함	월£5	월£47.99
	4Mbps	85개 채널	포함	포함	포함	포함	월£5	월£42.99

출처: Homechoice(2006)

제공한다. 또한 V:MX download 채널을 통해 PC로 음악을 다운로드할 수 있는 서비스도 있다. 녹화된 방송 프로그램을 PPV(*Pay-Per-View*)로 구입해 볼 수도 있다. Homechoice는 최근 Channel Four와 'Lost', 'Desperate Housewives'의 시즌 1과 2를 에피소드 당 0.99파운드에 제공하는 계약을 체결했다. 가입자들은 PPV 프로그램을 구입할 경우 24시간 내에 무제한 시청할 수 있다.

Homechoice는 이용자들 스스로가 원하는 온디맨드 채널을 만들 수 있도록 하는 'MyTV'라는 서비스도 제공한다. 이 서비스는 Homechoice가 제공하는 모든 온디맨드 프로그램을 'favourite list'에 담을 수 있도록 해준다. 따라서 이용자들이 원하는 TV 프로그램이나 음악 트랙은 한 곳에 모아 'MyTV'버튼만 누르면 언제든지 이용할 수 있다.

뉴스매거진 프로그램인 ITV London Tonight은 온디맨드 형식으로 모든 가입자들에게 제공되며 가입자들은 관심 있는 뉴스를 뉴스 타입에 따라 선택해 볼 수 있다. 인기 있는 자동차 잡지명에서 따온 'WhatCar?'라는 브랜드 채널은 자동차 모델에 따른 평을 들을 수 있는 서비스이며, 인기 있는 광고도 온디맨드 서비스를 통해 시청할 수 있다.

Homechoice의 Basic Pack가입자들은 월 1,799파운드로 35개의 온디맨드 채널과 2Mbps의 브로드밴드 서비스를 이용할 수 있으며, 5~10파운드의 추가요금을 지불할 경우 4Mbps에서 최대 8Mbps 속도의 서비스를 제공받을 수 있다. 그러나 기본 가입자들이 Kids Pack이나 V:MX Music Pack 또는 Big Pack을 추가적으로 이용할 경우는 각 6파운드의 비용을 지불해야 한다. 기본 패키지에서 10~20파운드의 추가요금으로 60여 개의 채널을 시청할 수 있는데, 여기에는 기본 패키지에 제공되지 않는 CI, 내셔널지오그래픽 온디맨드, 그리고 대부분의 디스커버리 온디맨드 콘텐츠가 제공된다. 또한 Kid TV Pack과 V:MX Music Pack을 시청하고자 할 경우 각각 4파운드와 6파운드의 비용을 지불하면 된다. 월 42.99~47.99파운드를 지불하는 Max Pack 가입자들에게는 85개의 채널과 Kids TV pack, V:MX Music TV Pack, VOD, Homechoice Call, Anytime Calls 등 다양한 서비스가 제공되고 있다.

② **British Telecom**

BT는 2006년 말 전에 약 30개의 디지털 지상파TV(*Freeview*) 채널과 PPV VOD를 제공하는 IPTV 서비스 BT Vision을 출시했다. 그러나 이 서비스는 브로드밴드 접속을 통한 생방송 TV채널 멀티캐스트를 제공하지 않으므로 법적으로는 IPTV의 범주에 속한다고 볼 수 없다. BT Vision은 Freeview 디지털 디코더와 80시간짜리 PVR, EPG가 하나의 셋톱박스로 이루어져 있어, 사실상 고객들은 DTT와 VOD 서비스 간의 전환을 인식하지 못한다. 소비자들은 셋톱박스를 통해 시청자들은 PVR 시스템의 "Catch-up TV" 옵션을 이용해 놓친 프로그램을 선택해서 볼 수 있으며, 브로드밴드 인터넷 접속을 통해 BT Vision VOD를 이용할 수 있다.

BT Vision이 제공하는 콘텐츠는 할리우드 스튜디오, 프리미어 리그중계, 그 밖에 Endemol, Nat Geo, BBC 월드와이드, 드림웍스, 워너, Sony-BMG, Emap 등이 있다. BT Vision은 무료 셋톱박스를 제공하고, 가입료 없이 PPV 기반으로 요금을 부과한다. 기존 가입자를 기반으로 다져진 유료방송 시장에서 비가입자 기반의 틈새시장을 공략하겠다는 전략이다. 그러나 BT Vision의 이러한 전략이 얼마나 성공을 거둘 수 있을지는 아직 불확실하다.

(3) Football Right

영국에서는 BSkyB가 2007년까지 축구 중계권과 IPTV에 대한 축구경기 필름유통권을 독점적으로 보유하고 있다. 따라서 현재 Homechoice의 경우 축구중계권에 대해 어떠한 배타적 중계권도 가지고 있지 않으며, 위성방송 사업자 BSkyB와의 계약을 통

〈표 3-13〉 영국 IPTV 사업자의 축구경기 중계권

사업자	모든 TV 플랫폼에 대한 배타적 중계권	IPTV 플랫폼에 대한 배타적 중계권	기간/가격
Homechoice	없음 (Homechoice는 Sky와의 계약을 통해 Sky Sports를 제공하고 있음)		
BT Vision	없음	없음	3년(시즌당 242개 'near-live' 프리미어 리그 경기를 중계할 수 있음) / BSkyB와 배타적이지 않은(non-exclusive) 중계권을 공유하며 8천4백만 파운드 지불 (약1억 2천 5백만 유로)

출처: ITU(2006).

해 Sky Sports를 제공하고 있다. 그러나 BT Vision은 2007년 8월부터 2009년 10월까지 3년간 242편의 'near-live'[16]로 경기를 중계할 수 있는 중계권을 확보하고 있다. BT와 BSkyB는 배타적이지 않은(*non-exclusive*) 중계권을 갖고 있으며, 이를 위해 두 회사는 약 8천4백만 파운드(약 1억2천5백만 유로)를 지불한 것으로 알려졌다.

(4) 정책 이슈

영국의 2003년 커뮤니케이션 법은 방송과 통신을 구분하지 않고 전자커뮤니케이션망/전자커뮤니케이션 서비스에 대한 단일규제 프레임워크를 적용한다. 전자커뮤니케이션망(*Electronic Communication Network*)은 전자적, 자기적 또는 전자기적 에너지를 이용하여 모든 종류의 표현적 신호를 전송하는 시스템과 그 관련 설비를 말하며, 전자커뮤니케이션 서비스는 전자커뮤니케이션 망을 이용하여 신호전송을 주 목적으로 하는 서비스를 말한다.

2003년 커뮤니케이션 법은 전자커뮤니케이션 서비스 사업자에 대한 인허가권을 폐지하고, 등록제를 통하여 신규 시장진입이나 기존 사업자의 다른 영역 진입을 수월하게 했다. 이에 따라 IPTV는 특별한 허가절차 없이 등록요건만 갖추면 시장에 진입할 수 있게 되었다. 온디맨드 서비스도 허가(*licence*)나 신고(*declaration*)를 받을 필요가 없다. 자가채널 운영을 제외하고 방송콘텐츠, 데이터 전송도 규제 없이 사업자 등록으로 서비스 제공이 가능하다. 우리나라의 방송채널사용사업자(PP)격에 해당하는 TLCS(*Television Licensable Content Service*)의 경우 신청비와 수신료를 지불하는 등 일정요건을 갖춰야 하는 등록제 방식 허가제를 따르고 있다.

그러나 전자커뮤니케이션 서비스의 정의에는 콘텐츠 서비스가 포함되어 있지 않다. 따라서 IPTV가 등록만으로 서비스를 제공할 수 있다고는 하나 이는 네트워크 사업자로서의 허가가 필요 없음을 의미하는 것이며, 텔레비전 방송을 제공하는 사업자의 경우는 여전히 콘텐츠에 대한 규제를 받는다.

Ofcom의 ITS(*Independent Television Service*)의 구분에 따라 각 서비스는 별도로 텔레비전 서비스 면허를 받는데, 디지털 지상파 멀티플렉스로 전송되는지 또는 전자커뮤니

16) 프리미어 리그 중계가 있는 날 밤 10시부터 오후에 있었던 해당 경기를 볼 수 있는 중계권.

〈표 3-14〉 커뮤니케이션법 2003에 의한 Independent Television 서비스 분류

그룹	구 분	내 용
1	① television broadcasting service	(디지털 아날로그 여부와 무관하게) 영국 내에서 위성만을 이용한 것을 제외한 "공공"에게 제공되는 "방송(*its being broadcasting*)"을 목적으로 한 텔레비전 프로그램 서비스. 단 restricted television service(②), television licensable content service(④) 허가 소지자가 제공하는 서비스, digital television programme service(⑤) 허가 소지자가 제공하는 서비스, television multiplex service(⑥) 제외
	② restriced television service	영국 내에서 특별시설, 특정 한정지역 또는 이벤트를 위한 television programmes 방송
	③ additional television service	"television broadcasting service"의 여유 주파수대역을 이용하여 무선전신에 의한 전자적 신호의 전송
	④ television licensable content service	위성 또는 전자통신망을 이용하여 디지털 또는 아날로그 방식으로 television programmes이나 electronic programme guide(이하 EPG)의 제공을 목적으로 하는 서비스
	⑤ digital television programme services	디지털 방식으로 공중(*available for reception by members of the public*)에게 텔레비전 프로그램(ancillary services와 함께) 제공. 단, 문자다중서비스, 시각적 이미지가 주로 동적 영상으로 구성되지 않은 방송서비스, 적정서비스 제외
2	⑥ television multiplex service	특정인이 제공하여 digital additional service를 디지털 방식으로 방송하는 것과 더불어 관련 정보를 수집하여 digital programme service 등의 둘 또는 그 이상을 일반적인 수신이 가능하도록 디지털 방식으로 방송하는 서비스
	⑦ digital additional television service	공중에게 digital form으로 television 또는 general multiplex service에 의해 방송되는 서비스로 Channel 3, channel 4, Channel 5, Public television service of the Welsh Authority, digital television programme service, digital sound programme service, an ancillary service 또는 technical service는 포함하지 않는다.

출처: 임동민(2003). 〈영국 Communication Act 2003의 통신·방송 융합서비스 관련 법령분석〉 재구성.

케이션네트워크(ECN)를 통한 전자커뮤니케이션 서비스인지에 따라 다른 면허를 부여받는다.

디지털 지상파 멀티플렉스로 전송되는 서비스는 DTPS(*Digital Television Programme Services*) 또는 DATS(*Digital Additional Television Service*)로 면허를 받는다. ECN을 통한 방송서비스는 TLCS(*Television Licensable Content Service*) 면허를 받게 된다.

TLCS는 ECN을 이용하는 모든 텔레비전 서비스와 관련된다. Ofcom은 TLCS 면허가 필요한 서비스를 editorial, teleshopping, self-promotion의 세 가지 유형으로 분류했다. Editorial service는 전통적인 프로그램과 광고로 이루어진 서비스를 말한다.

커뮤니케이션법 제232조를 보면, 서비스가 방송프로그램으로 구성되고 ECN에 의해 공중에게 수신될 때에는 TLCS 면허가 필요하다고 명시되어 있다.

한편, 양방향 서비스, 단일지역 내에서 제공되는 서비스 또는 제한된 이용자 집단에 제공되는 서비스는 TLCS가 아니다. 따라서 주문형 서비스는 "공중에 의해 수신될 수 없으므로" 면허에 해당되지 않는다.

TV콘텐츠와 관련해서 적절한 면허(*licence*) 없이 면허가 필요한 TV 서비스를 제공하는 것은 불법이다. 여기서 면허를 '필요로 하는'(*licensable*)과 '필요로 하지 않는'(*unlicensable*) TV 서비스를 결정하는 핵심요소는 전송기술이 아니라 '서비스'에 있다. 2003년 커뮤니케이션법은 TV콘텐츠가 전통적 TV와 유사할 경우, 면허를 필요로 하고 웹콘텐츠와 더 유사할 경우, 면허가 불필요하다고 보는 등 경계설정에 대해 어느 정도 유연성을 가지고 접근하고 있다. 따라서 서비스가 면허획득이 필요한지 여부를 결정할 일차적 책임은 해당 서비스 제공자에게 있으며, 일단 면허를 받으면 제공자는 반드시 콘텐츠 및 편성스케줄, 광고 등과 관련된 규칙을 모두 따라야 한다.

일정 수의 TV 채널을 모아서 단지 전송하기만 하는 케이블TV 시스템사업자(SO: *System Operator*)는 면허규칙을 따르지 않아도 되며, 케이블TV 시스템사업자는 독자적인 TV채널을 방송하지 않는다. 시스템사업자의 시장진입은 시스템사업자와 개별 TV 서비스 제공자 간의 사적인 계약에 달려 있다.

영국 시장에서 55개의 linear TV 채널과 VOD 서비스를 담고 있는 비디오 서비스를 포함한 TPS를 제공하는 IPTV 사업자 Homechoice의 경우, 케이블TV 서비스 채널은 linear TV 채널로 TLCS로 면허받아야 하지만, VOD 서비스는 TLCS로 면허받지 않는

〈표 3-15〉 영국 IPTV 사업자의 면허조건

전자커뮤니케이션 네트워크에 대한 인가	인가(*authorisation*) 및 허가(*license*) 제도			
	VOD	전송만 하는 경우	편집 통제권이 있는 경우	인허가 단위
Ofcom에 신고	허가 또는 등록 불필요	허가 또는 등록 불필요	2003년 커뮤니케이션법에서 TLCS사업자들에 대해 정의*	전국

출처: ITU(2006).

* TLCS는 그 성격상 대표적인 통신과 방송의 경계 영역적 서비스여서 Communication Act 2003에 Explanatory Note까지 달아 자세하게 설명하고 있다.

다. 그러나 여기에 관련된 linear TV 채널은 Homechoice가 사업을 개시할 당시 이미 모두 TLCS 면허를 획득한 상태였으며 Homechoice는 독자적 TV채널을 갖지 않은 시스템사업자(SO)로서 단지 TV채널을 모아서 방송하기 때문에, TLCS 면허규정에 영향을 받지 않는다.

Ofcom과의 합의의 일부로서 Access Service Division(ASD)을 새로 포함시키는 BT의 개편은 Wholesale Ethernet Service(WES) 같은 광케이블 접속과 부분민간회로(PPC: *Partial Private Circuit*) 액세스 상품 등 일련의 액세스 상품을 이용할 수 있게 할 것이다.[17)]

2003년 커뮤니케이션법은 다수의 사용자에게 텔레비전 프로그램 전달을 위한 주요 수단으로, 전자커뮤니케이션 서비스를 제공하는 네트워크 사업자에 대해 의무전송 규제를 부과하고 있다. 따라서 IPTV를 포함한 모든 전자 커뮤니케이션 네트워크 사업자들은 의무전송에 대한 의무를 갖고 있다. 그러나 Ofcom은 여기서 말하는 '다수의 사용자'에 대해서는 명확한 정의를 내리지 않았다.

2003년 커뮤니케이션법은 공공서비스 의무가 갖고 있는 의무전송 채널로 BBC, ITV, Channel 4, Channel 5, Teletext Ltd.를 열거해 놓았다. BBC는 정부에서 자

17) OECD(2006).

〈표 3-16〉 영국 IPTV 사업자의 의무전송 규제

IPTV 사업자의 의무전송 규제	의무전송 채널	보상체계	IPTV 사업자에 대한 방송사업자의 의무전송
있음 (원칙적으로는 있으나 실질적으로 실행되고 있지는 않음)	• BBC • ITV • Channel 4 • Channel 5 • Teletext Ltd	사업자간 합의	있음 만약 IPTV 사업자가 공중 전자커뮤니케이션(Public electronic communications)을 다수의 사용자에게 제공할 경우

출처: ITU(2006)

금을 지원받아 운영되는 채널로 뉴스, 스포츠 및 드라마 방송 등을 제공한다. ITV (Channel 3)는 광고를 재원으로 하는 상업방송으로 15개의 지역 프랜차이즈를 갖고 있다. 이 채널의 경우 특히, 지역 프로그램에 관해 수준 있는 서비스를 제공해야 하는 공공서비스의 의무를 갖고 있다. Channel 4는 상업적 재원을 받는 비영리 공공기업 (*non-profit public corporation*)으로 역시 공공서비스 의무를 갖는 채널이다. 특히, 다른 방송사업자들의 손길이 미치지 않는 소수계층을 위한 프로그램을 제공한다. Channel 5 역시 광고를 재원으로 하는 상업방송이지만, 일정 수준 이상의 프로그램 질을 유지해야 하는 공공서비스 성격을 갖는 채널이다. 마지막으로, Teletext Ltd.는 영국의 문자 다중방송 채널로 상업적 지원을 받기는 하지만 공공서비스 의무 역시 갖고 있다 (2006 Statement of Program Policy 참조).

그러나 실질적으로 의무전송 규제가 모든 사업자에게 부과되고 있지는 않으며, 콘텐츠 제공자들은 상업적 합의(*commercial negotiation*)에 의해 공영방송 채널을 전송하는데 합의를 본 상태이다. Homechoice의 경우 현재 이러한 의무전송 채널들을 모두 전송하고 있음에 따라 이들 채널에 대한 의무전송 규제를 받고 있지는 않다. 그러나 만약 의무전송 채널들이 제공되지 않는다 할지라도 Homechoice에 의무전송 규제를 부과하기는 어려울 것으로 보인다. 영국에서 IPTV가 크게 활성화되고 있지 않음에 따라 Ofcom에서 규정하는 다수의 사용자에게 텔레비전 프로그램을 전달하는 서비스로 간주되기 어렵기 때문이다.

2) 프랑스

(1) 개 요

프랑스는 케이블 시장에 경쟁요인이 적어 IPTV의 시장 가능성이 큰 국가이다. 또한 위성방송 사업자들인 TPS와 Canal Plus는 자사의 콘텐츠를 IPTV 사업자들에게 판매함으로써 수익을 올릴 수 있다는 면에서 IPTV의 시장진입에 비교적 긍정적 반응을 보이고 있어, 향후 IPTV 시장은 지속적으로 발전할 것으로 보인다. 프랑스 시장은 디지털TV 시장이 확대되고 방송사업자간의 경쟁이 심화됨에 따라 IPTV 서비스의 질적 향상도 기대된다. 사업자들이 IPTV 인프라 개선에 많은 비용을 투자하고 있으며 가격인하 등을 통해 적극적으로 가입자 확보에 나서고 있기 때문이다.

한편, 프랑스의 위성방송 사업자인 CanalSat과 TPS가 IPTV, DTT 등 새로운 경쟁 플랫폼의 등장에 대한 대응전략으로 합병을 추진해 지난 2006년 9월 정부 승인을 얻었다. 양사는 그동안 축구 중계권을 둘러싼 과열경쟁으로 재정상태가 악화된 가운데, 2004년 TPS가 Canal+에 3년간의 축구경기 중계권을 빼앗기게 된 이후, 그동안 합병을 주저하던 TPS 경영진의 마음을 움직인 계기가 된 것으로 보인다.[18] CanalSat과 TPS의 합병으로 이들은 IPTV 사업자에 대한 콘텐츠 제공을 확대하는 한편, 새로운 서비스 출시로 IPTV 사업자와의 경쟁에 돌입할 것으로 보인다.

(2) 사업자 동향

프랑스는 가입자 규모면에서 유럽 최대의 IPTV 시장을 형성했다. France Telecom과 Free Telecom, Neuf Telecom 3사가 보유한 IPTV 가입자들은 2006년 6월 말 기준 160만 명에 이른다. 또한 2009년에는 가입자가 240만 명까지 증가할 것으로 예상된다. 프랑스의 IPTV 사업자들은 TPS 전략의 일환으로 IPTV를 서비스하기 시작했으며, 케이블방송서비스 미제공 지역이나 위성방송이 보급되지 않은 지역을 중심으로 서비스를 확대하는 전략을 폈다.

18) 이원(2006).

① Free Telecom

Free는 2003년 12월에 전화, 인터넷, IPTV를 묶은 TPS를 실시한 프랑스의 첫 IPTV 사업자이다. 당시 인터넷 서비스 회사였던 Free는 초고속 인터넷 서비스의 가입자 확대를 위한 전략으로 IPTV를 서비스하기 시작해, 시장진입 초기에 월 30유로라는 저렴한 요금으로 TPS를 제공하는 전략을 세웠다. 이후에도 Free의 TPS 서비스 요금은 그대로 유지되었고, 이에 다른 IPTV 사업자들도 이와 비슷한 수준의 요금으로 서비스를 제공하기 시작했다.

Free는 2006년 3월, 향상된 트리플 플레이 커뮤니케이션 서비스와 유럽 최초의 HD IPTV 비디오 서비스를 새로운 Freebox(모뎀)를 통해 제공하면서 서비스질 향상에 더욱 노력을 기울이고 있다. 새로운 Freebox는 HD Freebox라는 멀티미디어 박스와 ADSL Freebox라는 네트워크 박스 등 두 개의 셋톱박스로 구성되어 있다. 이 새로운 Freebox는 ADSL2+, HDTV, WiFi MIMO, DTT 튜너, WiFi상의 모바일 전화 및 다수의 기능들이 포함된 몇 가지 발전된 기술을 통합시킨 것이다. HD Freebox는 SD 및 HD 디코더(IPTV 비디오 서비스 수신용)와 디지털지상파TV(DTT) 튜너(TF1과 M6를 포함한 18개의 DTT 채널에 접속용), SCART, S-Video, composite S-Video 커넥터, HDMI 커넥터(HD-Ready TV에 연결용), S/P-DIF(hi-fi 연결용), 디지털 오디오 아웃풋, 그리고 세 개의 안테나(ADSL box에 무선 접속용) 등을 포함하고 있다.[19]

아울러 Free는 France Telecom의 언번들 라인(ADSL 2+)을 사용하고 있었으나 최근 FTTH 네트워크에 투자하기로 결정하기도 했다. 2006년 6월 말 현재 Free는 약 126만 명의 가입자를 확보하고 있다.

Free IPTV 서비스의 특징은 상품의 개별적 구매를 허용하지 않고 TPS 상품만 제공한다는 것이다. 2006년 초에 인터넷만 개별구매하는 것을 허용하기 전까지는 가입자 회선 언번들링 지역에서는 TPS를 단일요금으로 제공했고, 이 외의 지역에서는 VoIP와 인터넷을 단일요금으로 제공했다.[20] 현재 24Mbps 초고속 인터넷 서비스와 무제한 전화서비스, 100여 개 TV채널 및 VOD를 포함한 Free의 TPS 서비스는 월 29.99유로에 제공되며, 프리미엄 콘텐츠 패키지를 추가로 이용할 경우 월 16~30유로의 추가요

19) 이정희 · 김유석(2006).

20) 조은기(2006).

〈표 3-17〉 프랑스의 IPTV 사업자 현황

<table>
<tr><th rowspan="2">사업자</th><th rowspan="2">IPTV 서비스명</th><th rowspan="2">서비스 내용</th><th rowspan="2">커버리지</th><th colspan="4">기술 아키텍처</th><th rowspan="2">가입자수</th></tr>
<tr><th>액세스 소유권</th><th>액세스 기술</th><th>STB+ DTT 튜너</th><th>STB + PVR</th></tr>
<tr><td>Free Telecom (Illiad Group)</td><td>Free</td><td>HD/SD 생방송TV, VOD, 미디어센터, WiFi/GSM 휴대폰</td><td>언번들 FT스위치반경 2.5㎞내</td><td>FT의 LLU</td><td>ADSL 2+</td><td>○</td><td>○</td><td>2006년 6월말 126만명</td></tr>
<tr><td>France Telecom</td><td>Orange TV</td><td>생방송TV, VOD, 미디어센터, WiFi/GSM 휴대폰</td><td>전역에 서비스되나 FT스위치 반경2.5㎞내</td><td>네트워크 보유</td><td>ADSL 2+</td><td>○</td><td>○</td><td>2006년 6월말 306,000명</td></tr>
<tr><td>Neuf Cegetel</td><td>Neuf TV</td><td>HD/SD 생방송TV, VOD, 미디어센터, WiFi/GSM 휴대폰</td><td>언번들 FT스위치 반경2.5㎞내</td><td>FT의 LLU</td><td>ADSL 2+</td><td>○</td><td>○</td><td>2006년 9월말 100,000명</td></tr>
<tr><td>Telecom Italia</td><td>AliceTV</td><td>생방송TV</td><td>언번들 FT스위치 반경2.5㎞내</td><td>FT의 LLU</td><td>ADSL 2+</td><td>○</td><td>×</td><td>n. a</td></tr>
<tr><td>T-Online France</td><td>Club Internet TV</td><td>생방송TV, VOD, 미디어센터</td><td>언번들 FT스위치 반경2.5㎞내</td><td>FT의 LLU</td><td>ADSL 2+</td><td>n. a</td><td>○</td><td>n. a</td></tr>
</table>

출처: OECD(2006).

〈표 3-18〉 Free의 TPS 서비스 구성

<table>
<tr><th>서비스</th><th>비 용</th><th>콘텐츠</th></tr>
<tr><td>TPS</td><td>월 29.90유로</td><td rowspan="3">100여 개 국내외 채널
VOD: CanalPlay, CanalPlay Kids(독점계약)</td></tr>
<tr><td>프리미엄 콘텐츠 팩키지
(TPS, Canal+, CanalSat)</td><td>월 16~30유로</td></tr>
<tr><td>VOD</td><td>2~4유로</td></tr>
</table>

출처: KCTA(2006) 재구성.

금이 부과된다. 또한 VOD 서비스 Canalplay도 선보여 편당 2~4유로를 지불하면 24시간동안 해당 콘텐츠를 시청할 수 있다.

② **France Telecom**

France Telecom은 2003년 리옹(Lyon)지역에서 IPTV에 대한 기술적 시험을 추진한 뒤 같은 해 12월, IPTV 서비스 "MaLigne TV"를 출시했다. Malign TV는 모회사인 Wanadoo의 브로드밴드와 IPTV를 함께 묶어 서비스를 제공하거나 케이블방송 서비스 미제공 지역 또는 위성방송 송신이 어려운 지역을 공략하는 전략으로 시장을 확대했다.

또한 2006년 6월 1일부터 IPTV(구 "MaLigne TV"), 초고속 인터넷(구 "Wanadoo"), 셋톱박스를 통한 자사의 유무선 네트워크를 이용하는 WiFi/GSM 모바일 단말기("Orange Live box") 등으로 구성된 자사의 커뮤니케이션 서비스들을 "Orange"라는 브랜드로 통합했다. TV by Orange는 2006년 6월 말 현재 30만6천 명 이상 가입자를 보유하고 있다.

TV by Orange는 프랑스 위성방송 사업자인 TPS 및 Canal+와의 결합을 통해 약 200여 개의 프리미엄 채널 및 VOD 서비스를 제공한다. 또한 자사의 멀티플플레이 서비스를 차별화하기 위한 노력의 일환으로, France Telecom은 콘텐츠의 휴대성을 향상시켰다. 예를 들어, Orange에 의해 제작된 비디오 시리즈를 IPTV, PDA, PC, 모바일폰의 이용자들이 볼 수 있다. Orange는 150만 명 이상의 모바일 가입자들이 2분짜리 짧은 비디오 콘텐츠를 모바일폰으로 시청하고, 또한 그들 가운데 50만 명이 23분짜리 장편 비디오도 IPTV 서비스로 시청한다는 것을 발견했다. 또한 Orange는 한 플랫폼을 이용하는 고객이 다른 플랫폼도 함께 이용하게 된다는 점에서 콘텐츠의 휴대성이 Orange에 이익을 가져다준다고 밝혔다.

약 30개 기본 채널을 서비스하는 Orange의 경우 이용요금이 월 16유로이고, CanalSat, Canal+ 또는 TPS와 함께 시청하길 원할 경우 가입비 월 16유로를 추가로 지불해야 한다. 브로드밴드 이용은 25유로부터 가능하며, MaLigne을 함께 이용할 경우 7유로를 추가로 지불해야 한다. 브로드밴드를 이용하며 추가로 CanalSat 또는 TPS를 이용할 경우 IPTV는 무료이다. VoIP(국내통화 무제한)이용은 10유로가 추가되며, visiophony를 이용할 경우 20유로가 더 든다. 그 밖의 옵션으로는 PVR과 가정용 감시 카메라 서비스 등이 있다.[21]

〈표 3-19〉 Orange의 TPS 서비스 구성

서비스	비용	콘텐츠
TPS	월 34.99유로	70여개 국내외 채널 VOD: TF1, France Television, ZooLoo(Kids) 영화: Warner Bros, Buena Vista, Studio Canal
IPTV	월 16유로	
프리미엄 콘텐츠 패키지 (TPS, Canal+, CanalSat)	월 16~30유로	
VOD	2.5~5유로	

출처: CSMG(2006).

③ **Neuf Cegetel**

Neuf Cegetel은 10만 명 이상의 IPTV(Neuf TV) 가입자를 보유한 세 번째로 큰 IPTV 사업자이다. Neuf Cegetel은 셋톱박스를 통해 'A La Carte' 방식의 TPS를 제공하며, 모든 무료 디지털지상파TV(DTT) 채널과 150여 개에 이르는 부가적 채널을 선택사항으로 제공한다. 2006년 Neuf Cegetel은 셋톱박스에 HDTV 디코더를 포함시켜 업그레이드하고, VOD 서비스를 제공하기 시작했다. 셋톱박스는 디지털 녹화 및 타임 시프트 시청, 비디오폰, 시청률, 프로그램 가이드, 채널 썸네일, 정보서비스(교통, 날씨, 인물뉴스, 별자리 등), RSS 피드(feeds), 보이스메일, 라디오 포털 등을 포함한다.

〈표 3-20〉 Neuf Cegetel의 TPS 서비스 구성

서비스	비 용	콘텐츠
TPS	월 29유로	63개 채널 영화: Glowria
IPTV	월 16유로	
프리미엄 콘텐츠 패키지 (TPS, Canal+, CanalSat)	월 16~30유로	
채널당	월 0.5유로	

출처: CSMG(2006).

21) 이정희(2006).

(3) 축구중계권 (*Football Right*)

프랑스의 IPTV 사업자들의 경우 타 플랫폼에 대한 배타적 축구중계권을 갖고 있지는 않으나 Canal+와의 계약을 통해서 축구 경기를 서비스하고 있다. Canal+는 경매를 통해 네 가지 내셔널 프리미어 리그 축구경기의 중계권을 획득했는데 이를 다시 3개 내셔널 프리미어 리그 축구경기 생중계를 포함하는 'Standard'와 7개 추가적인 프리미어 리그 생중계를 포함하는 'Foot Plus'로 나누어 IPTV 사업자들에게 재판매한다. Canal+는 standard offer를 케이블, 위성 및 IPTV 사업자에게 재판매했다. 'Foot Plus'는 France Telecom에게 타 IPTV 플랫폼에 대한 배타적 중계권으로 주어졌다. Canal+는 축구중계권 획득을 위해 3년간 연 6억 유로를 지불하며, FT의 경우 Foot Plus에 대해 연 5천만 유로를 Canal+에 지불한다.

〈표 3-21〉 프랑스 IPTV 사업자의 축구경기 중계권

사업자	모든 TV 플랫폼에 대한 배타적 중계권	IPTV 플랫폼에 대한 배타적 중계권	기간/가격
France Telecom	없음 (그러나 Canal+의 Standard offer 분배)	있음(Foot Plus) FT는 'Canal Foot Plus'제공에 대한 배타적 중계권이 있는 Canal+와 3년간의 계약을 채결	3년/ Canal+가 연 6억 유로 지불 (FT가 연 5천만 유로를 Canal+에 지불)
Free	없음 (그러나 Canal+의 Standard offer 분배)	없음 그러나 French league Cup과 같은 다른 특정 축구경기 중계는 가능함 Free의 경우 FT와의 계약을 통해 Football Cup에 대한 중계권을 확보하고 있으며, Illiad는 프레스 릴리스를 할 수 있음	
Alice Telecom	없음 (그러나 Canal+의 Standard offer 분배)	없음	

출처: ITU(2006).

(4) 정책 이슈

프랑스 IPTV의 제도적 기반은 2004년 10월에 공시된 '전자커뮤니케이션과 시청각 커뮤니케이션 서비스에 관한 법'에 있다. 이 법은 전자커뮤니케이션을 "전자기 장치를 통해 기호, 신호, 텍스트, 영상, 음향을 송출, 전송, 수신하는 것"으로 정의했으며, 전자커뮤니케이션 네트워크는 기존의 통신네트워크와 방송네트워크를 통합한 개념으로 보았다. 동법에 의해 전자커뮤니케이션 네트워크와 통신서비스는 통신규제청(ART)에서 규제하고 전자커뮤니케이션 서비스는 시청각최고평의회(CSA)에서 규제하도록 했다. CSA는 무료 지상파 채널과 유료채널, 미디어 소유권, 방송프로그램 모니터링 등의 업무를 담당하며, 전자통신 및 우편관제청(ARCEP)은 통신사업자와 관련 인프라에 대한 규제 및 네트워크 인가(*authorization*), 경쟁적 사후규제, 네트워크 의무 강화 등의 업무를 담당한다.

커뮤니케이션법은 "텔레비전 서비스"를 방송법에서 "공중에 의해 동시적으로 수신될 용도이며, 주요 프로그램이 영상 및 음향으로 이뤄진 프로그램 시리즈로 구성되는 조직화된 서비스"로 정의하고 있다.[22] IPTV는 전자 커뮤니케이션 네트워크에 의한 텔레비전과 라디오 서비스의 공급이라는 점에서 CSA의 권한 영역에 속하게 되며, 케이블 및 위성 방송과 같은 의무를 따르게 된다. 그러나 VOD 서비스는 비선형(*non-linear*) 방송에 속하기 때문에 텔레비전 서비스로 분류되지 않으며, 따라서 CSA의 관할 범위를 벗어난다.

비디오 클립도 "조직화된 프로그램"(*organized series of program*)이 아니기 때문에 텔레비전 서비스 범위에 포함되지 않는다. 그러나 "인터넷 비디오" 서비스의 경우, 인터넷 웹사이트에서 가입자의 PC에 공중 인터넷을 통해 선형(*linear*) 전송된다면, 텔레비전 서비스에 대한 법적 정의가 전송 네트워크나 TV신호 수신장치에 대해서는 제한을 두지 않기 때문에 텔레비전 서비스로 규정된다. 이용자가 라이브 TV 프로그램을 하드디스크에 저장해서 언제든지 시청/되감기/정지할 수 있도록 하는 PVR 서비스도 TV프로그램이 선형(*linear*)으로 일반 공중에게 전송된다는 점에서 텔레비전 서비스의 범위에 해당된다.[23]

---

22) 'services destined to be received simultaneously by the public and whose main programming is composed of an organized series of programs with images and sounds'.

〈표 3-22〉 프랑스 IPTV 사업자의 면허조건

전자커뮤니케이션망 인가	인가(*authorisation*) 및 허가(*license*) 제도			
	VOD	전송만 하는 경우	편집 통제권이 있는 경우	인허가 단위
ARCEP에 등록	허가 또는 등록 불필요	CSA에 등록	"Television Service"에 대해 라이센스 요구	전국

출처: ITU(2006).

〈표 3-23〉 프랑스 IPTV 사업자의 의무전송 규제

IPTV 사업자의 의무전송 규제	의무전송 채널	보상체계	IPTV 사업자에 대한 방송사업자의 의무전송
있 음	<u>필수 전송 채널 — Public 채널</u> France 2 France 3 France 5 France 4(디지털채널만) Arte TV5 Services of Réseau France Outre-Mer that are designed to the metropolitan public La Chaîne Parlementaire to the channels to be carried Law 86-1067 채널사업자의 요청이 있을 경우 지역 채널 Analogue & digital free-to-air channels, but unclear(access to distribution terminal) - Art. 34-4 Law 86-1067	IPTV 제공자가 전송으로 인해 발생하는 비용 지불	공영채널의 경우 있음(공영방송사업자는 공영채널을 모든 네트워크에 전송할 것을 규정)

출처: ITU(2006).

23) OECD(2006).

IPTV를 포함해서 텔레비전 서비스를 이용자에게 전송하는 커뮤니케이션 네트워크(케이블 네트워크, 위성, 인터넷, ADSL, 모바일 전화 네트워크 등) 사업자들은 허가대상에서 제외되며, CSA(*Counseil Superieur de L'Audiovisuel*)에 특정 프로그램, 광고, 편집 표준, 제작 투자, 다원주의, 청소년 시청자 보호, 광고에 대한 제약, 방송 프로그램 및 독립적 제작 할당, 영화 계획 등과 관련한 신고서(*Declaration*)만 제출하면 된다. 한편, TV프로그램 예산이 15만 유로 이하인 텔레비전 서비스 채널은 동의서명 의무에서 면제되며, 간단한 신고만 하면 된다.

네트워크 사업자들 또한 네트워크를 설치할 때 ARCEP에 신고서를 제출해야 한다. 그러나 가입자망 공동활용(LLU) 의무에 대해서 ARCEP는 그 의무를 광케이블 접속 네트워크나 케이블TV 네트워크 중 하나로 확대할 것인지에 대해 결정하지 않았다.

IPTV는 '전자커뮤니케이션을 통해 라디오와 텔레비전을 제공하는 모든 사업자는 지상파 채널에 대한 의무전송 규제를 받는다'는 규정에 의해 지상파 채널을 의무전송 해야 하며 콘텐츠에 대해서도 규제를 받는다. 필수전송 채널로는 France 2, France 3, France 5, France 4(디지털채널만), Arte, TV5, 다수의 공중에게 전송되는 Services of Réseau France Outre-Mer, La Chaîne Parlementaire와 같은 공영채널이 포함되어 있다. 지역채널과 기타 아날로그, 디지털 지상파채널도 사업자의 요구가 있을 경우 의무전송 채널에 포함되나, 이에 대한 실질적 규제는 명확하게 이루어지지 않고 있다.

3) 이탈리아

(1) 개 요

이탈리아 방송시장은 지상파방송의 지배력이 매우 높다. 전국적으로 약 2천3백만 가구가 존재하며 10개의 전국방송 채널과 600여 개의 지역채널이 존재하는데, 2005년 이탈리아 방송 플랫폼별 보급률을 보면, 아날로그 지상파 방송시장의 보급률은 99%에 이르며, 최근에는 정부의 강력한 DTT전환 정책으로 DTT의 보급률도 급속한 성장세를 보이고 있다. 반면 유료방송시장은 위성방송이 21%의 점유율을 보이고 있으며, 케이블 시장의 부재로 인해 전체적으로 유료방송 보급률은 매우 낮다.[24)]

24) Mediaset, 한국디지털위성방송(2006).

이탈리아는 IPTV가 제공되기 전까지 위성방송 사업자인 Sky가 프로축구 중계권을 기반으로 유료방송 시장을 독점했다. 그러나 1997년 제정된 개정 통신법을 통해 통신사업자들의 방송진출이 허용되면서 이탈리아 제 2 통신사업자인 FastWeb이 사실상 유선방송 사업자의 역할을 수행하고 있다. FastWeb은 2003년 IPTV 서비스를 시작해 현재 주도적 사업자로 발전하였다. 이탈리아 IPTV 사업자가 성공적으로 시장진입을 할 수 있었던 것은 케이블 시장의 부재 등 낮은 유료방송 보급률로 인해 다채널 방송에 대한 소비자들의 요구가 컸기 때문이다. 또한 융합서비스에 대해 우호적이었던 정부정책과, 콘텐츠 독점방지를 위한 정책적 수급지원 등은 이탈리아에서 IPTV가 조기 정착되는 데 주요 요인이 되었다. 그러나 현재는 브로드밴드 가입자 성장이 둔화되면서 IPTV 확산에 걸림돌로 작용하고 있다.

(2) 사업자 동향

FastWeb은 2003년 IPTV를 출시한 이탈리아의 선구적 IPTV 사업자이다. FastWeb은 경쟁관계인 케이블TV 사업자가 없었으며 원가수준으로 콘텐츠를 수급할 수 있도록 정책적 지원을 정부로부터 받고 있다. 또한 도입 초기 지배적 통신사업자인 Telecom Italia보다 저렴한 가격에 TPS를 제공함으로써 시장진입에 성공해 현재 87만 명에 이르는 가입자를 확보한 사업자가 되었다. 그러나 가입자 규모 면에서 최대 사업자로 꼽히던 FastWeb은 이탈리아 브로드밴드 가입자 유치의 한계에 부딪혀 성장세가 둔화되기 시작함에 따라 프랑스의 Free에 선두자리를 내주었다. 2006년 말 현재 이탈리아의 브로드밴드 보급률은 약 33%인 것으로 나타났다. 이탈리아의 브로드밴드는 정부 주도 하에 가입자 규모가 확대되기는 하나 경쟁요인이 부족한 탓에 빠른 시일 내에 성장하기는 어려울 것으로 보인다.

더욱이 후발사업자인 Alice Home TV가 저가전략으로 서비스 지역을 지속적으로 확대하고 있어 FastWeb과의 경쟁이 치열해질 전망이다. ISP인 Tiscali도 Cagliari 지역에서 IPTV 시험서비스를 제공하고 있으며, 2007년 상반기 내에 서비스를 상용화할 계획에 있어 새로운 경쟁요인이 되고 있다. Tiscali는 현재 24Mbps의 인터넷 서비스를 제공하고 있으며, 2007년 5월중에는 가입자 수가 900만 명에 이를 것으로 기대하고 있다. 한편, Wind도 구체적 계획을 밝히지는 않았으나 IPTV 서비스를 구상중에 있다고

〈표 3-24〉 이탈리아의 IPTV 사업자 현황

사업자	IPTV 서비스명	서비스 내용	커버리지	기술 아키텍처				가입자수
				액세스 소유권	액세스 기술	STB+ DTT 튜너	STB+ PVR	
FastWeb	FastWeb	HD/SD 생방송TV, VOD, 미디어센터	113개 이상 도시에 FastWeb 브로드밴드 인터넷 가입자 존재	FastWeb 자체 FTTH, Telecom Italia의 LLU	FTTH, ADSL2+, ADSL	○	○	2006년 874,000명
Telecom Italia	Alice HomeTV	생방송TV, VOD (2006년경 HD생방송), 미디어센터	2006년 11월 5일 현재 75개 대도시	네트워크 보유	ADSL2+	×	○	2005년 12월 상용서비스 개시

출처: OECD(2006).

밝혀 FastWeb의 독보적 입지도 점차 위협받을 것으로 보이고 있다.

이탈리아의 주요 IPTV 사업자 현황을 살펴보면 다음과 같다.

① **FastWeb**

이탈리아의 초고속 인터넷 서비스 제공업체인 FastWeb은 이탈리아 IPTV의 선구자로, 2003년 3월 IPTV 서비스를 출시한 이후 1년 만인 2004년 3월에 13만8천 명의 가입자를 확보하는 등 빠른 성장세를 보였다. 2003년 밀라노를 포함한 6개 도시에서 최초로 IPTV를 서비스하기 시작한 FastWeb은 2006년 말 현재 113개 이상 도시에서 IPTV를 포함한 TPS를 제공하고 있다. FastWeb의 IPTV는 기본 서비스와 프리미엄 서비스 외에 유료방송사의 축구, 스포츠, 영화 콘텐츠를 A La Carte 형태로 제공하고 있어 소비자들은 원하는 채널을 마음대로 골라볼 수 있다는 장점이 있다. 또한 VOD 서비스로 출발했으나 이후 지상파방송과 위성방송서비스가 추가되고 5,500편 이상의 VOD 콘텐츠를 보유하는 등 콘텐츠 면에서 후발업체인 Alice Home TV보다 월등하며, e-메일이나 인터넷 접속서비스, 비디오 녹화, 프로그램에 대한 추가 정보 등을 제공한다. 또 음성메일을 전화나 TV, PC 등으로 보내는 서비스 및 EPG(전자프로그램안내), 게임 서비스 등을 제공한다.

FaseWeb의 2005년 매출은 전년 대비 34.5%, 가입자 수는 44% 증가하였으나, ARPU는 5.7% 감소하였다.[25] ARPU의 감소는 Telecom Italia의 IPTV 제공에 대응해 요금을 할인했기 때문이다. 이에 FastWeb은 다각적인 수익증대 방안 모색에 나섰으며, 현재 TPS 서비스에 이어 북부 이탈리아 지역에서 WiMAX 시험서비스를 실시하고, 향후 사업허가를 획득하여 이탈리아 전지역에 WiMAX를 이용한 무선 인터넷을 서

〈표 3-25〉 FastWeb의 IPTV 번들서비스 요금

서비스	서비스 내용	월 사용료(유로)
VOD(1) ONtv	전 가족이 시청 가능하며, 축구와 스포츠, 픽션, 어린이, 음악, 쇼, 다큐, TV가이드와 PVR, 카드를 이용한 프리미엄 채널(총8개+a la Card), Ready-TV 등 9개 채널에서 2천 개의 콘텐츠 제공. 스카이 이탈리아 위성을 통해 축구경기 시청가능, 주문형 시청	8 유로 (VOD 시청료 별도)
VOD(2) Rai Click	이벤트, 픽션, 청소년, 영화, 뉴스/스포츠, 문화/다큐, 쇼/연예 등 7개 채널에서 3,500개의 콘텐츠 제공. 주문형 시청	7.50 유로 (VOD 시청료 별도)
Pay TV	영상, 스포츠, 축구 등 3개 멀티플렉스에서 총 17개 채널 운영	영상 및 스포츠 각 16유로, 축구 28유로, 3개 모두 가입시 46유로
Canali a Pagemento (프리미엄 채널)	9개 채널	2~8 유로
Canali Interakttivi (쌍방향 채널)	디즈니 영어 매직클럽 Mike의 퀴즈클럽(5개 채널) Fast 게임클럽	1건당 6 유로 1건당 4 유로 월 5 유로
Video Station 임차	셋톱박스 (TV 시청 및 이메일, 인터넷 서비스 이용 가능)	7 유로

출처: www.ebismedia.tv.

25) KCTA(2006).

비스하려는 계획을 갖고 있다. 또한, 2005년 초고속 인터넷 개별구매를 허용한 데 이어, IPTV를 개별서비스하려는 계획도 밝힌 바 있다. 사업 다각화와 함께 최근 Sony Columbia와 Paramount와의 계약을 통해 온디맨드 필름 다운로드 서비스 콘텐츠를 보강하는 등 기존 서비스 질 향상에도 노력을 기울이고 있다.

광섬유망 고객들에게는 초당 10메가, ADSL 고객들에게는 초당 6메가 정도의 속도로 인터넷을 제공하며, 인터넷 접속시에는 언제든지 음성메일 등의 서비스가 가능한 인터넷 전화서비스 외에도 수십 개의 채널과 주문형 비디오, 양방향 서비스와 같은 양방향 디지털 텔레비전 등이 제공된다.

VOD는 2개의 멀티플랙스로 구성된다. ONtv는 온 가족이 함께 시청할 수 있는 방송 콘텐츠를 제공하는 멀티플랙스로 축구와 스포츠, 픽션, 어린이, 음악, 쇼, 다큐, TV가이드와 PVR 등 7개 채널이 있다. TV가이드와 PVR은 전국적으로 송출되는 Rai, Mediaset, La7 등을 5시간까지 예약녹화할 수 있는데, 인터넷이나 비디오 스테이션으로 녹화하려는 프로그램을 미리 설정하여 예약한 후 시청할 수 있다. 또한 Sky Italia 위성을 통해 이탈리아 축구경기 시청이 가능하다. Replay TV 채널은 최근 3일간 방영된 공영 Rai의 3개 채널과 Mediaset의 3개 채널, 상업방송인 La7과 MTV의 프로그램을 VOD방식으로 시청할 수 있다. ONtv는 Premiere Card 4(개당 15유로)나 Premiere 10(개당 35유로)으로 각각 4개와 10개의 최신 영화를 볼 수 있는 프리미엄 카드 채널을 운영하고 있다.[26] FastWeb과 공영 Rai가 공동으로 운영하는 Rai Click에서는 월 7.5유로로 이벤트, 픽션, 청소년, 영화, 뉴스·스포츠, 문화·다큐, 쇼·연예 등 7개 채널의 3,500여 개의 다양한 콘텐츠를 주문형으로 시청할 수가 있다.

Pay TV는 영상 멀티플렉스 9개 채널(월 16유로), 스포츠 멀티플렉스 7개 채널(월 16유로), 프로축구 채널(월 28유로) 등 3개의 멀티플렉스로 구성되어 있으며, 3개 옵션을 모두 선택할 경우 월 46유로에 시청할 수 있다.

기본 선택 멀티플렉스 외에는 9개의 프리미엄 채널이 있으며, 각 채널은 2~8유로를 지불하게 된다. 9개의 프리미엄 채널로는 AC밀라노와 Inter밀라노, Ratio로마 등 프로축구 명문구단 관련 전문채널(월 8유로), 디즈니 채널 및 디즈니채널+1(월 4유로),

26) 한국디지털위성방송(2006), 《뉴 미디어 글로벌 트랜드》.

카툰 네트워크(월 4유로), 클래식 공연 채널(월 4유로), CNN(월 2유로), ESPN(월 2유로) 클래식 채널이 있다. 쌍방향 채널(*Canali Interakttivi*)에는 월 5유로에 무제한 게임을 즐길 수 있는 채널과 채널당 6유로를 지불하는 디즈니 매직 영어클럽 채널 및 퀴즈 채널 등이 있으며, 또한 부가서비스(*Servizi Addizionali*)를 통해 팩스, 교통정보, 날씨정보 등을 제공한다.

FastWeb의 비디오 스테이션은 지상파 방송인 MTV Music, All Music, Music Box, Bloomberg, RaiNews24, RaiSatSport, Rai Edu 1, Rai Edu 2와 외국어 방송 중 1개(BBC World, TVE International, TV5 Europe)를 예약받아 무료로 시청할 수 있도록 해준다. 비디오 스테이션은 TV 리모콘을 이용해 PC 없이도 이메일과 인터넷을 사용하도록 해주며 PVR 서비스를 통해 TV가이드와 VOD 프로그램의 5시간 예약녹화를 가능토록 해준다.

2005년 말까지 이탈리아의 비디오 스테이션 구입비용은 300유로를 넘었으나, 정부가 비디오 스테이션 1대당 150유로의 비용을 지원하면서 보급이 안정적으로 이루어질 수 있었다. 현재는 정부 지원 없이도 보급가격을 최소화할 수 있을 정도의 여건이 마련되어 소비자들은 매월 7유로에 비디오 스테이션을 임차할 수 있게 되었으며, 특별행사기간을 통해 무료로 임차할 수 있는 기회도 늘어났다.

② Telecom Italia

2005년 12월 Alice Home TV 서비스를 출시하며 본격적으로 IPTV 시장에 진출한 통신사업자 Telecom Italia는 초기에 Rome, Milan, Bologn, Palermo 지역에서 서비스를 시작하여 2006년 말 현재 75개 대도시에서 서비스를 제공하고 있다. Telecom Italia는 초기 지배적인 IPTV 사업자인 FastWeb에 맞서 음성, 초고속 인터넷, 비디오 등의 TPS 서비스를 저가에 공급하는 전략을 세워 시장진입에 성공할 수 있었다. 또한 Sky Italia와의 콘텐츠 계약으로 인해 프리미엄 영화채널을 제공할 수 있게 되었으며, 2006년 하반기에 HD PVR을 포함한 HD방송을 제공할 계획이다.

(3) 축구 중계권 (*Football Right*)

이탈리아는 축구 중계권에 대한 특별한 규제조항이 없어 방송사업자들은 각 팀과 개별적으로 계약을 체결하도록 되어 있다. IPTV가 제공되기 전까지 이탈리아의 축구 중계권은 지배적 위성방송 사업자 Sky에서 독점했다. 그러나 콘텐츠 분야의 독점방지를 위한 정책적 지원으로 IPTV 사업자들도 Sky의 프리미엄 콘텐츠를 이용할 수 있게 되면서 Sky의 독점력은 사라졌으며, IPTV에서도 축구경기를 중계할 수 있게 되었다.

(4) 주요 정책 이슈

이탈리아에서는 1997년 제정된 방송통신법에 근거해 통신과 방송에 대한 구분 없이 정책은 MOC(정보통신부)에서, 규제는 AGCOM(통신규제청)에서 일관되게 수행한다. 기존 방송사업자 및 통신사업자는 신규 융합서비스 시장에 진출할 경우 별도의 라이센스 없이 신고만으로도 진출이 가능하다.

이탈리아의 IPTV 서비스는 실시간 방송이 아닌 A La Carte나 VOD 형태로 제공되는 서비스이다. 따라서 유럽연합의 '국경없는 TV'지침 규정을 준수하여, 주문형 서비스나 양방향 서비스 등의 점대점(*Point-to-point*) 서비스는 방송사업자에 적용되는 법의 적용으로부터 제외된다. 따라서 관계당국에 허가나 신고 없이도 IPTV 서비스가 가능하고 망 이용에 대해 MOC(정보통신부)에 신고만 하면 된다. VOD만 제공할 경우 어떠한 허가나 신고절차 없이 서비스제공이 가능하며 단지 콘텐츠에 대해서 MOC 산하의 방송 담당 부서의 허가를 받게 된다. 한편, 이탈리아의 IPTV 사업자와 VOD 사업자는 어떠한 의무전송 규제도 받지 않는다.

〈표 3-26〉 이탈리아 IPTV 사업자의 면허 조건

전자커뮤니케이션망 인가	인가(*authorisation*) 및 허가(*license*) 제도			
	VOD	전송만 하는 경우	편집 통제권이 있는 경우	인허가 단위
MOC(정보통신부)에 신고	허가 또는 등록 불필요	허가 또는 등록 불필요	MOC 산하의 방송 담당 부서의 허가 (프로그램 구성에 대한 의무)	전국

출처: ITU(2006).

3. 아시아 IPTV

1) 일본

(1) 개요

일본은 방송과 통신의 전송망 융합에 대응하여 케이블 TV 등의 설비이용 규제완화를 목적으로 2001년 1월, 전기통신역무이용 방송법을 제정하였다. 법률에 따르면, 전기통신역무이용 방송사업을 시행하고자 할 경우 총무성에 등록이 필요하고, 지역별 방송사업자의 방송을 재송신하는 경우에는 해당 구역 방송사업자의 동의가 필요하다.

2001년 전기통신역무 이용법을 제정하여 통신사업자의 방송사업 진입 규제를 완화한 일본은 위성통신이용 방송사업자 51개와 유선통신이용 방송사업자 17개로 68개의 전기통신역무이용 방송사업자가 시청자들에게 방송서비스를 제공하고 있다. IP망을 통해 방송을 동시재전송하는 경우와 자체 제작 콘텐츠를 전송하는 IP 멀티캐스팅의 경우 방송법상 방송으로 해석하며, VOD나 다운로드 방식을 통해 콘텐츠를 내보내는 IP 유니캐스팅의 경우는 방송법상 방송으로 해석하지 않고 있다. 이로 인해 IP 멀티캐스팅 사업자들은 콘텐츠 확보에 있어 저작권 비용 문제를 안고 있는 상태이다.

유선통신이용 전기통신역무이용사업자는 17개로 이 중 케이블방식의 다채널 방송서비스 사업자는 13개, IP멀티캐스팅 방식의 IPTV 사업자는 현재 4개이다. IP망을 통해 방송 서비스를 하는 회사의 경우, 통신사업자의 자사 망을 통한 직접적인 방송 콘텐츠 전송(BBTV 등)과 NTT와 같은 광대역 인터넷망 사업자와의 제휴방식으로 서비스하는 두 가지 형태(4th Media 등)를 띠고 있다. 현재 케이블 TV와는 달리 지상파 재전송이 허용되지 않은 상태로 이용자가 크게 증가하지는 않으나, 지상파 재전송이 가능해질 것으로 보이는 2008년 이후 IPTV 부분의 큰 변화가 예상된다.

(2) 사업자별 동향

일본의 전기통신역무이용 사업자 17개 중 IP멀티캐스팅 방식의 IPTV 사업자는 4개이다. 법안 변경으로 따로 허가받지 않고 총무성에 등록만을 필요로 하는 절차의 간편함으로 인하여 KDDI와 같은 통신사로부터 합작투자로 생겨난 Online TV와 같은 새로운 사업자들까지 IPTV 사업에 진출하였다.

〈표 3-27〉 일본 IPTV 사업자 현황

사업자	서비스명	제공서비스	등록일	서비스 개시일
BB Cable	BBTV	실시간 TV, VOD	2002.7	2003.7(과금개시)
KDDI	HikariONE	실시간 TV, VOD	2003.10	2003.12
Online TV	4th MEDIA	실시간 TV	2004.6	2004.7
ICAST	On-Demand TV	HD/SD 실시간TV	2005.5	2005.6

출처: OECD(2006), 고순주(2006) 재구성.

① **BBTV**

소프트뱅크가 100% 출자하여 만든 BB Cable이 제공하는 IPTV 서비스로 일본에서 전기통신역무 이용사업자 중 처음으로 총무성의 인가를 받았다. 2002년 7월에 등록하여 2003년 4월부터 전국의 자사 초고속 인터넷 가입자를 대상으로 서비스를 개시하였다.

서비스는 40여 개의 채널을 공급받는 기본 채널과 원하는 영화나 드라마 등을 편당 공급받는 VOD 서비스로 크게 나뉜다. BBTV는 이용자가 기본 채널 서비스나 비디오 렌탈 서비스 중 하나를 선택할 수 있는 특징을 가지고 있는데, 케이블 TV 서비스나 IPTV 서비스의 경우 월 고정수입을 올리기 위해 기본 채널과 같은 다채널 서비스를 의무적으로 가입하게 하는 것과 대조되는 요금구조라고 할 수 있다.

〈표 3-28〉 BBTV 개별 채널

채널	내용	요금
FIGHTING TV 사무라이	일본 최초의 프로레슬링과 격투기 전문 채널로 24시간 방송	월 1,800엔
낚시 비전	낚시에 대한 모든 정보 제공	월 900엔
J Sports Plus	WWE, GT, 럭비, 3대툴, 피겨스케이트 등 인기 스포츠 방송 생중계	월 1,300엔

출처: BBTV 홈페이지(2007).

〈그림 3-6〉 BBTV 채널 구성

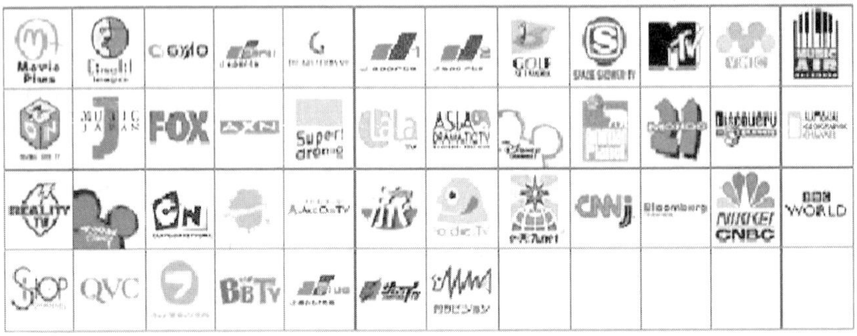

출처: BBTV 홈페이지(2007).

BBTV 서비스는 기본 채널 가입을 없애고 약 5천 편 이상 제작되어 있는 VOD 서비스를 이용할 수 있도록 하였다. VOD 서비스만 가입하는 경우 순수한 의미의 통신서비스가 되기 때문에 방송서비스에 해당하는 제한을 받지 않는다. 대표적인 A La Carte 형식의 개별채널은 격투기 전문 채널, 낚시 채널, 스포츠 전문 채널 등이 있고, 가격은 내용에 따라 다양하다.

기본채널 36개와 비디오 렌탈, 프로그램 소개 등의 전문지를 한꺼번에 제공하는 패키지 서비스도 있다. 이 서비스에는 무료 4개 채널(shop 채널, QVC, 디노스 채널, BBTV 프로모션 채널)과 함께 36개 채널과 매월 10개 이상의 전자 렌탈 비디오 서비스,[27] BBTV의 신착 비디오·추천 프로그램의 자세한 소개나 프로그램표 등의 정보를 다룬 BBTV 전문정보지 *Paper View*를 패키지로 하여 매월 2,280엔에 제공하고 있다.

그러나 방송하는 채널은 다양하나, 위성방송과 케이블 TV 채널과 크게 차별화되어 있지 않고, 인기채널의 경우는 더욱 유사하여 현재 케이블TV나 위성TV 시청자들을 IPTV로 끌어들일 유인이 없는 것이 문제점으로 보인다.

② 히카리 플러스 TV

히카리 플러스 TV는 일본 2위의 통신회사 KDDI가 2003년 10월 총무성에 등록하고, 2개월 만인 2003년 12월에 시작한 서비스다. FTTH 망을 통하여 자사 FTTH 서

27) 월내(1일~말일의 사이) 여러 번 시청할 수 있음.

비스 DION의 가입자들에게 서비스를 제공하고 있다. IPTV 서비스와 더불어, 인터넷, IP 전화의 TPS 서비스를 제공하여 고객이탈을 방지하고자 하고 있다.

히카리 플러스 TV 서비스는 영화와 만화 등 약 5천여 편의 VOD 서비스가 제공되며, MTV나 스포츠 ESPN, 니케 CNBC 등의 30개의 전문채널이 제공된다. 또한 약 4천 곡을 갖춘 통신 가라오케 서비스도 선택할 수 있다. 'karaoke@dam for KDDI'라 명명한 통신가라오케 서비스가 의외의 인기를 끌고 있는데, 주로 주말이나 낮시간 대 이용이 많다. 월 300곡을 이용할 수 있는 통신 가라오케의 패밀리 요금은 900엔이다.

KDDI는 휴대전화 사업자로서의 장점을 살려 히카리 플러스 TV와 휴대전화를 연동한 서비스도 실시한다. KDDI 휴대전화 가입자는 KDDI 무선인터넷 사이트 EZweb에서 히카리 플러스 TV 프로그램을 검색하고 편성표를 확인할 수 있다.

③ **4th MEDIA**

4th MEDIA는 Online TV라는 명칭으로 2004년 6월 총무성에 등록하여 유선통신망을 통한 다채널 방송서비스를 제공하고 있다. IPTV 서비스를 위해 Jupiter TV(55%), SECOM(15%), 일본경제신문(15%) 등의 회사들이 합작투자하여 설립한 Online TV는 2004년 7월 서비스를 개시했으며, @nifty, BIGLOBE, hi-ho 등의 ISP가 세일즈 채널이 되어, 회원관리 및 과금회수를 실시한다.[28]

4th MEDIA는 IPv6 멀티캐스트를 사용한 IP방송 서비스로, 1대 1의 셋톱박스가 IPv6에 직접 연결되는 형태이다. 고정 IP주소를 할당하는 것과 같은 형태로, IPv4 주소가 고갈되는 시점에서 IPv6는 방대한 address 공간에서 고갈을 걱정하지 않고, 단말에 IP주소를 고정으로 줄 수 있다.

기존에 방송하던 Yahoo! BB의 'BBTV', KDDI의 '히카리플러스 TV'와는 비즈니스 모델상에서도 차이가 있는데, 4th Media는 망과 콘텐츠의 수평분업적 구조로, 자회사망을 사용하지 않고, 일본 최대통신사 NTT의 자회사 Plala Networks[29]의 전송망을 빌려, 이를 통해 NTT의 FTTH망 서비스, 'B flet's' 이용자에게 방송서비스를 제공한다.

---

28) IPv6 Style(2006), IPv6マルチキャストが支えるIP多チャンネル放送.

29) NTT Communication이 71.6%의 지분을 보유한 자회사로 일본 최대 인터넷 서비스 사업자이다. 인터넷 서비스와 IP폰, 콘텐츠 분배 사업을 한다.

Online TV는 망사용에 대한 대가로 약 30%의 시청료를 Plala Networks에 지급한다.

4th Media는 43개 다채널 서비스를 기본으로 다채널 방송과 VOD 서비스를 모두 제공한다. BBTV와 마찬가지로 다채널방송 및 VOD를 제공하는 'Regular Plan'과 VOD 서비스만 이용할 수 있는 'Light Plan'이 있다. Regular Plan의 채널은 기본 43개 채널에 무료 VOD 2개가 제공되며, 이용료는 월 2,835엔이며, Light Plan은 577엔에 제공된다. A La Carte 형식의 추가 프리미엄 채널 17개는 월 735~3,150엔의 다양한 가격대이며, VOD는 하루당 이용요금을 부과하는데 신프로는 420엔, 구프로는 315엔이다. 히카리 플러스와 같이 가라오케 서비스를 제공하고 있으며, 24시간 이용료는 525엔으로 VOD 이용요금을 상회한다.

통신·방송계의 서비스 시장에서 초기에 단말기를 무료로 보급하지 않고 성공한 사

〈표 3-29〉 4th Media 이용요금

		일반요금(*Regular Plan*)	라이트요금(*Light Plan*)
기본 사항	비 용	2,835엔	577엔
	채 널	43개	—
	VOD	월 2개 무료 제공	월 2개 무료 제공
추가 사항	채 널	17개 A La Carte (735~3,150엔)	—
	VOD	신프로 420엔/구프로 315엔	
	가라오케	525엔(24시간)	

출처: IPv6 Style(2006), 한국케이블TV방송협회(2006)의 재구성.

〈표 3-30〉 4th Media 셋톱박스 및 브로드밴드 망 가격

	셋톱 박스	브로드밴드망
프로모션	• 무료배포~15,750엔 (통상판매 가격: 26,250엔) • 임대 가격: 월 525엔 (NTT동부 지역만 해당)	• B-flet 서비스 초기 무료 설치 • 5개월 간 무료서비스
현 재	• 24,150엔 (할인서비스 제공 전)	• 월 2,626엔

출처: IPv6 Style(2006), 한국케이블TV방송협회(2006)의 재구성.

례가 거의 없다는 계산 하에 플라라 네트워크는 서비스 초기인 8월부터 B-flet's switch campaign의 일환으로, IP방송 서비스와 함께 B-flet's(광회선 인터넷 서비스)를 신규 가입자에게 대폭 인하된 가격으로 제공하였다. 통상 26,250엔이 드는 IP방송용 셋톱박스 구입과 같은 초기비용을 전액 지원하고, B-flet's의 기본 설치비도 무료제공하였다. 플라라의 기본 월정액 서비스를 5개월간 무료로 제공하는 등 IPTV 신규 가입자에게 파격적인 초기 비용편익을 제공했다.

④ On-demand TV

비교적 늦은 시기인 2005년 1월 설립된 I-Cast가 시작한 IPTV 서비스로 2005년 6월에 서비스를 시작하였다. 35개 다채널 방송을 실시간으로 제공하며, 4th TV와 같은 형태로 브로드밴드 회선(B Flet's)을 임대하여 다채널 방송을 제공한다.

On-demand TV는 기본 채널 29개를 방송하고 있으며 A La Carte 프리미엄 채널 6개를 보유하고 있다. 프리미엄 채널의 가격은 1개당 월 945엔 이상으로 다양하게 책정되어 있으며, 기본 채널에 추가하는 것을 원칙으로 하고 있다. 기본 요금제보다 비싼 다채널 플랜 신청시 프리미엄 채널을 시청할 수 있다.

〈표 3-31〉 On-demand TV 프리미엄 채널 구성

장 르	채 널		방송 내용	요 금
영화	STAR	스타 채널	할리우드의 최신작을 중심으로 텔레비전 첫 등장 작품 등의 최신작을 24시간 방송	1,890엔/월 *3채널 세트로 계약
	STAR	스타 채널 플러스	고전영화부터 할리우드의 최신작을 일본 최초로 24시간 일본어판으로 방송	
	STAR	스타 채널 클래식	고전 영화를 비롯한 인기작 등 시대를 넘은 명작 · 수작을 방송	
스포츠	GREEN CHANNEL	그린채널	중앙경마의 최신 정보와 농림 수산 정보를 방송	1575엔/월
	釣りビジョン	낚시 비전	낚시의 장소, 스타일 등 낚시의 모든 것을 망라한 방송	945엔/월
엔터테인먼트	Mnet	Mnet	빠른 정보와 즐거운 영상으로 한국을 대표하는 엔터테인먼트 프로그램 집결	1575엔/월

출처: fnet-ltd.com.

〈표 3-32〉 On-demand TV 기본 채널 구성

장 르	채 널		장 르	채 널	
영화		시네 필・이마지카	드라마		FOX
		더・시네마			AXN
		시에스 Gyao			수퍼! 드라마 TV
스포츠		더·골프·채널			아시아드라마틱TV★ So-net
		J sports ESPN	쇼핑		Shop 채널
음악		스페이스 샤워 TV			QVC
		음악전문채널VMC			디노스 채널
		Music Japan TV	날씨·뉴스		블룸버그
		MTV			e-날씨. net
어린이		카툰 네트워크			CNNj
		키즈 스테이션	다큐멘터리		NATIONAL GEOGRAPHIC CHANNEL
		아니막스			디스커버리 채널
		월트 디즈니			리얼리티 채널
취미·오락		MONDO21	엔터테인먼트		디즈니 채널
		여행 채널	총 계		총 29개

출처: fnet-ltd. com.

(3) 정책 이슈

① 브로드밴드 정책과 현황의 선행

일본은 IPTV 시행에 선행되는 네트워크 망 정비사업을 2001년 e-Japan, u-Japan 정책을 통해 추진하였다. 2001년 IT국가 실현을 위한 'e-Japan 전략'을 통하여 2005년까지 고속 인터넷 이용자 3천만 가구와 초고속 인터넷 1천만 가구를 목표로 하여 브로드밴드 인프라구축 정책을 실현하였다. 정책의 결과로, 목표하던 2005년이 되기도 전인 2003년에 이미 고속 인터넷 DSL 이용자가 3,500만 가구를 넘어섰고, 초고속 인터넷(FTTH망) 이용자가 1,770만 가구에 이르렀다.

e-Japan 정책의 후속정책으로 발표한 'e-Japan 전략 II'에서는 주로 브로드밴드 인프라 구축에 주력했던 2001년의 전략과는 달리, 브로드밴드 인프라의 이용과 활용에 포커스를 맞췄다. 2001년의 'e-Japan' 전략의 결과 브로드밴드 인프라 환경의 빠른 개선을 가져왔으나, 활용면에서 적절한 콘텐츠의 부족으로 교육이나 전자정부 등의 정보화가 이루어지지 못하였다. 또한 브로드밴드 망의 설치에 비하여 가입률이 낮아, 국민들의 효용도가 높지 않은 것으로 나타났다. 2003월 7월에 DSL 가입률은 24.4%, 케이블 인터넷 가입률은 9.9%, 광섬유 가입률은 3.2%에 지나지 않았다.

2003년 7월에 발표한 'e-Japan 전략 II'는 자연스럽게 브로드밴드와 IT의 이용과 활용에 주력하여, '활력, 안심, 감동, 편리'를 모토로 한 사회의 실현을 위하여 식생활과 취업, 노동, 행정, 금융, 의료, 교육 등의 분야에서 적극적인 활용을 위해 노력했다. 또한 브로드밴드 인프라의 망 개선으로, 새롭게 유무선을 막론한 고속 인터넷 이용자 4천만 가구, 초고속 인터넷 액세스 1천만 가구의 가입을 목표로 하였다. 2006년 10월 말 현재 일본의 브로드밴드 이용률은 100가구 당 DSL 이용자 11.3가구, 케이블 이용자 2.7가구 등 총 19가구의 이용현황을 보이고 있으며, OECD 가입국 중 13위이다. 100가구 당 브로드밴드 이용 26.4가구로 OECD 회원국 중 4위에 있는 우리나라보다 높은 수치는 아니라고 할 수 있다.

e-Japan 전략의 후속으로 일본은 2006년부터 2010년까지 차기 ICT(*Information and Communications Technology*) 사회실현 비전을 담은 'u-Japan 전략'을 발표했다. 'u-Japan'이란 유비쿼터스 네트워크를 기반으로 ICT가 생활 전반에 이용되는 사회로, 우선 2010

〈그림 3-7〉 일본 브로드밴드 현황

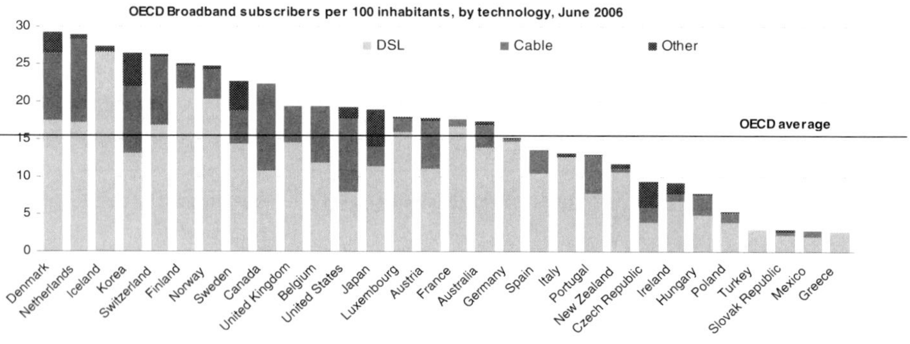

출처: OECD(2006).

년까지 100%의 일본 국민이 고속 또는 초고속 인터넷을 이용할 수 있도록 하는 것을 목표로 가지고 있다.

② 전기통신역무이용 방송법 제정 및 시행

IPTV 사업의 선결과제인 브로드밴드 보급률이 우리나라보다 낮았던 일본이 먼저 IPTV 서비스를 보급한 것은 전기통신역무이용에 관련된 단일법안을 일찍 제정했기 때문이다. 일본은 방송과 통신의 전송망 융합에 대응하여 일찍이 전송로 사용 등에 관한 법률을 제정하여, 사업자들에게 IPTV 사업진입 장벽을 낮추는 첫 번째 작업을 했다. 2001년 6월, 전기통신설비를 이용한 방송역무에 대한 규제완화를 기본 방향으로 하는 '전기통신역무이용방송법'(*Broadcasting using telecommunications service*)[30]을 공포하고, 2002년 이 법의 시행령과 시행규칙을 제정하여 실행에 들어갔다. 법안에 따르면, 전기통신역무이용방송 사업을 시행하고자 할 경우 통신사업자들은 총무성에 등록해야 하고, 지역별 방송사업자의 방송을 재송신하는 경우에는 해당구역 방송사업자의 동의가 필요하다. '허가'에서 '등록'으로의 전환은 사업자들이 전기통신역무이용 방송에 뛰어들

---

30) 법안의 정의에 전기통신역무이용방송은 '공중에 의해 직접 수신되는 것을 목적으로 하는 전기통신의 송신이며 이의 전부 또는 일부를 전기통신사업을 영위하는 자가 제공하는 전기통신역무를 이용해서 실시하는 것'을 의미한다(전기통신역무이용방송법 제2조 제1항).

수 있는 장벽을 낮추었다.

법안의 다른 큰 변화는 통신네트워크를 이용하여 방송서비스를 제공할 때 방송과 통신에 전송로의 자유를 준 것이다. 기존의 유선텔레비전 방송법에서는 허가받을 때 하드웨어(자체적인 망)를 보유해야 했던 것과는 달리, 하드웨어와 소프트웨어의 일치 개념을 분리시켰다. 전기통신역무이용 방송법으로 인하여 망을 소유하지 않은 방송사들이 타사업자의 통신 네트워크를 임대하여 방송서비스를 제공하는 것이 가능하게 되었다. LLU 의무에 대하여 모든 유선접속 네트워크 사업자는 해당 사업자의 가입자가 일본 정보통신부 장관이 정한 현내 총 가입자의 50% 이상을 점유할 경우 그 접속 라인의 종류와 무관하게 LLU 의무를 조건으로 한다.

재송신에 관련하여 IP방식 전기통신역무이용 방송사업자들은 지상파 방송사업자의 반대로 재송신할 수 없는 상황이다. 케이블TV 방식의 전기통신역무이용 방송사업자의 지상파 재송신은 허용하여 시행하고 있으나, IP방식에서는 전송품질, 익명 수신성, 구역외 재송신, 저작권 등의 이유로 허용하지 않고 있다. 유선 TV방송법의 규제 아래서 케이블 TV는 지상파 방송을 재송신하려면 해당 사업자로부터 동의를 얻어야 하며, 난시청 지역에서는 지상파 방송의 재송신 의무가 부과되어 있으나, 유선역무이용 방송사업자인 IPTV 서비스의 경우 지상파 재송신을 극소수를 위하여 실행한다는 것이 무리가 있다고 판단되어 재송신의 의무를 두지 않았다.

그러나 2005년 7월, 정보통신심의위원회는 '지상파 디지털방송의 활용과 보급에 관한 행정의 역할에서 지상파 디지털방송을 IP방식으로 재송신하도록 규정하였다. 지상파 디지털방송의 보급률이 높지 않은 상태이므로, IP방식의 재송신을 통해 보급률을 높이고 도시 난시청을 해소하려는 목적을 가지고 있다. 도시 난시청 해소상의 효과를 검증하기 위하여 2006년부터 SD급으로 시험방송을 개시했으며, 2008년 중에는 HD급의 전국방송이 시작될 예정이다. 이를 위해서는 저작권법상의 IP 멀티캐스팅을 명확히 해야 하는 부분이 필요하고, 필연적으로 IPTV의 프로그램 전송을 용이하게 하기 위한 저작권법 개정과 사업자간 계약절차 개선이 필요하다.

③ 저작권 부분에 대한 개선

네트워크 망이 발달한 일본의 경우 콘텐츠 제공에 대한 자유와 편익보장은 IPTV 산업발달과 문화다양성 측면에서 핵심적 요소가 되고 있다. 그러나 현재 IPTV는 케이블 방식에 의한 콘텐츠 송신의 경우와 달리 방송이 아닌 자동공중송신으로 분류되고 있다. 저작권법상 인터액티브 송신부분이 포함된 자동공중송신으로 분류되어, 2차 사용료 지불 의무가 발생한다. IPTV 사업자들은 이로 인하여 콘텐츠 확보비용이 추가 발생하는데, 이 부분에 대한 개선이 필요할 것으로 보인다.

2) 홍콩

(1) 개요

홍콩의 IPTV는 유료방송과 같은 규제가 적용된다. 주요사업자 PCCW는 인터넷, 전화, 방송, 모바일 서비스를 복합적으로 실시하고 있으며, IPTV 서비스가 성공한 것으로 평가받고 있다. 홍콩의 유료방송시장은 총 220만 가구를 가진 매우 역동적인 시장으로 세계 최고의 광대역 인프라를 가진 국가 중 하나이다. 현재 5개 무료지상파 방송과 4개의 유료방송채널이 있다. 홍콩의 유료방송시장 규모는 2005년 말 2억 5천 2백만 달러로 점차 유료방송시장의 비중이 커지고 있으며, 유료방송사업자간의 경쟁이 심화되고 있다.

홍콩은 GDP가 25,546달러로, 새로운 기술을 빠르게 받아들이는 지역이다. 홍콩정부는 다른 국가와 비교하여 자율경쟁에 의한 브로드밴드의 인프라 촉진정책을 펴고 있다. 규제정책은 미디어 산업에 대한 진입장벽을 낮추어 미디어 시장의 활성화를 모색하고 있다.

(2) 사업자별 동향

현재 홍콩에는 5개의 광대역 인터넷 제공업체, 4개의 유료TV 회사가 있다. 현재 IPTV 서비스를 실시하는 사업자는 PCCW가 있다. 홍콩의 케이블 사업자 i-Cable은 HFC망을 통해 인터넷 접속서비스를 제공하고 있으며 Discovery와 같은 글로벌 채널의 독점적 공급을 추진하고 있다. 현재 i-Cable은 가입자 77만 명을 확보하고 있고, 위성방송 사업자 Galaxy Satellite는 5만 6천 가입자를 확보하고 있다. 홍콩의 유료TV 시장은 케이블 및 위성, 그리고 PCCW가 경쟁관계에 있다고 볼 수 있다.

〈표 3-33〉 홍콩 주요 유료방송 시장 현황

유형	사업자	가입자수
케이블	i-Cable	770,000
위성	Galaxy Satellite Broadcasting	56,000
통신	PCCW	608,000

출처: 각 사의 홈페이지.

MPA의 자료에 의하면, 홍콩의 유료방송시장을 2005년에 120만에서 2010년에 190만, 2015년에 200만 가입자가 될 것으로 전망하고 있다. 유료방송시장 성장의 증가율은 TV시청 가능 가구수 대비 2005년에 54%, 2010년에 77%, 2015년에 79%로 비중이 점차 커질 것으로 보인다. 홍콩의 유료방송시장은 크게 케이블, IPTV, 위성방송으로 구분되는데, 특히 케이블과 위성방송간의 경쟁이 치열하게 이루어지고 있다. PCCW가 이끌고 있는 IPTV는 유료방송시장에서 2005년에 34%, 2010년에 47%, 2015년에는 48%의 점유율의 성장이 있을 것으로 전망하고 있다. 상대적으로 케이블 TV의 유료방송시장에서의 점유율은 2005년에 62%, 2010년에 47%, 2015년에는 45%으로 감소할 것으로 전망된다.[31)]

홍콩의 규제기관은 실시간으로 방송서비스를 하는 PCCW에 IPTV로 면허 허가를 주고 있다. 이에 반해 통신사업자인 City Telecom은 주로 VOD위주의 서비스를 하기 때문에 방송면허를 받지 않은 상태에서 서비스를 실시하고 있다.

① **PCCW**

PCCW는 1999년에 설립된 홍콩 제1의 종합통신사업자로 2003년 홍콩에 처음으로 IPTV 서비스를 개시하였다. PCCW는 인터넷, 전화, 방송, 모바일 서비스를 복합적으로 실시하고 있다. 특히 방송부문은 Now TV를 통해서 홍콩에서 가장 먼저 IPTV를 개시하였고, 성공을 거두었다고 평가받는다.

---

31) MPA(2006), Asia Pacific Pay TV & Broadband Markets 2006.

PCCW는 다양한 요금 가격제를 운영하고 있다. 주요 요금제는 A La Carte로 운영하고 있으며, Mini Packs으로 138홍콩달러로 운영하고 있다. 그리고 Value Packs은 주요 프리미엄 채널로 288홍콩달러와 388홍콩달러에 운영하고 있다. 이러한 다양한 가격제와 신규 서비스를 바탕으로 ARPU가 지속적으로 높아지고 있다.

PCCW는 자사의 브로드밴드 인터넷 가입자 48만 명을 대상으로 방송서비스를 시작하였다. 이는 홍콩 유료방송시장으로의 두 번째 진입시도였다. 첫 번째 시도는 1998년 VOD 서비스 제공을 통해 이루어졌는데 2002년 7월 가입률 저조로 서비스를 중단

〈표 3-34〉 홍콩의 IPTV 사업자 현황

사업자	IPTV 서비스명	서비스내용	서비스 개시일	커버리지	기술 구성		가입자수
					액세스 소유권	액세스 기술	
PCCW	Now TV	생방송TV, 오디오, VOD	2003. 9	전역	네트워크 보유	ADSL	608, 000

출처: PCCW annual report(2006).

〈그림 3-8〉 Now TV의 ARPU 현황

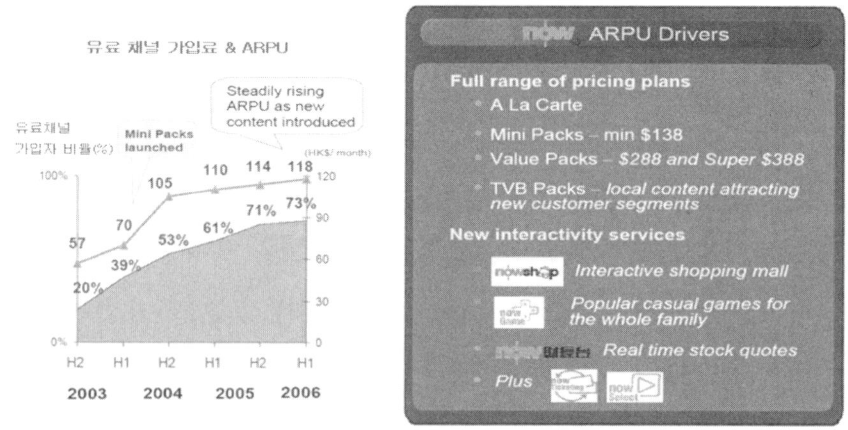

출처:PCCW (2006).

〈표 3-35〉 NOW TV 가입자 수 변화

	2003년 9월	2003년 12월	2004년 12월	2005년12월	2006년 6월
가입자 수	58,000	205,000	361,000	549,000	608,000
증가율		253%	76%	52%	10%

출처: PCCW(2006), 재구성.

하였다. 2003년 9월 이루어진 시도가 홍콩 방송시장으로의 두 번째 진입으로 아시아에 전례 없는 성공사례로 꼽힐 수 있다. PCCW는 2006년 6월 말 기준 257만9천 명의 초고속 인터넷 가입자를 확보하고 있다.

홍콩의 IPTV는 기존 브로드밴드 가입자를 기반으로 시작하여 서비스 출시 10개월 만에 신규 가입자 31만6천 명을 확보하고, 16만 개 이상의 설비를 구축하였다. PCCW의 기술적 측면에서는 주로 코덱 MPEG2. 2Mbps를 제공하고 있다. 이 중 80%가 브로드밴드 가입자로 구성되어 있다는 점은 TV 서비스 제공으로 ARPU(*Average Revenue Per User*)가 증가하는 효과를 보았다고 할 수 있다.

IPTV는 PCCW의 브로드밴드 성장에 많은 기여를 하고 있다. 2003년 9월 기준, 5만8천 명, 2004년 말 36만 명의 가입자를 확보하였고, 2005년 말 54만9천 가입자, 2006년 6월 기준 60만8천 명의 가입자를 확보하였다. 이처럼 PCCW 브로드밴드 가입자의 증가율은 시장의 평균증가율을 상회하고 있다.

PCCW의 주요 성공전략은 가입자의 초기 진입비용을 낮춘 것이다. PCCW는 셋톱박스 설치 및 임대비는 무료로 제공하고, 2007년 1월 기준 18개의 무료채널을 제공함으로써 기존의 인터넷 가입자를 IPTV 가입자로 전환시켰다. 또한 소비자는 채널을 선택하기 전에 각 채널을 미리 볼 수 있는 기회가 주어진다.

주요 콘텐츠 서비스는 스포츠, 엔터테인먼트, 영화, 스포츠, 24시간 지역뉴스 채널 등의 110개의 채널을 운영하고 있다. 영화는 홍콩 내에서 공급 가능한 모든 영화 채널들이 제공되며, Star Group과는 2011년까지, HBO와는 2014년까지 채널 독점공급 계약이 체결되어 있고, 매월 150홍콩달러(US$ 19) 이상 가입비를 지불하는 고객을 대상으로 “Now Movie Club” 운영을 통해 영화배우들과 함께 하는 시사회나 각종 이벤트 참여 기회를 제공한다.

스포츠는 ESPN, Star sports 등 양질의 스포츠 채널을 통한 주요 스포츠 경기 생중계 방송이 나간다. 24시간 지역뉴스 채널은 무료방송 제공자에게 아웃소싱하고 있다. PCCW는 2006년 6월 콘텐츠에 대한 영향력을 강화하기 위해서 Business News,

〈표 3-36〉 Now TV 장비 및 서비스 요금

	신규	인터넷 가입자
디코더 예치금 (*Decoder Deposit*)	800 홍콩달러	무료
디코더 월 임대료 (*Decoder Monthly Rental Charges*)	1달 기준 30 홍콩달러	무료
Now TV 청구서 요금 (Now TV *Paper Bill*)	20 홍콩달러	20 홍콩달러
디코더 설치비 (*Decoder Installation*)	530 홍콩달러	무료
가입비 (*Membership Fee*)	15 홍콩달러	1홍콩달러
Now TV 회선임대료 (Now TV *line rental charge*)	118 홍콩달러	무료

출처: Now TV(2007).

〈표 3-37〉 PCCW의 나우브로드밴드 가격 옵션

서비스	월가입비(US$)	1년 약정시 월(US$)
BB + 인터넷 접속료	30	20
BB + 인터넷 + 유료TV	30	20*
BB + 유료TV	NA	10*
유료TV (채널당)	1.5~10/채널	1~8/채널
Minipack (선택장르 8개 채널 선택)	NA	14

출처: PCCW(2006).
*18개 무료채널 제공 및 STB/설치비용 면제

〈표 3-38〉 홍콩의 IPTV 가입자 수 전망

	2006년	2007년	2008년	2009년	성장률(%)
가입자 수	658,000	736,000	790,000	820,000	10.5

출처: IDC(2005.10).

HBO, AXN, TVB PAY VISION pack 및 UEFA 챔피언리그 독점 프로그램을 새로 런칭하였다. 그리고 PCCW는 IPTV의 양방향 서비스인 NOW 게임과 NOW 쇼핑을 서비스하고 있다.

Now TV는 위성방송 사업자 Galaxy와 전략적 제휴를 추진하였다. PCCW는 Pay-TV 비즈니스 벤처에 1천 9백만 달러를 투자해 유료방송서비스를 제공하고 있다. 이처럼 풍부한 콘텐츠 공급을 위해 Now TV는 다각적 방법을 모색하고 있다. 또한 Now TV는 콘텐츠 보호와 안전보장에 주력하고 있다. 채널을 DVD 수준으로 스크램블 처리하고 있고, 양방향 기술이 적용되는데 제공 및 선택 프로그램을 해킹 가능성이 없으며, 청소년 보호를 위해 부모가 프로그램을 통제할 수 있도록 하였다.

초기 무료채널 제공으로 시작했으나 현재는 IPTV 가입자의 90%가 유료채널을 구매하고 있으며 월 유료채널 ARPU가 14홍콩달러에 이른다. 브로드밴드 서비스 가입자 대상 1차 전화 마케팅에서는 서비스 소개 및 무료서비스 이용을 권유하지만, 무료서비스 가입자를 상대로 2차 전화 마케팅을 할 때는 저가에 공급되는 여러 유료채널 팩(*MINI-PACK*) 구매를 권유하는 등의 단계적 마케팅 전략을 구사하고 있다.

IDC의 예측치를 보면 홍콩의 IPTV 가입자는 2006년 65만 8천 명, 2007년 73만 6천 명, 2008년 79만 명, 2009년에는 82만 명으로 증가할 것으로 전망한다.[32] PCCW는 IPTV의 서비스 개선으로 브로드밴드 가입자의 60%이상 가입자를 확보할 계획이다. 이를 위해서 PCCW는 HDTV 도입, PVR, 쌍방향 게임, 쌍방향 쇼핑 등을 포함한 새로운 서비스의 제고를 위해 속도를 25Mbit/s로 업그레이드할 계획을 가지고 있다.

32) IDC(2005.10), Asia/Pacific(Excluding Japan) IPTV/Triple Play Infrastructure and CPE Spending 2005-2009 Forecast and Analysis.

② City Telecom

PCCW와 달리 홍콩의 City Telecom은 홍콩의 규제환경에서 유료방송사업자로 등록하지 않고 IP 네트워크를 통한 비디오 전송을 하고 있다. 주로 NVOD 서비스를 제공 중이며 점차 이들 고객을 유료서비스로 전환하고 있다.

홍콩의 City Telecom은 광대역 인프라를 구축하고 이를 기반으로 HKBN의 자회사를 설립하였다. City Telecom은 초고속 인터넷 서비스, VoIP, VOD를 통합한 TPS 서비스를 실시하고 있다. City Telecom은 인터넷 시장에서 홍콩의 220만 가구 중 120~130만 가구를 확보하는 뛰어난 경쟁력을 가지고 있고, 3년 안에 180만 가구를 확보할 것으로 전망되고 있다. City Telecom은 그동안 브로드밴드 인프라를 구축하고, 그 기반 위에 다양한 서비스를 결합해 제공함으로써 급속한 발전을 하게 된 것이다. City Telecom의 주요 서비스는 인터넷 전화, VOD, 기업용 데이터 서비스 등의 부가서비스를 제공하고 있으며, IP망 기반의 부가서비스 가입자가 60만 명에 이른다.

City Telecom은 2000년 광대역 인터넷 서비스를 제공하기 위해서 2002년 인터넷전화, 2003년 유료TV 서비스, 2005년부터 와이맥스 서비스를 제공하고 있다. 현재 City Telecom은 광대역 인프라 서비스를 기반으로 60만 광대역 서비스고객을 확보하였다. 이 회사는 10/25/100/1000Mbps 등 회선 속도를 네 종류로 나눠 광대역 인프라를 제공하고 있다. 모든 고객들이 10Mbps 이상의 회선을 제공함으로써, 4Mbps 회선을 사용하는 PCCW와의 경쟁적 우위를 점하려고 하고 있다. 주요 방송서비스는 60개의 TV 채널을 제공하고 있고, VOD 서비스를 실시하고 있다. City telecom은 영상서비스와 관련하여 2006년 8월 11만6천 명의 가입자를 가지고 있다.

(3) 주요 정책 이슈

홍콩의 방송법에서는 방송서비스를 구분하여 규제를 실시하고 있다. 방송은 무료텔레비전 서비스, 비국내 텔레비전 서비스, 그 외 서비스 등으로 구분된다. IPTV는 유료텔레비전 서비스(*Domestic Pay Television Programme Service*)로 분류하고 있다. IPTV 관련 주요 법제는 2000년 7월 7일 방송법령(Broadcasting Ordinance No. 48 of 2000)으로 실시하고 있다. 방송법령은 대폭적 규제완화를 통해 프로그램 선택의 폭을 넓히고, 공정한 경쟁을 실현하며, 방송산업에 투자와 기술혁신을 유도하고, 홍콩을 아시아 지

〈그림 3-9〉 홍콩의 방송통신규제 기구

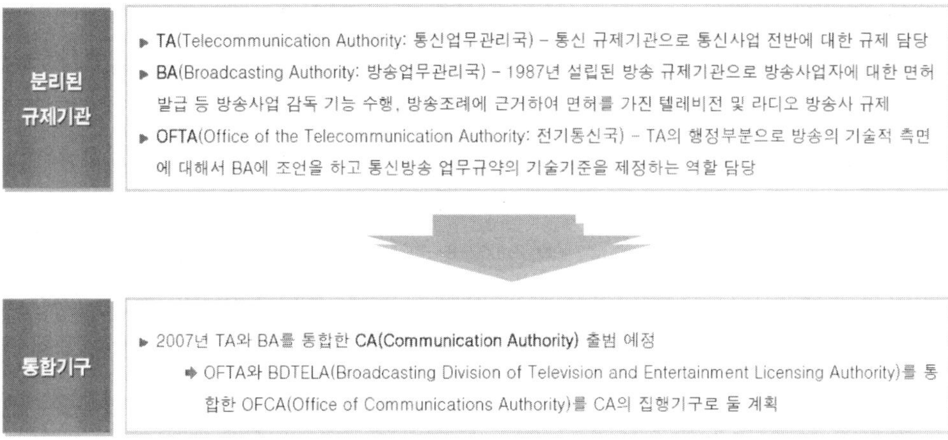

출처: 고순주(2006).

역통신, 방송의 허브로 육성할 것을 목적으로 하고 있다.

방송 규제기관인 BA(Broadcasting Authority: 방송업무관리국)는 방송사업자에게 면허를 교부하고 사업이 적정하게 실시되는지를 감독하는 법적 기구로서 1987년 9월에 설립되었고, 방송조례(*Broadcasting Authority Ordinance*)에 근거하여 홍콩에서 면허를 받은 TV 및 라디오 방송사들을 규제한다.

한편, 통신 규제기관인 TA(Telecommunications Authority: 통신업무관리국)는 통신산업에 대한 전반적 규제를 담당한다. OFTA(Office of the Telecommunications Authority: 전기통신국)는 1993년 7월 1일 독립 정부부서로서 설립되었으며, 홍콩 통신산업 규제를 담당하는 TA의 행정부분을 담당한다. 방송의 기술적 측면에 대해서 BA에 조언을 하고, 방송·통신 업무규약의 기술기준을 제정하고 있다.

홍콩은 향후 방송통신융합시장의 규제이슈에 대응하기 위해서 통합 규제기구인 CA를 출범시킬 계획을 가지고 있다. 규제기구의 단일화를 위해서 홍콩은 2004년 3월, 향후 방송통신융합시장을 위한 '디지털 21 전략'을 발표하고 BA와 TA의 단일화 논의가 시작하여 2007년 융합기구인 CA를 출범시킬 예정이다.

IPTV 관련해서는, 방송법에서 방송서비스를 국내 무료TV 서비스, 국내 유료TV 서비스, 비국내 TV 서비스, 그 외 서비스 등 네 가지로 분류하여 규제하고 있다. IPTV는 'Domestic Pay Television Programme Service'로 분류되며, 5천 가구 이상 또는 호텔객실에 유료방송서비스를 제공하기 위해서는 국내 유료TV 서비스의 허가를 취득해야 한다. IPTV는 허가대상이고, 무료TV 서비스에 영향을 주지 않으며, 차단장치를 포함해야 하는 법적 의무를 준수하고, 서비스 접속을 위해서는 스스로 가입하는 자발적 행위를 한다는 점에서 규제당국은 약화된 규제를 적용하고 있다.

통신사업자인 PCCW가 2003년 9월 23일에 국내 유료TV 서비스 허가를 취득하였다. 전달수단은 허가상에 고려되지 않으며, 케이블이나 전화선을 이용하는 서비스가 동일하게 적용된다. 허가를 위해서는 통신규제기구에서 허가받아야 하는 통신망의 사업자로서가 아니라 상업적 서비스 제공자로서 방송규제기관의 규제를 받으며 서비스가 주문형 콘텐츠를 제공하는가 혹은 채널서비스를 제공하는가 여부에 따라 차별적 규제를 한다.

현재 BA를 통해 면허를 보유한 사업자로는 홍콩케이블TV(*Hong Kong Cable Television*), PCCW Media, 갤럭시 위성방송(*Galaxy Satellite Broadcasting*) 등 3개 사이다.

BA에서 부여한 PCCW 면허에 따른 PCCW의 준수사항은 다음과 같다. 사업개시일로부터 6개월 이내, 그리고 이후로는 항상, 5개 이상의 TV 서비스채널을 제공하여야 한다. 사업개시일로부터 12개월 이내, 그리고 이후로 10개 이상의 TV채널을 제공해야 한다.

IPTV 서비스 사업자는 유료방송서비스 사업자로 콘텐츠 규제를 받게 된다. 이에 따라서 주로 콘텐츠 내용이 폭력물, 아동프로그램, 성인물, 도박 등에 대한 제재를 받는다. 또한 광고규제는 전체 광고시간, 스폰서, 단위 광고시간 등에 대해 기존의 유료방송과 같이 적용된다.

홍콩의 통신규제기관인 TA는 망 개방을 원칙으로 하고 있다. 홍콩의 통신규제기관은 경쟁사업자에게 동축선을 의무 제공하도록 되어 있다.[33] 이를 통해서 Hutchison Global Communication, New World Communications, Hong Kong Broadband Network 등의 사업자는 PCCW의 회선을 사용하고 있다.

---

33) Danny KC Lau(2006.10), "IPTV in Hong Kong Current Status and Regulatory Regime", ITU-T IPTV Global Technical Workshop Seoul, Korea.

제 4 장

IPTV에 따른 미디어 산업의 변화 및 전략

1. 미디어 산업의 경쟁구도 변화

유무선 통신사업의 침체와 인터넷 보급의 포화상태에 직면한 통신사업자는 신규 수익모델의 개발이 필요하게 되었다. 아직 법제도적 문제로 인해 완전한 IPTV 서비스가 불가능한 상태이지만, 2007년 현재 하나로텔레콤 및 KT 등 통신사업자는 Download and Play 방식의 서비스를 제공하고 있으며 LG텔레콤도 7월부터 IPTV 서비스를 실시할 계획이다.

전통적 영역이 아닌 타 영역으로의 진출은 통신사업자와 케이블 사업자에게는 분명 기회이자 위기이다. 방송통신융합으로 인해 전통영역의 경계가 사라지고 있으며, 결국 동일한 가입자를 대상으로 동일한 서비스를 제공해야 하기 때문이다. 경쟁사업자 입장에서 보면 전통영역에서의 시장잠식 우려가 야기될 수밖에 없는 상황이지만 타 영역으로의 진출을 통해 가입자 유치 및 가입이탈 방지 역시 가능하기 때문에 TPS 시장은 분명 기회와 위기, 두 가지 성격을 모두 갖고 있다.

해외사례를 보면, 통신사업자들은 IPTV를 통해 기존의 사업역량을 강화하고 있을 뿐만 아니라, 초고속 인터넷 접속의 ARPU(가입자 1인당 평균수익)를 제고하는 성과를 거두고 있어 국내 통신사업자들의 신규 수익모델로서 IPTV 서비스 상용화에 대한 관심은 높아만 가고 있다. MSO 사업자 역시 경영수입을 증가시키기 위해서 전화, 데이

〈그림 4-1〉 케이블과 통신사업자 경쟁 양상 변화

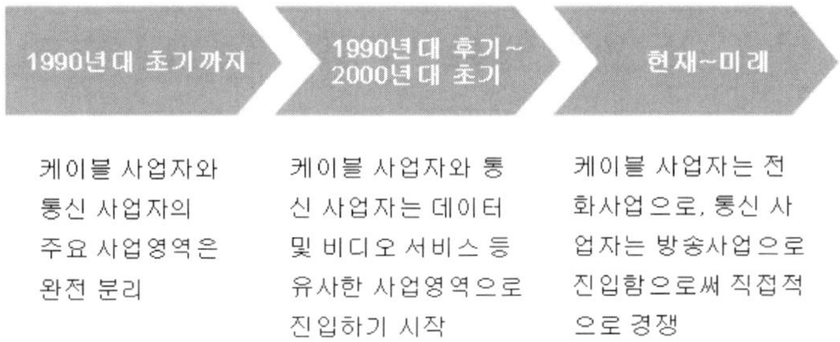

출처: Yankee group(2006).

터와 인터넷 사업을 해결책으로 서비스를 확장시키고 있다.

방송분야에서 강점을 갖고 있는 케이블 사업자는 현재 초고속 인터넷 시장에서도 상당한 고객을 확보하고 있으며, 미국의 경우, 초고속 인터넷과 방송의 결합은 가입자 해지율을 감소시키는 결정적 요인으로 작용하고 있다. 초고속 인터넷 가입자가 대부분 통신사업자의 고객이었음을 감안하면 타 영역으로의 진출은 성공적이었다. 전화사업에서도 미국의 케이블 사업자는 상당히 성공한 것으로 평가되는데, 기존 서비스와 전화 서비스의 번들링으로 보다 확고한 서비스 가치를 만들어내기 때문이다.

이와는 달리 통신분야에서 강점을 갖는 통신사업자는 이미 초고속 인터넷 분야의 포화상태로 더 이상의 수익창출을 기대하기 힘든 상황이다. 따라서 방송서비스와의 번들링은 케이블 사업자의 TPS에 대응하기 위한 필수불가결한 전략일 수밖에 없다.

그러나 통신사업자의 방송시장 진출은 케이블 사업자의 강한 반발에 부딪히고 있다. 또한 IPTV가 의무적인 프랜차이징 요구조치 없이 전국적 서비스를 제공하는 것에 대한 강한 반발이 있다. 미국의 경우 Verizon은 케이블과 유사한 서비스를 제공하기 때문에 프랜차이징 요구조치를 충족시켜야만 했다.

미국에서 초창기의 미디어 이용형태는 크게 다르지 않았다. 각 사업자의 전통영역에서의 서비스 제공과 그에 따른 미디어 이용만이 있었을 뿐이다. 그러나 시간이 지나고 애플리케이션이 더욱 발전하면서 서비스 제공 양상이나 미디어 이용형태는 달라지고 있다. 특히 IPTV의 통합 플랫폼은 케이블 사업자가 네트워크의 업그레이드와 서

〈그림 4-2〉 TPS에 따른 시장 변화 전망

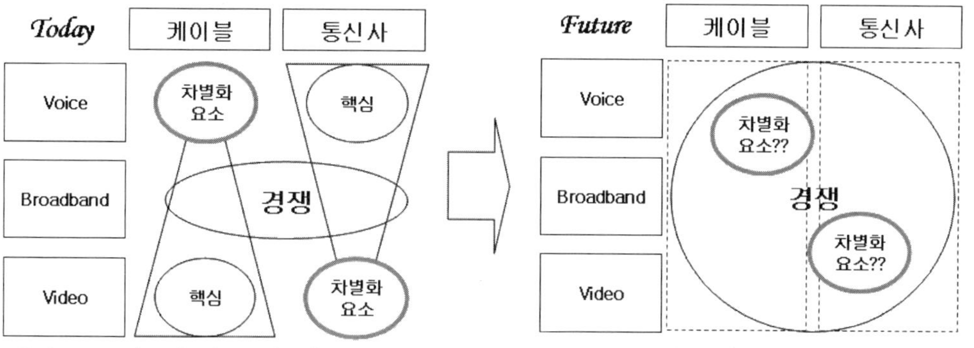

출처: IPlay3(2004) 참고, 재구성.

비스 통합을 하기 위해 필요한 것보다 더 나은 비디오 서비스를 더 빠르고 간단하게 제공하는 것이 가능하게 될 것으로 예상됨에 따라 융합서비스 시장에서의 경쟁은 더욱 치열하고 복잡한 양상을 띠게 될 전망이다.

〈그림 4-2〉에서 알 수 있듯이, 기존 케이블 사업자는 방송분야가 핵심 사업부분이며, 통신사업자는 전화서비스 분야가 핵심 사업분야이다. 현재 융합시장으로 진화하는 상황을 감안하면 양 사업자의 핵심 사업분야는 고객유치를 위한 전략적 사업분야로서의 가치는 상대적으로 떨어진다. 결국 현시점에서 양 사업자가 가져야 할 차별화 요인은 케이블 사업자는 전화서비스, 통신사업자는 방송서비스일 수밖에 없으며, 실제로 국내외 사업자들은 현재 차별화시킬 수 있는 분야로의 진출을 지속적으로 시도한다.

따라서 양 사업군의 경쟁은 점차 심화될 것으로 보이는데, 이러한 상황에서 모든 서비스 사업자가 가질 수 있는 1차적 경쟁력은 바로 가격경쟁력이다. 사실상 유사한 분야의 서비스가 제공되는 상황에서 각 사업자가 고객에게 어필할 수 있는 부분은 현재로서는 가격할인이 유일하다. 실제로 국내에서 현재 결합서비스를 제공하는 하나로텔레콤의 경우, 개별서비스를 이용할 때보다 20% 정도 할인된 가격에 번들 서비스를 제공하며,[1] 서비스 제공 시작 6개월여 만에 가입자가 25만 명에 이르는 성과를 보이기도 했다.

그러나 가격할인에 의한 결합서비스 차별화는 TPS 시장진입 초기에서나 유용한 전

1) 케이블 사업자의 결합서비스 역시 개별구매보다 20%에서 최대 35%까지 가격할인을 하고 있다.

략이다. 가입자 기반을 늘리기 위해서 서비스 사업자들은 매우 낮은 이익률로 TPS를 제공하지만, 이런 전략은 초기에 고객 유치에는 성공적일 수는 있으나 장기적 안목에서 보면, 그다지 성공적이지 못하거나 이익률이 낮은 전략이다. 따라서 실제적으로 가입자 기반확장뿐만 아니라 수익제고를 위해서 서비스 사업자는 TPS의 가격경쟁력 외에 소비자가 자사의 서비스를 구매하도록 유도할 수 있는 보다 강력한 동인을 제공해야 하며, 이를 통해 미디어 시장에서 선도적 위상을 획득해야만 한다.

2. 국내외 TPS 현황 분석

통신사업자와 방송사업자의 경쟁이 치열해지면서, 고객이탈 방지를 위해, 신규 수익모델 개척을 위해 결합서비스가 중요한 사업모델로 각광받고 있다. 결합서비스는 비단 현 시점에 들어서 시작된 것은 아니다. 이전에도 결합서비스는 존재했다. 그러나 이전에는 단순히 통신상품의 결합서비스가 제공되었을 뿐이어서 그다지 높은 관심을 가질 만한 수준은 아니었다. 서비스 결합에 따른 요금할인 혜택도 그리 크지 않았을 뿐더러 시내전화와 이동전화의 결합은 소비자에게 매력적 요소는 아니었기 때문이다.

그러나 현 시점에서 제공되는, 그리고 향후 제공될 결합서비스는 다양한 서비스, 즉 경계구분이 뚜렷한 영역간의 서비스가 하나의 패키지로 제공되기 시작하면서 기존의 결합서비스와는 차원이 다르게 전개되고 있다. 그만큼 결합서비스에 대한 인식이 높아지는 것은 사업적 측면에서 가입자를 유치할 수 있는 충분한 동인이 되기 때문이다. 이처럼 결합서비스가 증가하는 이유는 무엇보다 전통영역(사업자별 핵심 사업영역)에서의 수익감소 또는 정체현상과 함께 경쟁심화로 인한 출혈경쟁 때문이다. 따라서 수익감소와 경쟁으로 인한 가입자 이탈을 막기 위해서는 결합서비스가 우선적으로 선택될 수밖에 없는 사업전략인 셈이다.

결합서비스는 그 자체에 대한 논쟁에도 불구하고 여러 가지 사업동인을 갖는다. 특히 통합과금에 따른 편리성의 증대 및 가격할인 요소는 소비자에게 매력적 요인으로 작용하면서 초기의 결합서비스 시장에서 가입자 유치에 상당부분 효과를 나타낼 것으로 보인다. 이는 사업자 측면에서는 수익 및 매출 증대로 이어지고 이는 또 다시 서비

〈표 4-1〉 결합서비스 효과 분석

경쟁촉진 및 효율성 증대	경쟁 제한적 동기
• 범위의 경제를 통한 생산, 판매유통비용 절감 • 이용자 편익증진에 따른 지불용의 증가 및 판매량 증가 • 신규시장 창출을 통한 매출 증대 • 가격차별화를 통한 수익 극대화 • 이용자의 거래비용 감소, 요금할인 및 결합상품 자체의 이용에 따른 효용 증대	• 독점적 상품과 경쟁적 상품을 결합 판매하여 독점시장에서의 시장지배력을 경쟁시장으로 전이 • 가격규제를 받는 상품을 비규제 경쟁상품과 결합하여 가격규제 회피 • 비규제 상품의 비용을 규제상품에 전가하여 경쟁상품의 가격은 낮게 책정함으로써 경쟁시장 약탈

출처: 이상규(2006).

스 생산 및 유통비용의 절감효과를 가져옴으로써 궁극적으로 이용자의 거래비용이 감소하는 결과를 낳는다. 소비자 입장에서는 가격할인에 따른 혜택뿐만 아니라 서비스 이용에 따른 효용이 증가된다.

그러나 결합서비스는 독점시장에서 경쟁시장으로의 지배력 전이가 가능하고 가격규제 회피 및 경쟁시장 약탈이 가능하다는 점에서 엄격한 규제대상이 된다. 특히 시장지배적 사업자의 결합서비스는 동일한 영향력이 인접시장에도 동일하게 미치게 됨으로써 시장질서를 무너뜨릴 수 있기 때문에 지배력 전이를 위한 결합서비스 제공행위는 규제되어 왔다. 이러한 규제행위는 일차적으로 공정경쟁 환경조성이 목적이기 때문이다.

그러나 산업 자체가 허물어지고 융합환경이 조성되면서 이러한 규제행위에서 일정부분 변화가 나타나기 시작했다. 여전히 결합서비스에 대한 규제적 접근은 조심스러울 수밖에 없으나 결합서비스에 대한 소비자의 요구가 증가하고 사업자의 결합서비스 제공 필요성이 크게 대두되면서 결합서비스에 대한 규제가 점차 완화되는 추세이다.

이에 따라 각각의 사업자들은 국내외를 막론하고 향후 융합시장에서의 경쟁력 제고를 위해 경쟁적으로 결합서비스를 제공하고 있다. 사업자별로 제공되는 결합서비스는 패키지별로 차이를 보이고 있으나 유형별로 구별해보면 크게 Double Package〔시내+장거리 또는 유선전화(또는 VoIP)+초고속 인터넷, 방송+초고속 인터넷 또는 초고속 인터넷+VoIP 등〕과 Triple Package〔유선전화+초고속 인터넷+이동, 유선전화(또는 VoIP)+초고속 인터넷+방송〕 등의 형태를 가지며, 미국의 AT&T의 경우는 유선전화+초고속 인터

〈표 4-2〉 해외 주요 사업자 결합서비스 상품구성 및 요금 현황[2)]

사업자	서비스명	상품구성	개별요금 합	결합 요금
AT&T	AT&T Quad Pack	유선전화 + 초고속 + 이동 +위성방송	$122.92	$117.92
Verizon	Verizon Freedom Value + Verizon Online DSL + DirecTV	유선전화 + 초고속 + 위성방송	$126.18	$111.06
Time Warner	ALLnOne	초고속 + VoIP + 케이블방송	$114.85	$106.10
BT	Total Broadband Option 1	초고속 + VoIP + 무선랜	첫 6개월 £9.95 그 이후 £17.99	
NTL	TalkUnlimited + 초고속 + Family Pack	전화 + 초고속 + 방송	£70.99	£49.99

출처: KCTA(2006)·정통부(2006), 각 사 홈페이지 참고 재구성.
* 각 사별로 제공되는 패키지는 Double, Triple 등 다양하나 여기서는 전화와 인터넷, 방송서비스를 결합한 서비스만을 비교함.

넷 + 이동전화 + 위성방송의 Quad Package를 제공하고 있기도 하다.

해외 주요 사업자의 결합서비스는 소비자 이용의 극대화를 위해 다양하게 제공되고 있다. 특히 현 시점에서 소비자들이 가장 선호하는 부분은 서비스 결합에 따른 가격 할인혜택이다. 각 사업자들의 결합서비스는 개별서비스 구매보다 약 5%에서 최대 30%까지 할인된 가격을 제공하고 있다(할인율은 사업자별로, 패키지별로 차이가 있다).

이에 따라 개별 사업자의 개별서비스 가입자보다 결합서비스 가입자가 점점 증가하고 있다. 일례로 타임워너의 경우, 2006년 12월 기준으로 약 620만 가입자가 결합서비스(*Triple or Double*)에 가입하였는데 이는 전체 가입자의 약 42%에 해당하는 수치이다. TPS의 경우에는 약 150만 가입자(약 10%에 해당)가 서비스를 이용하고 있다.[3)]

가입자 비중이 개별서비스에서 점차 결합서비스로 이동하고 있다는 것은 소비자의 욕구가 단 하나의 서비스에만 만족하지 않는다는 것을 뜻한다. 또한 결합서비스 이용

---

2) 해외 주요국의 개별 사업자들은 각각 경쟁적으로 결합서비스를 제공하고 있다. 이 장에서는 통신사업자와 케이블 사업자의 결합서비스를 비교하기 위해 여러 국가 중 미국과 영국의 경우로 한정한다.

3) Time Warner(2007). Annual Report 2006.

시 제공되는 가격할인은 가입자 유치 및 이탈방지를 위한 첫 번째 마케팅 수단이라는 것을 의미한다. 양키그룹의 조사(2005)에 따르면, 대부분의 고객이 적정한 요금할인 혜택이 제공되면 서비스 회사를 바꿀 용의가 있는 것으로 나타났다.[4] 이는 곧 서비스 사업자보다 서비스 자체에 고객의 관심이 증가하고 있음을 의미하는 것이다.

결합서비스는 국내에서도 유사한 형태를 갖는다. 현재 국내에서 제공되는 결합서비스는 케이블 방송진영에서 제공하는 서비스(케이블TV + 초고속 인터넷)와 통신사업자인 KT의 서비스(초고속 인터넷 + 위성방송, 무선랜 + 전화 등) 그리고 하나로텔레콤의 결합서비스가 대표적이다. 각 사업자 모두 개별서비스보다 결합서비스 제공시에 가격할인 혜택을 제공하는데,[5] 이는 융합서비스 시장에서의 선점효과를 누리기 위함이다. 특히 하나로텔레콤은 최근 초고속 인터넷, 전화, 하나TV 등을 결합상품으로 제공하면서 개별상품 제공 때보다 최대 20%의 할인혜택을 제공하고 있다. 이는 일반적으로 결합서비스를 제공할 경우에 하나의 서비스 가격만을 할인하던 기존의 관행을 뛰어넘은 파격적 요금제로 소비자들이 가장 민감해하는 가격부분에서 경쟁이 시작되었음을 알리는 신호탄으로 볼 수 있다.[6] 이제 국내에서도 본격적으로 결합서비스 시장이 형성되고 이종산업간 경쟁이 치열해질 것이라는 예측이 현실화되고 있다.

지금까지 TPS는 새로운 수익모델, 새로운 시장으로의 진출과 그로 인한 유료시장에서의 영향력 확대와 사업성공 열쇠로 인식되었다. 그러나 TPS는 사업자들에게 기회이자 위기이다. 한 사업자가 다른 영역으로 진출한다는 것은 곧 다른 사업자가 자신의 영역으로도 진출할 수 있다는 것을 의미하기 때문이다. 따라서 통신사업자나 케이블 사업자가 결합서비스 시장에서 경쟁우위를 얻기 위해서는 경쟁사업자보다 차별화된 서비스, 소비자의 구매행위를 유도할 수 있는 서비스를 제공해야만 한다.

또한 실질적으로 시장을 선도할 수 있는 경쟁력 있는 서비스가 시기적으로 빨리 제

---

4) 이정희(2006), "IPTV, TPS의 핵심서비스가 될 것인가", 〈Digital Media Trend〉 11월, no. 06-07. p. 65.

5) 그러나 케이블 사업자가 제공하는 결합서비스는 현 유료방송시장의 저가출혈경쟁 상황을 감안하면 적정한 요금수준이라고 하기는 어렵다.

6) 또한 하나로텔레콤은 하나TV가 일정부분 성공적이라는 평가를 받고 있을 만큼 방송서비스에서도 경쟁력을 확보하게 됨으로써 상대적으로 케이블 사업자와 KT 등 경쟁사업자는 가입자 기반이 흔들릴 수도 있는 위기상황에 직면하게 되었다.

공되어야 하며, 충분한 수익을 얻을 수 있을 만큼의 서비스 제공범위 역시 고려되어야 한다. 사실상 방송과 통신의 결합서비스 시장이 형성되는 초기 시점에서 누가 동일한 가입자를 선점하는가가 핵심이기 때문이다. 현재까지의 상황을 보면, 미국에서는 케이블 사업자, 유럽에서는 IPTV 사업자가 약간의 우위를 보이는 것으로 나타났다.[7]

TPS 및 QPS는 2008년부터 본격화될 것으로 예상된다. 새 정부의 통신요금인하 정책방향과 더불어 KT, SK텔레콤, LG계열 통신 3사 등 통신업체들이 결합판매를 강화하기 위해 조직을 개편하는 등의 움직임을 보이고 있기 때문이다.

LG데이콤은 2008년 조직개편에서 기존 컨버전스사업부를 아예 TPS사업부로 이름을 바꾸고 사장 직속으로 두는 등 강한 의욕을 보이고 있다. SK텔레콤이 하나로텔레콤을 인수하고 결합서비스를 강화하려는 움직임을 보임에 따라 경쟁사업자들은 TPS에 적극적으로 나설 전망이다. SK텔레콤 역시 최근 컨버전스를 담당하는 C&I비즈 컴퍼니 조직을 신설하고, 하나로텔레콤의 기존 TPS와 SKT의 이동전화를 묶은 QPS를 통해 시너지를 창출한다는 계획이다. KT는 IPTV, 인터넷전화를 핵심 역량사업으로 발전시키기 위해 결합서비스를 적극 활용할 것이다.

케이블TV 사업자들은 통신사업자들의 TPS에 대응해 한국케이블텔레콤(KCT)을 중심으로 올해 TPS 사업을 강화하고, 공동으로 가상이동통신망사업자(MVNO)에 진출해 기존 TPS에 이동전화를 결합한 QPS 출시도 추진하고 있다. 수도권 최대 MSO인 씨앤앰은 MSO 중 처음으로 2007년 4월 무선 VoIP 서비스를 출시할 것이라고 밝혔다. 이에 따라 씨앤앰은 디지털케이블TV와 초고속인터넷, 유선 VoIP 등 기존 결합상품에 무선 VoIP를 접목한 새로운 형태의 결합상품 출시도 가능할 것으로 전망했다.

사업자들의 움직임뿐만 아니라 결합판매 환경도 무르익고 있다. 우선 IPTV 특별법(인터넷멀티미디어방송사업법)이 국회를 통과함에 따라 시행령과 관련 고시의 제정 등에 맞춰 KT, 하나로텔레콤, LG데이콤은 기존 VOD 중심의 서비스를 IPTV로 업그레이드할 계획이다.

또한 이명박 정부는 이동전화 요금인하를 위한 방안의 하나로 결합판매 강화를 제시했다. 대통령직인수위원회와 정보통신부가 2008년 1월 23일 발표한 새 정부의 결합상

7) 이찬구(2005). 〈IPTV 등장에 따른 미디어 산업 변화〉. MFI 보고서. pp. 10~11.

품 규제완화 방안에 따르면 KT·SK텔레콤의 결합상품 요금에 대한 사전인가 규제가 대폭 완화되거나 폐지될 전망이다. KT와 SK텔레콤은 지금까지 결합상품을 출시할 때 상품의 요금인하 효과가 10%를 넘을 경우 결합상품의 요금 적정성 사전평가를 받아야 했으나, 결합상품 규제를 폐지하거나 규제선을 30%로 상향조정하는 방안이 거론되고 있다. 이 경우 요금인하 여력이 많은 KT·SK텔레콤은 보다 공격적으로 결합상품을 출시할 수 있게 된다.

〈표 4-3〉 결합상품 시장의 사업자별/상품별 요금할인 체계

사업자명	결합상품	요금할인
KT	초고속인터넷 + IPTV	초고속인터넷 5%
		IPTV 20%
	초고속인터넷 + 위성	초고속인터넷 약정할인 최대 10%
		추가 5%
	초고속인터넷 + 보험	특별보험약관적용
	초고속인터넷 + Wibro	초고속인터넷 3~10%
		와이브로 15%
	초고속인터넷 + 이동전화	초고속인터넷 3~10%
		이동전화 3~10%
	초고속인터넷 + 무선인터넷	15~55%
하나로	초고속인터넷 + 시내전화	시내전화 40%
	초고속인터넷 + IPTV	10% 할인
		시내전화 40%
	초고속인터넷 + 전화 + IPTV	20% 할인
SKT	초고속인터넷 + 이동전화	무선 10%
		초고속 3~10%
	초고속인터넷 + 무선인터넷	무선 10%
		초고속 3~10%
	이동전화 + DMB	무선 10%
		DMB 10%
유선방송 사업자	초고속인터넷 + 디지털TV	40% (CJ), 33~38% (C&M)
	초고속인터넷 + 이동전화	무선 10%
		초고속 3~10%
	초고속인터넷 + 아날로그케이블TV	10%
	케이블 + VoIP	VoIP만 50% (C&M)
		(4,000원→2,000원)

출처: 미디어미래연구소(2008).

이처럼 결합판매 환경이 개선되고 사업자들이 적극적으로 결합상품을 개발, 출시함에 따라 2008년은 IPTV, 유무선 VoIP, 디지털케이블TV 등을 통한 유무선 결합서비스가 본격화되는 시기가 될 전망이다.

그러나 아직까지 결합서비스 시장이 완전히 정착되고 성숙된 시점이 아니라 계속적으로 발전하고 있으며 그에 따라 계속 변화하기 때문에 미래시장을 쉽게 예측하기는 힘들다. 한 가지 분명한 것은 이와 관련해서 사업 성공 여부를 판가름할 비즈니스 모델을 갖고 있는 사업자가 향후 관련 시장에서의 경쟁력을 확보할 가능성이 크다는 점이며, 성공적 비즈니스 모델은 사업자 입장에서만 만들어지는 것이 아니라 이제는 소비자 입장에서 전략이 수립되어야 한다는 점이다.

3. IPTV와 케이블TV 전략분석

1) IPTV 전략

IPTV가 IP 네트워크의 다양한 운용가능성을 지닌 것을 감안하면 소비자는 다양한 서비스를 제공받을 수 있을 것이다. 그러나 시청 수준이나 엔터테인먼트 수준을 제고할 수 있는 장점에도 불구하고, 현재의 IPTV 사업자는 현재 생존전략으로서 이 사업에 진출해야 하는 어려움이 있다.

실제로 지난 몇 년 동안 미국의 통신사업자는 케이블 사업자의 VoIP 서비스와 모바일 사업자의 모바일 서비스로 인해 상당 비율의 가입자 이탈현상을 경험했다. 따라서 고객의 이탈을 방지하고 새로운 신규수익을 창출할 수 있는 신규 비즈니스 모델의 발굴이 핵심 사업전략이었다. 그러나 IPTV를 둘러싼 지나친 경쟁은 새로운 수익창출이 가능한 IPTV의 미래잠재력을 간과하는 우를 범하게 될 수도 있다.

대부분의 통신사업자는 자사의 고객이탈을 방지하고 케이블 사업자와의 경쟁에서 우위를 점할 수 있는 전략적 요소로 IPTV를 제공하려고 한다. 번들 서비스는 고객이탈을 방지하는 매력적 전략이기 때문이다. 현재 번들 서비스의 주요 요소는 브로드밴드라 할 수 있다. 특히 네트워크가 점차 IP 기반으로 진화하고 있다는 점을 감안하면 브로드밴드는 매우 중요하다. 그러나 현재 초고속 인터넷 서비스가 번들 서비스를 선도하는 주요 요인이라 할지라도, 향후에는 IPTV가 독특하고 차별화된 서비스 모델로 번들 서비스의 핵심요소로 자리매김할 것으로 보인다. 따라서 번들 서비스에서의 핵심 차별화 요인이 브로드밴드에서 IPTV로 변화될 전망이다. 경쟁환경에서 브로드밴드의 속도는 더 이상 차별화 요소가 아닌 기본적 전제조건일 뿐이다. 이러한 상황에서 통신사업자는 자사의 서비스를 특별화시킬 수 있는 또 다른 대안을 찾아야만 한다. 결국 통신사업자는 IPTV를 전략적 차별화 요소로 발전시켜 나갈 필요가 있다.[8)]

현재 미국의 IPTV 사업자는 대부분 고객점유율이 낮다. 그리고 서비스로서의 IPTV 시장은 아직 초기단계이다. 이는 국내 상황도 마찬가지이다. 국내 IPTV 시장은 아직 형성조차 되지 못한 상황이다. 이런 문제들은 서비스 품질 문제와 동시에 나타나는 문제이기도 하다. IPTV를 도입하는 데 통신사업자의 방송사 운영경험 미숙이나 서비스 품질 및 신뢰도와 직결된 소비자의 요구충족 능력부족 등도 IPTV 사업자가 시급히 해결해야 할 문제들이다. IPTV 사업자가 직면한 또 다른 중요한 문제는 신뢰성 있는 IPTV 서비스를 조기에 저렴한 비용으로 제공할 수 있는가 이다.

케이블 사업자의 모델이나 지상파 방송사 운영모델을 그대로 이용하는 것은 IPTV의 잠재성을 스스로 버리는 결과를 낳는다. IPTV의 성공은 양질의 콘텐츠 확보이나 이것이 지상파 재전송과 같은 기존 방송사의 비즈니스 모델을 의미하지는 않는다.

IPTV 사업자가 방송시장에 성공적으로 진입하기 위해서는 우선적으로 통신사업자에서 엔터테인먼트 사업자로의 이미지 변신을 해야 한다. 또한 가입자를 지속적으로 유지하기 위해서는 보다 정교한 서비스 패키지를 제공해야만 한다. 그리고 이에 대한 보다 전략적 접근이 필요하다. 미국 IPTV 시장에서 초기 통신사업자의 전략은 수익창출을 위한 기업 생존전략에 지나지 않았다. 그러나 궁극적으로 이 전략을 현실화시키기 위해서는 다양한 네트워크 및 소프트웨어 사업자, 그리고 콘텐츠 사업자 및 방송사업자와의 보다 강력한 제휴관계를 형성해야 할 것이다.

IPTV가 기존 서비스와 다른 몇 가지 강점들을 살펴보면,[9)] 먼저, IPTV는 기존 케이

---

8) 그러나 각 사별로 IPTV 보급에 대한 접근방식은 차이가 있다. 그것은 각 사별로 빠르게 IPTV를 보급할 수 있는 방안이 다르기 때문이며, 그에 따른 기술력이나 필요조건들이 다를 수 있기 때문이다.

블이나 위성방송의 방송모델과 달리 멀티캐스트 방식을 이용하여 사용자들이 원하는 채널만 선택적으로 제공하기 때문에 논리적으로 수없이 많은 채널을 보유하고 있다. 또한, IPTV는 인터넷 프로토콜을 기반으로 하기 때문에, 방송서비스와 더불어 다른 서비스들도 함께 제공할 수 있다. 통신사업자들이 발신자표시와 음성메시지를 방송서비스의 일부로 제공하는 것이 그 대표적인 예이다. 마지막으로, IP셋톱박스는 단지 하나의 IP 단말기일 뿐이기 때문에 얼마든지 다른 PC 애플리케이션과 함께 서비스를 제공할 수 있다는 장점이 있다. 따라서 통신사업자들이 이러한 IPTV의 특성을 활용하여 케이블이나 위성사업자들과는 차별적인 번들 서비스를 제공한다면 충분히 시장 경쟁력을 높일 수 있을 것으로 기대된다.

IPTV가 자사의 서비스를 차별화하는 방법으로 〈표 4-4〉와 같은 다양한 요인을 생각해볼 수 있다. 이 중에서 자사만의 배타적 콘텐츠를 확보하는 것은 매우 중요하다. PCCW가 2006년 6월 기준으로 60만 명의 가입자를 확보할 수 있었던 것도 Top Brand

〈표 4-4〉 IPTV 차별화 요인

주요 요인	설명	차별화 가능성	예
Exclusive content	채널 및 On-Demand 방식의 독점적 (배타적) 콘텐츠 제공	★★★★★	PCCW(홍콩)
A La Carte content	소비자들이 원하는 채널만 선택적으로 제공	★★★	PCCW(홍콩) Telus (캐나다)
Free content	무료채널과 함께 추가 유료채널 제공	★★★★	Fastweb(이탈리아)
Interactive/ Broadband content	Comcast 비디오 테이프나 Sky Betting	★★★	Sky(영국)
EPG&User Interface	Personalized TV의 등장	★★★	Fastweb(이탈리아)
Price&Bundling	다른 서비스와 묶어 함께 제공하므로 소비자들의 비용절감	★★★	Free, Neuf(프랑스) Telefonica(이탈리아)
Cross Platform	타 플랫폼과 연동	★★★★	Sky(영국)

출처: 이정희(2006).

9) 이하 이정희(2006), p. 66~68.

의 콘텐츠를 배타적으로 제공할 수 있었기 때문이며, 유럽의 IPTV 사업자가 성공적으로 시장에 진입할 수 있었던 이유도 프리미어축구 중계권이라는 배타적 콘텐츠를 확보하고 있었기 때문이다.

이와 함께, A La Carte 콘텐츠 및 무료 콘텐츠 역시 주요 차별화 요인이 될 수 있다. IPTV가 이론상으로는 수많은 채널을 제공할 수 있기 때문에 그에 따른 다양한 패키지 서비스 및 무료채널이 가능하며, 이러한 채널의 장점과 결합된 A La Carte 콘텐츠는 충분히 IPTV를 차별화할 수 있다. 가격 및 번들링 역시 차별화 요인으로 고려해볼 수 있다. 여러 종류의 서비스가 가능해지면서 제공되는 서비스의 다양한 번들링 역시 소비자에게는 매력적 요소이다. 그것은 서비스가 번들링되면서 가격 역시 하락하기 때문이다. 이외에도 Cross-platform, EPG, User-Interface 등도 차별적 요인이 될 수 있다.

그동안 통신사업자는 통신사업에서 일정 수준 이상의 신뢰성을 제공했다. 이제 미디어 시장에 진출하는 시점에서 통신사업자가 직면한 문제는 전통영역에서 그랬던 것처럼 융합서비스 분야에서도 꾸준히 신뢰성을 확보할 수 있는가 이다.

현재까지 통신사업자에게 명백한 시장동인은 번들 서비스 제공에 따른 가격경쟁력과 브로드밴드 등이었다. 그러나 현재 융합시장에서 케이블, 위성, 통신사업자 등의 서비스 제공업체는 서비스 가격경쟁에서 점차 도전적이고 공격적인 양상을 띠고 있다. 번들 서비스 측면에서 보면 이러한 가격경쟁은 더욱 심화될 전망이다. 따라서 통신사업자는 가격경쟁력을 넘어서는 보다 특별한 시장동인, 사업자가 제공할 수 있는 최고의 차별화 요인을 찾아야만 한다.

2) 케이블TV 전략

미국은 통신사업자의 IPTV보다 케이블 사업자가 더 높은 시장점유율을 유지하고 있으며, 번들 서비스 역시 통신사업자보다 케이블 사업자의 서비스를 이용하는 가입자가 많은 편이다. 비록 IPTV가 위협적 요인임에는 분명하나 사실상 IPTV 시장은 초기 단계이며, 경쟁우위를 점하기에는 아직 역부족인 상황이다. 또한 AT&T, Verizon 등의 IPTV가 제공되고 있지만 통신사업자가 서비스 대상고객인 1,900만 가입자에 완전한 번들 서비스를 제공하기 위해서는 물리적 시간이 상당기간 소요될 전망이다.

케이블 사업자의 입장에서 보면, 이러한 서비스제공 준비기간은 상당부분 기회의 시간일 수밖에 없다. 이 기간 동안 케이블만의 고유한 서비스를 개발하고, 디지털화를 통한 기존 서비스의 개선, 그리고 적절하고 유용한 대응전략 수립에 박차를 기할 수 있기 때문이다.

그러나 국내에서는 몇몇 MSO만이 결합서비스를 제공하고 있을 뿐, 아직까지 케이블 사업자의 결합서비스가 그리 활성화되어 있지 않다. 지난해 이미 결합서비스 및 통신사업자의 공격적 마케팅에 대응하기 위해 VoIP 제공을 위한 기간통신사업자 지위를 획득하였지만, 대다수 케이블 사업자는 VoIP 서비스 제공에 회의적 시각을 갖고 있다. 그러나 케이블 사업자의 결합서비스 제공 및 강화는 불가피한 선택이다. 지역단위를 거점으로 하는 소규모 사업자들은 통신사업자에 비해 브랜드 파워, 인지도, 응용서비스의 활용 등 대부분의 경쟁지표에서 현저히 열위에 있기 때문에[10] VoIP를 통한 결합서비스 제공은 향후 경쟁구도에서 필수적일 수밖에 없다. IPTV와 마찬가지로 케이블 사업자 역시 차별화전략이 중요한 것이다.

케이블 사업자는 현재 경쟁사업자와 차별화하기 위해서 HD 및 VOD를 제공할 수 있는 대역폭을 향상시킬 필요가 있다. 경쟁환경이 지속적으로 치열해지는 상황임을 감안하면, 케이블 사업자는 현재 위상의 장점을 최대한 살리고 서비스 확장을 위해 기술적으로 망 업그레이드에 집중할 필요가 있다.

그러나 케이블 사업자는 몇 가지 도전에 직면해 있다. 현재의 경쟁력을 유지하기 위해 케이블 사업자는 다음과 같은 그들이 경쟁하는 부문과 극복해야 할 부문에 대해 인식해야만 한다.

- 가격제한: 소비자는 가격에 민감하다. 그리고 디지털 케이블 패키지는 저렴한 상품으로 인식되지 못하고 있다. DSL은 계속 가격이 하락하는 반면 케이블 인터넷 가격은 여전히 정체되어 있다. IPTV 사업자와 경쟁하기 위해서는 케이블 사업자는 ARPU의 하락없이 소비자에게 더 저렴한 상품을 제공하는 방법

---

10) 한국케이블TV방송협회, "방송통신 융합에 따른 결합판매에 관한 연구", 〈방송통신융합시대 소유·겸영 규제 개선 및 결합상품 서비스 규제방안 연구〉, 한국케이블TV방송협회, 2006, p. 158.

을 찾아야만 한다.

케이블 사업자는 가입자 수익을 기반으로 한다. 따라서 수익을 유지하거나 증가시키는 것은 케이블 사업자에게 매우 중요한 목표다. 따라서 통신사업자의 가격책정 전략은 케이블 사업자에게 위험요소로 작용할 수 있다. 가입자 이탈도 문제이지만 저가경쟁으로 인한 출혈은 케이블 사업자에 치명적일 수 있기 때문이다. 따라서 케이블 사업자는 IPTV에 대한 초기 대응으로 저가경쟁보다는 케이블 서비스의 가치상승 전략을 제고해야 한다.

- 무선사업: TPS, QPS가 제공된다 하더라도 케이블은 무선사업 부문에서의 비즈니스 모델을 개발할 필요가 있다. 무선사업 영역은 케이블 사업자가 번들링 서비스에서 놓친 중요한 요소이다. 통신사업자가 무선서비스까지 제공할 가능성이 높기 때문에 이는 더더욱 중요하다. 소비자는 언제 어느 곳에서든 서비스를 제공받고 싶어한다. 이는 케이블 사업자가 번들링 서비스에 모바일이나 포터블 서비스를 포함시켜야 한다는 사실을 반증하는 것이다.

- 고객만족: 일반적으로 소비자는 MSO의 고객서비스에 부정적이다. 그동안 케이블 사업자가 가입자 비율을 지속적으로 증가시켰지만, 대부분 케이블 사업자의 좋지 못한 브랜드 이미지로 인해 손실이 존재했다. 기본적으로 IPTV는 케이블 서비스에 대해 만족하지 못하는 가입자들을 대상으로 한다. 따라서 이러한 고객의 잠재적 이탈을 방지하기 위해서 케이블 사업자는 고객서비스에 보다 집중할 필요가 있다.

양키그룹의 2005년도 조사(*Technologically Advanced Family Survey*)에 따르면, 응답자의 40%는 단일서비스로서 통신사업자를 선호하는 반면 케이블 사업자는 24%에 그쳤다. 고객서비스를 개선하는 것은 결국 고객유치를 향상시키고 IPTV의 위협에 적극 대응하는 방안이 될 것이다. 예를 들면, 미국의 Comcast는 모든 서비스 고지서를 통합하는 작업을 진행중이다. 또한 고객서비스 부서가 모든 요구사항을 처리하게 함으로써 소비자가 개별서비스에 대한 개별적인 고지서 납부 등의 중복을 피할 수 있게 하였다.

〈그림 4-3〉 미국의 서비스패키지 제공 사업자 선호도

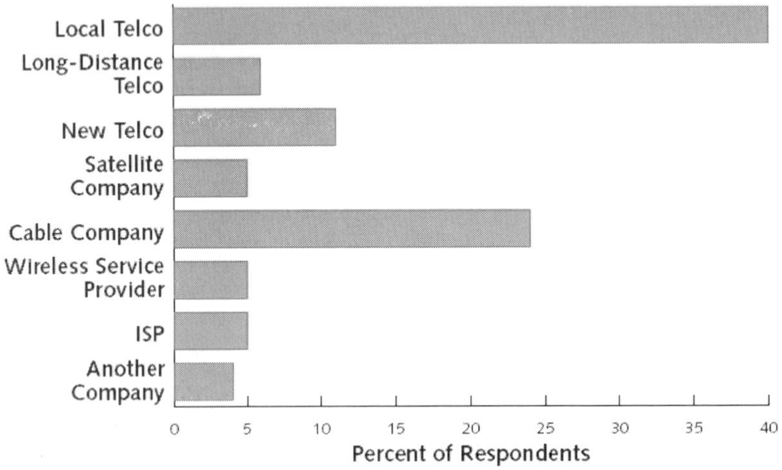

출처: Yankee Group(2006).

이러한 빌링시스템의 통합은 고객을 만족시키는 주요한 요소이다.

이제 케이블 사업자는 상기 지적한 문제점들을 극복하고 프로그램의 다양한 선택을 제공하는 것뿐만 아니라, 전략적 차별화 요소로서 확실한 콘텐츠 확보에 주력해야 한다. 케이블 사업자에게는 아동, 교육 등의 VOD 프로그램이 차별화 요소가 될 수 있다. 이런 프로그램들은 온디맨드 시대에 매우 적합한 콘텐츠이다. VOD는 non-linear 서비스로, 그 가치는 시간의 흐름에 따라 사라지지 않는 특성을 갖고 있다. 따라서 VOD는 쌍방향 커뮤니케이션이 가능한 시대에서 보다 더 경쟁적인 차별화 요소가 될 수 있다.[11)]

IPTV는 최종 이용자에게 새로운 기회를 제공한다. 그러나 케이블 사업자는 지속적으로 고객이탈의 위험이 증가하고 심지어는 통신사업자에 의한 시장잠식도 예상 가능하다. 미국의 AT&T는 IPTV 서비스를 제공하면서 타깃층을 1,900만 가구로 잡고 있

11) Deepa Iyer 외(2006), *Making TV Meaningful: Consumers and IPTV Applications, A Parks Associates*, p.3. 이 조사결과에 따르면 실제로 미국에서는 VOD 서비스를 이용하는 디지털 케이블 가입자는 약 41%로 이들은 케이블의 VOD 서비스를 선호하는 것으로 나타났다. 또한 HDTV 가입자의 41%는 VOD 서비스 이용을 선호하고 있으며, VOD 이용자의 40%는 통신사업자(8%)보다 MSO를 선호하는 것으로 나타났다.

다. 이는 AT&T의 고객을 기반으로 한 수치는 아니다. 위성사업자인 DISH와의 제휴를 통해 IPTV 서비스 대상가구를 확보하겠다는 전략이다. 그만큼 통신사업자의 방송시장 잠식 가능성은 매우 높다고 볼 수 있다. Verizon의 경우는 현재 케이블 사업자의 서비스와 매우 유사한 서비스를 제공하고 있다. FiOS가 보급되는 상황을 감안하면 시장 잠식은 더욱 명확해진다.

우리도 미국과 크게 다르지 않다. 하나로텔레콤과 KT가 보다 공격적으로 융합시장에 진출하면서 케이블 사업자의 기존 가입자들이 흔들리고 있다. 2006년 IPTV 공동 시범서비스 실시결과, 시범서비스 대상 가구 중 약 45%에 해당하는 가구가 IPTV 상용화가 이루어지면 가입할 의사가 있다고 밝혔다는 사실은 이를 반증한다. 그만큼 케이블 사업자는 IPTV와의 경쟁에서 뒤처지는 것이며, 이는 조만간 가입자 이탈, 더 나아가 시장잠식까지도 발생할 수 있다는 것을 의미한다.

따라서 본격적 경쟁구도로 진입하게 된 이상, 케이블 사업자는 전략적 측면에서 보다 큰 가치를 창출해야 하고 이를 소비자에게 제공해야 한다. 사실상 기술적 측면에서의 차이가 없다고 볼 때, 물리적 요인에 대한 투자도 간과할 수 없지만, 그보다 더 중요한 것은 케이블 서비스로 창출할 수 있는 소비자의 가치를 만들어 가는 것이 최우선적 전략일 것이다.

2007년 12월 '인터넷멀티미디어방송법'이 국회를 통과하면서 통신업계가 방송시장에 진출할 발판이 마련되어 IPTV가 실시간 방송을 포함한 온전한 모습을 갖추게 된다. 따라서 2008년은 방송과 통신이 본격적으로 융합되면서 IPTV를 중심으로 미디어 시장의 일대 지각변동이 예상된다. 지금까지는 방송사가 편성한 프로그램을 일방적으로 시청했지만, 주문형비디오(VOD)를 통해 시청자의 채널 선택권을 확대하고 TV를 이용한 양방향 서비스도 활성화된다. IPTV 시장이 확대됨에 따라 새로운 방송통신 결합서비스도 많이 등장하면서 미디어, 콘텐츠 등 관련산업에 엄청난 파급효과가 나타날 것이다.

KT와 SK텔레콤 등 통신업체들은 미디어 그룹으로의 변신을 꾀하고 있으며, IPTV는 이를 완성하는 핵심 서비스로 인식되고 있다. 프리 IPTV 서비스는 이미 100만 가입자를 돌파하면서 IPTV의 성장 가능성에 대한 기대치를 높여 놓았다. 통신업계는 올해 300만 명 이상의 IPTV 가입자를 확보한다는 목표다. KT는 현재 30만 명인 메가TV 가입자를 연말까지 150만 명으로 끌어올리고, 하나로텔레콤도 현재의 80만 명에 50만 명을 추가할 계획이다. SK텔레콤의 하나로텔레콤 인수작업이 마무리되면 이 목표는 더욱 높아질 가능성이 크다. LG데이콤은 2007년 말 '마이LGtv'란 브랜드로 IPTV 시장에 뛰어들었으며, 초고속인터넷, 인터넷집전화 등을 묶은 결합상품을 내세워 2008년에는 20만 가입자를 목표로 삼았다.

통신업계에 대응하기 위해 케이블TV 업계는 광동축혼합망(HFC)을 고도화해 아날로그방송을 디지털방송으로 전환하고 가입자 확보에 나서고 있다. 디지털케이블TV 가입자는 작년 10월 말 현재 70만 명이다. 케이블TV 업계는 디지털케이블방송을 통해 가입자 이탈을 막는 동시에 초고속인터넷, 인터넷전화(VoIP) 등 통신시장 공략에 적극 나서 TPS 마케팅을 전개하고 있다.

한국케이블TV방송협회와 통신사업자의 자료를 토대로 조사된 디지털케이블방송과 TV포털 서비스의 가입자 수 변화 추이를 살펴보면, 2007년 들어 대표적 TV포털 서비스인 '하나TV'가 공격적 마케팅을 바탕으로 성공적으로 가입자를 유치했다. 그 결과 2007년 6월 현재 하나TV의 가입자 수가 디지털케이블방송 가입자 수를 근소한 차이로 추월했다.

〈그림 4-4〉 디지털케이블TV와 하나TV 가입자 수 비교

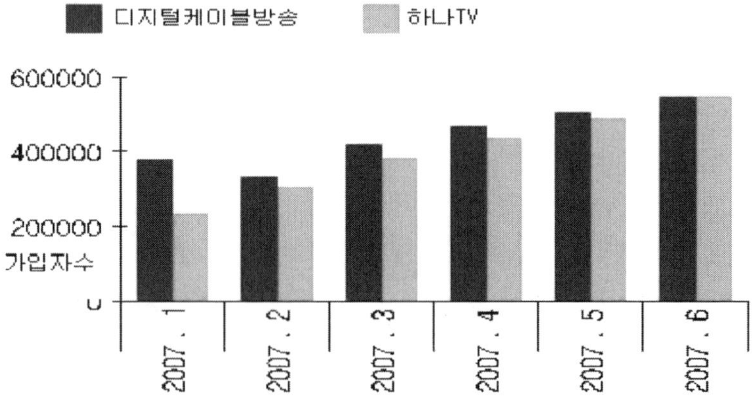

(단위 : 가구)

구분	2007. 1	2007. 2	2007. 3	2007. 4	2007. 5	2007. 6
디지털케이블방송	377,400	330,000	419,200	465,836	503,288	545,157
TV포털서비스(하나TV)	232,843	302,131	382,590	433,206	486,375	547,979

미디어미래연구소의 유료방송 서비스별 가입가구 수 현황 및 전망에 따르면, IPTV는 2012년 전체 유료방송 가입가구(약 1,876만 가구)의 30% 수준인 약 563만 가구를 차지할 것으로 추정된다. 한편 아날로그케이블이 약 789만 가구, 디지털케이블이 약 293만 가구, 위성방송이 약 232만 가구 등으로 나타날 전망이다.

〈그림 4-5〉 유료방송 서비스별 가입가구 수 현황 및 전망

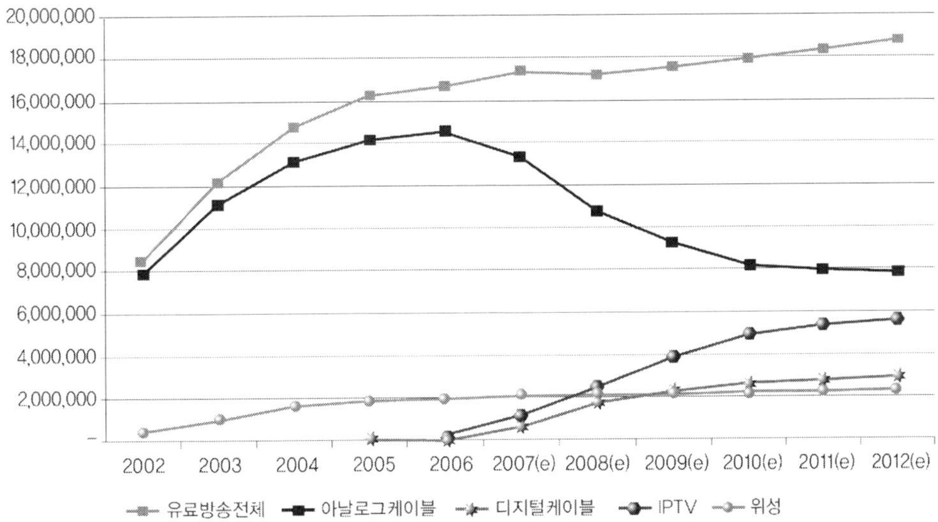

	2007(e)	2008(e)	2009(e)	2010(e)	2011(e)	2012(e)
전체유료방송	17,355,514	17,193,635	17,574,551	17,971,483	18,368,186	18,764,722
아날로그케이블	13,406,898	10,736,383	9,221,527	8,227,152	7,966,945	7,888,250
디지털케이블	707,440	1,814,339	2,242,662	2,570,470	2,760,972	2,926,534
IPTV	1,135,312	2,494,884	3,932,215	4,973,126	5,421,964	5,626,578
위성	2,105,864	2,148,029	2,178,147	2,220,736	2,218,305	2,232,360

출처: MFI(2008).

제 5 장

IPTV 정책이슈 분석

1. 국내 IPTV 관련 입장 및 규제 동향

IPTV는 방송과 통신의 성격을 모두 갖춘 서비스다. 이런 경계영역적 서비스는 현재 사업 근거를 마련하고 규제할 법이 명확하게 존재하지 않는다. 그런 가운데 국내에서는 IPTV란 용어를 쓰면서도 실상은 인터넷TV를 염두에 두고 사용하는 경우와, IPTV를 염두에 두고 오히려 인터넷TV라는 표현을 사용함으로써 이에 대한 오해와 기만이 방치된 감도 없지 않다. 이는 지식과 정보의 독과점 상황에서 가장 보편적으로 발생하는 폐단이다.

현재 국내 방송 통신 관련 규제기관은 크게 방송위원회와 정보통신부가 있으며 각각 방송과 통신을 구분해서 규제하고 있다. 따라서 방송 통신간 서비스 융합 및 시장의 융합 현상이 지속적으로 발생하면서 각각의 규제기관의 신규서비스에 대한 이해관계가 상충되고 있는 상황이다. 융합기구 출범을 앞둔 상황 속에서도 이러한 이해관계는 여전히 답보상태에 놓여있다. 그것은 아직도 IPTV에 대한 명확한 법리적 해석이 이루어지고 있지 않기 때문이다. 특히, IPTV의 법적 정의나 역무구분, 규제형평성 및 관리감독기관 등에서 첨예하게 대립되고 있으며 이러한 문제는 융합기구가 출범한다 할지라도 해결하기 쉽지 않다.

각각의 이해당사자들이 주장하고 제시하는 해외사례를 보더라도 당사국의 입장 역시 그동안 확실하게 정립되지 않았기 때문에 IPTV에 대한 다양한 해외사례 보고서가 발표되고 있기도 하다. 또한 동일한 해외사례 보고서가 발표되어도 이해당사자의 입장에 맞는 유리한 자료만을 발췌하여 제공하는 상황도 비일비재하다. 그러다 보니 현재까지 융합서비스의 핵심이라고 인식되는 IPTV에 대한 논의는 진전이 없었다. 지난 수 년간 각각의 입장 차이만 확인하는 선에 멈추어 버린 것이다.

국회에서는 방송통신융합추진위원회가 제출한 법안과 IPTV에 대한 법안 및 기 제출된 법안 등을 심의하기 위하여 2007년 3월 방송통신특별위원회가 구성되었다. 이후 방통특위가 마련한 '인터넷 멀티미디어 방송사업법(안)'은 2007년 12월 28일 국회 법제사법위원회(위원장 최병국) 전체회의를 거쳐 제270회 국회(임시회) 본회의에서 찬성 154명, 반대 15명, 기권 22명으로 통과되었다.

방송위와 정통부는 2008년 4월 IPTV 특별법 시행일에 발맞춰 하위법령을 정비하는 한편, IPTV사업 인허가 정책을 마련해 상반기 중으로 IPTV사업자 선정을 조속히 완료한다는 계획이다. 하지만 대통령직인수위원회의 방송통신위원회 설치를 포함한 정부조직 개편안과 맞물려 있어, 향후 전개양상을 예측하기 힘든 상황이다. 여기에서는 첨예하게 대립되는 이슈들이 어떻게 전개되었는지 정리하였다.

1) IPTV 관련 이슈변화 분석

2006년 중반부터 수평적 규제체제에 대한 논의가 본격적으로 진행되면서 IPTV와 관련된 논의 역시 이와 유사하게 진행되고 있다. 현재 IPTV 관련 이슈 중 가장 민감하게 대립되는 부분은 '① 적용법률 이슈, ② 망 중립성 이슈, ③ 권역구분 이슈, ④ 법인분리 이슈' 등 크게 네 가지로 구분된다. IPTV가 언론의 화두가 되었던 지난 2004년에 제기된 이슈와는 조금 차이를 보이고 있지만 이는 논의중심이 '수직적 규제체제 하에서의 IPTV'에서 '수평적 규제체제로의 변화를 전제로 한 IPTV'로 바뀌었기 때문에 나타난 구분상의 차이일 뿐이다. 2004년 당시와 지금의 논의를 비교하면 사실상 크게 변화된 것이 없다고 보아도 무방한데 그 이유는 IPTV의 법적 정의 및 법리적 해석에 대한 이슈가 아직도 제자리걸음을 하고 있기 때문이다. 나머지 이슈는 법적 정의가 이루어진 이후 파생되는 것이기 때문에 IPTV의 법적 정의가 우선적으로 해결되어야 한

〈그림 5-1〉 IPTV 이슈변화 양상

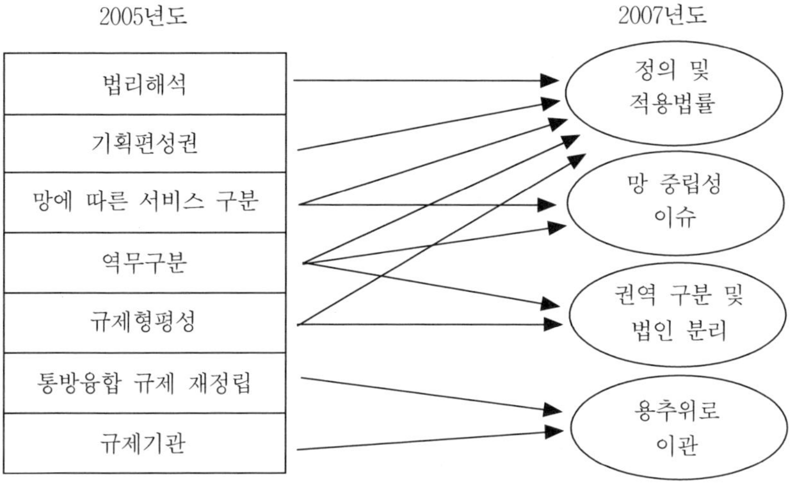

* 현재 방송통신 융합 규제 재정립 및 규제기관 이슈는 2008년 1월 대통령직인수위원회가 방송통신위원회법(안)을 국회에 제출한 상황이다. 따라서 규제기관과 관련한 이슈는 제외하기로 한다.

다. 그렇지 않으면, 그동안의 논의는 사실상 무의미하게 될 것이다.

당시의 논의를 보면 각각의 이슈별로 이해당사자의 입장이 크게 달라지는 것을 알 수 있다. 방송위원회를 비롯한 방송업계와 정보통신부를 비롯한 통신업계의 IPTV에 대한 인식 차이는 법리해석부터 규제기관, 역무구분 등의 이슈에 이르기까지 거의 모든 부분에서 차이를 보였다.

방송업계의 입장은 IPTV는 비밀성이 보장되지 않고 방송프로그램을 기획, 편성, 제작해 공중에 전송하기 때문에 방송이라는 입장인 반면, 통신업계의 입장은 보안기술 발달로 개인정보보호, 콘텐츠 유출 방지뿐만 아니라 금융거래까지 보안성을 보장하며, 기획, 편성하는 채널권은 PP에 있으며 통신사업자는 전송만 하기 때문에 통신이라는 입장이었다.

또한 IPTV의 주 서비스가 방송서비스이기 때문에 방송업계는 방송으로 인식한 반면, 통신업계는 방송콘텐츠를 인터넷망과 서버 등에 연결해서 제공하는 통신서비스로 인식하였으며, 이에 따른 규제 및 역무구분 역시, 방송위원회는 방송진입 절차의 규제를 밟아 방송법으로 규제를, 통신업계는 전기통신사업법 하에서 신고(부가통신)하는 것으로 인식하고 있어 상당한 의견대립을 보였다.

방송위원회에서는 IPTV가 방송서비스, 특히 종합유선방송사업의 일종이므로 방송법상의 종합유선방송사업의 범주로 규제하고 장기적으로는 방송법 개정을 통해 별정방송사업에 포함시켜야 한다고 주장했다. 특히 IPTV를 경쟁매체로 보고 있는 SO의 입장은 보다 심각하다. SO는 IPTV가 SO와 동일한 서비스이기 때문에 동일한 소유지분 제한 및 편성규제를 받아야 한다고 주장했다. 이 주장은 현재도 변함없다.

IPTV에 대한 케이블업계의 반응은 상당히 강경한 입장이다. 통신사업자가 부가통신서비스로 IPTV를 제공하면 시장진입에서부터 서비스 권역, 내용규제 등 SO에 비해 절대적으로 유리하며 거대자본을 상대로 경쟁해야 하기 때문에 케이블의 고사위기를 우려하는 상황이다. IPTV가 케이블과의 차별적 규제 하에서 서비스가 실시되면 방송사업권도 반납하겠다는 SO는 절박한 입장이지만 IPTV 실시 반대입장을 유지하면서도 실시되었을 경우를 대비하여 비차별적 규제완화조치를 요구하는 상황이다.

이에 반해, 정보통신부 및 통신업계는 IPTV가 통신서비스라는 주장을 강력히 제시하였다. 특히 정보통신부는 IPTV는 통신사업자가 인터넷을 통해 특정 가입자의 요청에 따라 개별적으로 제공하는 통신서비스이므로 초고속 인터넷 서비스를 이용한 신규서비스이며 전기통신기본법에 따라 부가통신 서비스로 규정해야 한다고 주장했다.

그러나 이러한 기본방침에도 불구하고 정통부는 IPTV 서비스 사업자에게 채널편성과 지상파 재송신 등을 중단해달라고 요청했다. 이는 채널편성과 지상파 재송신 등의 문제가 방송규제를 받을 수 있는 여지가 있기 때문이다. 역무구분과 관련하여 정통부는 방송형 서비스인 채널편성을 통한 지상파TV의 실시간 방송을 중단하고 가입자가 주문한 프로그램만 전송하는 주문형 인터넷 콘텐츠(*Internet Contents on Demand*) 형태의 서비스만 제공할 것을 요청했다. 이는 방송업계와의 마찰을 줄이겠다는 의지로 볼 수 있다. 이에 따라 정통부는 IPTV 사업 초기에는 실시간 방송보다는 VOD 등의 양방향 서비스를 제공하고 향후 다채널 방송서비스로 진화해 갈 수 있다는 입장을 보였다.

2) IPTV 관련 이슈 분석(2007년)

(1) TV 포털(VOD) 이슈

앞서 살펴본 바와 같이, 통신업계와 방송업계의 대립은 아직까지도 IPTV 서비스 상용화가 이루어지지 않은 가장 주된 이유 중 하나다. 이러한 대립이 해결되지 않은 현 시점에서 각 통신사업자들은 이미 준비해온 자사의 서비스를 제공하기 시작했는데 가장 먼저 시작한 것이 TV포털 형식의 VOD 서비스이다.

국내 최초의 TV포털 서비스인 하나로텔레콤의 '하나TV'는 VOD 서비스를 기반으로 한다. IPTV의 초기단계로 인식되는 TV포털은 방송프로그램을 자체 제작하는 형태가 아니라 기존의 방송사업자 및 콘텐츠 사업자와의 제휴를 통해 단순 VOD 서비스를 제공하기 때문에 방송법 적용에 대해서 논란이 발생하고 있다.

통신업계 쪽에서는 방송법으로는 TV포털을 규제하는 것은 근거가 부족하며, 이를 규제하려면 새로운 법이 필요하다는 입장이다. 그러나 방송업계 쪽에서는 방송법의 방송의 정의에서도 충분히 규제할 수 있다는 입장이다.

일반적으로 TV포털은 TV에 STB와 인터넷선을 연결해서 다양한 동영상을 VOD로 제공하는 서비스이기 때문에 IPTV와 유사하지만 실시간 방송을 실시하지 않으므로 IPTV와는 다른 성격을 지닌 것으로 파악된다. 통신서비스의 한 종류인 게임, 노래방, 생활정보 등 다양한 부가서비스도 함께 제공하는 TV포털을 사실상 방송콘텐츠를 제공한다는 점에서 방송으로 보아야 할 것인지에 대해서는 아직 논란의 여지가 많다. TV포털에 대한 이해관계자의 입장을 살펴보면 다음과 같다.

▪ 방송위원회

방송위의 입장은 TV포털이 실시간 방송기능은 없지만 방송서비스로 인식해야 한다는 것이다. 하나로텔레콤이 하나TV를 서비스하기 시작하면서 방송위는 TV포털에 대한 방송법 적용여부를 고민하고 있다. TV포털이 서비스 제공방식에서 사용하는 망의 차이만 있을 뿐 서비스 구현방식은 현재 SO의 디지털케이블과 크게 다르지 않기 때문이다. 특히 SO나 PP의 경우 VOD 서비스를 제공하기 위해서 SO는 요금규제를 받고 있으며, PP는 따로 등록한 사업자가 존재한다. 또한 VOD도 다양한 형태의 VOD가 있기 때문에 방송위원회는 VOD도 방송의 한 형태이며, 따라서 TV포털 역시 방송서비스로 정의해야 한다는 입장이다.

또한 VOD 서비스가 방송프로그램을 사전에 기획, 편성, 제작해서 공중을 대상으로 전기통신설비에 의해 송신하기 때문에 방송법의 허가를 받아야 한다는 입장을 보이고 있다. 하나TV가 제공하는 서비스가 텔레비전 방송과 라디오방송 그리고 데이터방송 등 방송법에서 정의하는 방송유형에 해당된다고 판단하는 방송위는 KT의 홈엔 서비스나 이동통신사의 준, 핌과 같은 서비스도 역시 방송으로 간주한다는 입장이며 하나TV가 유료방송시장에 악영향을 주는 시점이 되면 제재할 수도 있다는 태도이다.

▪ 케이블업계

케이블업계의 입장도 이와 다르지 않다. 케이블 업계는 TV포털이 방송서비스에 속하기 때문에 통신사업자가 TV포털 서비스를 제공하기 위해서는 적정한 사업자 지위를 갖추고 서비스해야 한다는 입장을 보이고 있다. 특히 디지털케이블이나 스카이라이프에서 제공하는 VOD 서비스는 요금규제를 받는데 TV포털 서비스는 방송법상 아무런 규제 절차 없이 이와 유사한 서비스를 제공하고 있다는 점에서 규제 형평성 문제를 제기하고 있다.

케이블업계는 케이블TV방송협회의 명의로 '불법 TV포털 서비스 제공행위에 대한 제재' 건의문을 제출한 바 있다. 이는 융합환경에 대한 제도개선 논의가 시작되었는데 이용약관 신고만으로 방송영역에 무임승차하고 있는 통신사업자를 경계[1] 하고자 협회 차원에서 이루어진 조치이다.

▪ 통신사업자

이에 비해 통신사업자의 TV포털에 대한 입장은 방송이 아닌 통신서비스, 그 중에서도 부가서비스라는 입장이다. TV포털의 주력인 VOD 서비스가 실시간으로 방송콘텐츠를 제공하는 것이 아니라 수용자의 요구에 의해 이루어지는 온 디맨드 서비스로 다운로드 앤 플레이의 형태를 취하고 있기 때문이다.

---

1) 성호철, "케이블TV방송협, 방송위에 '하나TV' 제재 건의", 〈전자신문〉, 2006. 8. 4.

특히 방송위원회나 케이블 업계의 'TV포털은 곧 IPTV'라는 인식은 불합리하다는 입장이다. IPTV는 IP망을 통해 스트리밍 방식으로 실시간 방송을 제공하는 서비스이기 때문에 하나TV는 IPTV와는 다른 서비스라는 것이다.

실제로 KT가 홈엔 서비스를 실시했을 때는 아무런 제재조치가 적용되지 않았는데 하나로텔레콤의 하나TV가 빠르게 가입자를 유치하고 있는 것에 위협을 느껴 이에 대응하기 위한 조치라고 판단하고 있다. 하나로텔레콤은 또한 VOD가 방송이라면, 기존의 인터넷 포털과 인터넷사이트의 VOD 서비스도 방송법에 적용을 받아야 한다는 주장을 내세우고 있다.

KT의 경우도 방송위원회의 이러한 움직임에 대해 반발하고 있다. KT에 따르면, 자의적 기준으로 새로운 서비스가 나타날 때마다 기존의 방송법으로 규제하는 것은 바람직하지 않다는 주장이다. 특히 기술의 발전속도가 빠르다는 점을 감안하면 방송위의 방송에 대한 개념을 명확히 해야 한다는 입장이다.

▪ 정보통신부

정통부는 방송위원회의 구체적 규제행위가 없는 상황에서 부처 입장을 아직 나타내지는 않았지만 TV포털이 실시간으로 전송되지 않고 프로그램에 대한 편성권이 없는 주문형 서비스이기 때문에 방송서비스가 아니라는 입장이다.

그러나 이해관계자의 입장이 어떠하든지 VOD 서비스는 수용자 입장에서 보면 동일한 서비스이다. 차이가 있다면 어떤 사업자가 어떤 전송망을 이용해서 수용자에게 제공하는가 일 뿐이다. 〈표 5-1〉에서 보듯이, 방송의 VOD와 통신의 VOD는 소비자에게 유사한 서비스로 인식될 수밖에 없다. 제공되는 서비스가 모두 방송 및 영화서비스이기 때문이다.

그럼에도 불구하고 이해관계자에 따라 입장차이가 확연히 드러나는 이유는 TV포털 서비스가 IPTV의 전단계 모델이라는 점이다. 방송위원회나 케이블 업계의 우려는 통신사업자가 VOD 서비스를 이용하여 전국기반의 가입자를 확보한 후에 IPTV를 제공하면, 결국 방송시장 특히 유료방송시장의 질서가 무너질 것이라는 점이다. 현재로서는 IPTV에 대한 규정 및 법제도가 마련되지 못하고 있는데, 이러한 상황에서 VOD 서

〈표 5-1〉 VOD에 대한 이해관계자 입장 및 개념

구분	방송 VOD	통신 VOD
제공사업자	디지털케이블, 디지털위성방송	유선통신 및 이동통신사
주 서비스 내용	영화, 드라마 등 영상콘텐츠 데이터방송서비스	영화, 드라마 등 영상콘텐츠 데이터서비스
전송망	케이블망(HFC)	VDSL, 광랜
규제내용	VOD 이용요금 규제 및 PP 등록, 편성제한 규정	없음
규제기관 입장	방송서비스	통신의 부가서비스
VOD에 대한 시각	기획, 제작된 프로그램을 전기통신 설비를 이용해 전송하기 때문에 방송으로 간주	통신망을 이용한 부가서비스로 간주
근거	유료가입자에 프로그램 제공 (방송법 2조1호, 20호, 85조)	실시간방송이 아니며 편성권 없음

출처: 디지털타임스, 아이뉴스24에서 재구성(2006).

비스를 주력으로 하는 TV포털 서비스가 향후 IPTV에 대한 논의 자체를 무의미하게 만들 가능성도 존재한다.

(2) IPTV 정의 및 적용법률 이슈

IPTV 정의에 대한 이슈는 여전히 답보상태이다. 수평적 규제체제로 전환될 것이라는 예상 하에 각 이해당사자 간의 의견이 어느 정도 합의가 이루어진 듯하지만, 아직까지 양쪽의 주장이 대립되는 상황이다. IPTV에 대한 정의가 다르기 때문에 서비스구분 역시 차이가 있으며, 그에 따라 적용해야 할 법 또한 다르게 주장되고 있다. 이에 대한 각각의 입장을 살펴보면 다음과 같다.

IPTV 정의에 대한 입장은 지난 2004년과 별반 차이가 없다. 통신업계나 정보통신부는 여전히 통신서비스, 또는 융합서비스라는 입장이며, 방송업계나 방송위원회는 방송서비스라는 입장이다. IPTV 정의는 사실상 IPTV와 관련되어 파생되는 모든 이슈와 직결하는 문제이기 때문에 첨예하게 대립될 수밖에 없다는 것은 이해되지만 3년이 지

〈표 5-2〉 IPTV 정의 관련 이해당사자 입장

통신업계		방송업계	
정보통신부	IPTV는 초고속 인터넷망을 통해 프로그램, VOD, T커머스 등 다양한 멀티미디어 콘텐츠를 제공하는 융합서비스	방송위원회	디지털 IP 방식의 텔레비전 방송이며 부수적인 역무를 제공하는 서비스
통신사업자	IPTV는 속성이 인터넷이고 인터넷망, 초고속망을 이용하는 일종의 부가서비스	방송사업자	IPTV는 케이블 및 위성방송과 동일 서비스
포털사업자	IPTV는 TV 서비스가 아닌 인터넷 서비스라 주장		

난 시점에서도 아무런 합의가 이루어지지 않았다는 것은 IPTV 서비스가 그만큼 복잡하고 복합적인 성격을 지니고 있다는 것을 반증하는 것이다.

통신업계가 주장하는 근거는 IPTV가 초고속 인터넷망을 이용한다는 점이다. 기존에는 초고속망을 이용한 모든 서비스는 정보통신부가 규제했으며, 통신역무(기간, 별정, 부가서비스)로 구분했다. IPTV 역시 초고속 인터넷망을 이용하기 때문에 방송서비스가 아닌 인터넷 서비스라고 주장하는 것이다. IPTV가 비록 방송콘텐츠를 제공하고 있으나 이는 일종의 인터넷 부가서비스로서 VOD, T커머스 등 융합으로 나타난 다양한 서비스일 뿐 방송서비스가 아니라고 통신업계는 주장하고 있다.

이와는 달리 방송업계는 IPTV는 방송서비스라는 입장이다. IPTV가 IP를 기반으로 서비스를 제공하고는 있지만 결국 제공되는 서비스의 핵심은 방송콘텐츠이며, '실시간' 방송서비스가 주된 서비스이기 때문에 방송역무에서 벗어날 수 없다는 것이다. 기술발전으로 전달되는 매체가 달라진 것일 뿐, 그 본질적 속성은 방송이기 때문에 방송서비스의 디지털화와 그에 따른 부가적 서비스의 형태로 IPTV를 인식한다.

이렇듯 IPTV에 대한 정의 및 역무구분이 다르기 때문에 향후 적용되어야 할 법제도에서도 양측의 차이가 나타난다. 현재의 수직적 규제체계 하에서 정보통신부는 IPTV가 융합서비스에 해당되므로 제3의 법으로 적용해야 한다고 주장하는 반면, 방송위원회는 유료방송 중 하나인 종합유선방송서비스와 동일하므로 방송법의 적용을 받아야 한다고 주장한다.

통신사업자 입장에서 보면 현행 방송법상 방송사업자에 대한 정의에 IPTV와 같은 신규서비스는 포함되지 않는다. 물론 방송법에 규정된 방송의 개념이 폭넓기 때문에 IPTV는 방송법상의 방송으로 볼 수도 있으나 방송사업과 방송사업자를 열거하는 방송법 체계로 인해 현재의 방송법적 틀로는 IPTV를 규제할 수가 없다는 논리다.[2] 그러나 방송위원회는 현행 방송법의 개정을 통해서 IPTV를 규제할 수 있다는 입장이다. IPTV가 IP를 이용한 방송서비스이자 그 주된 서비스가 실시간 서비스라는 점과, IPTV 사업의 성공적 안착을 위해 통신사업자 역시 지상파방송의 재전송을 요구하고 있다는 점을 지적하며 방송법 개정을 통한 법률 적용을 주장하고 있다. 법 개정 이전에 IPTV가 상용화된다면 종합유선 방송사업자의 범주로, 법 개정 이후에는 멀티미디어방송 중 유료방송의 범주로 적용이 가능하다는 입장이다. 그만큼 IPTV는 서비스의 성격이나 법리적 해석에 대해 명확하게 정의내리기가 쉽지 않다.

서두에서도 언급한 바와 같이, IPTV는 그 성격의 복합성 때문에 그동안 인터넷 TV와 개념이 혼동되기도 했다. 하지만 일반적으로 IPTV는 인터넷TV와 상당한 차이가 있다.

일반적으로 IPTV 서비스는 일반 TV 수상기를 보유한 유선 브로드밴드(DSL 또는 FTTH)를 기반으로 전송되는 것으로 간주된다. IPTV 서비스는 폐쇄적(*closed*) 콘텐츠 전송 네트워크로 제공되며 PC상에서 제공되는 비디오 스트리밍(*Myspace*, *YouTube*)과는 구별된다. IPTV와 인터넷TV는 몇 가지 부분에서 차이를 보인다. 그러나 가장 큰 차이는 역시 서비스의 폐쇄성 여부와 이용자 및 서비스지역 범위일 것이다.

IPTV는 유선망을 이용하기 때문에 지역이 한 국가 또는 지역에 한정될 수밖에 없다. 그러나 인터넷TV는 초국가적으로 제공되기 때문에 두 서비스를 동일시하기에는 논란의 여지가 있다. 또한 IPTV가 가입자를 대상으로 서비스를 제공하는 반면, 인터넷TV는 모든 이용자를 대상으로 한다. 따라서 IPTV는 폐쇄적 서비스(*closed service*)로 정의할 수 있는 반면, 인터넷TV는 개방적 서비스(*open service*)로 정의된다.

또한 기술적으로도 IPTV 서비스는 네트워크 사업자가 양단의 전송경로에 대한 기술

---

2) 이찬구(2005), "IPTV 정책이슈 분석", 〈MFI 보고서〉, http://www.mfi.re.kr

적 매개변수를 통제하는 폐쇄된 콘텐츠 전송 네트워크상에서 제공되는 반면, 인터넷TV는 생방송의 경우 IP 멀티캐스트를 통해 전달되고, VOD의 경우 IP 유니캐스트를 통해 전달되는 전형적인 MPEG-2 또는 MPEG-4 전송스트림을 이용한다. 즉, IPTV와 인터넷TV는 기술적으로도 차이를 보이는 셈이다.

이 외에도 디지털 융합시대에 가장 큰 이슈로 제기되는 저작권 문제에 대한 접근방식 또한 다르며, 신뢰도 및 안정성에서도 두 서비스는 상당한 차이를 보인다. 따라서 현재 IPTV와 인터넷TV의 정의 및 성격에 대한 혼란은 양 서비스의 본질을 이해하지 않고 단순히 제공되는 서비스가 유사하기 때문에 나타나는 현상이라 할 수 있다.

(3) 망 중립성 이슈

망 중립성이란 망이 트래픽에 대해 중립적으로 기능 해야 한다는, 다시 말하면 망이 트래픽의 유형에 따라 소통의 우선순위(*priority*)를 정하는 것과 같은 차별을 해서는 안 된다는 주장이다. 미국에서 처음 제기된 망 중립성 논의는 기술의 발전과 성숙기에 접어든 초고속 인터넷 시장상황에 기인한다.[3)]

본질적으로 망 중립성은 비차별, 상호접속, 접근성의 3가지 원칙이 모든 통신망에 적용되어야 한다는 것을 의미한다. 비차별은 '모든 트래픽은 네트워크 운영사업자의 트래픽을 포함하여 모든 트래픽을 동일하게 처리하여야 한다'는 의미이며, 상호접속은 '네트워크 사업자는 다른 어떠한 네트워크 사업자와도 상호접속을 허용해야 하는 의무와 권리를 갖으며', 접근성은 '모든 최종이용자는 다른 어떤 최종이용자와도 연결될 수 있어야 한다'는 것을 의미한다.[4)]

사실상 망 중립성 원칙이 기존의 수직적 규제체계에서는 그다지 이슈가 되지 못했기 때문에 이전에는 단지 관련 시장에 진출하기 위해서는 망 이용대가를 지불하면 서비스를 제공할 수 있었다. 물론 이 시기에도 망 이용대가 산정 및 불공정 거래행위 등으로 인해 망 중립성에 대한 이슈가 제기되곤 했지만, 이는 개별 사업자간 계약관계에 따른

---

3) 김대영(2006), "하나TV 망중립성 규제 이슈", 〈Media+Future〉 11월호. no. 05. p. 46.

4) 박노익(2006), "네트워크 중립성 논의와 향후 정책방향", 〈Digital Media Trend〉 7월, no. 06-03. p. 6.

〈표 5-3〉 망 중립성 관련 이해당사자 입장

정보통신부	네트워크 사업자의 투자의욕 저하와 소모적 논쟁을 유발하는 망중립성 논의 불필요
통신사업자	LLU 현실화 논의는 잘못 주장하면 시장이 망가질 수 있다고 판단
포털사업자	인터넷 사업자에 망 개방 요구 - LLU 현실화 및 BGP 연동은 필수
방송위원회	망중립성은 초고속 사업의 후발주자였던 KT가 1년만에 1위가 된 것은 네트워크 지배력의 결과인 만큼 규제 필요
방송사업자	기간망과 가입자망의 개방을 실질적으로 보장하는 제도를 마련 요구

행위로 인식되어 그다지 중요하게 다가오지 못했다.

그러나 향후 사업자 분류체계가 수직적 체계에서 수평적 체계로 전환되면 망 중립성 이슈는 매우 첨예하게 대립될 수밖에 없다. 이는 망을 보유하지 못한 사업자가 관련 시장에 진입하고 싶어도 망 중립성 원칙이 시행되고 제대로 지켜지지 못하면 원천적으로 봉쇄될 수밖에 없기 때문이다. 따라서 향후 수평적 규제체계에서의 망 중립성 논의는 '서로 다른 네트워크를 통해 제공되는 동일한 서비스에 대한 규제적용의 문제와 동일한 네트워크에서 제공되는 다른 종류의 서비스에 대한 규제적용 문제[5]'가 핵심이 될 것으로 보인다.

그럼에도 불구하고 망 중립성 이슈는 사실상 이해당사자 입장에 따라 상당히 다르게 표출될 수밖에 없다. 현재 IPTV와 관련하여 망 중립성에 대한 각각의 이해당사자의 입장을 살펴보면 다음과 같다.

망 중립성과 관련해서는 정통부/통신사업자와 포털사업자/방송사업자/방송위원회의 대립구도를 보이고 있는 것이 특징이다. 이는 포털사업자가 현재는 자체 망을 보유하지 못하고 있기 때문인데, 포털사업자 입장에서 보면, 망 중립성은 IPTV 시장진입 장벽일 수도 있다. 따라서 포털사업자는 인터넷사업자에게 망이 개방되어야 한다고 주장한다. 특히 현재의 미흡한 망 개방정책은 정통부나 통신사업자가 주장하는 콘텐츠 유통활성화에 아무런 실익이 없다는 입장이다. 따라서 망 중립성 원칙의 현실화[6] 및

5) 오용수(2006), "수평적 규제체계의 이해와 적용을 위한 소고", 〈Digital Media Trend〉 8월, no. 06-04. p. 5.

BGP(*Border Gateway Protocol*)[7] 연동은 IPTV 사업의 전제조건임을 내세우고 있다. 특히 BGP 연동이 되지 않으면 논리적으로 하나의 네트워크를 가질 수 없어 서비스 안정성을 보장받기 어렵다는 입장이 포털사업자의 입장이다.

또한 망 이용대가 산정은 망을 보유한 통신사업자와 망을 보유하지 못한 인터넷 사업자간의 자율계약에 의해 이루어지는 현실에서 불공정 거래행위가 나타날 수 있으므로 정부가 이에 개입하여 망 이용에 대한 적정대가를 제시해야 한다고 주장하는데 이는 궁극적으로 콘텐츠산업 및 유통 활성화를 위한 방안임을 제시하고 있다.[8]

방송사업자 및 방송위원회의 입장은 더욱 확고하다. 방송사업자의 경우 망을 보유한 KT의 IPTV 직접서비스는 망을 임대해 사용하는 경쟁사업자의 접근권을 제한할 우려가 상존한다며 KT가 보유한 기간망과 가입자망의 개방을 실질적으로 보장하는 제도를 마련해야 한다는 입장이다. 특히 KT는 이미 국내 네트워크의 독점, 유선전화와 초고속 인터넷시장 등의 지배적 사업자이므로 지배력 전이를 방지해야 한다는 주장을 내세우고 있다. 공기업 시절 구축된 독점 인프라에 의한 시장지배력이 부당하게 IPTV 서비스로 전이되는 것을 방지해야 한다는 것이 방송사업자의 입장인 셈이다.

방송위원회 역시 방송사업자와 크게 다르지 않는데, 네트워크 지배력 전이를 방지하기 위해서는 망 개방이 우선적으로 이루어져야 한다는 입장을 주장하고 있다. 일례로 초고속 사업의 후발주자였던 KT가 1년 만에 1위가 된 것은 네트워크 지배력의 결과인 만큼 더 이상의 네트워크 지배력의 전이를 막고 관련 시장에서의 공정경쟁을 위한 규제가 필요하며, 네트워크 접속 및 임대, 원가산정의 객관화를 통해 망 중립성을 지킬 것을 요구하고 있다.

그러나 통신사업자와 정보통신부는 포털사업자나 방송사업자의 입장과는 확연히 다르다. LLU 현실화 논의는 자칫하면 네트워크 시장의 붕괴를 야기하므로 이에 대한 성

---

6) 국내에서는 정부에 의해 후발사업자에게 LLU가 허용되었지만, 2002년 KT 민영화 이후 LLU 위반 행위에 대한 과징금이 3억원에 불과하는 등 정책의 실효성은 거의 없다고 보는 것이 일반적임.

7) BGP(*Border Gateway Protocol*): 대규모, 대용량 트래픽의 원활한 트래픽 소통을 위해 사용되는 라우팅 프로토콜의 일종으로 수많은 경로 정보를 제공하며, 주로 ISP와 같은 대규모 네트워크를 운영할 때 사용한다. 김철균(2007), 〈시범사업결과 발표 및 다음 IPTV의 경쟁력〉, IPTV 성장 전략 콘퍼런스 2007 발표자료.

8) 김철균(2007), 〈시범사업 결과발표 및 다음 IPTV의 경쟁력〉, IPTV 성장전략 콘퍼런스 2007.

급한 논의는 자제할 것을 요구하고 있다. 특히 정보통신부는 네트워크 사업자의 투자의욕 저하와 소모적 논쟁을 유발하는 망 중립성 논의 자체는 불필요하다는 입장이며, 방송업계에서 요구하는 다양한 문제들은 인터넷망 이용대가, 인터넷 종량제, 품질평가제 등을 통해 해결 가능하다는 입장을 보이고 있다.

이는 망 중립성이 단순히 인터넷망의 운영과 관련한 원칙을 설정하는 것이 아니라 인터넷 종량제, Transit, Peering 등 정산체계, 인터넷망의 투자재원, 인터넷망 상호접속, 설비기반 경쟁의 망개방 전반을 아우르는 매우 포괄적 이슈[9]라는 인식이 있기 때문인 것으로 보인다. 이에 따라 정보통신부는 해외사례에서 논의되고 있는 망 중립성 논의를 그대로 받아들이기 어렵다는 입장이며, 국내 현실에 맞게 다양한 문제들을 정책적으로 고려하고 준비해야 한다고 주장하고 있다.

(4) 권역구분 및 법인분리 이슈

현 시점에서 IPTV와 관련된 이슈 중 가장 첨예하게 대립되는 부분은 바로 서비스 권역구분 이슈 및 법인분리 이슈이다. 방송사업자 특히 케이블사업자의 경우는 직접적으로 경쟁해야 하는 입장이기 때문에 대자본 및 네트워크를 보유한 통신사업자가 전국서비스를 제공할 경우 존립자체가 불투명해지며, 통신사업자의 경우 IPTV를 융합시대 TPS의 핵심전략으로 인식하고 있기 때문에 지역면허 및 법인분리는 사업전망을 불투명하게 하는 요인으로 작용하기 때문이다.

정보통신부는 원칙적으로 IPTV 사업자의 자회사 분리나 지역면허에 대해 반대하는 입장이다. 자회사 분리는 사업자 자율의 문제이며, 망개방을 의무화하고 시장점유율 제도를 도입하면 자회사로 분리하지 않아도 지배적 사업자의 지배력 전이를 차단할 수 있다고 인식하고 있다. 사업권역은 전국권역을 주장하고 있는데, 인터넷망의 특성상 IPTV에 사업권역 규제를 가하는 것은 불합리하며 크림스키밍 행위 방지를 위한 규제방안으로 단계적으로 전국적 서비스영역 확보의무를 부과하는 방안 등을 검토할 수 있다는 입장이다.

통신사업자 역시 자회사 분리 및 권역제한 반대입장을 표명하고 있다. 통신사업자

9) 박노익(2006), p. 15.

〈표 5-4〉 권역구분 및 법인분리 관련 이해당사자 입장

	권역구분	법인분리 여부
정보통신부	전국	분리 반대
통신사업자	전국	분리 반대
방송위원회	지역	법인 분리
방송사업자	지역	법인 분리

는 IPTV 시장에 규모 있는 사업자 참여가 필수적이며 이를 통해 콘텐츠산업 활성화, 국가 인프라 개선 등을 이루어낼 수 있다는 입장이다. 그러나 권역제한 이슈에 있어서 통신사업자는 전국권역으로 서비스 면허를 받되, 지배력 전이 방지를 위한 시장점유율 규제는 수용 가능하다는 입장을 보이고 있다.

그러나 통신사업자에게 보다 민감한 이슈는 자회사 분리 여부이다. 융합시대에 신규 비즈니스 모델로 IPTV 사업진출을 통한 미디어기업, 또는 종합엔터테인먼트 그룹으로 재탄생하려는 KT는 위성방송사업 진출 때와 마찬가지로 자회사 분리를 하게 되면, 그룹차원의 시너지 효과를 얻을 수 없고, 위성방송사업 역시 수익성이 거의 없었던 전례를 들면서 법인분리를 반대하고 있다.

특히 향후 미디어 시장이 단순한 개별서비스 시장의 성장률은 점차 하락하고 결합서비스 시장이 성장할 것으로 예상됨에 따라 IPTV 산업은 절대적으로 놓칠 수 없는 BM이다. 일례로 통신사업자의 유선전화사업은 지난 수년간 하락세를 보이고 있다. 이는 유선전화사업의 가입자 정체뿐만 아니라 무선전화사업, VoIP 등 신규사업이 유선영역을 대체하고 있기 때문이다. 따라서 사실상 유선사업 영역에서의 수익은 상당히 격감할 것으로 보이며 그에 따른 대체 수익원으로서 IPTV를 제공하려는 입장이기 때문에 법인분리 문제는 민감할 수밖에 없다.

이와는 달리 방송사업자는 IPTV는 권역별로 허가해도 전국서비스가 가능한 만큼 지역간 불균형은 없으며 KT 사업부서간 부당거래 방지를 위해서는 별도 법인으로 분리해야 한다고 주장하고 있다. 일례로 NTT의 NTT 커뮤니케이션 분리 및 Ofcom의 BT의 서비스 분리명령은 독과점 해소를 위한 사례로 독점방지가 최우선으로 적용되어야 한다는 입장이다.

방송위원회는 자회사 분리를 통해 내부보조 가능성을 차단하고, 네트워크 접속 및 임대, 원가산정의 객관화를 통해 망 중립성을 지키고, 전국면허를 주더라도 크림스키밍 방지를 위해 권역제한 형평성을 고려해야 한다는 입장이다. 또 방송위원회는 IPTV를 종합유선방송 사업자의 범주에 속하고 있는 것으로 인식하고 있기 때문에 사업권역은 케이블방송(77개)과 동일하게 나눠야 한다고 주장한다.

자회사 분리 여부는 위성방송 사업자인 Skylife와 무선통신사업자인 KTF와 동일한 정책 및 규제가 적용되어 규제의 일관성을 확보해야 한다는 입장이다. 또 망이 없는 사업자도 IPTV 서비스를 제공할 수 있고 나아가 콘텐츠 유통을 활성화하고 현재의 LLU 정책의 실효성이 낮은 상태에서는 지배적 사업자의 자회사 분리는 당연하다는 입장이다. 이에 따라 원칙적으로는 지역면허 부여가 우선이나 단계적으로 전국면허를 허가하는 방안을 고려할 수 있다는 입장을 보이고 있다.

3) 방송통신융합추진위원회와 IPTV 논의

융합에 대한 정책적 대응에 소홀하다는 평가 속에 늦은 감은 있으나 2006년 8월에 방송통신융합추진위원회가 발족되었다. 정부 측 관련 장관 6인과 민간위원 14인 참여하는 방송통신융합추진위원회에 임하는 정부의 입장은 방송과 통신으로, 급기야는 융합서비스, 결합서비스라는 주장 속에 갈등만 낳고 있는 IPTV의 도입을 더 이상 늦출 수 없다는 의견이 우선하였고, 해당 위원회에서 이의 도입을 가능하게 하는 법제를 마련해 줄 것을 희망하였다.

이에 방송통신융합추진위원회는 논의 결과, 융합상황을 규제하고 정책이 제대로 되기 위해서는 우선적으로 융합기구를 출범시켜야 한다는 데 의견을 모았다. 이러한 결정으로 우선적으로 방송통신위원회설치를 위한 법률안을 먼저 논의하였고, 이를 정부가 정부입법으로 2007년 1월 국회에 제출하였다. IPTV에 대해서는 병행해서 집중적 논의와 심의가 있었으나 방송위원회와 정보통신부가 시범서비스를 공동으로 실시하기로 함에 따라 해당 시범서비스가 종료되고 이에 대한 보고서를 방송통신융합추진위원회가 양 기관으로부터 보고받고, 최종적 논의과정이 전개되고 있다. 융추위는 최종 결정 이전에 우선적으로 기본원칙을 설정하였는데, 이용자의 편의 및 복리증진, 콘텐츠

육성발달 도모, 신기술 및 새로운 산업발달 도모, 방송의 공익성 보장, 공정경쟁 환경 마련 등이다.

한편 국회에서는 2007년 12월 인터넷 멀티미디어 방송사업법이 통과되었다. 아직 하위법령이 정비되지 않았고 방송통신위원회 출범에 따라 개정이 불가피한 상황이지만, 이 법은 지금까지 이슈가 되었던 IPTV의 정의, 사업권역, 소유 및 겸영제한, 공정경쟁, 콘텐츠 동등접근 등의 내용을 포함하고 있으므로 이를 소개하면 다음과 같다.

'인터넷 멀티미디어 방송사업법' 주요내용

○ 인터넷 멀티미디어 방송의 정의(제 2조)
광대역통합정보통신망 등을 이용하여 양방향성을 가진 인터넷 프로토콜 방식으로 일정한 서비스 품질이 보장되는 가운데 텔레비전 수상기 등을 통하여 이용자에게 실시간 방송프로그램을 포함하여 데이터·영상·음성·음향 및 전자상거래 등의 콘텐츠를 복합적으로 제공하는 방송

○ 인터넷 멀티미디어 방송 제공사업의 허가(제 4조)
인터넷 멀티미디어 방송 제공사업을 하고자 하는 자는 방송위원회의 허가 추천을 받아 정보통신부장관의 허가를 받아야 함

○ 사업권역(제 6조)
전국을 하나의 사업권역으로 하고, 필수적인 설비를 보유한 기간통신사업자와 사업규모 및 시장점유율 등이 일정한 기준에 충족되는 기간통신사업자는 일정한 기간 이내에 방송위원회가 고시한 모든 방송구역에서 서비스를 개시해야 함

○ 겸영금지 및 외국인의 주식소유 제한 등(제 8조 및 제 9조)
인터넷 멀티미디어 방송 사업자의 방송채널사업 겸영을 제한하고, 일간신문·뉴스통신, 외국자본 등의 소유를 제한함(49%)

○ 공정경쟁의 보장 등(제 12조에서 제 17조까지)
공정경쟁체제 구축과 이용자 보호를 위한 공정경쟁 환경 조성, 시장점유율 제한, 전기통신설비의 제공, 이용자 보호, 사업자의 금지행위 등을 규정

○ 콘텐츠 동등접근(제 20조)
방송위원회는 인터넷 멀티미디어 방송 콘텐츠사업자가 제공하는 방송프로그램이 일정기준에 해당하는 경우에는 이를 주요 방송프로그램으로 고시하고, 해당 방송프로그램을 제공한 인터넷 멀티미디어 방송 콘텐츠사업자는 일반국민이 이를 시청할 수 있도록 다른 전송사업자에게 합리적인 가격으로 제공해야 함

2. 해외 IPTV 관련 입장 및 규제 동향

1) IPTV 정의 및 적용 법률 이슈

몇몇 규제이슈가 해결되지 않은 상황에서 아직 IPTV 서비스가 상용화되고 있지 못한 우리나라와는 달리 유럽 주요국들에서 IPTV는 이미 상용화되어 서비스가 제공되고 있다. 그러나 IPTV에 대한 명확한 정의가 명문화된 국가는 사실 없다고 보인다. 따라서 IPTV에 적용되는 법률로 임시적으로 IPTV 속성을 판단할 수 있을 뿐이다.

앞서 살펴본 국가들의 경우, 미국은 다른 국가와는 달리 IPTV에 대해 정의를 내리고 있는데 미국 통신사업자 연합회에 따르면 IPTV는 엔터테인먼트 비디오를 안정적이고 신뢰성 있게 소비자에 전달하고 IP 프로토콜을 이용하여 오디오, 비디오, 그리고 신호를 전송하는 서비스로 정의하고 있다. 이러한 정의에 따라, 미국은 통신사업자가 IPTV 서비스를 제공하기 위해서는 MVPD로 케이블 사업자의 지위를 얻어야 하며, 그에 따라 케이블 프랜차이즈 권한을 얻어야만 한다.

영국의 경우, 네트워크 사업자는 등록을, 방송사업자는 별도로 방송면허를 취득해야 한다. IPTV의 경우는 Ofcom으로부터 TLCS(*Television Licensable Content Services*) 면허를 얻어야 서비스 제공이 가능하다. 그러나 영국은 VOD나 인터넷 서비스, DTT 멀티플렉스 등은 TLCS 면허가 적용되지 않는 서비스로 간주하고 있다.[10] 프랑스의 경우, CSA(방송 및 미디어 관련 업무)와 ARCEP(통신 및 네트워크 등)가 IPTV 관련 업무를 담당한다. 그러나 규제기관의 역할분담을 명확히 하기 위해서 IPTV와 관련된 대부분의 업무는 CSA에서 담당한다. 이탈리아는 통합규제기관인 AGCOM이 방송 및 네트워크를 담당한다. 이탈리아에서 IPTV를 서비스하기 위해서는 AGCOM으로부터 케이블 네트워크 방송허가를 받아야 가능하다. 그것은 IPTV가 케이블 네트워크로 분류되고 있기 때문이다.

홍콩의 경우, IPTV는 지상파, DSL, 케이블과 같은 방송 플랫폼의 하나로 간주된다. 따라서 IPTV 사업자는 방송위원회로부터 허가를 얻어야 하며 현재 가장 많은

---

10) 따라서 BT의 BTvision은 DTT 멀티플렉스를 이용하기 때문에 IPTV의 범주에 속하지 않으며, 이 경우 별도의 개별허가를 받아야 한다.

IPTV 가입자를 보유한 PCCW는 이미 2003년에 국내 유료TV 서비스면허를 취득한 후 서비스를 시작하였다. 일본 역시 IPTV에 대한 명확한 정의가 내려진 것은 아니지만, 일반적으로 IPTV는 통신서비스상의 케이블 방송을 의미한다. 따라서 일본의 IPTV 사업자는 방송법의 일종인 전기통신역무이용방송법의 적용을 받는다.

해외의 경우에서 볼 수 있는 것처럼 IPTV는 융합적 성격 때문에 명확한 정의를 내리기가 쉽지 않다. 개별국가에서도 IPTV에 대한 정의를 사실상 법적으로 명시한 국가가 흔치 않은 것도 바로 이러한 이유 때문이다. 하지만 IPTV 서비스 사업자에 대한 규제근거나 적용하는 법체제를 살펴보면, 대부분 국가에서 상당부분을 방송법으로 규제하고 있음을 알 수 있다. 결국 IPTV는 통신사업자가 제공하는 서비스이지만 본질은 방송서비스라고 볼 수 있다.

이에 지난 2006년 말, OECD 및 ITU-T는 IPTV가 방송서비스를 제공할 때 규제받아야 하는 면허에 대해 규정하면서 IPTV에 대한 정의를 내렸다. OECD(2006)에 따르면, IPTV는 '유선통신서비스 사업자가 네트워크상에서 인터넷 프로토콜을 이용해 전통적인 TV수상기나 다른 단말기에 비디오 프로그램을 실시간으로 전송하는 것'[11]이다. ITU-T(2006)는 IPTV를 '일정 수준의 서비스 품질(QoS: *Quality of Service*)과 QoE(*Quality of Experience*), 보안, 양방향성, 신뢰성 등을 제공하는 관리된 IP기반의 네트워크에서 전송되는 텔레비전과 비디오, 오디오, 텍스트, 그래픽, 데이터 등과 같은 멀티미디어 서비스'[12]로 정의하고 있다.

이에 따라 OECD는 IPTV를 케이블이나 위성방송 같은 전통적 유료방송을 대체하는 것으로 인식하고, VOD와 쌍방향 서비스는 일반적인 TV방송의 보완적 서비스로 간주

11) OECD(2006), "…as real time transmission(scheduled broadcasting) of video programmes by fixed-line telecommunications service providers using Internet Protocol over a managed network to a traditional TV set or other end-user terminal".

12) ITU-T(2006), An IPTV service (or technology) is the new convergence service (or technology) of the telecommunication and broadcasting through QoS controlled Broadband Convergence IP Network including wire and wireless for the managed, controlled and secured delivery of a considerable number of multimedia contents such as Video, Audio, data and applications processed by platform to a customer via Television, PDA, Cellular, and Mobile TV terminal with STB module or similar device.

하고 있다. 따라서 VOD는 IPTV의 범주에 속하지 않으며 VOD는 일반적으로 관련 규제가 존재하지 않는다. 또한 인터넷을 통해 일부 또는 전체의 비디오 서비스가 스트리밍되는 인터넷 비디오 역시 IPTV의 범주에 포함되지 않는다. 앞서 살펴본 바와 같이 인터넷TV는 여러 부분에서 IPTV와는 다른 성격의 서비스이기 때문이다.

영국의 BT vision은 DTT채널(Freeview)을 DTT튜너가 장착된 STB로 전송하기 때문에 IPTV로 간주하지 않으며, Verizon 'FiOS'는 방송 비디오 신호전송을 위해 IP 패킷이 아닌 라디오 주파수 및 QAM기술을 이용하기 때문에 IPTV로 간주하지 않는다.

〈표 5-5〉는 유럽 주요국의 서비스 면허체계를 나타낸 것이다. 국가별로 차이가 있기는 하지만 대부분의 국가에서는 네트워크 관련 인가는 통신규제당국이 관할하고 방송관련 인가는 방송규제당국이 관할하고 있음을 알 수 있다. 거의 모든 국가에서 나타난 것처럼 통신관련 업무는 등록 및 신고로 사업진입이 가능하다. 그러나 방송관련 업무의 경우는 제공되는 서비스에 따라서 다르게 나타나는데 OECD의 면허체계는 크게 사업자의 서비스가 VOD인지, 전송만 담당하는지, 아니면 제공되는 프로그램에 대한 편집권을 보유하고 있는지에 따라 달라진다.

앞서 정의에서도 언급했듯이, VOD는 IPTV의 범주에 속하지 않으며 통신서비스의 일종으로 인식하는 것이 일반적이다. 이에 따라 VOD 서비스는 특별한 규제가 존재하지 않는다. IPTV 역무 및 서비스 면허 부여 여부에서 사실상 중요한 부분은 바로 IPTV 사업자가 제공 콘텐츠를 단순 전송만 하는지, 아니면 편집통제권을 갖고 서비스를 제공하는지의 여부이다. 만약 단순히 전송만을 담당하는 역할이라면, OECD 국가 중 6개국은 이에 대한 특별한 규제가 없다. 하지만 편집통제권을 보유한 사업자라면 9개국 모두 방송당국의 허가를 받아야만 한다.

편집통제권은 국가마다 상이하게 적용하고 있으나 OECD나 개별국가들은 편집통제권에 대해 명백하게 법적 수준에서 규정하는 상황은 아니다. 그러나 일반적으로 다채널 패키징, 시간배정 선택, 자체 채널운영 등을 할 경우 편집통제권이 있는 것으로 간주된다. 따라서 IPTV 사업자가 VOD 서비스를 넘어서 실시간으로 방송서비스를 제공하거나 패키지로 프로그램을 공급할 경우, 자체 채널을 운영할 경우, 그에 따른 프로그램 시간배정을 선택할 수 있는 경우는 방송당국의 허가가 필요하며, 이는 곧 실시간 방송서비스를 주 서비스로 제공할 예정인 IPTV는 방송으로 허가받아야 함을 의미한다.

〈표 5-5〉 OECD 9개국 서비스 면허 체계 현황

	전자 커뮤니케이션망 인가	인가 및 허가제도		
		VOD*	전송만 하는 경우	편집통제권이 있는 경우**
	통신규제당국에 등록 및 신고	7개국 규제 없음 -네덜란드는 신고, 벨기에는 허가 등록	단순 재전송 및 재판매의 경우 6개국 규제 없음 벨기에, 스페인, 프랑스 일부 지역은 신고	9개국 방송당국의 허가
벨기에 (FR)	방송규제당국 (CSA)에 신고 (Media Decree, art. 97)	CSA의 허가 (Media Decree, art. 33)	CSA에 신고 (Media Decree, art. 75)	CSA의 허가 (Media Decree, art. 33) 편집통제권은 정의되지 않음
벨기에 (VL)	방송규제당국 (VRM)에 신고 (Media Decree, art. 126)	VRM에 등록 (Media Decree, art. 60)	허가 또는 등록 없음	VRM의 허가 (Media Decree, art. 65, 71, 81, 85, 92)
덴마크	신고의무 없는 일반 인가	허가 또는 등록 없음	케이블TV를 통한 라디오 및 방송 채널의 재전송은 프로그래밍이 아니며 등록이 필요하지 않음	사업자가 프로그램을 제공한다면, Danish Radio and Television Board에 등록 동영상에만 적용 텍스트 메시지 조항은 프로그래밍으로 간주되지 않음 Radio-Og Fjernsynsvirksomhed Vha. Satelit Eller Kabel-Bek, 338 av 19 April 2006에 조건 명시 IPTV에 대한 특정한 규제는 없지만 케이블과 유사한 것으로 간주
프랑스	ARCEP에 등록 (Decree n° 2005-862)	허가 또는 등록 없음	CAS에 등록 Law 86-1067의 Art34 및 decree 2005-1355	텔레비전 서비스의 조항에 필요한 허가(영상과 음성 프로그램의 조합으로 구성되는 주요 프로그램이 동시에 수신되는 서비스) Law 86-1067 art2 및 art33

		허가 또는 등록 없음(하단 설명 참조)	허가 또는 등록 없음(하단 설명 참조)	지역 미디어 당국의 허가 (§20 Interstate Broadcasting Treaty)
독일	BNetza에 등록 (§6 TKG2004)	많은 VOD 서비스와 전송서비스는 미디어 서비스이며 허가나 신고가 필요하지 않다(§4 Interstate Treaty for Media Services). 그러나 미디어 서비스와 방송서비스의 차이는 다소 애매하다. Directors of the Regional Media Authorities 컨퍼런스에 따르면, 주요 차이는 미디어 서비스가 정보 및 커뮤니케이션 서비스인 반면 방송서비스는 실시간 전송서비스이다. 서비스 제공업체는 지역 미디어 당국에 서비스가 미디어 서비스라는 확인(비준)을 요청할 수 있다. 만약 지역 미디어 당국이 미디어 서비스와 방송서비스의 차이점에 대해 결정해야 한다면 다른 지역 미디어 당국에 자문을 구해야 한다.		
이탈리아	커뮤니케이션 위원회에 신고 (Decreto Legislative 1 agosto 2003, n. 259)	허가 또는 등록 없음	허가 또는 등록 없음	Ministry of Communication으로부터 방송 법안 하에서 권한 부여("프로그램 구성에 대한 책임") Decreto Legislative31 luglio 2005, n177;AGCOM decision n 289/01/CONS
네덜란드	OPTA에 등록 (Telecommunication Act art. 3. 1)	허가 또는 등록 없음	허가 또는 등록 없음	CVDM의 라이선스 (Media Act art71)
스페인	CMT에 신고 2003. 11. 3 Law 32/2003 Art6. 1 (General Telecommunication Law)	없음	없음(전국 규모) 카탈루나에서 전송사업자는 개별 TV 채널에 대해 CAC에 공지 Law22/200512. 29 art. 1 a) 및 art. 65 (Audiovisual Law of Cataluna)	전국방송 라이선스는 TV 프로그램의 조항에 일치. 편집통제권에 대한 개념은 없음 private TV에 관한 Law 10/1988 of 1988. 5. 3 카탈루나에서는 CAC에 우선 공지의무가 있음 Law22/2005는 편집통제권을 정의하지 않음
스웨덴	PTS에 신고	허가 또는 등록 없음	허가 또는 등록 없음	프로그램 서비스의 전부 또는 일부에 책임이 있거나 방송사가 편집해서 내보내는 전송은 RTVV에 등록해야함. 프로그램의 재전송에 대한 공지는 없음

영국	Ofcom에 신고 커뮤니케이션법 2003 Art. 33	허가 또는 등록 없음	허가 또는 등록 없음	커뮤니케이션법 2003의 Art. 232-240 및 1996년 방송법의 SEC.는 위성 및 다른 전자 커뮤니케이션 네트워크(예를 들면, IPTV를 포함하는 유선 네트워크) 방송사에게 요구되는 TLCS (*Television Licensable content service*)를 정의하고 있음 (Ofcom Guidance notes for TLCS 2006. 4 참조) TLCS는 아날로그 및 디지털 형태로 제공되는 서비스로 일반 TV 프로그램과 EPGs, Teleshopping 등으로 구성

출처: ITU-T(2006).
* VOD: EU차원에서 시청각미디어 서비스 지침 개정 중.
** OECD 개별 국내법 수준에서 편집통제권의 정의는 명확하게 내려지지 않은 상태임.

2) 망 중립성 이슈

망 중립성은 인터넷 서비스 제공업자가 적정한 가격에 기존사업자의 지역회선을 이용할 수 있도록 하고 신규사업자가 기존 통신사업자와 동등하게 경쟁할 수 있도록 보장해 줌으로써 신규사업자의 IPTV 시장진입을 촉진시킨다. 영국의 Ofcom은 시장지배적 사업자의 어느 한 시장에서의 지배력이 지속적으로 전이된다고 판단되면 사전규제를 부과할 수 있으며, 주요 OECD 국가는 IPTV 면허허가시 가입자망에 대한 LLU의무를 부과하고, 일부에서는 케이블사업자에게도 LLU 의무를 부과하기도 한다.

이에 따라 유럽에서는 가입자선로에 대한 공동활용(LLU: *Local Loop Unbundling*)에 대해 동의해야만 IPTV 사업권을 허가하는 추세이며 유럽 21개 사업자 중 약 70%는 망이 없는 사업자이다. 예를 들어, 2006년 말 기준으로 126만 명의 가입자를 확보해 OECD국가 가운데 가장 성공적인 IPTV 사업자로 꼽히는 프랑스의 Free는 France Telecom의 언번들 라인(ADSL2+)을 사용하고 있다.[13] 또한 프랑스의 5개 IPTV 사업자 중 FT를 제외하면 나머지 4개 사업자는 모두 FT의 네트워크를 이용하고 있다. 이탈리아의 FastWeb 역시 자사의 자체 FTTH뿐만 아니라 Telecom Italia의 네트워크를 이용하고 있으며, 영국의 HomeChoice 역시 BT의 네트워크를 이용하고 있다.

일본의 경우, 주요 IPTV 사업자는 모두 네트워크를 보유하고 있는데 사업자의 고객 수가 총무성이 정한 현의 전체 가입자 수의 50%가 넘을 경우 접속 네트워크에 상관없이 모든 유선 접속 네트워크 사업자에게 LLU 의무를 부과하고 있다.[14)]

이는 서비스 기반경쟁이 시설기반 경쟁을 이끈다는 것을 보여주는 예이다. 망 개방은 기본적으로 초고속 인터넷 서비스의 보급을 촉진하고, 반대로 망 이용사업자의 서비스 차별화를 유도함으로써 결국에는 다양한 사업자가 시장에서 경쟁하는 것이 전체 산업의 경쟁을 촉진시키고 활성화시키는 주요 요인임을 의미하는 것이다. 이러한 이유로 망 중립성은 대부분의 국가에서 원칙을 지켰고 네트워크에 대한 접근권은 동일하게 보장되는 방향으로 기술중립적이고 공정하게 유지되었다.

이것은 IPTV 등 뉴미디어가 도입되더라도 기존 망사업자 등 지배적 사업자의 지배력이 계속 유지되는 것을 막고 공정경쟁 환경을 조성하기 위한 조치이다. 망 개방이 이루어지지 않으면 인터넷 기업은 IPTV 사업자가 아닌 단순 CP로 전락할 우려가 있다. 이 경우, 지배적 사업자의 독점현상이 고착화되고 관련 서비스시장의 활성화는 사실상 기대하기 어렵다. 따라서 망 중립성 이슈는 전체 시장과 국가 상황을 고려하여 관련 정책을 결정하는 것이 바람직하다. 네트워크 지배적 사업자가 월드가든 형태로 경쟁서비스를 차단하거나 자신의 서비스에 대역폭의 우선권을 주는 경우, 경제적 측면의 반경쟁적 행위의 문제뿐만 아니라 다양성 관점에서 여론 독점의 문제를 가져올 수 있다는 점을 고려할 필요[15)]가 있는 것이다.

---

13) 이정희 · 김유석(2006), “IPTV : 시장 발전 및 규제 조치”, 〈Digital Media Trend〉 12월 특집호. no. 06-08. p. 28.

14) 이정희 · 김유석(2006), p. 29.

15) 오용수(2006), p. 12.

3) 권역구분 및 법인분리 이슈

국내에서는 권역구분이나 법인분리 이슈가 지배적 사업자의 지배력 전이 방지차원에서 이슈가 되고 있지만 유럽 주요국에서 이는 그다지 큰 이슈는 아닌 것으로 보인다. OECD 보고서에 따르면, OECD 주요 9개국 중 6개국이 전국면허를 허가하고 있으며, 지역면허를 부여하는 국가는 3개국이다. 이 중 독일은 지역 미디어당국이 전국면허를 허가할 수 있기 때문에 사실상 지역면허를 부여하는 국가는 2개로 보아도 무방하다.

미국에서 IPTV 사업자는 케이블 프랜차이즈를 받아야 하는데 이는 지역단위로 구분된다. 미국 통신사업자들은 이런 지역단위 허가제도로 인해 IPTV 서비스 개시가 지연되고 있다고 지속적으로 주장했고 FCC는 이의 개선을 위해 다각적으로 검토하고 있는 것으로 알려졌다.

미국은 2005년 8월 주 법을 개정하여 MVPD 프랜차이즈를 주 정부에서 부여할 수 있게 하였고, AT&T와 Verizon은 텍사스 주로부터 프랜차이즈를 획득, 일부지역에서 서비스를 제공하고 있다.[16] 또한 현재는 주 단위면허가 필요 없는 전국 단위의 IPTV 서비스 허용법안을 가결하여 상원전체의 표결을 기다리고 있는 중이다.[17]

권역구분에 대한 이슈는 결국 관련 시장의 경쟁을 활성화하기 위해 전국규모로 허가하는 추세라고 볼 수 있다. 그러나 여기서 각 개별 국가의 정책방향을 판단하기 이전에 한 가지 전제해야 할 부분이 있음을 간과해서는 안 된다. 그것은 대부분의 국가가 경쟁 활성화를 위해 IPTV 권역을 전국규모로 허가하고는 있으나, 이것이 단지 IPTV에만 국한되는 것이 아니라는 점이다.

어느 국가든 경쟁 활성화를 위해 하나의 산업을 사장시키지 않는다. 이들 국가의 경쟁 활성화는 '단지 한 산업의 경쟁력 확보를 위한 경쟁'이 아닌 '전체 산업(또는 연관산업)의 경쟁' 활성화를 의미한다. 즉, IPTV가 지역단위로 구분되어 있던 미국이 주단위 면허로, 그리고 전국단위의 면허부여로 정책의 변화가 이루어지는 상황 속에서 경쟁매체인 케이블사업자 역시 동일한 규제의 변화를 적용받는다. IPTV가 전국단위로 허가

16) 김진기(2006), "미국 통신사업자의 미디어 시장 진출 현황 및 전략비교," 〈Digital Media Trend〉 5월호. no. 06-01. p. 50.

17) 정보통신부(2007), "광대역융합서비스(IPTV) 도입방안", 2007. 1. 19.

〈표 5-6〉 OECD 9개국 IPTV 서비스 관련 망 보유 현황

	사업자	IPTV 서비스명	기술 솔루션	
			Access Network	ADSL, ADSL2+, VDSL
벨기에	Belgacom	BelgaTV	Belgacom 자체 소유	ADSL, ADSL2+, VDSL 지역에 따라 다름
덴마크	Tele Denmark	TDC TV	자체 소유	ADSL
	Dansk Bredbaand	Dansk Bredbaand	자체 소유	FTTH
프랑스	France Telecom	Maligne TV	FT 자체 소유	ADSL+2
	Neuf Telecom Cegetel	Neuf Telecom	LLU	ADSL+2
	Free Telecom (Illiad Group)	Free	LLU	ADSL+2
	Telecom Italia	Alice	LLU	ADSL+2
독일	DT	T-Home	DT의 DSL에 기반하는 T-DSL에 가입	T-Home Complete Basic과 T-Home Complete Plus : VDSL T-Home Classic : ADSL+2
	Hansenet, a Telecom Italia subsidiary	Alice Home TV	LLU를 기반으로 하는 Hansenet 자체 소유 (DSL)	ADSL+2
이탈리아	FastWeb	Fastweb	Telecom Italiac의 LLU를 기반으로 하는 Fastweb 자체 소유 FTTH 및 ADSL	FTTH, ADSL, ADSL+2
	Telecom Italia (TI)	Alice Home TV	자체 소유	ADSL+2
네덜란드	KPN	Mine TV	자체 소유	ADSL+2
	Tele2	Tele2 TV	LLU	ADSL+2
스페인	Telefonica	Imagenio	Telefonica 자체 소유	ADSL
	Jazztel	Jazztelia TV	자체 광케이블 +LLU	ADSL+2

스웨덴	Telenor with Viasat	Bredbandsbolaget	자체 광케이블 및 LAN, Telia Sonera의 LLU를 기반으로 하는 xDSL	ADSL+2, VDSL, FTTH(지역적 차이)
	TeliaSonera	TeliaSonera	자체 광케이블 및 xDSL	ADSL, FTTH
	SkyCom	FasTVnet	20개 이상의 자치도시의 광케이블	FTTH
	Telenor	Canal Digital	FTTH	FTTH
영국	Video Networks	Homechoice	LLU	
	BT	BT Vision	BT 자체 소유	

출처 : ITU-T(2006).

〈표 5-7〉 OECD 9개국 IPTV 서비스 제공지역 현황

벨기에	지역 4개의 방송 규제당국 • 프랑스어 사용지역 / • 플랑드르어 사용지역/ • 브뤼셀 지역/ • 독일어 사용지역
덴마크	전국
프랑스	전국
독일	16 연방 주, 현재 15개 지역 미디어 당국(베를린, 브란덴부르크는 공통) 하나의 지역 미디어 당국은 전국 규모의 방송허가권을 발행 가능함
이탈리아	전국
네덜란드	전국 허가 그러나 케이블TV 네트워크에 추가적인 전송의무를 부과할 수 있는 58개의 방송관련 카운실(지방자치 수준)이 존재
스페인	Ministry of Industry Tourism and Trade의 허가 및 CAC에 공지 private TV에 관한Law 10/1988 of 1998. 5. 3 및 Law 22/2005 of 2005. 12. 29의 article 60§1, 61
스웨덴	전국
영국	전국

출처: ITU-T(2006)에서 재구성.

되면, 케이블 사업자 역시 전국단위로 허가된다는 것으로 이는 단순히 한 산업의 경쟁력 확보가 아닌 전체 산업의 경쟁 활성화, 그리고 전체 산업에서의 공정경쟁의 틀을 만드는 것이 중요하다는 것을 의미한다.

국내에서 이슈가 되는 법인분리 이슈의 경우, 미국은 시장개방 및 자유경쟁 체제에서 기간통신사업자의 진입제한이 없다. 그러나 일본은 IPTV 사업이 등록제임에도 불구하고 정부가 34% 지분을 보유한 NTT(기간통신사업자)의 진입은 금지되어 있고 자회사를 통해 IPTV 시장진출을 허용하고 있으며, 영국도 Ofcom이 네트워크 독점사업자인 BT의 액세스 부문의 구조를 분리한 것처럼 시장지배적 사업자의 진입이라고 판단되면 사전규제를 부여할 수 있다.

제 6 장

맺음말

1. 비디오 서비스, 비디오 콘텐츠를 향하여

1) 통신사업자의 비디오 접근

2002년을 전후하여 통신사업자들은 하나같이 비디오 서비스에 접근하고 있다. 유선사업자나 무선사업자나 공히 비디오에 대한 접근을 시도하였는데 무선에서는 모바일 TV 내지 모바일 비디오라는 모습으로 유선사업자에게는 Telco Video라는 모습으로 나타났다. 이미 인터넷상에서 유선사업자들의 접근은 〈그림 6-1〉에서 보는 바와 같이 다양한 전략적 선택지를 평가하여 초기의 저렴한 제휴모델에서 점차 본격적인 광대역 서비스로의 전환이 이뤄지고 있다. 가장 쉽게 영상서비스에 접근하는 방법은 사실 MSO를 인수하는 방법이다. 그러나 이 방법은 이미 MSO의 가입자당 가치가 높아질 대로 높아져 있어서 선택하기 곤란한 방법이 되고 있으며, 이에 완전히 광케이블을 가정에까지 가져오는 FTTH는 아닐지라도 광을 최대한 활용하고, 기존의 DSL도 최대한 활용하는 형태의 접근을 시도하고 있다.

특히 유선사업자들은 무선사업자와는 달리 심각한 위기의식이 이러한 움직임 하에 존재한다. 〈그림 6-2〉에서 보는 바와 같이 이동전화가 이전의 유선전화를 대체하는 현상이 2005년을 전후하여 선진국에서 나타나고 있기 때문인데 이와 같은 추세는 향후 더욱 가속화될 것으로 전망되고 있어 심각성은 더욱 커지고 있다.

유무선 대체현상은 〈그림 6-2〉에서 보는 바와 같이 완전 대체만을 생각하면, 미국의 경우처럼 3% 수준을 전후하며 그다지 큰 비중은 아니다. 그러나 이러한 추세가 점점 강화되는 경향이 보인다는 점에서 그리 녹녹한 이야기가 아니다.

〈그림 6-1〉 통신사업자의 비디오 전략 옵션

	Capacity	Time-to-Market	Cost	Futureproof	Overall Opportunity
ADSL	Poor	Very Good	Very Good	Very Poor	Poor
ADSL2+	Good	Good	Good	Fair	Fair
VDSL	Good	Fair	Good	Fair	Fair
FTTH	Very Good	Poor	Very Poor	Very Good	Good
DBS Partnership	Good	Very Good	Very Good	Poor	Good
Acquire MSO	Good	Good	Poor	Fair	Fair

출처: Yankee Group (2004).

〈그림 6-2〉 유선사업자들의 한계-유무선 대체 추세

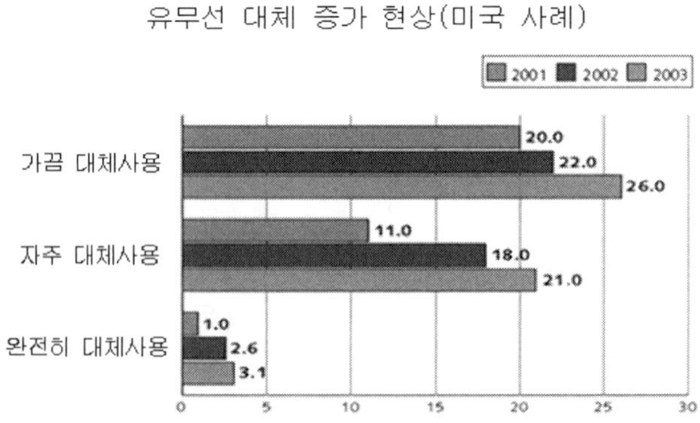

출처: Yankee Group (2006).

뿐만 아니라 자주 대체해서 사용하거나 가끔 대체하여 사용하는 비중이 47%로 이를 더하면 50%가 대체사용한다는 것이고 그로 인해 유선통신사업자의 해당 부문 매출은 급격하게 감소할 것이다. 여기에 데이터 서비스의 활용은 음성전화에도 영향을 미치고 인터넷전화의 확산은 가격인하를 가속화시키고 결국 음성시장 규모 자체가 크게 축소될 것이 확실시된다.[1] 양키그룹(2004)은 2002년 북미시장에서의 음성전화 매출액 규모가 가정용인 경우에 782억 달러였으나 2007년에 줄어들어 572억 달러가 될 것으로 보았으며 업무용의 경우도 644억 달러 시장이 540억 달러 시장으로 줄어들 것으로 보았다.

유선통신사업자에게 남은 것은 초고속 인터넷을 통한 데이터 서비스와 무선사업의 확장 내지 이동통신사업과의 통합을 통한 유무선 통합이다. 유선통신사업자의 휴대인터넷에 대한 욕구도 그러한 차원에서 이해할 수 있는 대목이다. 그런데 문제는 데이터 서비스인 초고속 인터넷 서비스이다. 해당 서비스를 조기에 보급하고자 채택한 정액제의 보편적 수용은 결국 보급이 일정수준에 달하면서 가입자베이스의 수입은 정체 상태를 피하기 어렵게 되었다. 이러한 상황은 유선방송 사업자로 하여금 비디오 서비스 나아가 방송까지 제공하는 IPTV에 대한 새로운 활로의 필요성을 높여준다고 하겠다.

여기에 케이블 사업자들에 의한 저렴한 가격의 초고속 인터넷 서비스로의 가입자 이탈을 방어하는 차원에서도 영상서비스를 제공하는 것이 필요하다는 평가이다.

1) 우리나라 통신서비스 시장규모는 1990년 이후 지속적으로 증가하여 왔으며, 전체 시장에서 이동통신서비스가 차지하는 비중이 확대되어 1999년 이후에는 유선통신서비스의 규모를 추월하였다. 통화량을 크게 시내, 시외, LM, ML 및 MM의 5가지 유형으로 분류하여 증가 추이를 살펴보면 이동전화와 연관된 통화유형인 LM, ML, MM 통화량의 증가가 총 음성통화량의 증가를 견인한 것을 알 수 있다. 시내 통화량은 1998∼2002년 동안 41.3%가 감소하고, 시외 통화량은 약 23% 감소한 반면, MM 통화량은 연평균 약 68% 증가하여 2002년에는 총 시내통화량 규모를 추월하였다. 시내, 시외, LM 및 이동전화 요금지수 추이를 살펴보면 LM 요금지수가 상대적으로 가장 큰 폭으로 인하되었으며, 이동전화요금도 많이 인하되었다. 그러나 유무선 간 요금격차는 아직도 크다고 할 수 있다. KISDI 설문조사에 의하면 유선전화와 이동전화가 모두 생필품이며 유선전화요금이 50% 이상 인상되면 대부분 유선전화를 해지하겠다고 응답하였으며 가정에서 이동전화를 이용하는 비중이 점점 커지고 있다.

2) TPS 그리고 QPS

앞서 기술한 바와 같이 IPTV는 결국 사업자로 하여금 음성전화서비스와 초고속 인터넷 서비스, 그리고 방송영상서비스까지 3박자의 결합상품을 제공 가능하게 한다. 이러한 3박자 서비스를 TPS(*Triple Play Services*)라고 한다. OECD(2006) 자료에 의하면, 30개 회원국의 87개 사업자를 조사한 결과에서 이미 23개국에서 TPS가 실시되고 있는 것으로 나타났다. 이 서비스들은 통신망이나 케이블망 등을 통해 모두 가능한데, 9개국의 10개 사업자는 케이블망을 통해 초고속 인터넷 서비스와 영상서비스를 제공하는

〈그림 6-3〉 소비자들의 번들링에 대한 관심(미국 사례)

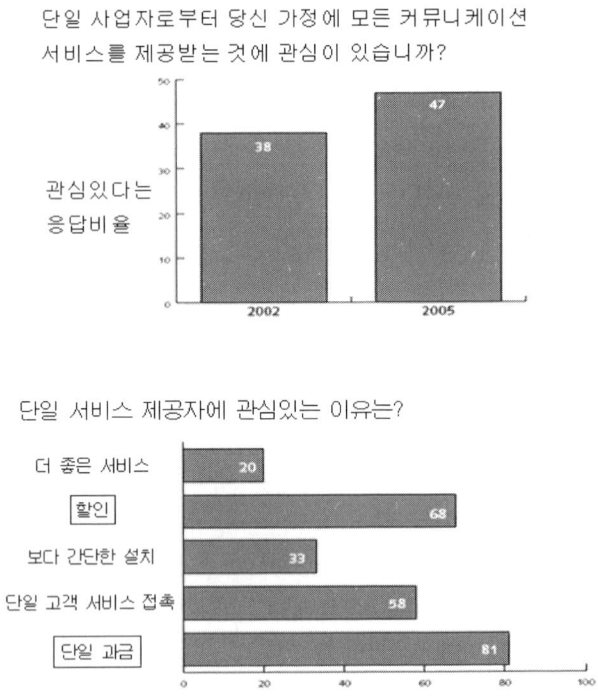

출처: Yankee Group(2005).

이른바 더블플레이 패키지를 제공하고 있는 것으로 조사되었으며 21개국의 29개 사업자는 DSL을 통해 음성전화서비스와 초고속 인터넷 서비스를 제공하는 더블플레이 패키지를 제공하고 있었다. 최근에는 유무선 통신과 아울러 인터넷 서비스, 그리고 방송영상서비스를 제공하는 4박자 서비스, QPS를 제공하는 사례도 등장하고 있다.

TPS는 기존에 경쟁사업자가 두 가지 이상을 함께 제공하는 경우에는 방어적 전략이 되고, 그렇지 않은 경우에는 적극적 차별화 전략으로 사용된다. 문제는 이러한 사업자들이 늘어나면서 소비자들의 번들링에 대한 관심이 점점 더 높아지고 있다는 것이다. 양키그룹(2005)에 의하면, 미국 가정에서 번들링 서비스에 관심이 있다는 응답은 지난 2002년 38%에서 2005년에는 47%로 늘어났다고 한다. 이와 같은 추세는 소비자들이 오히려 번들링을 제공하지 아니하는 사업자들의 서비스를 못마땅하게 생각하고 기왕이면 번들링을 제공하는 사업자의 서비스를 선택하는 동인으로 작용한다. 특히 할인혜택이 번들링의 주된 매력으로 인식되고 있어 번들링을 제공하지 아니하는 사업자들이 불리한 시장여건이 되고 있다.

즉, 번들링을 제공하지 못하는 사업자는 도태될 수밖에 없는 상황이 확산되는 추세이다. 문제는 번들링에 어느 하나는 제값을 받고 어느 것은 끼워팔기식으로 특정서비스에 덤핑을 하더라도 그것을 규제할 수 없는 상황이라는 것이다. 예를 들어 전화서비스는 공짜, 인터넷과 방송영상서비스는 유료로 하는 식의 접근이나 방송영상서비스는 공짜, 인터넷과 전화는 유료식의 접근으로 경쟁이 가능하다는 것인데 이는 한쪽의 손실을 다른 쪽의 수익으로 커버하는 상호보조를 한다는 의미가 되어 시장을 왜곡할 수 있는 여지가 있다. 특히 디지털 융합시대에 콘텐츠부문에 끊임없는 투자가 이뤄져야 하는데 콘텐츠의 빈곤을 공유하거나 재투자가 되는 동인을 제거하는 위험이 있을 수 있다.

2. IPTV 비즈니스모델과 정책

IPTV의 비즈니스 모델은 크게 세 가지로 구분하여 볼 수 있다. 그 하나는 사업제휴 모델에 의한 것으로 통합판매모델과 파트너모델, 통합모델로 구분할 수 있다. 통합판매모델은 서비스를 구성하는 방식과 관련해서 각각의 서비스를 단순히 통합판매하는 형태로 시너지 효과가 크지 않은 초기 모델이지만 공동마케팅을 할 수 있다는 장점은 있다. 파트너모델은 각 부문에 경쟁력을 가진 사업자들이 파트너로 참여하는 형태의 모델로서 비용면에서 완전 통합모델보다는 이점이 있으나 향후 투자 등 장기적 측면에서의 불확실성을 가진 모델이다. 통합모델은 모든 것을 직접 구매하고 보유하여 직접 제공하는 모델로서 비용부담이 큰 반면 중장기적으로 편익이 높은 모델이다.

한편 〈그림 6-4〉와 같이 망 보유 여부와 콘텐츠에 대한 지배력 보유 여부로 나눠 비즈니스모델을 설정할 수도 있다.

A모델의 경우는 가장 적극적으로 IPTV 서비스를 제공하기에 적합하다. 그러나 이러한 사업자들은 B모델의 사업자에게 망 제공에 있어서 불공정한 행위를 할 가능성이 높다. 그러나 망 투자동인이 높은 사업자모델로서 상당한 비용 선투자가 필요하다.

B모델은 콘텐츠에 대한 경쟁력을 가지고 있으나 망을 보유하고 있지 아니한 사업자의 IPTV 비즈니스모델인데 이는 대규모의 선투자가 요구되지 아니하나 지속적으로 콘텐츠에 대한 투자로 양질의 콘텐츠로 차별화가 이뤄지지 아니하면, 사업의 안정성을 유지하기가 어려운 모델이다. 그러나 다플랫폼 상황에서는 충분히 선택 가능한 탄력모델이다.

C모델은 전송서비스적 성격이 강한 서비스모델인데 기존의 망 사업자라면, 투자의 필요가 적은 모델이다. 콘텐츠시장 진입이 용이하지 아니한 경우, 콘텐츠 가치가 제값을 받기 어려운 왜곡된 시장인 경우에는 위험부담을 최소화하는 전략모델이 되기도 한다.

D모델은 가입자베이스를 가지거나 높은 노출도를 가진 경우에 가능한 비 네트워크, 비 콘텐츠보유 모델이다. 인터넷 포털과 같은 사업자들이 취할 수 있는 모델인데 이는 제도적 밑받침 없이는 지속적인 경쟁력을 갖기 어려운 모델이다.

〈그림 6-4〉 IPTV 비즈니스모델

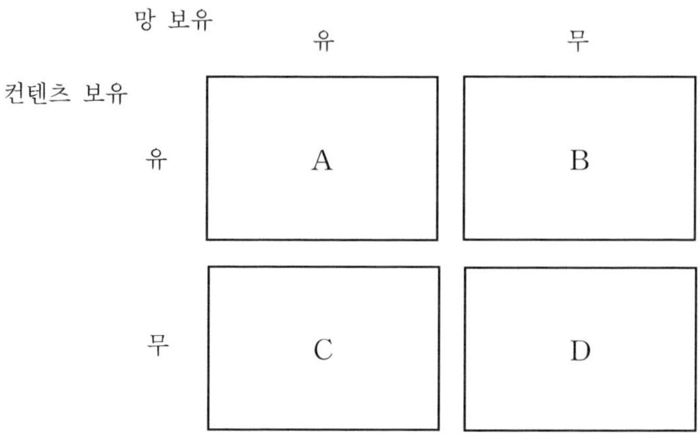

〈그림 6-5〉 한국의 통신·방송산업 지형변화

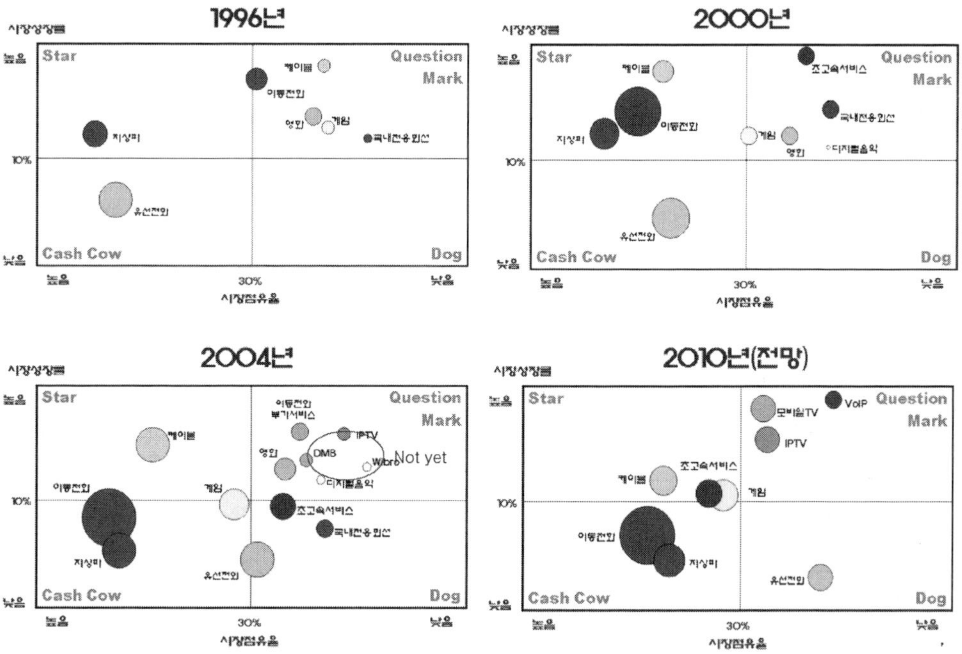

출처: 미디어미래연구소(2006).

이들 각각의 사업자들이 취할 수 있는 전략은 각기 상이한데 어느 경우든 간에 궁극적으로는 망의 업그레이드를 위한 투자동인을 제공할 수 있는 환경이 제공되어야 각 모델이 자유롭게 사업자들에 의해 선택될 수 있을 것이다.

우리나라의 최근의 통신부문 및 방송영상산업부문의 지형변화를 살펴보면, 〈그림 6-5〉와 같이 볼 수 있는데, 결국 IPTV는 유선사업자의 고민을 해결해주는 지렛대로서 초고속, VoIP, 게임 등 통신사업자의 인터넷 관련 비즈니스를 일으켜 세우고, 유지하는 데 중요한 기능을 할 것으로 기대된다. 나아가 홈네트워크와 BcN으로 가는 데 중요한 역할을 할 것으로 기대되기도 한다.

그러나 그것이 단순히 새로운 시장을 확장하는 개념이 아닌 기존의 유료서비스 시장의 상당부분을 나누고, 일부는 새롭게 형성한다는 점에서 합리적인 정책의 마련이 필요한 것이다.

3. IPTV의 성격과 비전

IPTV는 전송방식은 IP(*Internet Protocol*)이며, 콘텐츠는 실시간 방송과 VOD, 그리고 그 외의 다양한 콘텐츠가 제공 가능하다. 방송통신융합추진위원회는 IPTV를 잠정적으로 "일정한 서비스의 품질이 보장되는 네트워크에서 양방향성을 가진 IP방식으로 TV 혹은 이와 유사한 단말기를 통해 실시간 방송프로그램, 데이터, 영상, VOD, 전자상거래 등의 멀티미디어 서비스를 제공하는 것"으로 정의하였다. 이와 같은 정의는 기존에 EBU나 ITU등 국제기구에서의 세부항목에 의한 정의와는 달리 포괄적 성격을 가지나 IPTV가 지향하는 바를 반영한 것으로 볼 수 있다.

그러나 IPTV는 광대역화의 여부에 의해 그 성격이 제한적인 요소가 있다. 여전히 IPTV가 중계유선방송적 위상을 벗어나지 못한 국가들도 있으며 이들 국가에서의 IPTV란 틈새시장을 잠식하는 성격을 벗어나지 못한 상태이다. Forrester Research의 평가처럼, 유럽의 IPTV 환경은 매우 다양하며 미성숙한 상태이다. 각국에서 2005년 이후의 광대역화의 움직임이 활발한 가운데 Forrester Research에서는 광대역 TPS에 관심을 갖고 수용하는 유럽 소비자들을 추적해왔는데, 수용은 증가하고 있지만 관심 정도에는 별다른 변화가 없다는 평가도 내놓았다. 유럽에서는 지배적 통신사업자들 가운데 절반 이상이 IPTV를 출시했다. 그러나 Forrester에 따르면 지배적 사업자들은 아직 충분한 IPTV 가입자를 확보하지 못한 상태이다. 그런가 하면, 미국에서는 IPTV를 기존 케이블에 대한 경쟁활성화 차원에서 다루고 있어 IPTV를 도입하는 사업자는 광대역화를 통해 기존 케이블과 대립관계에 돌입하였다. 미국에서의 케이블 업계와 이들 통신사업자 간의 가격경쟁을 보면서 가입자당 평균수익(ARPU)이 낮은 우리나라의 케이블 업계가 긴장하는 것은 당연하다. 이러한 차원에서 보면, 불과 4Mbps이하의 IPTV와 8~10Mbps급의 서비스로서의 IPTV와 이른바 100Mbps급의 서비스로서의 IPTV를 동일한 차원에서 볼 수는 없을 것이다. 달리 표현하자면, 기존 유료방송서비스시장의 틈새를 노린 보완재적 성격의 IPTV와 기존 유료방송서비스와 경쟁할 만한 대체재적 성격의 IPTV, 그리고 기존 유료방송서비스를 능가하는 우등재로서의 IPTV를 같이 볼 수 없다는 것이다. 즉, 세 가지 차원에서 접근과 이해를 달리 해야 한다.

우리는 어떠한가? 우리나라는 정보통신부의 정책적 선택에 의해 이른바 BcN(*Broadband Communication Network*) 정책에 따르면 2010년까지 50~100Mbps 서비스 가구가 1천만 가구가 되도록 하겠다고 한다. 이러한 환경을 설정하고 보면, 우리나라에게 광대역화라는 변수는 다른 나라에서 보아온 것 이상의 성격을 가진다고 보아야 할 것이다. 우리는 과정적으로 두 번째와 세 번째에 해당된다고 하겠다. 문제는 각 통신사업자들의 NGN 전략을 국가적으로 수용한 BcN 전략은 그 자체가 디지털융합환경을 밑바탕으로 통합된 서비스와 산업구도를 지향하고 있다는 것이다. 이러한 시각에서는 네트워크에 대한 투자는 무엇보다 우선되는 인프라 투자로 인식된다. 따라서 이러한 시각에서는 사업자들의 망광대역화를 위한 투자동인을 제공하는 정책에 의존하게 된다. 따라서 IPTV에 대한 통신사업자들, 특히 망을 가진 기간통신사업자들의 진입을 용이하게 하는 데 관심을 기울이게 된다. 이는 지속적인 사회변화, 성장요인을 찾고자 하는 과정에서 나온 것이라는 점에서는 그 자체를 문제시할 수 없다. 그러나 지나치게 망 사업자중심의 접근법이 가져올 문제에 대해서 자각할 필요가 있다. 더욱이 기존에 유료방송영상서비스부문에 유사서비스를 제공하는 산업군이 있다는 사실을 등한시한다면, 울타리규제산업의 개별 사업자이해를 가지고 해당 울타리 규제기관간에 서로 대립하는 양상을 벗어날 수 없다. 또한 IPTV가 단일한 상품으로 존재하기보다는 초고속 인터넷 서비스와 음성전화서비스, 나아가 이동전화서비스와도 결합상품으로 사업자간의 제휴를 통해서나 유무선 통합을 통해서 제공되는 것이 분명하므로 망중심의 시너지 효과만 큼이나 콘텐츠와 기존 산업계에 미치는 영향을 엄밀히 보아야 할 것이다. 기본적으로 다플랫폼시대에는 콘텐츠와 상거래(*commerce*)를 공유하게 되는데 문제는 충분하게 다양한 콘텐츠가 양산되지 못하는 상황에서 새로운 미디어 서비스 도입은 콘텐츠의 빈곤을 가져오고 이를 채우는 저질의 콘텐츠와 상거래만이 남는 결과를 가져온다는 것이다. 따라서 수용자, 이용자를 지향한 콘텐츠 중심적 정책이 대단히 중요하게 된다.

All-IP 시대가 다가오고 있다고 본다면, IPTV에 대한 비전을 보다 크게 가져갈 필요가 있다. 단지 방송영상서비스를 초다채널, 주문형으로 제공하는 것뿐만 아니라 1980년대 유행했던 이른바 망 사회(*Wired Society*) 구현이라는 측면에서 사회, 문화, 정치, 경제적 측면을 다 포괄할 수 있는 고민이 뒤따라야 한다. 정부나 학계나 산업계가 당장의 유료서비스로서의 IPTV에만 몰입되지 말아야 하는 이유는 서비스의 무한한 가능성에 있다. 그러한 잠재력은 사업자나 산업적 차원의 고민이 아닌 사회적 차원의 고민이 필요하다. 표준화 전망을 긍정적으로 하는 경우, IPTV가 작게는 홈네트워크와 크게는 BcN 유비쿼터스 환경으로 가는 열쇠로 여겨지는 경향이 있으나 이것도 지나친 기술결정론적 시각이다. 일과 놀이로 융합된 우리 삶으로 고민의 수준을 한 단계 끌어올리지 않으면, 또 다른 박스로 머물 수 있기 때문이다.

IPTV를 둘러싼 많은 이야기들이 단순 오락서비스를 넘어 모든 서비스들의 디지털화를 촉진시키고 사회의 정보화를 실현하는 시대를 기대해본다.

첨 부

1_ OECD의 네트워크 중립성 정책 검토 보고서

2_ 미국의 네트워크 중립성에 관한 법률안

첨부 1. OECD의 네트워크 중립성 정책 검토 보고서

For Official Use(공적인 이용을 위한 문서) DSTI/ICCP/TISP(2006)4

Organisation de Cooperation et de Developpement Economiques
Organisation for Economic Co-operation and Development
(경제적 협력과 발전을 위한 조직)
2006-4-27

English - Or. English

DIRECTORATE FOR SCIENCE, TECHNOLOGY AND INDUSTRY
(과학, 기술, 산업을 위한 이사회)
COMMITTEE FOR INFORMATION, COMPUTER AND COMMUNICATIONS POLICY
(정보, 컴퓨터, 커뮤니케이션 정책을 위한 위원회)

Working Party on Telecommunication and Information Services Policies
(텔레커뮤니케이션과 정보 서비스 정책 담당 부서)

NETWORK NEUTRALITY: A POLICY OVERVIEW
(네트워크 중립성: 정책적 개요)

Dublin, Ireland
2006년 5월 29-30

담당부서는 ICCP 위원회에 관한 대중화(*declassification*)에 대해 권고하고 사무 문서에 대해 논의하기 위해 초대되었다.

Contact: Taylor Reynolds; Tel 33-1 45 24 93 84; E-mail: taylor.reynolds@oecd.org

JT03208125
Document complet disponible sur OLIS dans son format d'origine
Complete document available on OLIS in its original format
(완전한 문서는 원본 형식에서 OLIS에서 사용가능하다)

TABLE OF CONTENTS (목차) [1)]

1) 위 목차에 있는 쪽수는 정책검토 보고서 원본의 해당내용 위치임.

Boxes

KEY FINDINGS (핵심적 결과들)

1. 인터넷은 많은 양의 데이터를 빠르게 전달하는 데 매우 효율적이지만, 현재 많은 인터넷은 양질의 서비스를 제공하거나 보안을 유지하는 데 어려움을 겪고 있다.

2. 네트워크 관리자들은 그들의 네트워크에 대해 데이터 전송을 통제하거나, 우선권을 주거나, 데이터 전송을 막는 것을 허용하는 강력한 도구들을 가지고 있다. 이러한 "트래픽 쉐이핑" 도구들은 네트워크 서비스의 질을 향상시키는 데 이용할 수 있는 반면, 경쟁적 서비스들의 차단이나 그로 인한 불이익을 막기 위해 사용될 수도 있다.

3. 인터넷의 향상된 서비스는 정책입안자들을 고무시킬 수 있다. 현재의 인터넷이 제공하는 것보다 나은 질을 요구하는 미래의 혁신은 광범위한 범위를 가질 것이다. 특정 애플리케이션에 대해 우선권을 명시하는 능력은 시장에서 경쟁이 충분히 이뤄진다면, 소비자와 서비스 제공자에게 혜택이 될 수 있다.

4. "네트워크 중립성"이라는 용어는 네트워크 전송에 대한 동등한 우선권이 할당되는 데이터 네트워크를 설명하는 데 이용되었다. 인터넷의 오리지널 설계자들(*original designers*)은 효율성을 극대화하고 네트워크 비용을 최소화하는 방법으로 네트워크 중립성을 언급했다.

5. 네트워크 중립성에 대한 논쟁은 서비스의 질이 허용할 수 있는 송신정보(*packet*) 구조화에 있어서 꼭 필요한 것은 아니다. 논쟁은 비경쟁적 행동으로부터 소비자들을 보호하는 데 초점을 맞추기보다는 소비자들이 그들의 서비스를 고를 수 있는 능력을 유지할 수 있는지 그리고 우선권을 가지고 송신정보를 결정할 수 있을지에 초점을 맞추어야 한다.

6. 현재의 인터넷 구조 하에서 라우터들은(*routers*) 이전의 네트워크 송신정보를 확인할 필요가 없다. 그러나 네트워크를 통한 패킷 쉐이핑 도입은 IP주소와 연관된 패킷의 가격을 분석하는 것이 필요하게 만들었다. 그것은 OECD의 권한 중 개인적으로 확인할 수 있는 정보에 관련된 것이고 사적인 문제를 야기시킬 수도 있다.

7. 광대역 시장에서 경쟁의 수준은 비경쟁적인 트래픽 우선권에 맞서는 정책을 실행하는 것이 필요한지를 규제자들이(*regulators*) 판단하는 데 가장 중요한 결정요인이다. 규제자들은 주어진 지역 안에서 단순하게 제공자의 숫자를 세는 데 그치지 말고 시장이 충분히 경쟁적인지를 따져 봐야 한다. 규제자들은 가정에서 대체할 수 있는 광대역 접근이 효율적인지를 결정하기 위해 신중한 시장 분석을 하는 것이 필요하다.

8. 정책입안자들은 시장에 의해 규정되는 무선네트워크와 유선네트워크의 속도를 신중하게 구별할 수 있어야 한다. 이러한 구분은 비경쟁적 패킷 퇴보 때문에 큰 위험에 직면한 서비스들의 일부가 현재보다 더 큰 대역폭을 요구하기 때문에 필요하다. 또한 미래에도 무선네트워크를 뒷받침할 수 있을 만큼 기술이 발달하지 못할 가능성이 크다.

9. 접근이 개방되어 있는 지역의 네트워크에서, 특히 fibre 채널을 사용하는 지역에서는 네트워크 중립성에 대한 논쟁이 중요한 역할을 한다. 그들은 같은 물리적 인프라를 통해 비디오, 음성, 데이터 서비스를 제공자가 다양하게 소유함으로써 이중으로 구조화된 인터넷 상황에서 경쟁에 적절한 플랫폼을 제공한다.

10. 시장이 이중 인터넷 구조(*two-tiered Internet structure*)에 대해 패킷 쉐이핑을 허용할 만큼 충분히 경쟁적인 것으로 판단된다면 정책입안자들은 소비자들을 보호하기 위해 여러 단계를 고려해야 한다.

  (1) 시장에서 적절한 경쟁이 이뤄질 수 있도록 경쟁상황에 놓여 있는 광대역 제공업자들에게 시장에 진입할 수 있도록 진입장벽을 낮춰줘야 한다.

  (2) 가입자들은 원하지 않는 트래픽 쉐이핑(*traffic shaping*)이 제공된다면, 쉽고 저렴하게 서비스 제공자를 바꿀 수 있어야 한다.

  (3) 광대역 가입자들이 구입하는 것의 공개와 패킷 쉐이핑에 의해 영향을 받은 애플리케이션을 향상시킬 수 있는 방안에 대해 생각해 보아야 한다.

  (4) 정책입안자들은 다중 인터넷 구조 하에서 악용될 수 있는 어떤 것에 대해서라도 고발할 수 있는지 법을 다시 검토해 봐야 한다.

11. 정책입안자들은 신중한 시장 분석을 통해 시장에서 "손을 떼는"(*hands-off*) 접근을 해도 될 만큼 충분한 경쟁이 일어나지 않는다면 네트워크 중립성을 추구하는 것을 결정해야 할지 모른다. 이러한 경우에 정책입안자들은 다음과 같은 것들을 고려해야 할 것이다.

(1) 가정 이용자에게 전송되는 인터넷 트래픽이 네트워크 안의 제한된 트래픽 쉐이핑에 의해 비경쟁적 트래픽 쉐이핑으로 목표화되는 것. 만약 네트워크의 골격(*backbones*)이 네트워크의 주요 루트에 대한 트래픽 쉐이핑이 필요 없을 만큼 커지게 된다면 이것은 ISP(*Internet Service Provider*)들에게 큰 부담이 되지는 않을 것이다.

(2) 만약 가입자가 애플케이션, 서비스, 우선권을 받는 트래픽에 대해 주어진 통제가 있을 경우 패킷 쉐이핑과 우선권이 문제가 될 수 있을 것이다.

(3) 가입자의 판단이 공개되지 않은 그들 자신만의 사용에 대한 광대역의 영구적인 "보유"를 네트워크 제공자에게 금지하는 것이 문제가 될 수 있을 것이다.

(4) 프로모션 되기를 원하는 형태가 갖추어지지 않은 다른 네트워크들이 기본적인 서비스를 제공하기 위해 ISP들을 필요로 하는 것. 이용자들은 기본적인 연결을 하고 그들이 보기에 적절한 트래픽이 만들어진 가정 수신 도구(*home routing equipment*)를 이용할 것이다.

12. 현재까지 진행된 논의만으로는 콘텐츠 제공자들에 대한 네트워크와 네트워크 사이의 트래픽 교환과 중립적 패킷 취급요구의 수준과 연관될 수 있는 것들을 고려하기에 시기상조이다. 작고, 막 시작하는 회사의 관심사는 평범한(*common*) ISP들을 통해 인터넷에 접근하는 수요를 이용하여 데이터를 기록하는 것이다.

13. 정책입안자들이 고려해야 할 하나의 보호책(*safeguard*)은 소비자들이 광대역 서비스에 대한 요금을 지불하기 전에 소비자들에게 그들의 광대역 패킷 쉐이핑 정책을 분명히 밝히기 위해 ISP들에 대한 입장을 정하는 것이다. ISP에게는 트래픽이 만들어진(*shaped*) 애플리케이션 리스트와 그들의 사용에 관한 어떤 특정한 제한점이 있어야 한다. 규제자들은 제공업자들이 제공하는 표준화된 정보의 세트를 필요로 하고

그를 통해서 소비자들은 쉽고 효율적으로 시장에서 제공되는 다른 것들을 비교해 볼 수 있다. 규제자들은 또한 제공업자들이 차단하고 있거나 만들고 있거나(*shaped*) 우선권을 주는 서비스나 애플리케이션 리스트들을 업데이트할 것을 필요로 하는 소비자가 관심을 가질 만한 웹사이트를 만들 것을 고려해야 한다.

14. 만약 서비스 운영자들이 가입자들이 계약한 대로 서비스를 제공하지 못할 경우 규제자들은 소비자들을 보호하고 그들이 최소의 혹은 무료로 서비스 제공업자들을 신속하게 바꾸는 것을 허용할 수 있도록 하는 방안을 고려해야 한다. 이것은 이중구조(*a two-tiered Internet*) 인터넷과 네트워크 중립성 정책의 틀 모두에 적용될 수 있다.

INTRODUCTION (도입)

15. 인터넷은 교차로에 있다(*at a crossroads*). 동등한 우선권을 가지고 전송할 수 있는 열린 구조를 가지고 있다고 알려진 인터넷은 몇몇 시장사업자들에 따라, 이용자들과 회사들이 다른 것들을 통해서 그들의 전송 우선권을 증대시키도록 요금을 내야 하는 네트워크로 진화하였다. 이러한 시스템 아래 인터넷 접근은 좀더 빠른 데이터 전송이 가능한 네트워크에 대해 요금을 지불하는 양질의 여러 데이터 서비스로 나누어진다.

16. 이러한 명제는 강한 논쟁을 야기시켰다. 이것은 각기 다른 전송료에 대한 우선권이 주어진 트래픽의 새로운 접근에 관한 것이다. 전송을 촉진 시켜주는 패키지들은 요금을 더 부과할 것이지만 전통적인 포스트보다 빠른 전송이 가능하게 해 줄 것이다.

17. "이중화된 인터넷"(*tiered Internet*)에 반대하는 측은 이슈를 다르게 보고 있다. 그들은 전송 창구에 향상된 요금을 지불하는 것을 허용할 수 있는 변화를 제안하고 있다. 사람들은 대기행렬 앞에서 입찰하고 그들 뒤에 있는 누구라도 네트워크 속에서 위치를 상실할 수 있다. 이러한 시스템 아래서 누군가는 포스트 오피스에서 살아남을 것이고 만약 후에 살아남는 사람보다 비싼 가격에 입찰하지 않는다면 궁지에 몰릴 것이다.

18. 흥미롭게도 사람들이 차별화된 서비스를 원하는 것처럼 보인다면, 그들에게 전달하려고 대기하고 있는 것들은 적어진다. 명백한 예외가 존재한다고 하더라도 처음으로 도착하는 사람에 대한 지각이 있고 다음에 받을 사람에 대한 지각이 있는 것이다. 국가 안에서 평범한 대기행렬의 변화는(*any change to the common queuing practice in a country*) 대기열(*queue*)에 대한 문화적 규범에 익숙한 소비자들에게 저항받게 될 것이다.

19. 이러한 문화적 규범들은 네트워크 중립성과 다중 인터넷의 개념과 관련된 것에 관한 진화된 논의들에서 그것들 차체로서 나타나기 시작했다. 어떤 것에 관해서는 인터넷에 대한 서비스의 다양한 차원들이 혜택과 고품질 서비스들에 대한 혜택이 된다. 또, 어떤 것에 관해서는 인터넷에 대한 우선권을 가지고 있는 데이터에 대해 요금을 낼 수 있는 능력이 평등성에 관한 요소들에 악영향을 주기도 하고 인터넷에 의한 개방성을 침해하기도 한다.

20. 이 글의 목적은 정책입안자들의 네트워크 중립성에 관한 논쟁을 소개하고 국가적인 트래픽 정책에 관한 배경을 제공하고 몇 가지 정책적 고려사항을 소개하고자 하는 것이다.

TECHNICAL BACKGROUND: NETWORK NEUTRALITY (기술적 배경: 네트워크 중립성)

21. "네트워크 중립성"이라는 용어는 최근에 네트워크를 통과하는 데 할당된 모든 전송망에 똑같은 우선권이 주어진 데이터 네트워크를 설명하는 데 사용된 용어이다. 인터넷의 설계자는(*original designers*) 효율성을 극대화시키는 방안으로 그리고 네트워크 비용을 최소화시키는 방안으로 이것을 사용한다.

22. 인터넷의 설계(*original design*)는 엔드 투 엔드(*end-to-end principle*) 원리로 알려져 있고, 이것은 틀림없이 성공요소 중 하나이다. 엔드 투 엔드(*end-to-end principle*) 원리는 네트워크와 그것의 끝점(*end points*) 사이의 관계로 설명되고, Jerome Saltzer, David Reed, & David Clark에 의해 1981년에 작성된 세미나 자료에서 기

원한 것이다. 이 자료에서 저자들은 안쪽의 네트워크가 가능한 한 그 자체로 남아 있고, 바깥쪽의 가장자리에 정보와 네트워크 처리능력(*processing power*)이 있는 모델을 제안한다.[1)]

23. 인터넷의 설계자들(*original designers*)은 그들이 발전시킨 프로토콜을 고수하고 있고 기술은 우리가 오늘날 인터넷이라고 알고 있는 것으로 발전하였다. 컴퓨터들은 IP 주소(*IP addresses*)에 의하여 인터넷을 통해 서로 커뮤니케이션하고(다른 컴퓨터들로 연결되었다는 것이 확인된) 데이터의 작은 묶음들(*small packets*)을 연속적으로 보낸다. 다른 네트워크 이용자들은 네트워크 디바이스가(라우터) 들어오는 데이터 묶음에 대한 IP 주소를 분석하고 최종 목적지에 근접한 컴퓨터에 그들을 다시 보내기 때문에 서로에 대해서 정보를 보낸다.

24. 인터넷의 설계(*original design*)는 최소한 라우터의 처리에 필요한 조건은 지키도록 되어 있다. 이것은 컴퓨터 사용의 최소한의 양과 가장 빠른 속도에 대한 트래픽의 가장 큰 양을 다루는 것을 허용해 준다. 인터넷이 발달할수록 인터넷에 대한 최초의 설계는 네트워크의 막대한 처리능력에 대한 요구 없이 라우티드(*routed*)된 데이터의 막대한 양을 허용하도록 되어 있다.

25. 인터넷의 현재 설계는 라우팅된 데이터의 많은 양을 신속하고 효율적으로 전송할 수 있도록 되어 있는 반면 서비스의 질 혹은 현재 많은 인터넷 애플리케이션에게 필요한 보안성에 대해서는 충분치 못하다. 그 예로, 인터넷 프로토콜들은 음성이나 라이브 스트리밍 비도와 같은 시간에 민감한 애플리케이션에 대해 양질의 서비스를 보장할 수 있는 기능을 갖고 있지 않다. 이것은 음성과 비디오의 질이 일반적인 인터넷 트래픽의 차원과 연관되어 있음을 의미한다.

26. 몇몇 비평가들은 네트워크에 대해 양질의 서비스를 창출해 내려면 차별화된 서비스와 음성과 비디오와 같은 시간에 민감한 애플리케이션에 질 높은 연결성을 제공해야 한다고 보고 있다. 다른 이들에게 현재 설계되어 있는 모델에 대한 변화는 인터넷에 대해 성공적 역할을 수행해 온 많은 비즈니스 모델을 불안정하게 하는 위협이 될 수 있고, 더 나쁘게는 인터넷 서비스 제공자들에게 비경쟁적 인센티브들을 가져다주거나 차단될 수 있고, 경쟁적 트래픽의 느린 유형을 만들어 내는 것으로 보여질 수도 있다.

Traffic shaping(speeding/slowing) (트래픽 쉐이핑)

27. 인터넷에 관한 절차상의 어떤 변화라도 네트워크 관리자들에 의해 기술적 차원에서 행해진다. 이러한 관리자들은 그들의 네트워크를 통해 데이터를 운반하는 매우 정확한 통제를 허용하는 강력한 기기를 가지고 있다. 그런 주요한 기기들의 능력 중 하나는 트래픽 흐름을 "만드는"(*shape*) 능력이다.

28. 트래픽 쉐이핑(또는 패킷 쉐이핑이나 트래픽 구조화로 알려져 있는)은 통제할 수 있는 기계적인 그리고 네트워크에 대한 데이터 트래픽을 조절할 수 있는 기기이다. 그것은 트래픽의 유형들(데이터 패킷)을 확인하고 그것들을 다르게 다룰 수 있는 능력을 네트워크 관리자들에게 제공한다. 관리자들은 특정 애플리케이션 혹은 서비스 우선권을 그것들을 다룸으로써 줄 수 있다.

29. 정책입안자들은 네트워크 중립성과 관련된 효과적인 정책적 결정을 하기 위하여 어떻게 트래픽을 구성해야 할 것인지 이해해야 할 필요가 있고 다중구조 인터넷과 관련해서도 고려해 볼 필요성이 있다. 이 장에서는 데이터가 운영자들에 의해 네트워크상에서 통제되도록 허용하는 트래픽 쉐이핑 기술에 대한 소개를 간략하게 할 것이다.

그림 1. 트래픽의 네트워크 연결구조

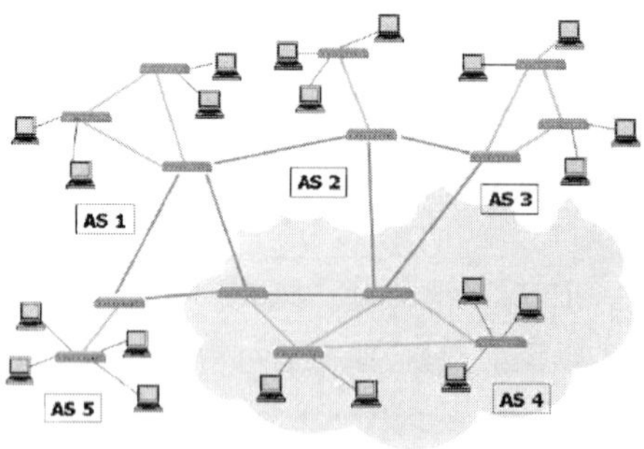

출처: http://lecture.ecc.u-tokyo.ac.ip/~qnakao/images/internet-topology.pnq

30. 최초로 설계된 인터넷의 설계 하에서 라우터들은 트래픽에 대해 온 순서대로 처리하는 것을 기본으로 한다. 그러나 현재의 네트워크 중립성에 대한 논쟁은 이러한 라우터들이 이메일과 같은 같이 온 패킷을 유지할 것인지, 아니면 그렇지 않고 네트워크 관리자가 서비스의 질 수준에서 구매한 것에 의존하는 경로를 따라 패킷에 대해 각각의 우선권을 제공하는 것을 허용해야 할지에 관한 것이다.

31. 그림 1은 작은 네트워크의 아주 단순한 다이어그램이 인터넷 구조를 어떻게 연결할 수 있는지를 보여주는 것이다. 각각의 자율적인 시스템의 숫자는 하나의 네트워크 혹은 같은 라우팅(*routing*) 방법이 사용된 같은 존재에 의해 관리된 네트워크 집합을 대표하는 것이다. 필수적으로 모든 네트워크 관리자들은 그들의 네트워크를 지나가는 트래픽의 각기 다른 유형에 대한 그들 자신의 우선권을 확립한다.

32. 관리자들은 IP 주소의 목적지를 분석할 수 있는 인스톨링 소프트웨어(*installing software*)를 이용한 라우터 수준에서 "shape traffic"을 할 수 있고, 그것이 지나가기 전에 그것의 요금을 결정할 수 있는 포트와 IP 패킷을 이용할 수 있다. 이러한 트래픽 쉐이핑 소프트웨어는 네트워크 운영자들에게 주어진 네트워크에서 우선권을 받은 패킷과 트래픽을 결정하는 데 있어 광범위한 유연성을 허용해 준다.

33. 현재의 트래픽 쉐이핑 기기는 매우 강력하고 인터넷 제공업자들에게 광범위한 애플리케이션과 데이터를 볼 수 있게 해주며 우선권을 줄 수 있게 한다. 표 1은 500개 이상의 애플리케이션보다 많은 것의 샘플을 주고 단지 하나의 제조업자가 그 상품을 찾고 통제할 수 있도록 해주는 샘플을 제공한다.

34. 표 1은 데이트 유형의 유일한 지표이고 트래픽 쉐이핑과 구조적 서비스를 조절할 수 있는 서비스에 대한 지표이다. 필수적으로 인터넷 서비스 제공업자나 네트워크 운영자는 표 안에 있는 어떤 서비스나 어떤 애플리케이션이든지 간에 확인할 수 있고 그것을 막거나 허용하는 것을 결정할 수 있다. 서비스가 허용된 경우에 있어서, 운영자들은 프로그램의 특정한 서비스나 프로그램에 대한 우선권 차원을 할당하거나 서비스에 대한 사용가능한 대역폭의 차단조차 할당할 수 있다. 예를 들어, 인터넷 서비스 제공업자들은 사용량이 많은(*avid*) 게이머들에 대한 서비스의 프리미엄 수준을 제공할 수도 있고 게이밍 리스트 안에서 특정한 게임에 대한 대역폭의 양을 할당할 수도 있다. 인터넷 제공업자들은 또한 P2P 서비스가 필요 없는 모든 소비자들에

게 빠른 대역폭을 보장해주는 방법으로 P2P 파일공유를 차단하는 광대역 연결망을 홍보할 수도 있다. 많은 트래픽 쉐이핑 상품들은 애플리케이션 혹은 이용자 개인별로 파라미터를 제공하는 것을 허용한다.[2)]

표 1. 트래픽 쉐이핑 애플리케이션 사례

Peer to Peer	Voice over IP	Multimedia	Gaming	Messaging
Aimster	CiscoCTI	Abacast	Asheron. s Call	AOL (IM,
Apple-iTunes	Clarent	Motion Video using	Battle. net	Talk,
AudioGalaxy	CUSeeMe	DIGStream	Diablo II	Image,
Bit Torrent	Dialpad	MPEG (Audio, Video)	Doom	File, ISP)
Blubster	H. 323	Multi-cast NetShow	EverQuest	iChat
DirectConnect	I-Phone	NetMeeting	Half-Life	ICQ
EarthStation V	iChat	Ogg over HTTP	Kali	IRC
EDonkey	MCK Commun.	QuickTime	LucasArts (Jedi)	Lotus IM
Emule	Megaco	RadioNetscape	MSN Zone	MSN
Gnutella	Micom VIP	Real (Audio, Video)	Mythic	Messenger
Grokster	MGCP	RTP	Quake I, II & III	Windows-
Groove	Net2Phone	RTSP	SonyOnline	POPUP
Hopster	RTP	SHOUTcast	Tribes I, II	Yahoo!
Hotline	RTCP	Streamworks	Unreal	Messenger
iMesh	SIP	VideoFrame	Warcraft III	
Limewire	Skinny (SCCP)	WebEx	WorldofWarcraft	
KaZaA	Skype	WinampStream	XboxLive	
KaZaA Lite	T. 120	WinMedia	Yahoo! Games	
Morpheus	VDOPhone			
Napster	Vonage			
Napigator				
+ 50 others				

출처: Packeteer at http://www.packeteer.com/resources/prod-sol/ApplicationDiscovery.pdf

Traffic shaping policy (트래픽 쉐이핑 정책)

35. 네트워크 관리자들이 네트워크 안에 트래픽 쉐이핑 기술을 설치하면 그들은 반드시 패킷의 각각 다른 유형의 조치를 규제할 내부 규정을 만들어야 한다. 이러한 내부의 라우팅 정책은 세 가지 광범위한 카테고리에 할당할 수 있다. 최고의 노력, 구별에 근거한 니즈와 능동적 구별(표 2에서 볼 수 있는 것과 같이) 그리고 이것들은 어떤 제안된 규정에 의해 핵심적 목표가 될 수 있다.

36. 능동적 구별의 경우를 제외하고, 패킷을 제외시킬 것이냐 아니면 늦출 것이냐 하는 것은 라우터에서 네트워크가 복잡한 시간대에 일어나고 적용될 때뿐일 것이다. Felten & Halderman이 강조했듯이 라우터의 버퍼링 메커니즘은(*buffering mechanisms*) 이러한 과정에서 중요한 역할을 한다.[3] 라우터에 형성되는 버퍼는(*Buffers built into the routers*) 그들이 받은 나가는 용량이 충분치 않을 때라도 일시적으로 들어오는 패킷을 받아들일 수 있기 때문에 급작스런 상황을 무마시키는 것이 가능하다. 낮은 정도의 라우터는 그것이 도착했을 때 지나갈 수 있다. 가장 좋은 전송은 네트워크 용량이 충분할 때 모두가 동등하게 다루어지는 것이고 그 결과로 어떠한 패킷도 지연되지 않는 것이다.

37. 그러나 정체된 시간대에는 라우터가 모든 패킷을 처리할 수 없다. 그렇기 때문에 네트워크의 요구가 적을 때 나중에 전송된 것은 버퍼에 의해 밀려나게 된다. 이러한 버퍼링은 높은 트래픽의 일시적인 기간 동안에는 잘 되지만 기간이 길고 네트워크에 대한 수요가 많은 때는 문제에 직면한다. 또, 라우터는 버퍼 메모리로부터 나온다.

38. 라우터에 대한 정책은 반드시 버퍼가 완벽하게 소화되었을 때 도착하는 추가적 패킷에 대한 행동을 명시해 주어야 한다. 라우터는 반드시 공간을 만들기 위해서 버퍼 안에 있는 일부 데이터를 버리거나 새로운 들어오는 패킷을 막아야 한다. 라우팅 정책은 버퍼 안에 있는 오래된 패킷을 찾는 것으로 시작하여 도착한 새로운 패킷에 대해 공간을 만드는 것으로 유형화되어 있다. 엔드(*end*)에서 받아온 애플리케이션이 패킷이 잃어버리고 원래의 컴퓨터를 느리게 하는 패킷(*with* UDP)을 찾거나 혹은 전송이 확인되지 않아서 다시 보내온 패킷(TCP)을 요구하면 현재 인터넷 프로토콜의 문제는 필요 없어진다는 점에 주목해야 한다. 이중 구조 인터넷을 둘러싼 가장 중요한 정치적인 문제들은 라우터에서 삭제해야 할 패킷에 관한 것들이다.

표 2. 라우팅 정책 분류

1. Best effort	2. Need-based discrimination	3. Active discrimination
패킷이 패킷에서 받아진 것도 빠르게 라우터로 들어왔을 때 트래픽이 가벼워질 때까지 버퍼 안에 저장된다. 만약 공간 안에서 나온 버퍼가 그들이 버퍼에서 소비한 시간의 양에 근거하여 드롭(*drop*) 된다면 그들이 가지고 있는 데이터 유형은 포함되지 않는다.	발신호 대역폭이 충분하지 않을 때 패킷은 일시적으로 버퍼 안에 저장된다. 버퍼가 완전한 패킷이라면 네트워크 운영자에 의해 할당된 선호에 따라 지워진다. 이렇게 되면 가치가 낮은 패킷은 우선적으로 드롭된다.	패킷은 나가는 네트워크상의 대역폭이 사용가능할 때조차 패킷을 지연시키거나 지울 수 있다. 운영자는 특정한 애플리케이션의 네트워크 전체 트래픽의 적은 비율을 할당할 수 있다. 이것은 자체적으로 트래픽 한계를 만들어낸다. 마지막으로 특정한 포트로 목표된 트래픽은 다 차단될 수 있다.
모든 패킷은 FIFO(*First In, First Out*)에 근거하여 다루어진다. 다른 패킷 콘텐츠에 대한 우선권은 존재하지 않는다. 모든 유형의 혼잡한 패킷은 드롭된다.	트래픽 혼잡이 일어나기 전까지는 패킷들은 FIFO에 근거하여 다루어진다. 어떤 순간에 특정한 패킷이 우선권을 갖고 필수적으로 대기행렬 앞으로 간다.	패킷은 라우터에 의해 분석되고 발신호 링크의 존재에 관해 대역폭이 충분할 경우에조차 우선권을 갖는다.

출처: OECD, Felten and Halderman.

39. 네트워크 관리자들은 “best effort”를 선택했다. 이것은 오래된 패킷은 지우고 그들의 차례를 기다리는 것이다. 이것은 다른 패킷에 대해 우선권을 갖지 않기 때문에 네트워크 중립성의 특정 부분을 보호할 수 있다. best effort의 결점은 네트워크 트래픽의 우선권 수준에 대한 이용자들의 결정을 유연하게 할 수 없다는 것이다. 이용자들은 라우터 패킷을 드롭시키려고 할 때 단순한 웹 브라우징을 통해서 우선권이 주어진 음성 트래픽 전송을 원할 수도 있다.

40. 위에서 언급된 것과 같이 이용자들은 VoIP와 같은 패킷 전송에 있어서 시간이 중요한 애플리케이션을 가지고 있을 수도 있다. 네트워크 운영자들은 다른 들어오는 패킷들의 특정한 유형에 우선권을 주는 라우터 정책을 수행할 수도 있다. 이러한 라우팅 선호는 라우터의 발신호 연결이 혼합될 때만 사용될 수 있다. 네트워크 관리자들은 시간적으로 적절하고 꾸준한 패킷 전송이 가능해 보이는 패킷에게만 우선권을 할당할 수 있다.[2] 네트워크가 복잡할 때 우선권이 패킷에 할당되면 이러한 유형의 라우팅은 정책의 두 번째 범주인 “needs-based discrimination”으로 넘어갈 수도 있다.

41. 마지막으로 대역폭이 발신호 링크가 사용가능함으로 인해 충분할 때조차 패킷을 지연시키거나 차단하는 라우팅 정책의 세 번째 범주인 "active discrimination"에 대해 언급하겠다. 네트워크 운영자들은 특정한 애플리케이션에 대한 대역폭의 부분을 할당할 수 있는 능력을 가지고 있다. 예를 들어, P2P 애플리케이션에 의해 받아진 패킷은 전체 네트워크에 할당된 5%로 제한할 수 있다. P2P 패킷이 5%에서 포화되고 나면 부가적인 패킷들은 버퍼로 들어가거나 완전히 드롭된다. 네트워크 용량에 남아있는 95%는 이용이 가능하지만 특정한 애플리케이션의 인위적 한계와 그들의 패킷에 부과된다. active discrimination의 이용은 그것의 서비스에 대한 대역폭의 대부분이 할당된 운영자들에게 돌아가고 best effort로서 남은 대역폭이 남는 것이다.

42. 패킷의 구별은 패킷을 완전히 드롭시키는 것을 제외하고는 한계가 없다. 라우터들은 버퍼가 가득 차 있어서 이전에 도착한 우선권이 없는 패킷으로 대체되었다고 하더라도 대기행렬의 앞으로 트래픽에게 우선권을 줄 수도 있다. 라우터들은 음성 전화 통화로부터 대기행렬의 앞까지 패킷을 이동시킬 수 있고 이러한 지연을 요청하는 웹브라우징에 의해 대체될 수도 있다. 이러한 대체는 패킷에 대한 지연이 라우터의 발신호 경로에 대한 주어진 한계가 필요할 때 일어난다. active discrimination은 발신호 링크가 사용가능하다고 할지라도 우선권이 없는 패킷의 재전송을 지연시킬 수도 있다.

43. 정책입안자들과 규제자들에 대한 네 가지 핵심적 요소 중 하나는 시간에 민감하고 우선권을 부여받아야 할 것으로 보이는 패킷, 애플리케이션, 포트 등을 누가 결정할 것이냐 하는 것이다. 이용자들은 각기 다른 애플리케이션들에 대한 우선권 수준을 할당받는 것이 가능하다면 "needs-based discrimination"으로부터 이익을 얻을 수 있을 것이다. 이것은 어느 정도 까지는 가정 라우터와 스위치에 의해 제공되는 쉐이핑 능력에 의해 가능하다(박스 1을 보라). 어떤 상황에서 이용자들은 active discrimination에 의해 이익을 볼 수 있다. 그것은 서비스를 더 이상 이용할 수 없을 때 채널 사용이 금지된다고 가정하고 애플리케이션에 주어진 채널을 통제할 수 있다고 가정할 수 있을 때 그러하다.

---

2) 전문 약어에 대한 설명은 보고서 뒷부분에 있다.

박스 1. 엔드유저들에 의해 시작한 트래픽 구조화

가정 기기 제조업자들은(모뎀이나 라우터) 그들이 흔히 이용하는 애플리케이션이나 서비스에 대해 대역폭 우선권을 이용자들에게 허용하는 기기를 도입하였다. 이러한 기기들은 이미 시간에 민감한 인터넷 트래픽에 익숙한 게이머나 VoIP 이용자들에게는 모뎀이나 라우터를 통해 특정한 애플리케이션에 우선권을 부여하는 것을 허용하고 있다.

이용자들은 특정한 애플리케이션의 일상적으로 이용하는 포트의 범위를 통해서 기기의 MAC 주소에 근거하여 우선권을 할당한다. 이러한 통제는 이용자가 생각하는 바에 근거하여 이루어진다. 그들의 모뎀에 남아있을 때까지 연결이 유지되고 그것은 인터넷 제공업자에게로 넘어간다. 네트워크를 통한 데이터 흐름의 포인트는 전통적으로 서비스 차원의 보증에 대한 "best effort"로 간주되었다.

경험 많은 이용자들은 그들의 연결망에 우선권을 부여하는 데 어려움을 겪지 않지만 경험이 적은 이용자들에게는 그것이 쉬운 일이 아니다. 이용자들에게 그 과정이 매우 기계적인 반면 가정 라우터들에 대한 트래픽 쉐이핑 기기에 대한 소개는 특히 이용자의 통제가 가능하다는 것이 전제된다면 광대역 연결의 QoS를 향상시킬 수 있는 효과적인 기기가 될 수 있을 것이다.

출처: OECD.

Traffic shaping points of control (트래픽 쉐이핑 포인트 통제)

44. 대부분의 경우에 규제자들은 인터넷에 대해 "hands off" 접근의 관점을 취하고 그것이 인터넷 성공의 핵심적 요소라고 본다. 그러나 규제자들이 고려해야 할 여러 가지 단계들이 있다. 그것은 공중의 관심, 소비자 보호와 시장에서의 경쟁을 어떻게 보장할 수 있을지 등이다. 만약 그러한 경우가 발생한다면 그들은 첫째로 적용할 수 있는 적절한 통제지점을 확인해 보는 것이 필요하다.

45. 트래픽 쉐이핑은 패킷 전송의 경로를 따른 어떤 라우터에도 적용될 수 있다. 그러나 콘텐츠 제공자부터 엔드유저에 이르기까지 전송되는 경로의 변화에 적용할 수 있는 구조의 통제에는 네 가지 핵심적 요소들이 있다. 그림 2는 비디오 데이터가 가입자에게 어떻게 전송되는지를 보여주는 가설적인 예이다. Google에서 가입자에게까지 가는 데 주어진 전송속도는 통제의 네 가지 포인트에 의해 광범위하게 결정되어질 수 있을 것이다.

그림 2. 트래픽 쉐이핑의 네 가지 통제 지점

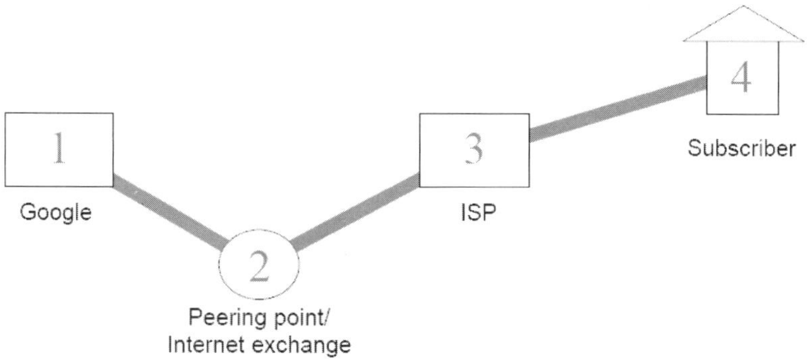

출처: OECD.

46. 그림 2의 예에서 볼 수 있듯이 Google은 인터넷을 통해 비디오를 엔드유저에게까지 전송한다. 가입자는 비디오에 대해 Google에게 돈을 지불할 수도 있고 그렇지 않을 수도 있을 것이다. 하지만 Google이 네트워크에 남아있는 비디오 트래픽을 통제함으로써 차별화된 수준의 비디오 서비스를 파는 것은 가능해질 것이다. 유료 가입자로부터의 요청은 무료 가입자로부터의 요청보다 우선권을 갖게 될 것이다. 통제의 첫 번째 지점은 (1) 콘텐츠 제공자와 가입자 사이의 관계를 직접적으로 만든다는 것을 의미한다.

47. 예를 들어 Google은 그들이 비디오를 전송하기 위해 ISP 가입자와의 관계가 필요하다. 이것은 Google이 직접적으로 엔드유저의 ISP 혹은 ISP에 대한 Google의 망을 직접적으로 연결하는 관계에 대한 직접적 혹은 간접적인 관계 모두가 될 수 있을 것이다. 이것은 Google 비디오가 가입자의 ISP에 있는 통제의 두 번째 지점(2)이다. 통제의 두 번째 지점은 ISP들이 ISP의 가입자에게 접근하기 위한 우선적인 접근권을 갖기 위해 콘텐츠 제공업자들에게 돈을 내야 하기 때문에 강한 논쟁의 주제가 될 수 있다. 네트워크들 사이의 이러한 hand-off는 best-effort에서 전통적으로 다루어졌다. 인터넷의 peering과 유료전송에 대한 논쟁은 이미 두 번째 지점에서 일어났고 데이터 우선권에 대한 새로운 논쟁은 트래픽 우선권에 대한 논쟁을 포함해서 시작된다.

48. 통제에 대한 세 번째 지점은 ISP의 내부 네트워크다. ISP가 데이터를 어떻게 통제할지는 자신이 소유한 ISP안에서 라우티드(*routed*) 된다. 네트워크 관리자들은 반드시 통제의 두 번째 지점에 있는 "best effort"로 불리는 곳에서 데이터를 가져오고 이용자에게 우선권을 주어야 한다. 이러한 통제의 세 번째 지점은 운영자들이 자신의 네트워크에 대한 라우터의 파라미터를 만드는 것이 가능해지게 되면 광범위한 트래픽 쉐이핑이 일어날 가능성이 커진다. 어떤 큰 네트워크는 이러한 분할에 의해 위치될 것이다.

49. 엔드유저의 모뎀과 라우터는 패킷 우선권에 대한 통제에 있어서 네 번째 요소이다. 여기서는 이용자에 맞추어 특화된 트래픽 쉐이핑에 초점을 맞추어야 할 것이다. 엔드유저와 콘텐츠 제공자 사이의 데이터 흐름은 반드시 ISP에 의해 제공된 모뎀과 라우터를 통과해야(*traverse*) 한다. 이것은 네트워크 운영자가 모뎀이나 이용자가 가지고 있는 기기의 셋톱박스로부터 직접적으로 트래픽을 쉐이핑할 수 있게 해 준다. 가정 이용자들은 모뎀 연결의 가입자측에 대한 그들의 내부 네트워크 패킷에 대해 우선권을 가질 능력을 소유한다.

50. 이러한 통제의 네 가지 지점은 만약 시장에 개입하기로 규제자들이 결정했다면 눈여겨봐야 할 영역들이다.

Susceptibility of voice (음성의 민감성)

51. 이전에 주목했던 것처럼, 인터넷 애플리케이션과 서비스의 많은 수는 현재 존재하는 트래픽 쉐이핑 소프트웨어에 의해 우선권이 주어지거나 차단된다. 그러나 트래픽 쉐이핑에 매우 민감한 특정한 애플리케이션이 있고 서비스가 쉽게 방해받는 것들이 있다. 민감한 애플리케이션은 네트워크 애플리케이션, 온라인 게임, 인터넷을 통한 음성 커뮤니케이션, VoIP 등이 있다.

52. 특히 VoIP는 지터(*jitter*)에 의해 심하게 방해받는다. 지터는 동시에 도착하지 않는 패킷의 상태를 정의하는 용어이다(그림 3을 보라). 인터넷 서비스를 통한 음성은 낮은 잠재성, 안정적인 트래픽 스팀(*steam*) 등을 필요로 한다. 한 번의 변화 혹은 더욱 많은 시그널 특성 안에서의 변화는(예를 들어 진폭, 펄스 사이의 간격, 빈도, 성공적인 사이클 사이의 페이스) 지터가 쉽게 VoIP 스팀을 방해할 수 있게 하고 통

그림 3. 패킷 전송과 VoIP

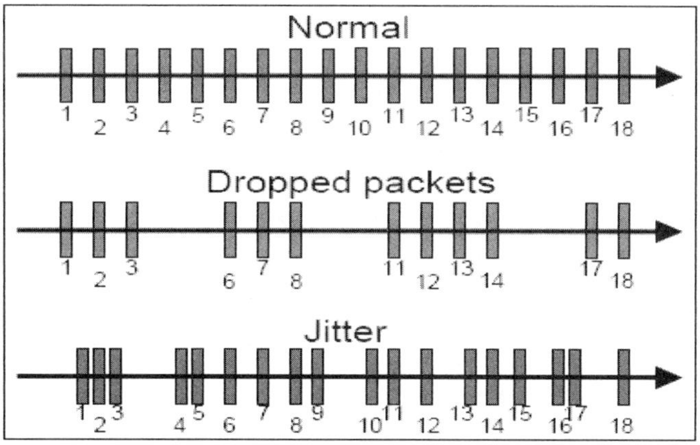

출처: OECD.

화 서비스를 불안정하게 만든다.[4] 전형적으로 음성 트래픽 안에서 0.5초의 지연은 사람의 귀로 구별할 수 있게 만든다.[5]

53. 지터는 인터넷을 통한 음성통화를 심각하게 악화시킨다. 패킷은 여러 가지 이유로 빠르게 혹은 느리게 오고 인터넷 트래픽의 "폭주" 상태는 그 중 하나의 예가 된다. "폭주"는 적은 시간에 높은 광대역의 요구에 의해 데이터가 영향을 받는 것과 네트워크가 수십 분 동안 활동하지 않는 것을 설명해 준다. 웹 브라우저, RRS readers, podcasting software와 같이 많은 일반적인 인터넷 애플리케이션이 인터넷의 폭주로 데이터 요청량이 많아지면 폭주하게 되는 것이다. 폭주 애플리케이션에 의해 업데이트되는 동안 많은 인터넷 트래픽에 대해 병목현상이 빚어지는 광대역 연결망은 우선권이 없는 패킷을 이동시키거나 대기행렬의 끝으로 이동시킬 수 있는 모뎀이나 라우터가 필요하다.

54. 지터는 자연적으로 일어날 수도 있고 효율적으로 VoIP 대화를 방해하는 ISP에 도입될 수도 있다. 지터는 대기행렬의 끝에 위치한 VoIP 패킷에 의해 도입될 수도 있고 음성 대화 중 전송 리듬에 의해서 생길 수도 있다. 이러한 방해는 만약 VoIP 서비

스가 네트워크상에서 우선권이 없을 경우 높은 대역폭에서 특히 더 잘 일어난다.

55. 그림 3은 IP 전송에 기초한 패킷 전송이 가능한 각기 다른 트래픽의 상태이다. 위에 있는 "normal"한 경우는 18개 데이터 패킷이 순서대로 도착한 것과 그것 사이의 정규적인 간격을 보여준다. 이것은 충분하고, 꾸준한 대역폭에서 가능하다.

56. 두 번째에 있는 것은 "dropped packets"이라 불리는 것으로 전송과 컴퓨터 사이에서 드롭되었거나 없어진 패킷에 의해 방해받는 상황이다. 전송 타이밍은 "normal" 상황과 같지만 패킷은 쉽게 사라진다. TCP 환경 안에서 이러한 패킷은 절대 도착하지 않은 송신자로 확인된 컴퓨터가 다시 받게 된다. 그러나 음성과 비디오 애플리케이션은 TCP 대신 UDP로 이용되고 만약 받은 애플리케이션은 특별히 그것을 다시 요청하면 다시 받을 수 있다.

57. 마지막으로 그림 3은 과도한 지터에 의해 특성화된 전송상태를 보여준다. 18개의 모든 패킷이 할당된 시간에 도착하지만 같은 간격으로 도착하지는 않는 상태이다. 이것은 모든 데이터가 할당된 시간 안에 도착하기 때문에 웹브라우저와 같은 인터넷 애플리케이션에는 문제가 없다. 애플리케이션은 패킷 전송의 리듬에 관한 염려 없이 결합될 수 있다. 비디오 스팀은 전향적으로 지터에 영향을 받지 않는다. 이용자의 애플리케이션이 여러 초 동안 완화할 수 있기 때문이다. 그러나 비디오를 통한 상호작용적 회의는 불가능하다. 이것이 만들어 낸 이슈는 충분한 음성의 질이 보장되는 패킷의 안정된 스팀이 필요한 음성과 같은 애플리케이션이다.

Packet shaping and encryption (패킷 쉐이핑과 암호화)

58. 위에서 강조한 것과 같이 라우터는 네트워크를 통과하는 패킷의 콘텐츠를 분석할 수 있는 능력을 가졌고, 어떻게 패킷이 이동할 지를 결정할 수 있다. 이 중 인터넷 구조 하에 만들어진 우선권 결정에 대한 어떤 것은 들어오는 라우터 패킷의 콘텐츠를 분석하기 위해 라우터를 필요로 한다. "packet snooping" 현상은 일상적인 커뮤니케이션을 보호하기 위해 암호화를 사용하기 시작한 것을 말하는 것이다.

59. 암호화 기술은 전송하는 동안 라우터들에 의해 읽혀진 것으로부터 그들의 패킷 콘텐츠를 보호하는 능력을 이용자들에게 준다. 그러나 네트워크 운영자들은 IP 주소의

원주소나 포트 정보와 같은 IP header 안에 있는 정보를 분석할 수 있다. 이것들은 모두 패킷을 차단하거나 우선권을 결정할 수 있다.

60. 암호화된 터널은 가정 컴퓨터와 보안 "tunnel"을 이용한 이동 포인트 사이의 모든 데이터를 암호화하는 데 이용할 수 있다. 이것이 VPN(*a virtual private network*)이다. 터널화된 소프트웨어는 패킷에 데이터가 들어오기 전에 암호화한다. 그 결과, 두 컴퓨터 사이의 라우터들은 패킷의 콘텐츠를 해석할 수 없게 된다. VPNs는 headquarters와 인터넷이 있는 작업자의 컴퓨터 어디 사이에라도 암호화 되어있기 때문에 떨어져 있는 직원에 대한 비즈니스에 일반적으로 사용된다. 보안 터널들은 공적인 Wi-Fi 연결 혹은 다른 보안화되어 있지 않은 네트워크를 통해 그들의 전송을 보장하는 방식으로 평범한 인터넷 이용자들에 의해 사용량이 늘어나고 있다. 트래픽 쉐이핑을 피하기 위해 터널을 사용하는 것의 결점은 어쩌면 네트워크가 패킷 안에서 분석하거나 지속적으로 우선권을 부여하는 향상된 QoS 네트워크 트래픽 사용을 보류하게 만드는 것일 것이다.

61. 터널화된 기술 안에서 사용가능한 암호화의 강력한 수준을 만들기는 매우 어렵지만, 암호화된 전송을 해독하는 것이 불가능한 것은 아니다. 그러나 패킷 쉐이핑 기술은 터널을 전송함에 있어 어떤 종류의 트래픽이 좋은지 결정하는 것을 감독하기 위한 내부 터널이 반드시 필요할 것이다. 예를 들어 패킷 쉐이핑 기기는 패킷의 스팀을 찾을 수 있다. 그것은 방향과 연결되어 있는 정규성의 측면에서 대략 비슷한 것을 찾을 수 있다. 그리고 그것은 음성전화에 입력된다.[6)]

62. 만약 이용자들이 암호화된 트래픽을 사용하기 시작한다면 지역적 ISP는 수행을 어떻게 할지 혹은 트래픽 쉐이핑 정책을 어떻게 적용해야 할지에 관한 여러 가지 옵션이 생기게 된다.

(1) Decrease priority given to the tunnel in cases of suspect traffic patterns
(의심되는 트래픽 패턴의 경우에 있어 터널에 주어진 우선권의 감소)
ISP는 특정한 패턴을 찾을 수 있고 주어진 터널의 우선권이 감소하거나 의심되는 트래픽 흐름이 멈출 때까지 이용자의 IP 주소를 찾을 수 있다.

(2) Decrease priority to all best-effort secure tunnels
(터널을 보호하기 위한 best-effort에 대한 우선권 감소)

ISP에 대한 또 다른 옵션은 이용자가 터널의 증가된 우선권에 대해 지불해야 할 광대역 패키지를 사지 않는다면 네트워크에 대한 어떠한 우선권도 낮추어야 한다는 것이다.

(3) Introduce network inconsistencies such as "jitter" into the tunnel's data transmission("지터"와 같은 네트워크 불안정성을 터널의 데이터 전송으로 도입)
터널 스팀으로 들어오는 지터의 도입은 VoIP의 성능을 낮추거나 라이브가 아닌 비디오 스팀이나 특이한 웹 트래픽과 같은 다른 광대역 서비스의 영향 없이 비디오 회의를 할 수 있는 효율적인 방식이다.

(4) Take no action(아무런 조치도 취하지 않는 것)
마지막으로, ISP는 이용자들이 VPNs로 이익을 얻고 정책을 넘어서는 전체 데이터 흐름이 되었을 때 아무런 조치를 취하지 않는 것을 선택할 수도 있다.

63. VPNs는 특정한 애플리케이션 트래픽 쉐이핑에 반대하여 이용자들을 보호할 수 있는 효과적인 방식이다. 그러나 네트워크 운영자들은 여전히 네트워크 채널에 대한 우선권을 조정할 수 있을 것이다. 터널 안에 있는 음성을 방해하는 지터를 도입할 수도 있을 것이다.

64. ISPs를 차단하지 않는 특정한 사이트를 도울 수 있는 다른 기술적 진보들이 있다. 암호화는 패킷 쉐이핑을 담당하는 이용자의 추가적인 사생활을 제공하고 더욱 어려운 차원의 콘텐츠를 막을 수 있다.

IPv6 and distributed encrypted networks

65. IPv6는 패킷의 콘텐츠를 암호화하는 네트워크 중립성에서 중요한 역할을 한다. IPv6는 네트워크에 대해 가능한 IP 주소의 숫자를 증가시켜주는 인터넷에 대한 다음 세대 계획이다. 이것의 추가적인 이점은 IPv6는 사용에 있어서 현재의 IPv4 보다 더욱 더 보안을 철저히 할 수 있는 두 가지 새로운 headers를 소개했고 또한 네트워크상에서 일어나는 트래픽 쉐이핑의 효과 완화를 도와줄 수 있다는 것이다. 두 가지 새로운 헤더는 "authentication header"(AH)와 "encrypted security payload"(ESP)이다. 첫 번째 것은 신뢰성과 IP 패킷의 통합성을 보장해주고 두 번째 것은 수신인인 목적지까지의 경로만을 보장해서 패킷에 있는 동봉된 데이터의 내용을 읽을 수 있도

록 해 준다.[7] IPv6의 도입은 VPN의 연결을 더욱 일상적으로 만들고 동시에 ISPs에 대한 관찰을 더욱 어렵게 만들 수 있고 그들의 네트워크에 대한 유형을 통제할 수 있게 해준다.

66. Tor(*The Onion Router*), I2P, Freenet와 같은 암호화 된 네트워크들은 콘텐츠의 결정 혹은 네트워크로부터 받은 패킷의 목적지로부터 ISP를 포함하는 다른 것들을 보호하는 것을 도와줄 수 있다. 암호화된 터널들은 패킷에 대한 데이터 콘텐츠(유료)만을 암호화하지만 포트나 IP 주소와 같은 header 정보는 쉽게 읽힐 수 있다. 이것은 패킷 탐지 능력이 여전히 그들이 받은 IP주소로 나오는 것을 관찰함에 있어 패킷의 많은 내용을 알게 해 줄 수 있다는 것을 의미한다. ISP들은 또한 특정한 주소의 트래픽 속도를 낮추고 특정한 트래픽에 대하여 구별하기 위한 패킷의 콘텐츠를 감독할 필요가 없을 수도 있다. Tor 라우터와 같은 암호화된 네트워크는 패킷의 마지막 목적지를 숨기고 있는 일련의 컴퓨터를 통해 패킷의 라우팅으로 이러한 문제를 해결할 수 있다. Tor 네트워크에 대한 데이터 패킷은 여러 개의 서버를 통해 무작위로 통과되기 때문에 그것이 어디서 온 패킷인지 알 수 있는 지점이 없다.[8] Tor routing은 특정한 포트 혹은 IP 주소로부터 ISP들을 보호할 수 있다.

67. 패킷 쉐이핑에 대한 간단한 소개는 연관된 이슈들에 대한 광범위한 개요를 의미할 뿐 기술의 총체적인 이해를 의미하는 것은 아니다. 네트워크 중립성 혹은 이중 구조화된 인터넷에 대한 정책을 입안하려고 하는 규제자는 기술자와 경제학자 양측의 입장에서 트래픽에 대한 적절한 정책이 입안될 수 있도록 노력해야 할 것이다.

KEY ISSUES AND POLICY DEBATES (핵심적 이슈들과 정책적 논쟁들)

68. 이전 장에서는 트래픽 구조에 관한 기술적인 이슈들을 살펴보았다. 이 장에서는 현재 핵심적인 논쟁이 되는 것과 네트워크 중립성에 관한 논의를 살펴볼 것이다. 핵심적인 주요한 이슈들은 네 가지로 나누어 볼 수 있다. 그것은 Incentives, maintaining access, 대역폭 소유권과 통제 그리고 사생활에 관한 것이다. 이 장에서는 그것들 각각에 대해서 살펴볼 것이다.

Incentives (인센티브들)

Building new networks (새로운 네트워크의 구축)

69. 텔레커뮤니케이션 정책에 있어서 핵심적 우선권 중 하나는 기반시설에 대한 투자를 증대시키기 위한 경쟁적 환경을 만드는 것이다. 텔레커뮤니케이션 회사들의 음성통화 이익이 감소할수록 많은 운영자들은 이윤을 얻을 수 있는 다른 창구들을 찾기 시작할 것이다. 많은 운영자들이 음성 통화에서의 손실을 메우기 위해 광대역으로 관심을 돌리고 있다. 광대역의 경쟁에 대해 줄어든 압력은 운영자들에게 새로운 이윤을 창출시키고 있다. 운영자들이 제안한 이윤의 중요한 소스는 콘텐츠 공급업자의 능력과 향상된 서비스의 질로 인해 창출되는 부가적인 요금이다. 어떤 경우에 있어서는 운영자들이 이용자들에게 차별화된 서비스 요금을 받기 위해 투자한 기반시설을 감당하지 못해서 손실이 발생하기도 한다.

70. 그러나 명확하지 않은 것은 기반시설에 대한 투자 수준과 네트워크 중립성에 대한 정책 결정 사이의 관계이다. 운영자들은 실제로 투자를 하지만 그것이 꼭 필요하지 않을 수도 있다. 지난 세기 동안 번들링되지 않은 지역적 서비스에 대한 경험은 기반 시설에 대한 경쟁적 접근이 회사들에 의해 투자를 감소시켜 실패하게 만든다는 것을 증명해 주었다. 시장에서 경쟁 수준은 투자 수준에 있어 강력한 결정요소다.

71. 번들링되지 않은 지역적 루프(*loop*)의 예로써 30개 OECD 가입국 중 27개 국가가 번들링되지 않은 형태를 가지고 있다.[9] 이러한 많은 나라들의 텔레커뮤니케이션 운영자들, 케이블 회사들, 다른 광대역 제공업자들은 번들링되지 않은 조건을 가지고 있음에도 불구하고 fibre 푸싱(*pushing*)을 이용해 엔드유저들과 가까워지려고 노력한다. 번들링되는 것을 필수로 하는 국가들을 포함한 OECD 모든 국가들에서 많은 투자가 되고 있다. 미국의 verizon은 FCC가 새로운 망은 번들링되지 않은 망을 소유할 수 없도록 하는 법안을 제정한 후 fibre-to-the-home이 광범위하게 확산되기 시작했다.[10]

72. 네덜란드 텔레콤은 새로운 fibre/VDSL연결에 대해 유보하는 것을 요청 받았기 때문에 미래에 그러한 것들이 이뤄질 것으로 보인다.[11] 이것은 미국의 상황과 유사하다. 그러나 유럽의 위원회에서는 그것이 불공정한 상황을 연출하고 특정한 시장에

서 그것들이 힘을 가지는 한 어떤 새로운 기반시설도 번들링되지 않은 조건을 필수적으로 해야 한다는 데 동의하지 않고 있다.[12)]

73. 네덜란드 텔레콤의 행동은 완전히 경제학 이론에 따른 것이다. 그것은 경쟁에 반대하는 것을 주장하는 운영자들의 이윤과 이성적이고 이윤 극대화적 행동을 반영하는 것이다. 이론은 또한 법규가 변화할 때 로비에 많은 중요한 자원들이 투자될 것이라고 예측한다.[13)] 그러나 정책입안자들은 만약 그들이 경쟁자들에게 동등한 접근권을 필요로 한다면 기반시설에 투자할 것인지를 반드시 측정해야 한다.

74. OECD에 속한 국가들에 대해 지역적으로 번들링되지 않은 루프에 대한 OECD 국가들의 경험은 기반 시설에 대한 투자 효과가 명확하지 않은 네트워크 중립성에 관심이 있는 정책입안자들에게 중요한 가이드가 될 수 있을 것이다. OECD에 속한 국가들에 대한 경험은 시장 안 경쟁 수준에 의해 강력하게 영향을 받는다. 이 예들은 번들링되지 않은 것이 적용되는 ADSL2+의 속도가 사용되는 유럽 지역에서 발견된다. 실제로 텔레커뮤니케이션 투자는 번들링되지 않은 교환에 대한 빠른 속도의 기기에 대한 투자가 이뤄지는 프랑스 같은 국가에서 강력하게 이뤄진다.

75. 현재 운영자들은 투자를 적게 할 것으로 예측되지만 경쟁적인 운영자들은 새로운 기기에 대한 투자를 시작할 것이다. 현재 운영자들이 아닌 경쟁적인 상황으로부터 오는 기기 업그레이드에 대한 압력은 놀라운 일이 아니다. 많은 나라에서 번들링되지 않은 지역적 루프의 예는 현재 운영자들이 번들링되지 않은 서비스를 반드시 허용하기 위해 업그레이드하는 상황을 들 수 있다. 번들링되지 않은 상황으로의 변화는 경쟁적 운영자들에게 가장 빠른 ADSL을 사용 가능하게 만든다. 그에 응답하여 현재 운영자들 또한 경쟁자들과 보조를 맞추고 시장에서 경쟁하기 위해 DSLAM을 업그레이드해야 할 것이다.

76. 번들링되지 않은 지역적 루프와 빠른 연결 속도와의 관계는 2005년 9월에 OECD 자료에서 볼 수 있다. ADSL의 속도는 번들링되지 않는 것이 필수적이지 않은 나라보다 번들링되지 않은 나라에서 현저히 빠르게 나타난다.

77. OECD에서 의무적으로 top-end를 제공받는 것은 일본의 100Mbit/s와 한국이다. 흥미로운 것은 일본과 한국 모두 번들링되지 않은 지역적 루프를 요구받는다는 사실

그림 4. 기존 사업자가 제공하는 ADSL broadband 속도

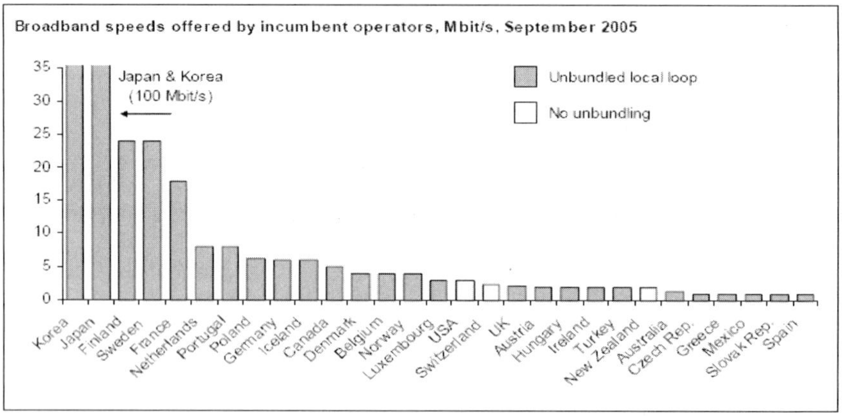

출처: OECD.
주석: 속도는 2005년 9월 현재 운영자들로부터 xDSL에 대한 자료를 받은 것이다. 관찰은 kbit/s cost에 의해 낮은 가격이 제공되는 것을 보여주고 있다. 한국과 일본의 현재 운영자들이 fibre와 VDSL을 제공하였다.

이다. 일본의 상황은 어쩌면 번들링되지 않은 것이 fibre로 확장되었기 때문에 가장 적절한 예를 제공할 수도 있을 것이다. 일본은 OECD와 전 세계에서 가정의 firbre에 대한 롤아웃(*rollout*)이 가장 광범위하게 자리 잡은 국가이다. 그림 5는 2005년 6월에 일본에서 처음으로 케이블 모뎀 가입자수가 fibre 접근에 대한 가입자 보다 많아진 것을 보여주는 것이다. 2005년 12월까지 4천 6백만 명의 가입자가 일본에서 fibre-to-the-home 광대역을 이용하였다.[14)]

78. 번들링되지 않는 필요조건이 어떻게 주목받아 가정의 fibre 롤아웃이 일본에서 쓰이게 되었는지는 새로운 네트워크 기반시설에 방해받지 않아도 된다는 것을 보여준다. 번들링되지 않는 관점에서 더욱 중요한 것은 지역적 루프에 대한 경쟁적 접근에 있어서 규제자들이 가격을 어떻게 책정하느냐 하는 것이다. 대부분의 OECD 국가들은 의무적인 투자에 대한 인센티브와 시장에 있어 다양한 경쟁을 유지하려고 한다.

79. 이 보고서의 다른 부분에서 주목될 시장에서 높은 수준의 경쟁은 기반시설에 대한 투자의 결정요소에 있어 더욱 더 중요한 부분이 될 것이다. 강력한 경쟁에 대한 경

그림 5. 일본 broadband 가입자(기술별)

(단위: 백만)

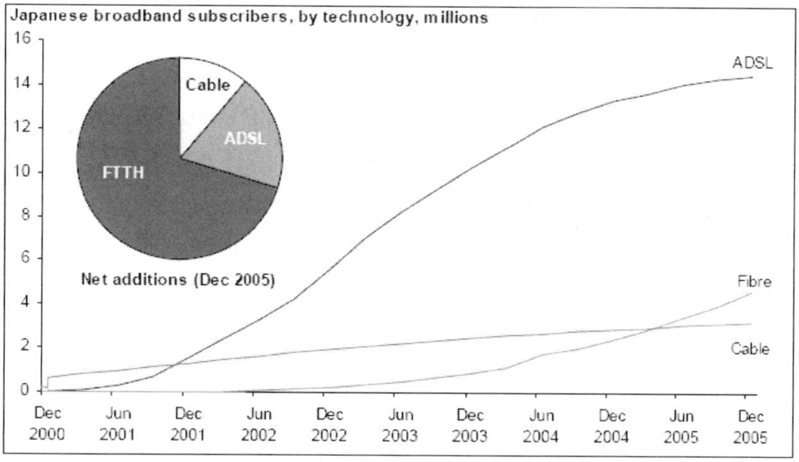

출처: MIC, OECD.

제는 각각의 경쟁적 운영자들에게 있어 투자의 강력한 수준이 될 것이다.

Introducing new QoS applications (새로운 QoS 애플리케이션의 소개)

80. 인터넷에 관한 질 높은 서비스의 도입은 정책입안자들을 고무시킬 수 있을 것이다. 현재 제공되는 인터넷 서비스 보다 좋은 서비스가 요구되는 광범위한 혁신이 있을 것이다. 특정한 애플리케이션에 대해 우선권을 설정하는 능력은 시장에서 충분한 경쟁이 이루어지는 한 서비스 제공업자뿐 아니라 소비자에게도 혜택이 될 것이다. 논쟁은 서비스의 질에 대한 패킷의 구조화가 허용되느냐 보다는 소비자가 비경쟁적 상황 속에서 어떻게 보호받을 수 있을 것인지와 소비자들이 그들이 원하는 서비스를 선택할 능력을 유지할 수 있을 것인지 그리고 이용자 혹은 ISP가 보다 나은 전송 패킷을 결정할 수 있을 것인지 등이다.

81. 인터넷은 프로토콜 안에서 서비스의 질이 보장되지 않았다. 현재는 많은 애플리케이션들이 단순하게 설계되지 않은 네트워크를 만들 것을 요구받고 있다. 광대역 가

입자들은 비디오와 음성에 대한 빠른 광대역 연결망을 이용함으로써 두 가지 시간에 민감한 애플리케이션을 향상된 질을 통해 즐길 수 있다. 동시에 best-effort는 PTSN 이용자들이 기대하는 전통적 텔레비전 시청의 질을 제공하지는 못한다. 많은 경우에 ISP를 통해 우선권을 갖는 데이터 트래픽이 답을 줄 수 있을 것이다.

82. 인터넷 이용자들은 인터넷에 대한 "best effort"에 익숙해져야 한다. 하루의 어떤 시기에는 다른 것들보다 웹페이지 속도가 빠를 수도 있다. VoIP 이용자들은 안 좋은 통화의 질을 경험하고 다른 사람들은 PTSN보다 뛰어난 질을 경험할 수도 있을 것이다. 서비스의 질에 대한 이러한 변화는 어떤 다른 우선권이 주어지지 않은 트래픽이 받은 인터넷의 원래 설계를 포함하는 많은 요인들에 의한 결과이다. 광대역 이용자들은 다른 사람들이 통화하는 동안에 그들의 VoIP 통화에서 결함을 발견하고, 그들의 컴퓨터 혹은 스트리밍 오디오/비디오 콘텐츠를 다운로드 받고 있을 때 속도의 저하를 느낀다. 이러한 방해는 동시에 많은 대역폭을 사용하기 때문에 생기고 충분한 스트림을 통해 각각 사용할 때 문제가 될 수 있다.

83. 강력하게 혁신된 특정한 지역에서는 다른 이용자들에 대해 우선권을 가진 각기 다른 서비스들이 운영자들에게 팔린다. 예를 들어, VPN 접근을 원하고 통신을 통해 일을 하는 사무실의 형식을 원하는 운영자에게 광대역 연결을 판매할 수 있는 것이다. 같은 운영자는 온라인 게임에 대한 응답을 원하는 게이머들에게 팔 수도 있을 것이다.

84. 네트워크 운영자나 이용자들이 네트워크에서 우선권이 없는 소프트웨어 업데이트와 같은 시간에 민감하지 않는 애플리케이션을 사용할 때 VoIP에게 우선권이 갈 수도 있다. 이러한 상황에서 패킷 쉐이핑을 통한 서비스의 질은 흥미로운 솔루션이 될 수도 있을 것이다.

85. 운영자들은 그들 네트워크에 대한 트래픽 흐름을 보다 잘 통제하기 위한 방법으로써 서비스의 질을 도입한다. 이것은 많은 논쟁을 유발시킬 수 있다. 예를 들면, 대역폭의 많은 양은 인터넷 네트워크의 P2P 파일 공유에 의해 소모될 수도 있다. OECD의 많은 운영자들은 네트워크에 거주하는 80%가 파일공유를 한다고 주장한다. 그러나 다른 운영자들은 그러한 언급은 과장된 것이라고 주장한다.[15] 양쪽 모두의 경우 트래픽 소프트웨어는 인터넷 트래픽의 특정한 유형을 제공해 준다. P2P 트래픽은 급박한 커뮤니케이션과 같은 중요한 서비스에 의한 대역폭을 허용하도록

축약하는 것을 허용해 준다.

86. 이중 구조 인터넷을 제안하는 사람들은 긴급한 서비스가 인터넷을 통해 전송의 우선권을 확보할 수 있다는 것을 강조한다. 이러한 것들은 자연재해 혹은 환자의 집이나 병원에 있는 중요한 의료 기기 사이를 연결하는 이메일이나 음성 트래픽을 포함하는 것이다. 가장 중요한 네트워크들은 이미 급박한 서비스나 민감한 데이터에 대해서 이러한 망을 이용해 서비스를 제공하고 있다. 병원과 은행에서는 민감하고 중요한 전송을 연결하기 위해 인터넷 대신에 임대한 망을 이용한다. 게다가, 긴급한 상황과 핵심적인 기반시설에는 QoS 단독으로 신호를 보내는 것이 아니라 여분의 망도 필요하다. 마지막으로 자연재해나 긴급한 상황에서는 애드 혹(*ad hoc*) 네트워크에 우선권이 주어진다.

87. 서비스 질의 향상은 새로운 서비스와 이용자들의 일반적인 인터넷 경험을 향상시키는 중요한 수단이 된다. 그러나 서비스의 질 향상에 대한 핵심적 이슈는 서비스로부터 이득을 얻을 수 있는 엔드유저들을 어떻게 통제할 것이냐 하는 것이다. 시장경쟁의 수준은 향상된 서비스의 질로부터 이득을 얻을 수 있는 책임자를 보호하는 규제조치를 규제자가 어떻게 결정할 것인지에 달려 있다.

Innovation at the edges of the network (네트워크 경계의 혁신)

88. 네트워크 중립성을 옹호하는 사람들은 이중구조화된 인터넷이 네트워크 주변부의 혁신을 제거할 수도 있다고 염려한다. 현재 가장 큰 인터넷 회사들 중 일부는 크고 강력한 미디어 기업들에게 동등하게 자유로운 접근권을 주는 인터넷 구조 하에서 학생들에 의한 프로젝트를 진행 중이다. 여기서 염려되는 것은 큰 미디어 기업들이 작은 회사들이 발전한 것처럼 전송에 있어서 우선권을 가지고 유료화 하는 것이 가능할 것인가 하는 점이다.

89. 명백하게 현재 인터넷 구조는 진입장벽이 낮아졌다. 그렇기 때문에 기업들은 빠르게 성장하고 대기업들에게 위협이 되고 있다. 이렇게 성공한 기업들로는 Yahoo, EBay, Google 등을 꼽을 수 있다. Verizon(그림 6을 보라)과 같은 젊은 기업들의 자본화는 IBM 같은 거대기업들에게 위협이 되고 있다.

그림 6. 신규 및 기존 기업의 시장가치 추이

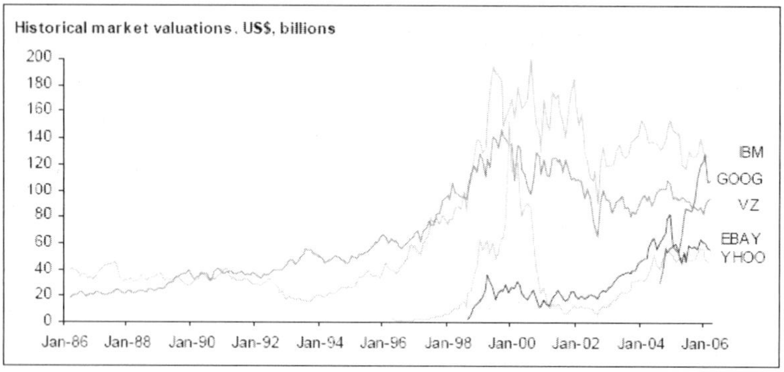

출처: OECD.

90. Ebay, Yahoo, Google, Amazon 등은 인터넷이 등장하기 이전에는 불가능했던 그들의 시장을 개척할 수 있게 되었다. 인터넷은 많은 소비자가 존재하는 대규모 시장에 대한 진입장벽을 줄여주었고 이것은 경쟁을 증가시키고 소비자들의 복지향상에 도움을 주었다. 현재 어떤 전문가들은 이중 구조가 새로운 진입장벽이 되고 있으며 주변부의 혁신을 억누른다고 우려하고 있다. 어떠한 진입장벽의 확대도 시장으로 들어오는 경쟁의 양을 감소시킬 수 있다. 그것은 유료화된 초고속 전송망에 대한 접근은 새로운 회사들이 부담해야 할 짐일지는 명확하지 않다. 반면에 높은 기술의 도입은 이러한 연결망을 필요로 하는 혁신 증가를 보장할 수 있을 것이다.

91. 진입 장벽에 대한 어떤 관점은 개발 상품과 서비스가 세계화의 수단이 된 개발도상국 국가들 기업에 초점을 맞추고 있다. 예를 들어, 농업 진흥을 위한 국제적 기금은 남미에 있는 작은 기업인 La Gallina(http://www.lagallina.cl)를 후원한다. La Gallina와 같은 사이트에 의존하는 작은 생산자들은 대역폭에 있어서 큰 인터넷 회사들에 맞설 자원이 없을 지도 모른다.

92. 소비자에 대한 잠재적인 노출을 제한하는 웹 호스팅 결정이 이미 만들어진 것에 주목해야 한다. 그리고 우선권이 있는 트래픽 핸들링 도입은 작은 웹사이트들에 대해 적은 영향을 줄 수 있을 것이다. La Gallina는 현재 시스템 하에서 확립되어 있는 경쟁적 수준의 e 비즈니스에서 기술적 그리고 경제적 어려움에 직면하고 있다. 먼저, 적은 규모의 인터넷 회사는 그들의 웹사이트에서 이용할 수 있는 콘텐츠가 희소하

다. 대신에 그들은 ISP를 통해 웹 호스팅 서비스를 한다. 웹사이트 운영자들과 관리자들은 반드시 그들의 웹사이트와 가격 규모에 따른 적절한 대역폭을 결정해야 한다. 웹사이트에서 갑자기 많은 이윤이 창출되면 최대 대역폭에 빨리 도달할 수 있다. 그러한 경우에 있어서 사이트의 관리자들은 사이트에서 받은 트래픽의 양을 조절할 수 있는 좀 더 비싼 호스팅 계획에 대한 요금을 반드시 지불해야 한다. 이와 대조적으로 확립되어 있는 인터넷 회사들은 그들의 네트워크를 운영하고 큰 인터넷 제공업자들에게 피어링(*peering*)이나 배열 이동을 직접 할 수 있다.

93. La Gallina와 같은 이중 구조 인터넷 기반 하에서는 페이지 로드 회수가 영향을 받지 않을 수도 있다. 그러나 차이점은 작은 회사가 제공할 수 있는 비디오와 음성과 같은 높은 대역폭이 필요한 서비스를 전송할 필요가 있다는 것이다. 예를 들어, YouTube와 같이 가입자에게 비디오를 실시간으로 중계해야 하는 기업은 서비스의 질을 향상시킬 필요가 있다.

Production of new content (새로운 콘텐츠의 생산)

94. OECD 및 전 세계에서 광대역 연결의 빠른 롤아웃(*rollout*)은 인터넷 콘텐츠에 대한 수요를 증대시키고 있다. 미디어 기업들은 그들의 콘텐츠를 온라인을 통해 전송하지만 가입자들은 온라인을 통해서 그들이 직접 서비스를 생산하고 발전시킬 수 있다. 정책입안자들은 가입자에 의한 참여를 증대시키려고 하고 있다. 따라서 논쟁은 네트워크 중립성 혹은 인터넷의 이중구조가 콘텐츠 제작자로서 엔드유저에 어떤 효과를 미칠 것인가에 초점이 맞추어 지고 있다.

95. 1990년대 중반에 인터넷은 홈페이지를 통해 자신을 표현하기 위한 채널이 되었다. 인터넷 서비스 제공업자들은 이용자들이 홈페이지를 이용하고 콘텐츠를 분류할 수 있는 서버를 할당하였다. 10년 후에 블로그를 통해 이러한 바람이 한 번 더 거세게 불기 시작했다. 이것의 콘텐츠는 사진 공유 사이트, podcasting 같은 것들이 있다. 이용자들은 다른 이들에게 무료로 접근할 수 있는 인터넷을 사용하기 시작했고, 콘텐츠를 만들어냈다. 이용자가 인터넷을 통해 만들어 낸 파일들은 광대역을 통한 업로드와 다운로드 양쪽의 측면 모두에서 급격하게 증가하였다. 하나의 대표적인 예로써 디지털 사진에 대한 공유가 Flikr, MySpace 같은 사이트에서 급격하게 증가한 것을 들 수 있다.

박스 2. 디지털 카메라와 광대역 콘텐츠 창출

디지털 카메라의 해상도는 빠르게 증가하고 있다. 예를 들어 1997년에 가장 좋은 디지털 카메라가 capturing 1.2 megapixels이 가능했고, JPEG를 압축하는 데 있어 3.6MB 혹은 360KB 가 필요했고 10:1로 압축할 수 있었다. 단지 십 년 후에 가장 좋은 디지털 카메라는 16.7 megapixels로 캡처하는 것이 가능해졌다. 이것은 사진 크기를 50.1 MB 그리고 5.1 MB로 압축하는 것이 가능해졌다는 것을 의미한다(아래의 그림을 보라). 광대역 가입자들은 또한 오디오 podcasting을 통해 자신만의 콘텐츠를 만들어낼 수 있게 되었다. 시장에서 휴대용 디지털 뮤직 플레이어의 증가는 엔드유저들이 오디오 콘텐츠를 만들어내는 것을 촉진시켰다.

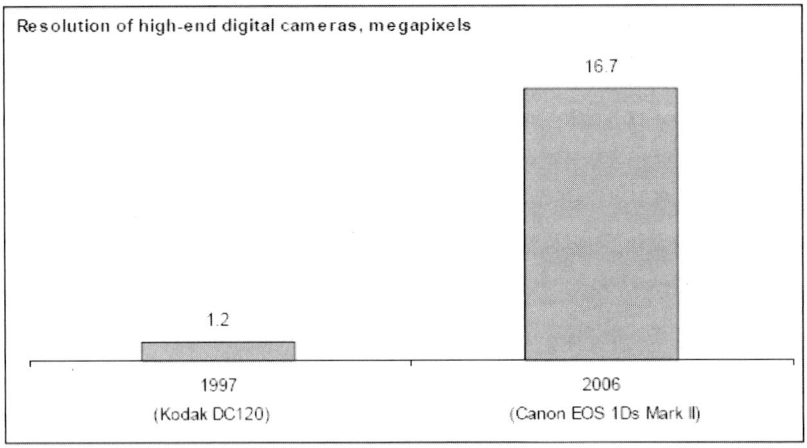

출처: OECD.

96. 분석가들은 이러한 모든 새로운 콘텐츠가 어떻게 저장될지 또 미래에 어떻게 접근될 수 있을 것인지에 관해 논쟁을 벌인다. 콘텐츠 저장과 인터넷을 통한 유포가 삼자인 인터넷 호스팅 사이트 대신에 네트워크로부터 이뤄지는 것에 대한 검토가 진행중인 것이다. 이용자들은 그들의 음악, 비디오, 사진을 자신의 컴퓨터에 저장할 수 있고 이것은 인터넷이 가능한 어느 기기에서라도 이용할 수 있다. 이러한 콘텐츠 저장과 전송 모델은 가정 네트워크 컴퓨터가 이용자 자신의 콘텐츠 접근에 대한 허브/서버가 될 수 있기 때문에 많은 수요가 있을 것으로 보인다.

97. 하나의 잠재적인 장벽은 대부분의 광대역 제공업자들이 현재 인터넷 외부 가정 컴퓨터의 콘텐츠 재전송에 대한 효과적인 차단을 금지하고 있다는 것이다. 이것은 구조화된 트래픽 기술에 의해 쉽게 강화될 수 있다. 미국에서 850만의 가입자를 확보하고 있는 가장 큰 광대역 제공업자인 Comcast는 인터넷 외부의 시각적 콘텐츠를 가정으로 유입하는 것을 엄격하게 금지하고 있다. 그들의 정책은 다음과 같다.

98. "서비스, 소비자 기기, 혹은 Comcast 기기 등의 사용을 금지한다. 프로그램 상영, 기기 혹은 서버를 통해 네트워크 콘텐츠를 제공하는 것이나 LAN 외부로 서비스를 유출시키는 것 등을 금지한다. 금지된 서비스나 서버의 예로는 이메일, 웹호스팅, 파일 공유, 프락시 서버나 서비스 등이 있다."[16)]

99. 이러한 금지사항들은 이용자들이 세 번째 웹사이트를 찾아 그들의 콘텐츠를 호스트하고 웹사이트에서 이용하도록 한다. Flikr(*digital photographs*), YouTube(*video*)는 이용자들의 콘텐츠를 모아서 다른 이용자들에게 무료로 이용 가능하게 하는 사이트의 예들이다. 이러한 사이트들은 모두 짧은 클립과 상대적으로 적은 수의 사진을 제공하지만 가정으로부터 그들의 디지털 미디어로 효율적으로 전송하기 어렵다.

100. ISP들은 다양한 방식으로 응답한다. 그들은 인터넷을 통한 소비자 평가를 허용하고 새로운 서비스의 질을 보장할 수 있고 어떤 망에 대해서도 우선권을 부여할 수 있고 어떠한 망에 대해서도 가정의 서버로부터 연결할 수 있다. 이것은 또한 가정 서버 애플리케이션에 대한 "burstable" 광대역 속도를 제공하기 위해 광대역 계획을 논리적으로 구성하고 있다. 이중 구조화된 모델에 대한 이러한 방식의 도입은 가정 네트워크로부터 콘텐츠를 평가하는 데 있어 긍정적인 발전이 될 수 있을 것이다.

101. 이중구조화된 인터넷상의 배열에 있어서 하나의 잠재적인 결점은 만약 인터넷 제공업자들이 경쟁에 뛰어 든다면 그러한 서비스를 도입하는 수직적으로 통합된 인터넷 제공업자들이 적어질 수 있다는 것이다. 하나의 적절한 예는 유선과 모바일 서비스를 제공하는 텔레커뮤니케이션 회사다. PVR을 이용하는 이용자들은 그들의 홈서버를 통해 각기 다른 플랫폼에 대한 콘텐츠를 나중에 보기 원할 것이다. 그러나 네트워크를 통해 이용자의 프로그램 전송을 활성화할 수 있는 제공업자는 경쟁

으로 인해 불이익을 당할 수도 있다. 광대역 측에서는 기록된 어떤 콘텐츠라도 오리지널 콘텐츠 이후에 방송되는 텔레비전 프로그램으로부터 이익을 얻는 것이 가능해진다. 둘째, 텔레커뮤니케이션 제공업자들의 모바일 네트워크는 모바일 네트워크를 허용함으로써 얻을 수 있는 이익이 적다. 제공업자들이 네트워크를 통해 프리미엄 콘텐츠를 모바일 네트워크에게 전송하기 때문이다.

102. 다시 논쟁은 시장에서 경쟁으로 돌아온다. 효과적인 시장에서는 새로운 ISP들이 등장하고 홈서버에 연결되기 원하는 가정 가입자들의 필요를 만족시킨다. 제공업자들은 만약 그들의 경쟁자들이 그들에게 서비스를 제공한다면 그러한 서비스를 차단해야 할 압력을 느끼게 될 것이다. 킬로메트리(*kilometre*)를 통한 경쟁적 접근은 그것이 이용자 요구에 맞는 광대역이 될 수 있도록 해주기 때문에 이러한 상황에서 필수적이다.

Maintaining access (접근의 유지)

Anti-competitive behaviour (비경쟁적 행동)

103. 네트워크 중립성을 둘러싼 논쟁들 중 많은 부분은 서비스 제공자로부터 제공받는 네트워크 운영자의 잠재적인 비경쟁적 행동이다. 그들은 또 불이익이 되는 경쟁적 상황에 놓여 있는 운영자들과 같이 그들의 네트워크를 쉽게 배치할 수 있다. 네트워크 중립성을 주장하는 사람들은 이중 구조를 주장하는 사람들이 그러한 분석이 단지 "문제에 대한 솔루션"(*solution in search of a problem*)이라고 주장하는 반면 위험에 주목한다.[17]

104. 만약 광대역에 대한 시장의 경쟁이 충분치 않다면 케이블에 대한 전통적인 병목과 텔레커뮤니케이션 네트워크는 서비스를 차단하기 위해 운영자에게 인센티브를 제공할 것이다. Barbara Van Schewick의 네트워크 중립성에 대한 이론을 게임에 적용하면 현재 인터넷 제공업자들에게 VoIP와 비디오 스트리밍과 같은 경쟁적인 서비스에 대한 접근을 차단하거나 줄인다면 현재 인터넷 제공업자들에게 분명한 인센티브가 있을 것이다.[18] 네트워크 중립성에 대한 규정은 경쟁이 충분치 않은 경우에 인터넷 제공업자들에 의해 제공되는 비경쟁적인 행동(예를 들어 경쟁적인 트

래픽을 차단하거나 느리게 하는)의 위험을 줄일 수 있을 것이다.

105. Van Schewick는 현재 인터넷 운영자들이 기본적인 인터넷의 존재에도 불구하고 부차적인 경쟁 서비스(음성과 비디오와 같은)에 대한 네트워크 접근권을 약화시킬 것이라고 본다. 그녀는 경쟁적인 부차적 서비스를 낮추는 광범위한 인센티브를 만들어내기 위해 이차 서비스 시장으로부터 발생하는 이윤에 의존하는 광대역 시장이 네트워크 운영자들과 경쟁하는 상황이 올 것이라고 보고 있다. 네트워크 제공업자를 바꾸고자 하는 이용자들에게 부과되는 높은 비용은 서비스를 향상시키기 위해 운영자들이 돈을 내게 만들고 다른 서비스들에 대한 가격을 낮추게 한다. 이러한 요금 거래는 이용자들에게 요금을 부과하게 만들고 네트워크 제공업자들에게 더욱 효율적으로 요금정책을 펴나갈 수 있도록 한다.

106. 비경쟁적 행동에 대한 잠재성은 실재적이고 OECD의 광대역 경쟁에 대해 제한적인 지역을 대상으로 한 조사에서 드러난바 있다.[19] 그러나 많은 경우에 있어서 차단된 포트, 애플리케이션, 서비스에 대한 정책적 반대는 그러한 정책에 반대하는 방해물이 될 수 있다.

107. 비경쟁적 행동의 하나로써 포트를 차단하는 것은 만약 비경쟁적 행동에 대한 이유가 있다면 국가 정책적으로나 경쟁에 있어서나 주목하기가 쉽다. 2005년 초에 미국의 Madison River Communication의 소비자는 독립적 VoIP 제공자인 Vonage로부터 VoIP를 이용하는 것이 더 이상 가능하지 않다는 것을 발견했다. Madison River는 Madison River의 네트워크 가입자에게 음성전화를 사용하여 포트를 차단한 것이다. 소비자는 FCC에게 항의했고 Madison River는 포트를 다시 열 것을 지시 받았다.[20]

108. 포트의 차단은 이용자들의 전화 서비스가 작동되지 않을 때 즉시 찾을 수 있다. 그러나 철저한 차단보다는 질 저하를 찾는 것이 더 어렵다. 이것은 인터넷 애플리케이션에 대한 서비스의 질에 소비자가 익숙하지 않기 때문에 그러하다. 사용하는 페이지가 많으면 평소보다 속도가 저하된다. 그러나 이용자들은 느려지는 원인을 이해하는 데 어려움을 겪을 수도 있다.

109. 어떤 전문가들은 서비스의 질 저하가 이용자들에 의해 찾아지고 법규에 의해 경쟁

이 해결될 것을 주장한다. 그러나 이것은 소비자들이 트래픽의 구별을 쉽게 확인할 수 있고 그것이 비경쟁적 행동이라는 것이 증명되는 것을 확인할 수 있을 때 가능하다. “Best effort” 데이터 전송은 서비스의 질에 대해 보장할 수 없기 때문에 이윤을 창출해내는 데 어려움이 있다.

110. VoIP 이용자들은 VoIP 서비스들이 정확히 작동되지 않지만 원인들이 문제가 되어 결정요소가 될 때 확인하는 것이 가능하다. 지터의 문제는 VoIP 제공업자와 엔드유저 사이의 관계 어디에서나 구조적으로 발생할 수 있다. 네트워크의 골격은 전형적으로 우선권이 없는 대기 행렬 순서부터 드롭되는 패킷이 없다. 그러나 네트워크 구조는 심각한 병목을 겪을 수 있는 엔드유저에게 관심을 기울인다.

111. 만약 ISP가 특정한 패킷의 우선권을 통해 간접적으로 혹은 직접적으로 암호화된 스팀을 통해 도입된다면 비경쟁적 이슈가 촉발될 것이다. 아마도 ISP는 암호화된 VPN을 연결하는 것이 불가능해지고 VoIP 서비스의 질을 저하시키기 어려워질 것이다. 그것은 다른 애플리케이션의 효과가 미약할 때 그러하다.[21] 이러한 현상은 보호와 사생활에 관한 이후의 장에서 더욱 상세하게 다루어질 것이다.

112. 지터와 규제의 결과에 관한 이슈들은 규제에 대해 많은 문제를 만들어낸다. 다른 애플리케이션들은 지터가 일어날 때 문제가 없지만 음성 커뮤니케이션은 심각한 문제에 직면한다. 만약 음성 서비스가 경쟁사로부터 다중 번들링된 것의 핵심적 요소가 된다면 지터는 네트워크에 큰 방해가 된다.

113. 운영자들은 그들의 경쟁자들에 대한 간접적 세금으로써 데이터 취급에 관한 우선권을 이용할 수 있는데 이것이 논쟁거리가 되고 있다. 예를 들어, 캐나다의 Shaw Communications는 세계에서 자신만의 서비스로 패킷 우선권을 가지고 있다. 이용자들은 한 달에 10회씩 CAD를 통해 네트워크에 대한 우선권을 신청할 수 있다. 그러나 Shaw의 VoIP 서비스는 Shaw의 네트워크에게 주어진 우선권에 대한 요금을 가입자가 내지 않아도 되게끔 되어 있다. 그 결과 Vonage와 같은 경쟁적인 VoIP 제공업자들은 CAD를 효율적으로 이용하기 위해 10배 증가된 가격을 지불한다(그림 7을 보라). Vonage는 최근에 Canadian Radio-Television & Telecommunications Commission에 이의를 제기했다.[22]

그림 7. VoIP 경쟁에 따른 잠재적 세금의무 상승

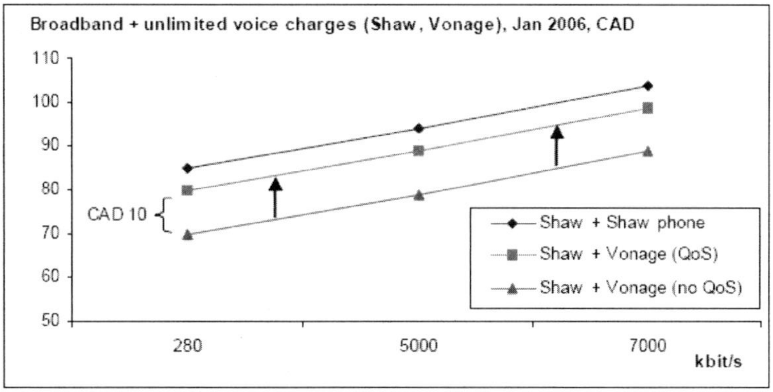

Source: OECD adapted from
http://www.shaw.ca/en-ca/ProductsServices/Internet/ServiceEnhancement.htm

규제자들은 비경쟁적인 행동이 네트워크 운영자들을 공정하게 숨겨주기 때문에 경쟁적이지 않는 시장에서 잘 지켜질 필요가 있다고 본다. 그 예로써, 운영자들은 대기행렬에 영향을 받지 않는 다른 패킷들보다 목적지로 바로 보내지는 단순한 개인적 패킷을 더 선호한다. 변경 비용이 낮은 경쟁적 광대역 시장에서는 이러한 이슈들이 계속 대두될 것이다.

Unhindered access to information (정보에 대한 자유로운 접근)

114. 네트워크 중립성을 옹호하는 사람들은 그들의 콘텐츠를 결정한 후 ISP가 그것을 선택하는 능력 때문에 정보와 말(*speech*)[23]에 대한 접근을 네트워크 중립성의 핵심적인 요소로 본다. 패킷 쉐이핑 기술이 긍정적인 효과를 창출하는 반면에, 말을 옹호하는 사람들은 정부 혹은 ISP들이 이용자들을 통제하여 정보에 대한 접근을 억누르는 것에 대해 부정적으로 본다.

115. The OpenNet Initiative (ONI)은 토론토(Toronto), 하버드(Harvard), 케임브리지(Cambridge), 옥스퍼드(Oxford) 대학 등과 협력 관계를 맺었다. 이것은 인터넷 차단과 필터링이 전 세계에서 어떻게 이뤄지고 있는지를 보기 위해서이다. ONI는 중국을 통해 정보 차단에 대한 것이 라우터에 있어 중요한 기술임을 발견했다.

ONI는 중국의 라우터가 패킷 수준에서 양방향적으로 필터링을 하고 있다고 보고했다. 이것은 75만 개의 다른 것들을 동시에 필터링해낸다.[24)]

Bandwidth ownership (대역폭 소유권)

The role of bandwidth (대역폭의 역할)

116. 네트워크 접근에 대한 병목 현상은 일반적으로 패킷 우선권에 대한 문제를 발생시키기 때문에 네트워크 중립성에 대한 논쟁에서 핵심이 되었다. 네트워크 중립성의 옹호자들은 도입된 티어링 서비스들이 대역폭이 꾸준하게 유지된다면 best-effort 서비스에 대한 서비스의 질을 감소시킬 것이라고 주장하고 있다. 이러한 주장들의 많은 부분은 그것이 꼭 필요하지 않더라도 네트워크의 최종 지점에서 혼란이 일어날 것이라는 가정에 의해 뒷받침되고 있다.

117. 데이터 우선권에 대한 영향은 사용 가능한 대역폭의 양과 직접적으로 연관되어 있다. 한국과 일본의 100Mbit/s의 대역폭은 유지되고 있는 서비스에 아무런 영향을 주지 않을 때 특정한 애플리케이션에 우선권을 할당하기에 충분하다. 그러나 2005년 9월 현재 운영자의 가장 큰 대역폭제공은 OECD 가입국 30개국 중 13개국이 3 Mbit/s에 머무르고 있으며 25개국이 10Mbit/s보다 느린 대역폭을 가지고 있다. 이러한 경우에 특정한 애플리케이션에 대한 우선권은 best-effort 전송에 의존하는 경쟁적인 서비스에 막대한 영향을 미칠 수 있다.

118. 게다가, 연결되어 있는 엔드유저와 이어져 있는 대역폭의 많은 양은 패킷 쉐이핑의 세 가지 유형 중 두 가지 유형을 약화시킨다. 데이터 트래픽이 best-effort이거나 전체 네트워크에 대해 구별이 필요한 트래픽이건 간에 이용자가 모두 담당해야 한다. 발신호 이용은 라우터의 발신호 능력이 증가함에 따라 떨어진다. 패킷 쉐이핑에 기반한 요구 혹은 드롭핑(*droping*) 모두 대역폭이 그것의 효과를 떨어뜨릴 때 발생한다.

그림 8. Incumbent's least expensive offer per Mbit/s

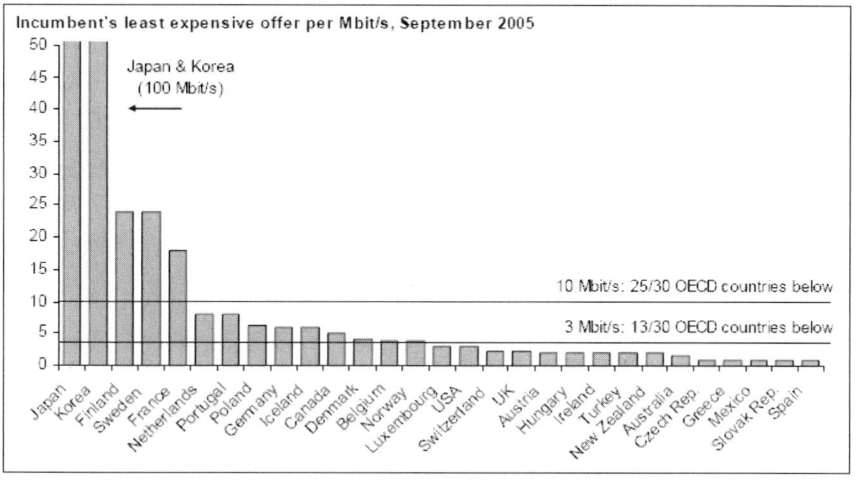

Source: OECD.

119. 그러나 대역폭이 증가하지 않으면 필수적으로 이용자나 네트워크나 능동적인 구별이 필요하다. 네트워크 관리자들은 서비스, 애플리케이션, 포트를 제공하는 네트워크에 대해 부가적인 대역폭을 할당할 수 있다. 이것은 대역폭이 충분할 때 모든 인터넷 애플리케이션에 대한 광범위한 향상이 필요하지 않음을 의미한다.

120. 네트워크 중립성이 대역폭 용량이 증가하는 상황 속에서 부적절한 것이 아니냐는 논란은 운영자들이 best-effort 전송 혹은 need-based discrimination을 선택해야 하는지에 대한 논쟁이 될 수도 있다. 그러나 규제자들과 정책입안자들은 구별 정책이 영향을 주지 않는다면 증가하는 대역폭을 부분적인 솔루션으로만 생각해야 한다.

Are the lines paid for? (유료로 망을 이용할 것인가?)

121. 네트워크 중립성에 대한 논쟁은 콘텐츠 제공자가 ISP 네트워크를 "무료"로 사용하는 것을 허용하지 말자고 한 것이 미국의 텔레커뮤니케이션에 의해 인용되면서 헤드라인이 되었다.[25] 그러나 인터넷에 관한 데이터 전송 뒤에 있는 현재 경제 시스

그림 9. ISP 네트워크 무임승차 금지

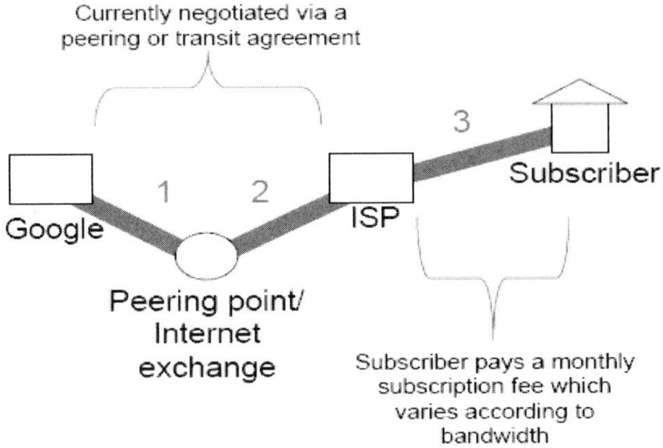

출처: OECD.

템은 이미 각기 다른 네트워크 운영자, 콘텐츠 제공업자 사이에서 직접적, 간접적으로, 경제적으로 협상되어 결정되었다.

122. 광대역 가입자들은 이용자의 컴퓨터와 인터넷에 연결된 전 세계의 나머지 부분과 유기적으로 연결되어 있다고 생각한다. 그러나 이용자 경험의 단순성은 인터넷의 데이터 이동 배후의 복잡성과 경제적 논리 때문에 배신당한다. 최근에 OECD는 데이터의 이동이 매우 복잡한 peering의 시리즈와 이동 동의와 인터넷에 의해 만들어진 공통점이 없는 네트워크 사이에 필요하다는 것을 발견했다.[26]

123. 트래픽을 어떻게 전송할 것인지에 관해 각기 다른 네트워크 운영자들 사이에 협상이 진행되고 있기 때문에 인터넷 이용자들에게는 피해가 가지 않는다. 만약 양쪽의 네트워크가 똑같은 사이즈라면 그들은 "peer"를 결정할 것이다. 이것은 상호 연결에 동의한다는 것이고 가격을 지불하지 않고는 서로의 트래픽이 오고갈 수 없다는 것을 의미한다. 만약 작은 네트워크가 큰 전송망을 이어줄 능력을 갖기 원한다면 그것은 가능하지만 요금을 지불해야 할 것이다. 이러한 거래를 "paid transit"이라고 부른다. 하나의 네트워크가 보다 큰 네트워크와 연결하기 위해서는 비용을 지불해야 하기 때문이다.

124. 그림 9는 1과 2 사이의 구조적 교환을 보여주고 있다. 구글(Google)과 ISP는 인터넷 교환이나 peering 지점을 수단으로 하여 트래픽을 주고받는다. 교환에 대한 물리적 연결을 하기 전에 그들은 반드시 트래픽이 어떻게 지불되어야 하는지에 대한 경제적 동의를 얻어내야 한다. 구글은 검색과 ISP 가입자들이 좋아할 만한 다른 서비스들을 제공한다. ISP는 구글에 대해 저렴한 가격으로 계약을 체결할 수 있다. 그것은 구글과 관련된 사이트가 대중적일 때 가능하다. 구글은 ISP 가입자들에게 광고를 내보내고 효율적으로 서비스를 제공하기 위해 반응시간을 단축시켰다.

125. Google과 ISP가 만약 그들이 peering 배열로 인해 이익을 보거나 paid transit이 장점이 되는 상황이라고 한다면 결정되기 전에 역사적, 잠재적 트래픽 흐름을 분석할 것이다. 협상 기간 동안 ISP가 Google을 새로운 비디오 콘텐츠 제공업자로 결정한다면 Google에 대한 직접적인 접근에 대한 필요성보다 ISP에 대한 직접적인 접근이 더 필요해 질 것이다. 만약 이러한 상황이라면 Google은 ISP 가입자에 대한 직접적 연결을 위한 비용이 필요할 것이다. 그러나 대응되는 상황은 Google과 같은 대중적인 콘텐츠 제공자가 접근성마저 확보한다면 Google은 더욱 매력적인 파트너가 될 수 있다는 것이다.

126. peering/전송(*transit*)에 관한 논쟁에서 중요한 것은 제공자 사이의 다른 트래픽이라고 이미 언급한 바 있다. 요금지불은 다른 네트워크보다 더욱 가치 있는 장점을 만들어낼 수 있다. 우선권이 주어진 트래픽에 대한 요금의 향방은 각 네트워크의 장점뿐만 아니라 콘텐츠와 ISP 시장 사이 각각의 경쟁 정도에 달려있다. 데이터 전송과 네트워크 사이의 협상 메커니즘은 이미 오래 전부터 존재해 왔다.

Who owns the lines? (누가 망을 소유할 것인가?)

127. 광대역에 대한 플랫폼 경쟁은 OECD 전체를 통틀어 매우 다양하다. 어떤 나라에서는 단시 DSL로 업그레이드된 반면 어떤 시장에서는 DSL과 케이블 사이에 강력한 경쟁이 일어나고 있다. 플랫폼 경쟁 환경에 의존하고 있는 가입자들은 두 가지 매우 빠른 제공업자들로 제한되어 있다. 그러나 지역적 roll out fibre 네트워크 가입자들은 지역 안에서 향상된 연결성을 가질 수 있고 상대적으로 광대역에 대한 선택성이 적은 상황에서 경쟁적인 상황을 이용할 수 있다. 이러한 네트워크들은 여러 OECD 국가들에서 발전하고 있다. 예를 들어, 미국에서는 67만 1,000개의

능동적 연결망들에 대한 FTTH가 47개 주 936개 지역에 설치되어 있고 400만 가정이 그것을 이용하고 있다.[27] 지역적 fibre 가입자 숫자가 OECD 가입자의 전체적인 광대역 비율보다는 저조하지만 이러한 개방형 접근 네트워크를 통해 경쟁이 일어나고 있는 것이다.

128. 그림 10은 DSL과 다른 플랫폼 기술 사이의 분화와 국가 안에서 벌어지고 있는 적절한 경쟁의 수준을 보여주고 있다. 캐나다, 포르투갈, 한국, 호주, 벨기에는 DSL과 다른 망의 분포가 가장 균형 있게 배치되어 있다. 광대역 가입자들에 대한 균형을 갖춘 다른 나라들은 광대역 경쟁에 근거한 플랫폼이 준비되어 있을 확률이 높다. 그래프의 가장자리에 있는 그리스, 독일, 아이슬란드, 터키, 이탈리아는 DSL과 비교해봤을 때 다른 광대역 기술이 가장 들어오지 않는 국가들이다. 지역적 루프에 대한 경쟁은 충분한 소비자의 선택과 콘텐츠 제공자에 대한 공정한 판매 위치를 보장해준다. 캐나다, 미국, 체코에서는 DSL보다 케이블과 다른 광대역 전송망이 더 많이 쓰이고 있다.

그림 10. 국가별 broadband 플랫폼 비중

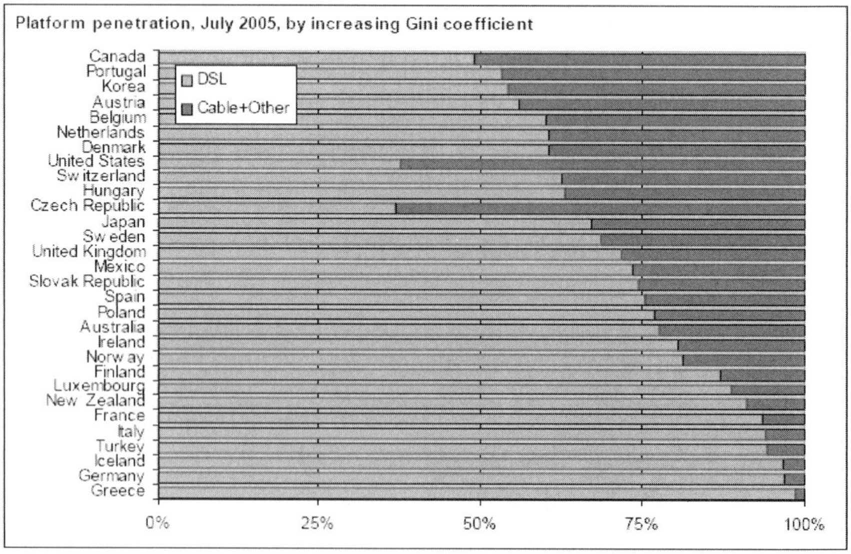

출처: OECD.

129. 네트워크 중립성에 대한 논쟁은 새로운 방식을 찾기 위해 last-mile networks를 만들고 관리하는 것에 관심을 기울이고 있다. 개방된 접근에 대한 last-mile networks대한 요청의 증가 혹은 ISP들에 대한 대여 요청이 늘어나고 있는 것이다. 이러한 논의의 많은 부분은 last-mile에 대한 경쟁에 근거한 플랫폼 부족의 결과로서 논의된다.

130. 네덜란드 암스테르담의 의회에서는 공적/사적 영역의 파트너십을 이용해 도시의 FTTP를 설치하기 위한 Citynet(http://www.citynet.nl)이라 불리는 프로젝트가 승인되었다. 네트워크는 어떤 경쟁적 운영자도 상호연결과 네트워크를 통해서 서로 서비스를 파는 것이 허용 가능한 "open access"가 될 것이다.

131. OECD 일부 국가의 공적 기업에서는 광대역 서비스 시장에 진입하였다. 이것은 시장 경쟁의 층을 두텁게 하는 것이다. 덴마크의 SEAS-NVE은 향후 십 년 동안 가입자의 50%를 확장시킬 수 있는 fibre-optic 네트워크를 만들 것이다. 소비자가 소유하는 SEAS-NVE와 같은 기업은 fibre의 rollout 기반시설과 같은 것에 적용될 수 있다는 점에서 상대적인 이점이 있다.

132. 개방적 접근이 가능한 지역적 네트워크는 그들이 이중 구조화된 인터넷 효과를 줄일 수 있는 서비스 차원의 경쟁이 가능한 플랫폼을 제공하기 때문에 논쟁에서 핵심적인 역할을 할 수 있다. 네트워크에 대한 개방적 접근 정책은 같은 시장과 같은 물리적 기반 하에서 비디오, 음성, 데이터 서비스를 제공하여 제공업자들에게 다양성을 부여해줄 수 있다. 이러한 경쟁의 증가는 이중 구조화된 시스템에 의한 QoS의 혜택으로 제공되는 우선권을 가진 데이터 트래픽에 대한 과도한 서비스나 요금을 차단할 수 있는 능력을 감소시켜 준다.

133. OECD의 성장하는 여러 도시들에서는 소비자들에게 무료로 제공되거나 가격이 저렴한 지역적 Wi-Fi 네트워크를 계획하고 만들어 내려고 하고 있다. 이러한 네트워크들은 또한 시장 안에서 경쟁을 줄이고 데이터 우선권에 대한 과도한 요금을 줄이는 역할을 할 수 있다.
그러나 Wi-Fi 네트워크는 fibre와 경쟁적 접근에 대해 유사한 속도를 제공할 수 없다. Wi-Fi 네트워크의 가입자들은 이용자들이 무선 연결망을 사용할 수 있는 같은 종류의 접근권을 가질 수 없다. 그러므로 지역적 Wi-Fi 네트워크를 통해 이용자들이 이용 가능한 대역폭은 가정의 유선 인터넷 서비스나 FTTH에서 보다 적다.

Bandwidth entitlement (대역폭 권리)

134. 연결망 가입자의 유형에 따른 네트워크 중립성에 관한 논쟁 안에서 눈에 띄는 혼돈은 대역폭 연결의 권리를 소유하는 것에 관한 것이다. 광대역 계획은 과도한 이용에 대한 정책을 받아들이는 것에 대해 일어나고 일반적으로 무제한적 데이터 전송에 의하여 팔린다. 예를 들어, 2006년 3월에 BT는 한 달에 100에서 200GB를 다운로드 받는 소비자 3천 명 이상에게 편지를 보냈다. 그렇게 함으로써 그들은 요금을 지불하든지 계약을 파기해야 한다는 것을 알게 되었다.[28]

135. OECD 국가의 운영자들은 광대역 연결에 대한 bit caps를 도입하였다. 이것들은 종종 범위를 정해주고 무제한 사용에 대해 보다 높은 요금을 가입자에게 책정해준다. 호주와 같은 국가들에서는 네트워크 속도에 의해서보다는 그들이 계획한 트래픽의 양에 근거하여 월별로 광대역 계획을 선택한다. 사용량이 적은 가입자는 월별로 적은 비율의 bit caps를 요구할 수 있다. 예를 들면, Telsta's Bigpond의 가입자는 월별로 200MB에 대해 AUD 29.95를 지불하거나 무제한 데이터 트래픽에 대한 두 배의 가격을 내면 된다.[29]

136. Bit caps는 네트워크 대역폭을 많이 사용하는 이용자에게 불이익이 돌아가게 한다. 어떤 전문가는 다중 구조 인터넷은 다른 서비스들을 느리게 만드는 몇몇 애플리케이션이 대역폭을 광범위하게 사용함으로써 벌어지는 "tragedy of the Internet commons"를 해결하기 위한 방식으로 사용되어야 한다고 말한다. 그들은 고품질의 서비스를 받기 위해 돈을 지불하는 이용자들이 애플리케이션을 이용하는 것을 보장받기 위해 요금을 내야 한다고 주장한다.

137. 경제적 관점에서, "all-you-can-surf"의 광대역 계획은 이용자들이 월별로 일정한 대역폭을 소비한다는 가정 하에 만들어진다. 월별로 지나치게 광대역을 사용하는 이용자와 단지 이메일만을 이용하는 이용자가 있다. 적은 대역폭을 사용하는 이용자는 광대역을 보조적으로 사용할 뿐이다.

138. 이중구조 인터넷의 지지자들은 다중 티어링 시스템이 실제 사용에 있어서 운영자

에게 가격을 지불하게 만든다고 주장한다. 낮은 대역의 이용자들은 각각의 달에 사용하지 않은 대역폭을 그들의 이메일에 대한 우선권으로서 사용한다. 높은 대역의 이용자들은 대역폭이 허용하는 트래픽을 유보하고자 할 수도 있다. 이것은 인터넷 이용을 억제하는 bit caps의 도입 없이 이용자들에게 효과를 볼 수도 있다. 다중 구조 시스템의 반대자들은 이러한 차별화된 서비스가 단순히 시장을 세분화하고 소비자들을 잉여물로 다시 끌어들이는 것이라고 비판한다.

139. 광대역 제공업자들은 소비자들이 광대역을 이용한 요금을 정확히 알아야 할 필요성이 있다. 만약 소비자들이 주어진 인터넷 용량에 대해 무제한적인 접근을 했거나 서비스가 파기될 수 있을 만큼 사용했다면 소비자들은 그것을 알아야만 한다.

Privacy issues (사적인 이슈들)

140. 패킷 쉐이핑 기술은 운영자들에게 핵심적 정보를 분석하는 기술을 알려주었고 패킷이 배달되기 전에 패킷의 요금을 알아볼 수 있게 해주었다. 네트워크 운영자들은 그들의 네트워크를 통해 데이터를 분석하는 능력을 오랫동안 가지고 있었지만 다중구조의 인터넷에서는 능동적으로 패킷을 알아보는 라우터가 증가하고 있다.

141. 인터넷의 원래 구조가 주어진 실행 시간이 지나면 라우터의 양이 줄어들게 되어 있기 때문에 네트워크를 통해 패킷 쉐이핑을 하는 운영자들에게는 인센티브가 적다. 그러나 만약 이중 구조화된 인터넷이 된다면 패킷을 면밀하게 분석하기 위한 기술이 발달하여 운영자들에게 경제적으로 인센티브가 돌아갈 것이다.

142. 개인적으로 확인할 수 있는 기술이 데이터를 모을 수 있게 된다면 데이터의 수집과 저장에 있어서 감시가 필요할 것이다. 현재 인터넷 구조에서는 패킷이 지나가기 전에 패킷의 요금이 분석될 필요가 없다. 그러나 네트워크를 통한 패킷 쉐이핑의 도입은 IP 주소와 연관된 패킷의 요금을 분석하는 라우터가 필요해지게 만든다. OECD의 어떤 국가에서는 개인적인 정보에 대한 문제가 제기되고 있는 상황이다.

143. 네트워크 운영자가 라우터에서 정보를 모으고 저장하는 것을 확인할 방법은 없다. 하지만 정책입안자들은 패킷 쉐이핑 기술의 채택이 운영자들에게 패킷과 IP 주소에 근거하여 요금을 부과할 수 있는 능력을 가지게 해주었다는 사실을 알아야 한

다. 이것은 트래픽 라우팅과 상관없는 목적으로 사용될 우려가 있다. 사적정보에 관련된 이슈들은 이중 구조화된 인터넷 상황에서 복잡한 문제가 될 수 있고 특별한 주의를 요하는 문제가 될 수도 있다.

POLICY CONSIDERATIONS (정책적인 고려사항들)

144. 정책적 고려에 관한 이 장은 네 가지 부분으로 나누어진다. 첫 번째 부분은 경쟁과 관련된 부분이 될 것이고 시장 구조 분석에 대한 짧은 분석이 될 것이다. 두 번째와 세 번째는 특별한 정책에 관련된 부분으로 정책입안자들이 다중 구조화된 인터넷이나 네트워크 중립성을 결정하는 것에 근거하여 이야기되어 질 것이다. 마지막으로 네 번째 부분은 양쪽 모두의 정책적 제도에 적용될 수 있는 여러 가지 이슈들에 관한 부분이다.

Level of competition (경쟁의 수준)

145. 광대역 시장에서 경쟁의 수준은 정책입안자들이 비경쟁적인 트래픽 우선권에 반대하여 알 필요가 있는 가장 중요한 결정요소가 될 것이다. 규제자들은 할당된 지역에서 단순하게 사업자의 수를 판단하지 말고 충분히 경쟁적이라는 것을 감안해야 할 것이다. 규제자들은 광대역 접근에 적당한 효과적인 선택을 할 수 있는 가정을 결정하는 신중한 시장 분석을 수행해야 할 것이다.

146. 광대역을 적절하게 구성하는 인터넷 접근 기술의 정의는 시장의 경쟁을 결정하는 가장 중요한 이슈이다. 소비자들은 주어진 위치에서 사용 가능한 다중구조 인터넷에 접근할 것이다. 하지만 각기 다른 기술의 대역폭 특징은 그러한 대체가 간단히 이루어지도록 하지는 않을 것이다.

147. 3G 기술의 예를 High Speed Packet Access(HSPA)를 통해 들어보면, 한 셀의 이용자당 14.4Mbit/s까지 허용할 수 있다. 그러나 UMTS 포럼은 이러한 기술의 처리량을 측정하고 High Speed Downlink Packet Access(HSDPA)는 이용자의 한

셀당 40명의 이용자가 최대 500~700kbit/s까지 이용할 수 있을 것이라고 예측한다.[30] 대역폭 범위의 다른 끝은 일본과 한국의 FTTH다. 이것은 이용자에게 100 Mbit/s의 속도를 제공해 준다. 반면 홍콩의 China's HKBN은 1Gbit/s(1,000 Mbit/s)로 제한되어 있다. 어떤 시장에서는 실제로 3G와 FTTH가 중복되어 이용될 것이다. 하지만 기술은 대체보다는 보완적으로 사용되어야 할 것이다.

148. 정책입안자들은 반드시 무선 네트워크와 유선 광대역 네트워크의 빠른 속도 사이에 신중한 구별을 해야 한다. 이러한 구별은 현재보다 빠른 대역폭이 요구되는 비경쟁적 패킷의 경우에 위험성이 크기 때문에 필수적이다. 미래에 무선기술이 발달한다고 할지라도 그렇다. 예를 들면, HDTV는 각각의 채널에 대해 대략 10 Mbit/s의 용량을 가지고 압축률에 의존할 것이다. WiMAX와 같은 3G와 다른 모바일 무선 기술은 개인 가입자에게 그러한 대역폭을 제공할 수 없다. 그 결과 IP를 통한 HDTV 전송 시장의 운영자들은 IP를 통해 전송하고 3G, Wi-Fi, WiMAX 등의 제공업자들은 배제해 버릴지도 모른다.

149. 적절한 시장을 정의하고 나면 정책입안자들은 소비자들에 대한 경쟁이 적절한지 결정해야 한다. 많은 OECD 시장에서 빠른 속도에 대한 치열한 경쟁이 일어나고 있다. 이것은 지역적 루프에 대한 경쟁적 접근을 통해 달성되고 케이블과 DSL, 그리고 fibre 사이의 경쟁에 기반하여 달성될 수도 있다.

150. last mile을 통한 망의 경쟁은 인터넷 서비스 제공자 시장에서의 힘을 유지하는 것이다. OECD의 어떤 국가들에서는 소비자가 높은 대역폭을 제공하는 운영자가 제한되어 있는 상황을 겪고 있다. 이러한 경우에 인터넷 서비스 제공업자들은 비경쟁적 목적을 추구하기에 충분한 힘을 갖게 될 수도 있다.

151. 가장 큰 경쟁은 번들링되지 않은 지역적 루프를 선택한 나라와 제공업자들 사이에서도 경쟁이 심한 나라들에서 발견된다. 한국, 네덜란드, 덴마크, 벨기에와 같은 나라에서는 개인적인 ISP들보다 비경쟁적인 상황이 될 수도 있을 것이다.

152. 다른 OECD 국가들은 기반시설의 유형에서 오는 경쟁상황을 맞고 있지만 소비자에 대한 평행적인 광대역 네트워크가 부족하다. 이런 경우에 있어서 정책입안자들은 하나의 네트워크에 대한 수준에서 경쟁 수준을 분석해야 한다. 만약 경쟁이 심

해서 규제자들이 "hand-off" 접근을 취해도 된다면 지역적 루프로 결정될 수도 있다. 반면 많은 OECD 국가들 중에 번들링되지 않은 매우 성공적인 국가들은 효율적으로 경쟁하기 쉬운 조건에 있다.

153. OECD의 몇몇 국가들은 여전히 경쟁적인 초고속 인터넷 시장에서 고독하게 남아 있다. 이러한 국가의 정책입안자들은 평행적 인프라 발전에 특히 신경을 써야 한다. 또한 무선 기술은 유선 연결과 물리적으로 완벽하게 맞아야 하고, 많은 수의 가입자가 10Mbit/s 이상의 속도를 제공할 수 있는 소수의 사업자만을 선택할 수 있음을 명심해야 한다. 게임 이론 분석은 이러한 결정의 핵심적 요소를 제시해 준다. 그것은 시장 구조에 대한 복점(*duopoly*)이다.

Multi-tiered Internet (다중 구조화된 인터넷)

154. 만약 정책입안자가 hand off 접근을 할 만큼 경쟁상황이 충분하다고 판단한다면 시장에서의 경쟁을 활성화시킬 수 있는 여러 가지 방법이 있고 회사에 의한 비경쟁적 상황의 위험을 줄일 수 있는 여러 가지 방법이 있다.

155. 규제자들과 정부의 정책입안자들은 먼저 공정하지 않은 패킷 쉐이핑으로부터 소비자를 보호하기 위해 진입장벽의 단계를 낮추는 것을 고려해야 할 것이다. 번들링되지 않은 지역적 루프는 그것이 새로운 네트워크의 진입을 허용할 만큼 현재의 것보다 낮다고 판단되고 비경쟁적인 패킷 쉐이핑을 고려한 어떤 제공업자들로 경쟁적 상황이 추가될 경우 중요해지기 때문이다. 정부는 또한 새로운 창구에 접근하기 위하여 right-of way(RoW) 접근을 사용함으로써 진입장벽을 낮출 수 있다. 새로운 제공업자들은 가정에 물이나 전기를 제공하는 회사처럼 현존하는 RoW 홀더들과 손을 잡을 수도 있다. 새로운 무선의 스펙트럼은 어떤 서비스에 대한 경쟁을 증가시키고 빠른 대역폭을 보장해주지 못할 것이다.

156. 시장에서 빠른 속도의 선택의 넓은 폭은 그 자체로는 성립되지 않는다. 즉, 비경쟁적인 트래픽 쉐이핑을 차단해야 한다는 말이다. 만약 소비자가 높은 변경 비용을 치러야 한다면 다른 광대역 제공자로 옮겨가기가 쉽지 않게 될 것이다. 이러한 소비자의 "stickiness"는 경쟁자에 대해 자신의 서비스를 공정하지 못하게 취득하는 것이 된다. 규제자들은 소비자를 보호하는 방안을 만들고 그들이 빠르고 효율적이

면서도 싸게 서비스 제공업자를 바꿀 수 있는 방안을 마련해 주어야 한다. 그래야만 서비스가 부당하다고 여겨질 때 쉽게 서비스 제공업자를 바꿀 수 있을 것이다.

157. 종종 비싼 변경 비용은 서비스 제공업자들에게 변경비용을 높이게 하는 결과를 낳는다. 경쟁적 운영자들은 종종 번들링되지 않는 망으로 돌아가거나 많은 양의 up-front 비용을 부과한다. 경쟁적 운영자들은 설치비용(새로운 가입자를 끌어들이지 못하게 하는)을 부과하기를 꺼려하고 해지 비용을 높게 책정한다(해지하지 못하게 만드는). 이러한 요금은 이용자들이 네트워크 운영자를 바꾸는 데 부정적 영향을 주고 불공정한 패킷 쉐이핑을 수행하게 만들 수 있다. 그러므로 광대역 운영자들을 바꾸기 위한 가입자들의 비용 감소는 제공업자들의 경쟁을 증가시킬 것이다.

158. 다른 보호책은 정책입안자가 가입자가 광대역 운영자들과 계약하기 전에 그들의 광대역 패킷을 명확하게 하기 위한 IPS들을 포함시키도록 만드는 것이다. 그 후, 현재 가입자가 어떠한 변화를 인지하도록 해야 한다. 패킷 쉐이핑이 기술적으로 된 후에 그것은 소비자들이 이해하기 쉽도록 기술적이지 않은 설명이 필요하게 되었다. 예를 들어, 규제들은 실제 광대역 속도에 적용될 수 있고 연결의 비율이 best-effort 서비스에 부합하게 이용될 수 있어야 한다. 그림 11에 나와 있는 것과 유사한 주의사항은 광대역 서비스에 대한 광고가 필요하다는 것이다. “reserved by ISP”의 비율은 ISP 자신의 서비스에 할당된 능동적인 정책적 구별을 반영한다. 이것은 가입자가 서비스를 이용하지 않을 때 자동적으로 배포될 수 없게 한다. ISP들은 라우팅 정책에 의해 손해를 보았거나 제한된 트래픽 리스트가 필요할 것이다. 규제자들은 소비자들이 쉽고 효율적으로 시장상황을 비교할 수 있도록 정보의 표준을 제공해주는 것이 필요함을 알아야 한다.

159. 규제자들은 그들의 트래픽 쉐이핑 정책을 통과시키기 위해 ISP들이 필요하고 이러한 정보를 배포해야만 한다. 규제자들은 운영자들이 쉐이핑이나 우선권을 주는 것을 차단하는 애플리케이션이나 서비스의 상세한 목록을 업데이트하는 웹사이트를 만들어내는 것에 관심을 가져야 한다(표 1에서 언급된 것과 유사하게). IPS들은 라우팅 정책에 주목할 만한 변화가 일어났을 때 업데이트된 정보를 제공하는 것이 필요하다.

그림 11. ISP가 소비자에게 제공해야 하는 기준(명세)의 예

Bandwidth

Total	Effective
20.0 Mbit/s ↓	12.0 Mbit/s ↓
	Reserved by ISP
2.0 Mbit/s ↑	0.8 Mbit/s ↑

Applications/Services

Application	Status
Web browsing	Open
Video	Restricted
Audio	Restricted
Peer to peer	Restricted
Gaming	Open
VPN	Open

출처: OECD.

160. 정책입안자들은 다중 구조화된 인터넷 구조에서 정책의 악용을 고발하는 것을 보장할 수 있도록 현재의 경쟁 상황을 다시 검토하는 것이 필요하다. 경쟁 기구는 네트워크 트래픽의 복잡함을 고발할 수 있는 강력하고 비경쟁적인 법안이 필요해질 것이다. 만약 비경쟁적인 행동이 의심되고 그것의 메커니즘을 조사해 볼 필요가 있다고 판단되면 소비자들은 간단한 방법으로 고발할 수 있어야 한다.

Network neutrality (네트워크 중립성)

161. 시장분석은 네트워크 중립성에 대한 보호가 필요한 정책입안자들에 의해 도입되는 last mile에 불충분한 경쟁을 보여줄 수도 있다. 그러나 어떤 개입의 초점은 여전히 서비스 질의 혁신을 허용하는 공정한 접근을 보장하는 데 있다.

162. 서비스의 질은 네트워크 중립성 하에서도 네트워크에 우선권을 부여하는 패킷을 필요로 한다. 정책입안자들은 네트워크 운영자들이 데이터 우선권 실행에 대하여 어떤 명백한 가이드라인을 세울 것인지 알 필요가 있다. "need-based"와 "active discrimination" 모두 소비자가 그들의 네트워크에 우선권이 어떻게 적용되는지에 대한 선택을 할 수 있는 한 네트워크를 허용할 수 있을 것이다. 이러한 관점에서 네트워크 "중립성"은 서비스 우선권에 대한 결정을 소비자에게 허용함으로써 달성될 수 있다.

163. 하나의 난점은 네트워크의 구조에 일어나는 패킷 쉐이핑과 동시에 많은 수의 이용자들에게 영향을 준다는 점이다. 그것은 셋톱박스 혹은 모뎀을 통해 이용자들이

자신만의 네트워크를 만드는 것을 가능하게 해주지만 트래픽의 골격은 조화로운 정책을 필요로 한다. 그러한 상황에서 정책입안자들은 가정 이용자들에게 목표된 인터넷 트래픽의 네트워크상에서 트래픽 쉐이핑을 수행할 수 있도록 네트워크 능력의 한계를 정하고 선택할 수 있어야 한다. 이것은 네트워크의 구조가 메인 네트워크 루트의 트래픽 쉐이핑에 대한 요구가 필요 없을 정도로 크면 ISP들에게 부당한 짐이 아니다. last mile에 대한 병목은 트래픽을 만들어내지만 단지 광대역 이용자들을 수긍하게 만들 뿐이다. 이용자들은 nee-based 혹은 능동적 패킷의 구별을 통해 자신의 우선권을 할당받아야 한다.

164. 패킷의 상황 하에서 가입자들은 자신의 네트워크 비율에 대한 우선권을 변경하는 것을 완벽하게 통제할 수 있어야 한다. 이것은 자신의 망에 대한 last mile을 포함하는 것이다. 이것은 다른 서비스에 대해 적은 우선권을 할당하는 반면 게이머들은 네트워크 게임에 가장 높은 우선권을 할당한다. 엔드유저에 대한 모든 네트워크 트래픽은 네트워크가 정체될 때까지 “best effort”로 취급된다. 이용자의 우선권은 혼잡함이 풀릴 때까지 패킷에 할당된다.

165. 각각의 이용자들은 “채널”로 들어오는 자신의 망을 분배할 수 있는 능동적 구별 기술을 이용할 수 있고 특정한 서비스에 망을 할당할 수도 있다. 능동적인 구별은 엔드유저가 채널에 할당된 것을 통해 통제하는 한 네트워크 중립성에 맞설 수 없다.

166. ISP들은 그들 자신의 서비스에 대해 우선권을 추가하는 것을 허용할 수 있다(전화나 IPTV와 같은). 그러나 정책입안자들은 서비스를 더는 사용하지 않게 되면 남겨두었던 대역폭을 드롭시키는 것을 고려해야만 한다. 예를 들어, ISP가 2Mbit/s가 필요한 능동적 구별을 이용한 채널을 통해 IPTV를 제공하는 것이다. 가입자가 2Mbit/s의 텔레비전 스트림을 끄면 망은 다른 광대역 이용으로 사용된다. 만약 사용자가 또 다른 경쟁적인 비디오 서비스를 선택한다면 가입자의 전체 네트워크는 다 사용된 것이다. ISP가 가지고 있는 서비스들이 누군가의 대역폭으로 영구적으로 사용되지 못할 수도 있다. ISP들은 가입자들에게 그들 자신이 가지고 있는 우선권을 여전히 제공할 수 있지만 감소시킬 수 있는 능력을 유지해야만 한다.

167. 정책입안자들은 또한 기본적인 서비스를 제공해주는 ISP들을 고려해야만 한다. 이것은 다른 우선권이 있는 망들 옆에 쉐이프되지 않은 망으로 우선권이 주어지기를

바란다. 기술적 이용 능력이 떨어지는 이용자들은 이렇게 하기가 어렵다고 할지라도 기본적인 연결을 할 수 있고 자신이 트래픽을 쉐이프할 수 있는 이용자들은 라우팅기기가 있어야 한다. 그들은 또한 네트워크를 통해 자신이 제공한 콘텐츠 제공자 밖으로 연결될 수 있는 터널을 보호할 수 있어야 한다. 정책입안자들은 여전히 깊은 움직임부터 단순한 움직임까지 비경쟁적인 행동이 일어났을 때 조치를 취해야 할 필요가 있다.

All markets (모든 시장들)

Negotiations between content providers and infrastructure operators (콘텐츠 제공업자와 기반시설 운영자 사이의 협상)

168. 네트워크 중립성에 대한 논쟁이 진행되는 동안 제기될 수 있는 하나의 핵심적 문제는 ISP들이 그들의 패킷 우선권에 대한 거래에서 콘텐츠 제공자들로부터 추가적인 요금을 받을 수 있는 능력이 있느냐 하는 것이다. ISP와 큰 콘텐츠 제공업자들은 패킷 우선권이 이러한 논의들로 확장될 수 있도록 peering이나 paid transit에 대한 협상을 이미 해왔을 지도 모른다. 상대적으로 힘이 있는 ISP는 그것이 네트워크에 대해 가지고 있는 가입자 수와 연결되어 있을 것이고 그것의 전체적인 시장 공유분과도 관련을 맺고 있을 것이다.

169. 현재의 논의들로부터 네트워크와 네트워크 사이의 트래픽 교환에 대한 정부의 수준이 낮음을 알 수 있고 콘텐츠 제공업자들에 대한 중립적인 패킷 취급이 필요함을 알 수 있다. 규모가 작고 시작 단계에 있는 회사의 관심은 일반적인 ISP를 통해 인터넷 접근에 대한 수요를 끌어들이는 것이다. 시작하는 회사는 큰 광대역 제공업자들은 아니지만 자신만의 ISP를 소유하고 있을 지도 모른다. 단, 그것은 그들 자신 중에 가장 높은 우선권을 가지고 있는 트래픽에 동의할 만큼 큰 ISP는 아닐 것이다.

170. 만약 정부가 지역적 루프 차원에서 경쟁적인 이슈를 효과적으로 실행한다면 네트워크 골격 수준에서의 규제에 대한 필요는 사라질 수도 있을 것이다. 해결책은 아직 명확하지 않다. 그것은 last mile에 대한 경쟁적 접근에 초점을 맞추고 있는 정책입안자들에게 더 적절한 것이 될 수도 있다.

Consumer protection and information disclosure (소비자 우선권과 정보 공개)

171. 층화되어 있는 인터넷 구조에 대한 잠재적인 부정적 이슈들 중에 많은 부분은 보다 나은 정보 공개에 대한 것과 소비자 보호에 관한 것이다. 소비자들은 경쟁하는 광대역 제공업자의 시장에서 보다 잘 보호받을 수 있을 것이고 사업자 변경도 쉽고 빠르게 할 수 있을 것이다. 또한, 트래픽 쉐이핑에 직면한 상황에서 보다 쉽게 해결하는 것이 가능해질 것이다.

172. 소비자들은 그들이 광대역을 선택할 때 정확한 정보를 알 필요가 있다. 광대역 네트워크상에서 트래픽 쉐이핑 기술의 도입은 정보격차를 불러일으켰다. 광대역 제공업자들 특히 이미 트래픽 쉐이핑과 관계되어 있는 제공업자들은 차단된 트래픽 유형을 사용하면 안 된다. 특정한 애플리케이션에 많은 양의 대역폭이 할당되고 그들의 라우팅 정책이 best effort, needs-based, active discrimination에 할당되어야 한다.

173. 규제자들은 사용할 수 있는 트래픽 쉐이핑 유형의 ISP들로부터 정보공개가 보다 잘 될 수 있는 방안을 고려해야 한다. ISP들은 또한 서비스가 차단되거나 저하되었을 때 소비자들에게 알려주어야 한다. 또한 이러한 정보는 공개적이고 쉽게 소비자들에게 전달되어야 한다. 상업적 거래에 대한 적절하고 정확한 정보가 제공되어야 할 필요가 있다. 이것은 OECD 가입국들에게 적용되는 상업적 거래의 핵심적인 요소이기 때문이다. 소비자 보호에 관한 OECD의 지침은 Electronic Commerce(1999)에 나와 있는 온라인 계약과 소비자 거래에 대한 비즈니스 서비스와 거래의 투명성을 보장하기 위한 방침을 포함한다. 소비자 보호에 관한 새로운 방침은 이후 거래에 있어 변화(*traffic shaping/service blocking*)가 일어난다면 무료로 파기가 가능하도록 되어있다.

174. 어떤 규제자들은 이미 소비자가 제공업자들을 쉽게 바꿀 수 있도록 보장할 방안을 마련하고 있다. 2006년 4월 영국의 규제자는 OFCOM을 통해서 이러한 조치들이 마련되고 있다는 것을 밝혔다.[31)]

Mobile network neutrality (모바일 네트워크 중립성)

175. 이 보고서에서의 논의는 유선 네트워크의 트래픽 우선권과 연관된 것들이었지만 어떠한 논의들은 모바일 데이터로까지 확장하는 것이 가능하다. 실제로 트래픽 쉐이핑은 훨씬 더 엄격한 대역폭 제한이 있기 때문에 유선 네트워크 보다 모바일 네트워크에서 더욱 발전했다. 많은 모바일 데이터 네트워크들이 이미 P2P 파일 공유와 같은 대역폭을 많이 차지하는 애플리케이션을 차단하고 있다. VoIP 접근도 마찬가지로 차단되고 있다.

GLOSSARY (용어사전)

Acronym	Description
3G	Third-generation mobile network
ADSL	Asymmetric Digital Subscriber Line
ADSL2+	Asymmetric Digital Subscriber Line 2 plus
AH	Authentication Header
AS	Autonomous System
DSL	Digital Subscriber Line
DSLAM	Digital Subscriber Line Access Multiplexer
ESP	encrypted security payload
FCC	Federal Communications Commission
FIFO	First In, First Out
FTTH	Fiber To The Home
Gbit/s	Gigabits per second
HDTV	High Definition Television
HSDPA	High Speed Downlink Packet Access (HSDPA)
HSPA	High Speed Packet Access
IP	Internet Protocol
IPSEC	Internet Protocol Security
IPTV	Internet Protocol Television
IPv4	Internet Protocol version 4
IPv6	Internet Protocol version 6
ISP	Internet Service Provider
JPEG	Joint Photographic Experts Group
KB	Kilobyte
kbit/s	Kilobits Per Second
LAN	Local Area Network
MAC	Media Access Control
MB	Megabyte (roughly 1 000 kilobytes)
Mbit/s	Megabits per second
ONI	Open network initiative
P2P	Peer to Peer
PVR	Personal Video Recorder
RSS	Really Simple Syndication
TCP	Transmission Control Protocol
Tor	The Onion Router
UDP	User Datagram Protocol
UMTS	Universal Mobile Telecommunications System
VoIP	Voice over Internet Protocol
VPN	Virtual Private Network
Wi-Fi	Wireless Fidelity
WiMAX	Worldwide Interoperability for Microwave Access

NOTE (주석)

1) JH Saltzer, DP Reed and DD Clark, "End-to-end arguments in system design", at: http://web.mit.edu/Saltzer/www/publications/endtoend/endtoend.pdf.
2) St. Sauver, Joe, "Basics of traffic shaping", at: http://cc.uoregon.edu/cnews/winter2002/traffic.html.
3) Felten, Edward and J. Alex Halderman, Freedom to Tinker, Entries: "Nuts and Bolts of Network Discrimination Thursday, March 2nd, 2006", "Nuts and Bolts of Net Discrimination, Part 2 Tuesday, March 7th, 2006", "Discrimination, Congestion, and Cooperation Monday, March 13th, 2006", available at: http://www.freedomtotinker.com.
4) "Jitter", Wikipedia Entry, 30 March 2006, at: http://en.wikipedia.org/wiki/Jitter.
5) "Review: Voice over Wireless LAN", Network World, 10 January 2005, at: http://www.networkworld.com/reviews/2005/011005rev.html?page=1.
6) "Nuts and Bolts of Net Discrimination: Encryption", Felten, Ed and J. Alex Halderman, Freedom to Tinker Blog, 21 March 2006, at: http://www.freedom-to-tinker.com/?p=995.
7) Gai, Silvano, "IPv6 and Internetworking with Cisco routers", pg 153 at: http://www.ip6.com/us/book/index.html.
8) "Tor: Overview", Electronic Frontier Foundation, http://tor.eff.org/overview.html.en.
9) Switzerland, the United States and New Zealand are the three OECD countries that currently do not require unbundling of the local loop.
10) "Verizon blames federal rules for broadband holdup", CNET, 24 August 2004, at: http://news.com.com/Verizon+blames+federal+rules+for+broadband+holdup/2100-1034_3-5322874.html.
11) "Deutsche Telekom Won't Accept Regulation of High-Speed Network", Bloomberg, 19 December 2005, at: http://www.bloomberg.com/apps/news?pid=10000100&sid=ah4Deu4CDlck&refer=germany.
12) "EU says Deutsche Telekom broadband network to be regulated", Dow Jones Newswires, 28 December 2005.
13) Becker, Gary S. "A Theory of Competition Among Pressure Groups for Political Influence", The Quarterly Journal of Economics, Vol. 98, No. 3. (Aug., 1983), pp. 371-400.
14) OECD December 2005 broadband statistics, 13 April 2005, at: http://www.oecd.org/sti/ict/broadband.
15) "RBOCs Wait & See on P2P", Light Reading, 20 March 2006, at: http://www.lightreading.com/document.asp?doc_id=91565&WT.svl=news1_2.
16) Comcast acceptable use policy as of February 2005, emphasis added, at: http://www.comcast.net/terms/use.jsp.

17) USIIA White Paper: Network Neutrality and Tiered Broadband, US Internet Industry Association (USIIA), 06 February 2006, at: http://www.usiia.org/nlcurrent/alert0601.txt.
18) Van Schewick, Barbara, "Towards an Economic Framework for Network Neutrality Regulation", Paper presented at the 33rd Research Conference on Communication, Information and Internet policy, 23-25 September 2005, Arlington, VA.
19) "The implications of WiMAX for competition and regulation", OECD, DSTI/ICCP/TISP (2005)4/FINAL, at: http://www.oecd.org/dataoecd/32/7/36218739.pdf.
20) FCC Consent Decree, DA 05-543, at: http://hraunfoss.fcc.gov/edocs_public/attachmatch/DA-05543A2.pdf.
21) For a detailed discussion of this phenomenon see "Nuts and Bolts of Net Discrimination: Encryption", Felten, Ed and J. Alex Halderman, Freedom to Tinker Blog, 21 March 2006, at: http://www.freedom-totinker.com/?p=995.
22) 'Who Controls How You Use Your Internet Access? Vonage Canada Challenges Shaw . VoIP tax.', Vonage Press Release, 07 March 2006, at: http://www.vonage.ca/canada/corp_english/press.html?PR=2006_03_07_0.
23) "Keep network neutrality", The Minnesota Daily, 31 January 2005, at: http://www.mndaily.com/articles/2006/01/31/66882.
24) "Internet Filtering in China in 2004-2005: A Country Study, OpenNet Inititative, at: http://www.opennetinitiative.net/studies/china/.
25) "At SBC, It's All About "Scale and Scope", BusinessWeek, 07 November 2005, at: http://www.businessweek.com/@@n34h*IUQu7KtOwgA/magazine/content/05_45/b3958092.htm.
26) "Internet Traffic Exchange: Market Developments and Measurement", DSTI/ICCP/TISP (2005)11.
27) "U.S. Optical Fiber Communities" List", TIA and FTTH Council Press Release, 26 April 2006, at: http://www.tiaonline.org/business/media/press_releases/2006/JointPR06-03.cfm.
28) "BT goes after broadband gluttons", BBC, 24 March 2006, at: http://news.bbc.co.uk/1/hi/technology/4841132.stm.
29) ADSL pricing was obtained on 21 February 2006 from: http://www.bigpond.com/internetplans/broadband/adsl/default.asp. The unlimited traffic plan allows 10GB of traffic downloaded at 256kbit/s. After 10GB, the speed of the connection drops to 64kbit/s.
30) "HSPA: High Speed Wireless Broadband-From HSDPA to HSUPA and Beyond", UMTS Forum at: http://www.umts-forum.org/servlet/dycon/ztumts/umts/Live/en/umts/MultiMedia_PDFs_Papers_White-Paper-HSPA.pdf.
31) "Broadband . switching, migration and connection processes", OFCOM Press Release, 13 April 2006, at: http://www.ofcom.org.uk/media/news/2006/04/nr_20060413.

점부 2. 미국의 네트워크 중립성에 관한 법률안

광대역 네트워크와 서비스 배치 촉진에 관한 하원 법안 (H.R. 5252)

미국 하원

2006년 5월 1일

발안 : 텍사스 Barton의원이 에너지 및 상업 위원회와 관련된 다음과 같은 법안을 상정 (Rush, Upron, Pcikering, Stearns, Buyer, Blackburn, Gillmor, Shadegg, Radanovich, Rogers(미시건), Ferguson, Norwood, Whitfield, Shimkus, Myrick, Burgess 의원 서명)

광대역 네트워크와 서비스의 배치 촉진을 위한

법 안

만약 이 법안이 미국 상원과 하원에 의해 효력을 얻게 된다면

제 1 조 약칭; 목차

(a) 약칭

이 법은 "2006 커뮤니케이션 기회, 촉진, 향상 법"으로 인용될 수도 있다.

(b) 목차

제 103 조 감시 및 보고

제 2 장 광대역 정책보고서 집행

제 201 조 광대역 정책보고서 집행

제 3 장 VoIP/911

제 301 조 긴급 서비스; 상호 연결

제 4 장 자치단체의 서비스 제공

제 401 조 서비스 제공 정부기관

제 5 장 광대역 서비스

제 501 조 자립형 광대역 서비스

제 502 조 광대역의 전력 시스템 침해 잠재력에 관한 연구

제 6 장 무결절 이동성(*seamless mobility*)

제 601 조 무결절 이동성 개발

제 1 장 국가 케이블 특허

제 101 조 국가 케이블 특허

(a) 개 정

1934년 커뮤니케이션법(47. U.S.C. 541 et seq.)의 6장 3부 마지막에 다음과 같은 새로운 조항이 추가되어 개정된다.

제 630 조 국가 케이블 특허

(a) 국가 특허

(1) 결정 (*election*)

(d)항에 따라 자격을 갖춘 단체 혹은 개인은 특정 특허지역에서의 케이블 서비스 제공에 관한 연방, 주, 혹은 지방법에 따른 그 밖의 다른 허가권자(*authority*) 대신에 특허지역 안에서 케이블 서비스를 제공할 수 있는 허가권자로서 본 조항에 따른 특허를 얻기로 결정할 수 있다. 한 개인 혹은 단체는 특정 지역과 관련하여 효력을 갖는 본 조항에 따른 특허권을 갖지 못할 경우 특허 지역 내에서 본 조항에 따른 허가권자 하에서 케이블 서비스를 제공할 수 없다. 특허 담당 기관(*franchising authority*)은 특정 지역과 관련하여 효력을 갖는 본 조항에 따른 국가 특허를 가진 개인 혹은 단체에게 제621조 혹은 특정 지역에서의 케이블 서비스 제공에 관한 그 밖의 다른 법에 따른 특허권을 갖도록 요구할 수 없다.

(2) 제출서류(*certification*)

개인 혹은 단체는 본 조항에 따른 지역 케이블 서비스 제공 특허권자로서의 특허권을 얻기 위해서

(A) 그 개인 혹은 단체가 이전에 국가 특허권을 부여받은 적이 없을 경우 특정지역 케이블 서비스 제공과 관련하여 (3)항에서 요구하는 정보를 포함한 증빙서류를 위원회에 제출해야 한다. 혹은

(B) 그 개인 혹은 단체가 이전에 이미 국가 특허권을 부여받은 적이 있을 경우 특정지역 케이블 서비스 제공과 관련하여 (3)항에서 요구하는 정보를 포함한 추가적인 특허지역을 위한 그 밖의 증빙서류를 위원회에 제출해야 한다.

(3) 제출서류의 내용

위원회에서 요구하는 제출서류는 규정에 따라 다음과 같은 내용을 포함한다.

(A) 케이블서비스를 제공하고 있거나 제공하고자 하는 개인 혹은 단체의 이름;
(B) 개인 혹은 단체의 감독자(*director*) 및 수석운영자(*principal executive officer*) 혹은 이와 비슷한 역할을 담당하는 사람들의 이름과 연락처;
(C) 그 개인 혹은 단체의 주요 사무실 주소;
(D) 그 개인 혹은 단체의 지역 대리인(*local's agent*)의 이름, 주소, 전자메일 주소, 전화 및 팩스 번호;
(E) 본 조항에 따른 국가특허를 얻기 위해 (d)항에 따른 자격을 갖추었음을 보여주기 위해 그 개인 혹은 단체가 작성한 신고서(*declaration*);
(F) 제출서류에 의거하여 개인 혹은 단체가 케이블 서비스를 제공하고자 하는 특허 지역에 대한 확인서(*identification*), 그러한 지역은 다음과 같다.

(i) 케이블 사업자(*cable operator*)가 서류를 제출하는 날짜에 제621조 혹은 (본 조항을 포함하여) 그 밖의 다른 법에 따라 특허권을 갖고 있는 지역 전체(*entirety*)
(ii) 단위 지방정부(*general local government*)의 관할권 전체를 포함하는 인접지리적 지역(*contiguous geographic area*), 단 다음과 같은 지역은 제외한다.

(I) 만약 해당 날짜에 케이블 사업자가 제621조 혹은 그 밖의 다른 법에 따른 케이블 제공 특허권을 갖고 있는 지역이 단위 지방정부 관할권 내 지리적 지역에 포함되어 있을 경우 본 조항에 따른 제출서류에서 확인된 인접 지리적 지역은 특정 케이블 사업자의 특허지역을 포함할 수 없다.
(II) 만약 인접 지리적 지역이 각각 서로 다른 특허 담당기관의 관할권 안에 있는 지역일 경우 제출서류는 각각의 지역을 각각 다른 특허지역으로서 열거해야 한다.

(G) 개인 혹은 단체가 본 조항에 따른 케이블 서비스 제공을 위해 서류를 제출해야만 하는 각각의 지역 특허 담당기관에 제출서류 사본을 전달했다는 혹은 앞으로 전달

할 것이라는 신고서;

(H) 개인 혹은 단체가 (f)항에 따른 특허담당기관의 통신망 이용권한에 관한 요구사항(*rights-of-way requirements*)을 준수할 것임을 직접 진술한 신고서; 그리고

(I) 다음과 같은 사항을 진술하는 직접 작성된 신고서

(i) 개인 혹은 단체가 제632조 (b)항 및 본 조항의 (g)항에 따른 모든 위원회의 소비자 보호 및 고객 서비스 규정들을 준수할 것임을 진술하는 신고서; 그리고

(ii) 개인 혹은 단체가 본 조항의 (g)항에 따라 위원회 혹은 특허담당기관에 의해 해당 기준들(*standards*)이 집행될 수도 있음을 동의하는 신고서

(4) 지역 공고(*local notification*); 협상 기회의 보존(*preservation*)

(A) 특허담당기관에게 제출하는 사본

특허 지역을 위해 (2) (A)항 혹은 (B)항에 따라 서류를 제출하는 당일, 개인 혹은 단체는 특정 지역의 특허담당기관에 제출서류의 사본을 전달해야 한다.

(B) 특허동의 협상 허용(*negotiated franchise agreements permitted*)

본 조항의 어떤 사항도 개인 혹은 단체가 제621조 혹은 다른 법에 따른 특허지역에서의 케이블 서비스 제공을 위한 특허 동의(*franchise agreement*) 혹은 기관과의 협상을 방해할 수 없다. 협상된 특허동의는 특정 특허지역과 관련된 본 조항에 따른 개인과 단체가 갖고 있는 국가특허 대신 적용되어야 한다.

(5) 제출서류 갱신(*updating of certifications*)

본 조항에 따른 서류를 제출한 개인 혹은 단체는 제출한 서류가 더 이상 정확하지 않거나 변경되었을 경우 정확한 정보나 변경된 정보로 갱신해야 한다.

(6) 제출서류의 공공 접근(*public availability*)

위원회는 본 조항에 따라 제출된 해당 시기의 모든 서류들에 대해 위원회의 인터넷 웹사이트 및 기타 전자 도구를 이용해 공공 접근이 가능하도록 해야 한다.

(b) 효력(*effectiveness*); 기간(*duration*)

본 조항에 따른 국가특허는 특정 특허지역에 적용되는 (a) (2) (A) 항 혹은 (B) 항에 따른 서류제출이 완결된 날로부터 30일 이후 특허지역에서 효력을 발휘한다.

(2) 기간

(A) 일반 사항(*in general*)
본 조항에 따른 특허는 10년 단위의 기간 동안 특허지역에서 효력을 갖는다.

(B) 기간 연장(*renewal*)
특허지역에 대한 본 조항에 따른 특허는 (A) 항에서 언급된 10년 유효기간이 만기되면 자동적으로 연장된다.

(C) 공청회(*public hearing*)
특허지역 특허담당기관의 요구가 있을 경우 해당 지역에서 케이블 서비스 제공 특허를 받은 케이블 사업자는 본 조항의 요구사항을 받아들임과 동시에 (A) 항에 따라 적용된 지역 내 케이블 사업자 특허 기간인 10년의 마지막 해가 지나기 전에 특허지역에서의 케이블 사업자 업무수행에 대한 공청회에 참여해야 한다. 공청회는 공중에게 케이블 사업자의 업무수행을 평가하고 케이블 관련 공동체(*community*)의 이해관계(*interest*)와 필요사항(*needs*)을 확인하는 기회를 제공할 수 있다. 케이블 사업자는 최소한 공청회 30일 전에 가입자들에게 공청회 개최에 대한 공고를 해야 한다.

(D) 특허 파기(*revocation*)
특허지역에 대한 본 조항에 따른 특허는 다음과 같은 사항에 따라 위원회에 의해 파기될 수 있다.

(i) 특허지역 내에서 케이블 서비스 제공과 관련하여 연방법 및 주법 혹은 위원회 규정을 의도적으로(*willful*) 혹은 반복적으로 위반한 경우
(ii) 특허지역 내에서 케이블 서비스 제공과 관련하여 위원회에 고의로(*knowingly*) 거짓 진술을 하거나 제출 서류를 누락한 경우

(iii) 특허지역 내에서 케이블 서비스 제공과 관련하여 특허지역 특허담당기관의 통신망 이용 권한 운영법안 혹은 규정을 의도적으로 혹은 반복적으로 위반한 경우

(iv) 특허지역과 관련하여 (h) 항의 반인종차별(*antidiscrimination*) 관련 요구사항을 의도적 혹은 반복적으로 위반한 경우

(E) 특허파기 공고

위원회는 케이블 사업자의 특허가 파기되는 해당 특허지역을 관할하는 각각의 특허담당 기관에 해당 특허파기에 관한 공고를 보내야 한다.

(F) 특허 회복(*reinstatement*)

개인 혹은 단체의 특허지역에 대한 특허를 (D) 항에 따라 특허파기를 한 이후 위원회는 해당 특허파기의 기본사항(*basis*)이 개선되었다고 결정하기 전까지는 특허파기를 당한 개인 혹은 단체가 본 조항에 따라 해당 특허지역에서 케이블 서비스 제공 특허를 위해 새로운 서류를 제출하더라도 이를 거부해야 한다.

(G) **케이블 경쟁 종결 시 지방 특허권(*local franchising*)의 반환(*return*)**

(i) 만약 단 하나의 케이블 사업자가 특허지역 내에서 케이블 서비스를 제공하고 (d) (2) 항에 따른 특허지역 국가특허를 얻게 될 경우 해당 특허지역의 특허담당 기관은 위원회에 특허지역에서의 국가특허를 종결해 줄 것(*terminate*)을 요구하는 청원을 할 수 있다.

(ii) 위원회는 그러한 청원에 대해 공고하고 그에 대해 진술할 수 있는(*comment*) 기회를 제공해야 한다. 만약 위원회가 (i) 항의 요구사항이 충족되었다고 판단할 경우 위원회는 해당 청원에 대한 수용(*granting such petition*) 명령을 발포(*issue*)해야 한다. 그러나 만약 그 이후 1년 동안 해당 특허지역에서 케이블 서비스를 제공하는 다른 케이블 사업자가 나타날 경우 위원회는 그 명령을 폐기하고 해당 청원을 기각(*dismiss*)해야 한다.

(iii) 본 하부조항에 따라 특허지역에서 국가특허가 종결된(*terminated*) 케이블 사업자는 자격을 갖출 경우 혹은 갖출 때(*if and when eligible*) 본 조항과 제621조 혹은 그 밖의 다른 법규에 따라 해당 특허지역에서 케이블 서비스를 제공할 수 있는 새로운 권한을 얻을 수 있다.

(c) 국가특허의 요구사항

국가 특허는 다음과 같은 요구사항을 포함해야 한다.

(1) 특허권료(*franchise fee*)

특허지역 내에서 케이블 서비스를 제공하도록 본 조항에 따라 특허권을 부여받은 케이블 사업자는 해당 지역 특허담당기관에게 총 수입(*gross avenue*)의 상한 5%에 해당하는 (특허담당기관에 의해 결정) 특허권료를 지불해야 한다. 이 특허권료는 본 조항의 총 수입 관련 규정과 제622조에 따른 방식(*in a manner consistent*)으로 평가되고 수금되어야 한다.

(2) PEG/ I-NET 요구사항

본 조항에 따라 특허지역 내에서 케이블 서비스를 제공할 수 있는 특허권을 부여받은 케이블 사업자는 (c)항의 요구사항을 준수해야 한다.

(3) 통신망 이용 권한

본 조항에 따라 특허지역 내에서 케이블 서비스를 제공할 수 있는 특허권을 부여받은 케이블 사업자는 (f)항에 따른 특허담당기관의 통신망 이용 권한 요구사항들을 준수해야 한다.

(4) 소비자 보호 및 고객 서비스 기준(*standards*)

본 조항에 따라 특허지역 내에서 케이블 서비스를 제공할 수 있는 특허권을 부여받은 케이블 사업자는 제632조 (b)항에 따라 위원회에 의해 수립된 소비자 보호 및 고객 서비스 기준사항들을 준수해야 한다.

(5) 아동 포르노

본 조항에 따라 특허지역 내에서 케이블 서비스를 제공할 수 있는 특허권을 부여받은 케이블 사업자는 (i)항에 따라 공표된 아동 포르노에 관한 규정을 준수해야 한다.

(d) 국가 특허 자격(*eligibility*)

본 조항에 따른 국가 특허를 얻고자 하는 개인 혹은 단체는 다음과 같은 자격을 갖추어야 한다.

(1) 법규 제정 이후의 서비스 개시

제621조와 본 조항 혹은 그 밖의 다른 법규가 제정되는 당일 특허지역 내에서 케이블 서비스를 제공하고 있지 않은 개인 혹은 단체는 본 조항에 따라 해당 지역 내에서의 케이블 서비스 제공을 위한 국가특허를 취득할 수 있다.

(2) 기존(*existing*) 케이블 서비스 제공자

제621조와 본 조항 혹은 그 밖의 다른 법규가 제정되는 당일 특허지역 내에서 케이블 서비스를 제공하는 개인 혹은 단체는 국가특허가 효력을 갖게 되는 당일 다른 개인 혹은 단체가 해당 특허지역 내에서 제621조와 본 조항 혹은 그 밖의 다른 법규에 따라 케이블 서비스를 제공하고 있을 경우 본 조항에 따라 해당 지역 내에서의 케이블 서비스 제공을 위한 국가특허를 취득할 수 있다.

(e) 공공적, 교육적 그리고 행정적(*governmental*) 이용

(1) 일반 사항

(3) 항의 사항에 따라 특허지역에서의 케이블 서비스 제공 특허를 갖고 있는 케이블 사업자는 해당 국가 특허의 효력이 발휘되는 당일 특허지역 내에서 가장 많은 가입자를 갖고 있는 케이블 사업자에게 요구되는 채널 용량(*capacity*) 보다 적지 않은(*not less*) 공공적, 교육적 그리고 행정적 채널 용량을 제공해야만 한다. 만약 해당 국가 특허의 효력이 발휘되는 당일 특허지역 내에 다른 케이블 사업자가 없을 경우 혹은 공공적, 교육적 그리고 행정적 채널 용량 제공이 요구되는 당일 해당 지역 내에 다른 케이블 사업자가 없을 경우 케이블 사업자는 위원회의 규정에 의해 정해진 용도를 위한 채널 용량을 제공해야만 한다.

(2) PEG 및 I-NET 재정지원

본 조항에 따라 특허지역에 대한 국가특허를 갖고 있는 케이블 사업자는 해당 지역 내

(본 조항에서 규정하는) 총수입의 1%에 해당하는 금액을 공공적, 교육적, 행정적 사용 그리고 (제611조 (f) 항에서 규정하는) 제도적 네트워크(*institutional network*) 사용을 위해 특허담당기관에게 지불해야 한다. 이로 인해 가입자들의 청구서에 그 청구비율을 명시하는 케이블 사업자의 권한(*authority of cable operator*)을 포함하여 제622조에 따른 방식으로 평가되고 거두어질 수 있다. 본 조항의 제정 당일 특허지역 내에서 케이블 서비스를 제공하는 케이블 사업자와 본 조항에 따른 국가특허를 취득한 케이블 사업자는 제621조 혹은 그 밖의 다른 법규에 의해 해당 특허지역에서 요구하는 어떠한 제도적 네트워크도 계속해서 제공해야만 한다. 제621조 (b) (3) (D) 항에도 불구하고, 특허담당기관은 본 조항에 따라 특허권을 갖고 있는 케이블 사업자에게 새로운 제도적 네트워크를 만들 것을 요구할 수는 없다.

(3) 조정(*adjustment*)

본 조항에 따라 특허지역 내에서 특허가 발효된 지 매 10년 후 특허담당기관은 특허권을 갖고 있는 케이블 사업자에게 (2) 항에서 요구하는 제도적 네트워크를 위해 명시된 채널 용량과 공공적, 교육적, 행정적 사용을 위해 명시된 채널 용량을 증가시킬 것을 요구할 수 있다.

그러나 그러한 증가는 다음과 같은 조건을 초과해서는 안 된다.

(A) 1개 채널 혹은

(B) 증가요구 이전의 케이블 사업자에게 요구되었던 공공적, 교육적, 행정적 채널의 10%

(4) 프로그램의 제작 및 전송(*transmission and production of programming*)

(A) 본 조항에 따라 특허권을 갖는 케이블 사업자는 반드시 모든 가입자들이 가입자들의 특허지역 내에서 케이블 사업자에 의해 전송되는 어떠한 공공적, 교육적, 행정적 프로그램이라도 모두 수신할 수 있도록 해야 한다.

(B) 본 조항에 따라 제공되는 모든 프로그램의 제작은 특허담당기관에 책임이 있다.

(C) 본 조항에 따라 특허권을 갖는 케이블 사업자는 신호 발신지(*signal origination point*) 혹은 발신지들 그리고 (D) 항에 따른 다른 케이블 사업자와의 상호연결(*interconnection*) 지점으로부터 가입자들에게 특허담당기관에 의해 제작되는, 그리고 본 조항에 따라 케이블 사업자들에 의해 전송되는 공공적, 교육적, 행정적 프로그램들을 전송하는 책임을 갖는다.

(D) 만약 두 케이블 사업자가 상호 연결과 비용 공동부담(*cost sharing*)을 위해 약정을

맺을 경우 해당 케이블 사업자들은 다음과 같은 사항에 대해 위원회에서 규정한 규정을 준수해야만 한다.

(i) 신호의 질과 기능성 면에서의 재료적 질 저하(*material deterioration*) 없이 공공적, 교육적, 행정적 프로그램을 전송하기 위한 해당 지역 내 두 케이블 사업자 간의 상호 연결 그리고
(ii) 각각의 케이블 사업자 사이의 합리적인 상호연결 비용 할당

(E) 케이블 사업자는 해당 지역 내에서 사업자가 제공하는(*display*) 다른 비디오 프로그램 정보와 동일한 방식으로 인쇄매체 혹은 전자매체에 의한 프로그램 가이드를 통해 아래와 아래 조항에 따라 전달되는 공공적, 교육적, 행정적 프로그램에 대한 정보를 제공해야만 한다. 케이블 사업자는 해당 특허지역 내에서 가입자들이 볼 수 있는 다른 비디오 프로그램들을 포함하는 탐색장치(*navigational device*), 가이드, 메뉴에서 공공적, 교육적, 행정적 프로그램을 누락시켜서는 안 된다.

(f) 통신망 이용 권한(*rights-of-way*)

(1) 사용 권한

특허 지역에서의 본 조항에 따른 모든 특허는 케이블 시스템 건설 권한을 공공 통신망 이용 권한에 의해, 케이블 시스템에 의해 서비스가 제공될 지역 내에서 융화될 수 있는(*compatible*) 용도들을 위해 제공된 지역권(地役權, *easement*)을 통해 부여하는 것으로 해석되어야 한다. 그러나 지역권을 사용하면서 케이블 사업자는 다음과 같은 사항을 반드시 지켜야 한다.

(A) 재산의 안전, 기능, 모양 그리고 다른 개인들의 안전과 편의가 케이블 시스템에 필요한 설비들의 건설과 설치에 의해 영향을 받아서는 안 된다.
(B) 그러한 설비의 설치, 건설, 운용, 제거 비용은 케이블 사업자와 가입자 혹은 양자 간의 조합에 의해 만들어져야 한다. 그리고
(C) 재산의 소유자는 케이블 사업자에 의한 설비의 설치, 건설, 운용, 제거에 의해 야기되는 모든 피해에 대해 케이블 사업자에 의해 적절하게(*justly*) 보상받아야 한다.

(2) 공공 통신망 이용권 운용

본 법안의 어떤 조항도 본 조항에 따라 합리적이고 경쟁 중립적이며 비차별적인 기본 토대 위에서 융합적인 용도를 위해 제공된 지역권과 공적 통신망 이용권을 운용할 수 있는 특허를 가진 케이블 사업자 자격이 있는 개인 혹은 단체에 대한 주정부 혹은 지역정부(특허담당기관 포함)의 권한에 영향을 주지 않는다. 주정부 혹은 지방정부(특허담당기관 포함)는 합리적, 경쟁 중립적, 비차별적인 기본 토대 위에서 다음과 같은 권한을 갖는다.

(A) 공공 통신망 이용권 운용에 대한 비용 청구

(B) (1)(A), (B), (C)항, 운용, 비용과 관련된 사항 준수 요구

(g) 소비자 보호 및 고객 서비스

(1) 전국 기준

제632조 (d)항에도 불구하고 어떠한 주 혹은 지방법(모든 규정 포함)도 본 조항에 따라 특허권을 얻은 케이블 사업자에게 일반적인 적용가능성을 갖는 소비자 보호 및 고객 서비스 요구사항이 아닌 다른 소비자 보호 및 고객 서비스 요구사항을 부과할 수 없다.

(2) 진행

본 조항의 제정 이후 120일 이내에 위원회는 본 조항에 따른 특허권의 본질(*nature*), 그리고 본 조항에 따라 특허권을 갖는 케이블 사업자들을 위한 소비자 보호 및 고객 서비스 기준 집행에 대한 주정부 및 지방정부 역할을 고려하여 본 조항에 따라 특허권을 갖는 케이블 사업자에게 제632조 (b)항에 따른 소비자 보호 및 고객 서비스 규칙을 갱신하는 보고서 및 명령을 발포해야 한다.

(3) 새로운 규정의 요구사항

(A) 새로운 규정은 제632조 (b)의 요구사항과 더불어 특수성을 갖고 최소한 다음과 같은 소비자 보호 및 고객 서비스 문제들을 고려해야 한다(*address*).

(i) 연체료 산정 방식 및 산정 시점(단, 요금액수는 제외)을 포함한 요금청구, 요금청구 분쟁, 서비스 중단

(ii) 서비스 실패 혹은 서비스 질 저하
(iii) 채널 구성(*lineups*) 및 그 밖의 다른 케이블 서비스 및 특징 변화
(iv) 시청 제한 서비스(*parental control*) 옵션 이용가능성

(B) 이러한 규정들은 위원회의 결정에 따라 특허지역 내 위원회 규정 위반에 대해 부과될 수 있는 벌금(*forfeiture*) 처벌이나 소비자 환불 혹은 양자 모두를 요구할 수 있으며 규정 위반이 반복될 경우 증가된 벌금(*forfeiture*) 처벌이나 소비자 환불 혹은 양자 모두를 요구할 수 있다.
(C) 위원회의 규정은 또한 본 조항에 따라 위원회에 의해 산정되는 벌금을 케이블 사업자가 직접 특허담당기관에 지불하는 절차를 수립한다.
(D) 위원회는 적어도 1년에 한 번씩 의회에 다음과 같은 사항을 보고해야 한다.

(i) 본 조항에 의해 부과된 처벌과 제출된 민원
(ii) 본 조항 하에서 제기된 모든 새로운 소비자 보호 및 고객서비스 관련이슈

(E) 본 조항에 따라 만들어진 위원회 규정들은 필요할 경우 수정되어야 한다.

(4) 민원(*complaints*)
어떤 개인이든 본 조항에 따라 특허 지역에서 특허권을 갖는 케이블 사업자들에 의한 제632조 (b)에서 규정된 규정 위반과 관련하여 민원을 다음과 같은 기관에 제출할 수 있다.

(A) 해당지역 특허담당기관
(B) 위원회

(5) 지역 특허담당기관의 준수 요구 명령
특허담당기관은 그와 같은 민원을 착수하는 과정에서 위원회에 의해 규정된 규정에 대한 준수 명령을 발포할 수 있다. 하지만 특허담당기관은 새로운 기준과 규정을 만들어낼 수 없으며 위원회의 기준과 규정을 수정 혹은 부연(*expand upon*) 할 수 없다.

(6) 기록에 대한 접근권
그러한 과정에서 특허담당기관은 가입자와 케이블 사업자 간의 계약(*contract*), 합의(*agreement*), 조정(*arrangement*) 및 제기된 위반사항과 직접 관련된 그 밖의 데이터, 문서, 기록 제출을 요구하는 명령을 발포할 수 있다.

(7) 위원회 구제절차; 항소(*appeals*)

만약 위원회에 항소가 이루어지지 않은 경우 본 조항에 따른 특허담당기관의 명령은 위원회에 의해 집행되어야 한다. 항소가 이루어지면 그 항소는 위원회가 항소를 접수한 지 30일 이내에 위원회에 의해 해결(*resolve*)되어야 한다.

(8) 특허담당기관 명령 비용

특허담당기관은 그러한 명령 발포 비용을 충당하기 위해 본 조항에 따른 케이블 서비스 제공자에게 명목상(*nominal*) 비용을 부과할 수 있다.

(h) 반차별(*antidiscrimination*)

(1) 금지

본 조항에 따라 특허지역 내에서 케이블 서비스를 제공할 수 있는 국가 특허를 가진 케이블 사업자는 특허지역 내에 거주한 어떤 잠재 가입자 그룹이라 하더라도 그 그룹의 수입(*income*)에 따라 케이블 서비스 접근을 거부해서는 안 된다.

(2) 집행

(A) 민원

만약 특허지역의 특허담당기관이 해당 특허지역에서 케이블 사업자가 본 조항을 위반하였다고 판단할 합리적인 이유가 있을 경우 특허담당기관은, (B)항의 지시사항을 따른 후, 해당 위반사항을 알리는 민원을 위원회에 제출할 수 있다.

(B) 특허담당기관에 의한 공고

(A)항에 따라 위원회에 민원을 제출하기 전에 특허담당기관은 다음과 같은 사항을 따라야 한다.

(i) 특허담당기관은 각각의 제기된 위반사항에 대해 케이블 사업자에게 공고해야 한다.

(ii) 그러한 제기에 대해 케이블 사업자가 응답할 수 있도록 30일 이상의 시간을 케이블 사업자에게 제공해야 한다. 그리고

(iii) 그 응답시간 동안에 본 조항을 위반한 이유를 진술하는 문서화된 응답을 제출할 것을 케이블 사업자에게 요구할 수 있다.

(C) 매해 두 번의 보고서

본 조항에 따라 특허지역에서의 국가 특허를 가진 케이블 사업자는 국가 특허의 효력이 발생한지 180일 이내에 그리고 그 이후에는 1년에 두 번(*biannually*) 해당 지역 특허담당기관과 위원회에 다음과 같은 사항을 담은 보고서를 제출해야 한다.

(i) 케이블 사업자가 케이블 서비스를 제공하는 특허지역 내의 지리적 지역확인(*identifying*); 그리고

(ii) 특허지역 내 다른 지역으로의 케이블 서비스 확장과 관련된 진척사항(*progress*) 설명

(D) 위원회에 의한 공고

위원회가 케이블 사업자의 본 조항에 대한 위반사실을 제기하는 본 조항에 따른 민원을 접수하면 위원회는 케이블 사업자에게 민원에 대해서 공고해야 한다.

(E) 조사

위원회는 본 조항에 따른 민원을 조사하면서 케이블 사업자의 본 조항 준수 여부를 결정하는 데 필요하다고 판단할 경우 케이블 사업자에게 해당 정보와 문서를 공개하도록(*disclose*) 요구할 수 있다. 위원회는 본 조항에 따라 수집된 정보와 문서의 기밀성(*confidentiality*)을 유지해야한다.

(F) 민원해결 시한(*deadline*)

위원회는 본 조항에 따른 민원을 접수한 지 60일 이내에 민원에서 제기된 각각의 위반사항과 관련된 결정사항을 공포해야 한다.

(G) 결정(*determination*)

만약 위원회가 〔본 조항에 따른 민원 혹은 위원회 스스로의 발안(*initiative*) 건에 대한 응답으로〕 특허지역 내의 본 조항에 따른 케이블 서비스 제공 특허를 가진 케이블 사업자가 해당 특허지역에 거주하는 특정 잠재적 가입자 그룹에게 그 그룹의 수입을 이유로 케이블 서비스 접근을 거부했다고 결정내릴 경우, 위원회는 반드시 합

리적 기간 이내에 해당 케이블 사업자가 해당 그룹에게 접근권을 확장시키도록 해야한다.

(H) 구제 절차(*remedies*)

(i) 일반사항
본 조항은 제4장과 제5장에 따라 위원회에 의해 집행되어야 한다.

(ii) 벌금 상한(*maximum forfeiture penalty*)
제503조에 따라, 본 조항 위반에 적용될 수 있는 벌금 상한은 각각의 위반일(*each day of the violation*) 당 50만 달러이다.

(iii) 특허담당기관으로의 벌금 지불
위원회는 본 조항에 따라 벌금 처벌이 부과된 케이블 사업자에게 벌금을 해당 특허담당기관에게 직접 지불할 것을 요구해야 한다.

(i) 아동 포르노

본 조항의 제정일 이후 180일 이내에 위원회는 본 조항에 따른 국가 특허를 가진 케이블 사업자들에게 그들의 네트워크가 (254조 (h) (7) (F) 항에서 정의된 용어에 따른) 아동 포르노에 이용되지 않도록 요구하는 규정을 공포해야 한다.

(j) 접근권 임대(*leased access*)

자격을 갖춘(*qualified*) 소수민족 프로그램 및 자격을 갖춘 교육 프로그램으로부터 나온 프로그램 전송과 관련된 제612조 (i) 항의 규정은 특허지역 내에서 본 조항에 따라 특허를 가진 케이블 사업자에게 적용되어야 한다.

(k) 기타 규정의 적용가능성

다음과 같은 조항의 규정은 특허지역 내에서 본 조항에 따라 특허를 가진 케이블 사업자에게 적용되어서는 안 되며 해당 개인 혹은 단체에게 의무사항(*obligations*)을 규정 혹은 부과하는 권한을 부여해서는 안 된다.

: 611조 (a)항, 611조 (b)항, 613조 (a)항, 617조, 621조 ((b)(3)(A), (b)(3)(B), (b)(3)(C), 그리고 (c) 항은 제외), 624조 (b)항, 624조 (c)항, 624조 (h)항, 625조, 626조, 627조, 632조(a)항.

(l) 긴급경보(*Emergency Alert*)

본 법안의 어떠한 조항도 주정부 혹은 지방정부가 지방 혹은 지역의(*local or regional*) 긴급 경보 전송을 위해 주정부 혹은 지방정부에 의해 제공되는 해당 지역 특허 케이블 사업자의 긴급 경보 시스템에 접근하는 것을 금지할 수 없다.

(m) 보고, 기록, 감사

(1) 보고

특허지역 내의 본 조항에 따른 케이블 서비스 제공 특허를 가진 케이블 사업자는 위원회가 (c)(1)과 (c)(2)항의 요금 의무사항 준수여부를 입증할 것을 요구할 수 있기 때문에 해당 특허지역의 특허담당기관과 위원회에 주기적으로 보고해야 한다.

(2) 서적 및 기록의 이용가능성

(3)항에 따라 특허지역의 특허담당기관과 위원회의 요구가 있을 경우 해당 특허지역의 국가 특허를 가진 케이블 사업자는 자신의 서적 및 기록에 대해 해당 특허담당기관과 위원회가 각각 주기적인 감사를 할 수 있도록 해야한다.

(3) 특허담당기관 감사 절차

특허담당기관은 합리적 요구문서를 통해 열두 달 중 1회를 넘지 않는 한에서 (c)(1)항과 (c)(2)에 의해 요구되는 요금의 지불을 확인하기 위해 합리적으로 필요한 범위까지 케이블 사업자의 사업문서들을 조사(*review*)할 수 있다. 이러한 조사는 다른 서비스, 성능, 응용과 기능적으로 통합되거나 묶일 수 있는 케이블 서비스 총수입 비율을 할당하기 위해 케이블 사업자가 사용하는 방법(*methodology*)까지 포함한다. 이러한 조사는 위원회에 의해 만들어진 절차에 상응하여 수행되어야 한다.

(4) 비용 회수(*cost recovery*)

(A) 케이블 사업자는 (3)항에 따른 조사가 조사 기간 동안 (c)(1)항과 (e)(2)항에 따라 요구되는 (B)항에서 명기된 요금의 최소 퍼센티지를 충족시키는 금액에 미달하는 요금지불을 확인하는 범위까지 그러한 요금과 관련되어 위원회에서 결정한 대로 독립적인 제3자에 의해 수행된 조사의 합리적인 비용을 특허담당기관에게 변상해야 한다.

(B) 위원회는 규정에 따라 (A)항에 의한 비용 변상을 요구하는 최소 퍼센티지의 미납요금을 결정해야 한다.

(5) 제한

지불되거나 면제된(*remitted*) 지 3년 이내에 특허담당기관에 의해 조사되지 않은 요금은 본 조항에 따른 특허담당기관에 의한 이후 조사 대상에 들어가서는 안 되며 특허담당기관은 그것을 완납된 것으로 여겨야 한다.

(n) 공유 설비(*shared facilities*)를 위한 프로그램 접근권

(1) 금지

케이블 사업자와 이해관계(*attributable interest*)를 갖는 케이블 프로그램 사업자(*cable programming vendor*)는 본 조항에 따른 국가 특허를 가진 케이블 사업자가 자신의 케이블 시스템을 위해 소유권 공유(*shared ownership*) 혹은 임대협약(*leasing agreement*)에 따라 다른 케이블 시스템들과 같은 중계소를 사용한다는 이유만으로 해당 케이블 사업자의 비디오 프로그램 접근권을 거부해서는 안 된다.

(2) 용어 정의

'케이블 프로그램 사업자'라는 용어는 케이블 가입자들에게 재전송할 목적으로 케이블 사업자들에게 직접 판매되는 비디오 프로그램을 위한 프로그램 제작, 창작, 총판 배급에 종사하는 사람을 의미한다.

(o) 총수입(*gross avenue*) - 본 조항에서 사용되는 의미대로

(1) 일반 사항

(2) 항과 (3) 항에 따라 '총수입'이라는 용어는 현금, 예금(*credits*), 자산(*property*), 현물기부(*in-kind contribution*) (서비스 혹은 재화)를 포함하여 특허지역 내에서 케이블 서비스 제공으로부터 케이블 사업자에 의해 얻어진 모든 종류 및 특질에 대한 고려(*consideration*)를 의미한다.

(2) 포함 항목(*included items*)

(3) 항에 따라 '총수입'이라는 용어는 다음과 같은 사항을 포함한다.

(A) 케이블 서비스가 아닌 다른 서비스들과 기능적으로 통합되거나 패키지 혹은 번들의 한 부분으로 혹은 개별적으로 판매되었을 때 케이블 서비스 요금을 포함하여 케이블 서비스 제공에 대해 가입자들이 지불한 모든 요금과 비용
(B) 케이블 사업자에게 부과되었으며 가입자들에게 넘겨진 모든 특허권료
(C) '홈쇼핑' 혹은 그와 비슷한 프로그램과 같이 케이블 서비스를 통한 상품이나 서비스의 판매 촉진 및 전시에 대한 대가로 케이블 사업자가 받은 보상
(D) 케이블 사업자가 케이블 서비스를 통한 비디오 프로그램 전송 서비스 혹은 그 밖의 다른 프로그램 서비스에 대한 보상으로 받은 수입
(E) 광고에 대한 보상협약(*compensation arrangement*)에 따라 케이블 사업자의 케이블 서비스로부터 나온 모든 수입. 그리고
(F) 케이블 서비스 광고에 대해 제휴된 제3자(*affiliated third party*)에게 지불된 광고수수료

(3) 제외 항목(*excluded items*)

'총수입'이라는 용어는 다음과 같은 사항을 포함하지 않는다.

(A) 모든 불량부채 회수의 순 불량부채(*bad debt net of any recoveries of bad debt*)와 같이 청구되었다 하더라도 실질적으로 들어오지 않은 수입
(B) 케이블 서비스에 의한 상환(*refund*), 환불(*rebate*), 외상(*credit*), 할인(*discount*) 범위까지 고르고 (A)항에 의해서 아직 차감되지(*offset*) 않은 범위까지의 가입자 혹은 지방자치단체에 대한 상환액, 환불금, 외상 혹은 할인액

(C) (4)항에 따라 텔레커뮤니케이션 서비스, 인터넷 접속 서비스, 케이블 서비스와 함께 기능적으로 통합되거나 패키지 혹은 번들의 한 부분으로 묶여 판매될 수 있는 서비스들을 포함하는 케이블 서비스가 아닌 그 밖의 다른 서비스 및 성능 제공을 통해 케이블 사업자 혹은 그 제휴자들(*affiliates*)이 얻는 모든 수입

(D) 기업 전화번호부(*yellow pages*), 개인 전화번호부(*white pages*), 배너광고, 전자출판을 포함한 디렉토리 혹은 인터넷 광고 제공을 통해 케이블 사업자나 그 제휴자들이 얻는 모든 수입

(E) 공공시설 무료 서비스(*service to public institutions*) 제공을 포함한 고객에 대한 무료 케이블 서비스 제공을 통해 얻어진 모든 수입액

(F) 판매세, 사용세, 공공설비 사용자세(*utility user taxes*)를 포함하여 세금부과 기관이 요구하고 서비스 제공자가 걷는 고객에게 부과되는 일반적 응용가능성(*applicability*)에 대한 혹은 연방정부, 주정부, 지방정부 및 그 밖의 정부 단체에 의한 거래(*transaction*)에 대한 세금, 요금, 부과액(*assessment*)

(G) 개인에 대한 무료 케이블 서비스 제공으로부터 나온 모든 이전(*forgone*) 수입 단, 거래(*trades*), 교환(*barters*), 서비스 혹은 그 밖의 다른 가치항목에 대해 교환된 모든 이전 수입은 총수입 안에 포함되어야 한다.

(H) 자산(*capital assets*) 혹은 잉여장비(*surplus equipment*)의 판매

(I) 새로운 프로그램 도입을 위해 케이블 사업자에 의해 실질적으로 초래된 마케팅비용 프로그래머에 의한 변제(*reimbursement*) 그리고

(J) 구매자가 문서로 자신이 해당 서비스를 재판매할 것이며 그에 대한 특허권료를 지불할 것임을 증명한 범위까지의 재판매를 위한 케이블 서비스 판매

(4) 기능적 통합 서비스(*functionally integrated services*)

만약 케이블 사업자가 정상적인 사업과정(*regular course of business*)에서 얻어진 서적과 기록을 통해 이러한 수입의 구분(*division*)과 배제(*exclusion*)를 합리적으로 확인(*identify*)하지 않을 경우, 다른 서비스, 성능, 응용과 기능적으로 통합되거나 묶일 수 있는 케이블 서비스는 다른 서비스, 성능, 응용에 의한 케이블 사업자의 수입비율을 총수입 안에 포함해야 한다.

(5) 제휴 수입(*affiliate revenue*)

제휴자 수입과 같은 수입의 처리가 원래 케이블 서비스에 대해 지불되었을(*would otherwise be paid*) 특허권료 지불을 (의도적이건 비의도적이건 상관없이) 회피하는 효과를

갖는 범위까지 제휴자의 수입은 총수입 계산에 포함되어야 한다.

(6) 다른 법률의 효과

본 조항의 어떤 조항도 제622조 (h) 항에 따른 특허담당기관의 권리를 제한할 수 없다.

(p) 추가 용어 정의

본 조항의 목적을 위해

(1) 케이블 사업자

'케이블 사업자'라는 용어는 제602조 (5) 항에서 주어진 의미를 갖는다. 단, 그 용어는 본 조항에 따른 국가 특허를 가진 개인 혹은 단체도 포함한다.

(2) 특허권료

(A) '특허권료'라는 용어는 특허담당기관 및 그 밖의 정부 단체에 의해 본 조항에 따라 특허지역 내에서 케이블 서비스를 제공하는 개인 및 단체나 가입자 개인 및 단체 혹은 양자 모두에게 단지 그들의 지위 그 자체에 따라(*solely because of their status as such*) 부과되는 모든 종류의 요금과 부과금을 포함한다.

(B) '특허권료'라는 용어는 다음과 같은 사항은 포함하지 않는다.

(i) 일반적 적용가능성에 대한 세금, 요금 혹은 부과금〔본 조항에 따라 특허지역 내에서 케이블 서비스를 제공하는 개인 및 단체(혹은 그러한 개인 및 단체가 제공하는 서비스)와 공공설비 모두에게 부과되는 모든 세금, 요금, 부과금이 포함되며 서비스 제공 개인 및 단체, 가입자 개인 및 단체에게 차별적으로 산정된 과도한 부과금 및 요금은 포함되지 않는다.〕

(ii) (제611조 (f) 항에서 정의된 용어에 따른) 공공적, 교육적, 행정적 이용 및 제도적 네트워크 지원을 위해 (c) (2) 항에 따라 산정된 모든 요금

(iii) 채권(*bonds*), 보장기금(*security fund*), 신용장(*letters of credit*), 보험, 보증(*indemnification*), 벌금(*penalties*), 청산된 손해(*liquidated damages*)를 위한 지불을 포함하여 (f) (2) 항에 따른 공공 통신망 이용 권한 운용을 위한 요구사항

및 요금 혹은

(iv) 미연방법전(*United States Code*, U.S.C.) 17장에 따라 부과된 모든 요금

(3) 인터넷 접속 서비스

'인터넷 접속 서비스'라는 용어는 사용자가 인터넷에 의해 제공되는 콘텐츠, 정보, 전자메일 및 그 밖의 다른 서비스에 접근할 수 있도록 해주는 서비스를 의미한다.

(4) 일반 지방정부 단위(*unit of general local government*)

'일반 지방정부 단위'라는 용어는 다음과 같은 의미를 갖는다.

(A) 읍(*country*), 군(*township*), 시(*city*) 및 읍, 군, 시의 하부행정단위(*political subdivision*)
(B) 컬럼비아 특별구(*the District of Columbia*) 혹은
(C) 실질적인 행정 업무와 권력을 행사하는 인디언 부족 자치구(*recognized governing body of an Indian tribe*) 및 알래스카 원주민 마을(*Alaskan native village*)

(b) 규정 이행

연방 커뮤니케이션 위원회(FCC)는 본 법안 제정일 이후 120일 이내에 (a)항에 의해 만들어진 수정조항을 이행할 규정을 명시해야 한다.

제 102 조. 정의

1934년 커뮤니케이션법의 제602조(47. U.S.C. 522)는 다음과 같이 개정된다.

(1) (4)항 문장 마지막 세미콜론 전에 다음과 같은 문구를 삽입한다.

"혹은 위원회에 의해 결정된 대로의 그에 상응하는 것"

(2) (5)(A)항 문장 중 "over a cable system" 문구 앞에 다음과 같은 문구를 삽입한다.

"그 개인 혹은 단체가 그러한 서비스를 개별적으로(*separately*) 제공하건 혹은 텔레커뮤니케이션 및 정보 서비스와 융합하여 제공하건 상관없이" 그리고

(3) (6) 항을 삭제하며(*striking*) 다음과 같은 문구를 삽입한다.

"(6) '케이블 서비스'라는 용어는 다음과 같은 사항을 의미한다.

(A) (i) (I) 비디오 프로그램 혹은
(II) 그 밖의 다른 프로그램 서비스를 가입자에게 일방향 방식으로(*one-way*) 전송
(ii) 만약 비디오 프로그램 혹은 그 밖의 다른 프로그램 서비스의 사용과 선택을 위해 요구될 경우 가입자의 상호작용(*interaction*) 혹은
(B) 인터넷 프로토콜 기술을 포함하여 전송 기술에 상관없이 최소한 공공적 통신망 사용권한의 일부에 위치한 유선 설비를 통해 제공되는 비디오 프로그램 서비스 혹은 그 밖의 다른 프로그램 서비스 가입자에 대한 전송, 단 그 비디오 프로그램 서비스 혹은 그 밖의 다른 프로그램 서비스가 다음과 같은 사항의 부분으로 제공되는 범위까지는 제외한다.

(i) (제332조 (d) 항에서 정의된 용어에 따른) 상업 이동통신서비스(*commerce mobile service*) 혹은
(ii) (제630조 (p) 항에서 정의된 용어에 따른) 인터넷 접속 서비스"

제 103 조. 감시 및 보고

(a) 케이블 서비스 배치(*deployment*)에 대한 보고

연방 커뮤니케이션 위원회는 본 법안의 제정 이후 1년 이내에 시작하여 매년 케이블 서비스의 배치에 대한 보고서를 발간해야 한다. 그 보고서에 위원회는 다음과 같은 사항을 상세히 기술해야 한다.

(1) 신규 케이블 사업자 배치와 관련하여

(A) 만약 사업자가 또한 현직 지역 교환 통신 사업자(*local exchange carrier*)라면 해당 전화 서비스 지역 내에서 케이블 서비스로 정의되지 않은 광대역 서비스의 배치 진척과정과의 비교사항을 포함한 케이블 사업자의 전화 서비스 지역 내에서의 케이블 서비스 배치 진척과정(*progress of deployment*)

(B) 케이블 서비스가 배치되고 제공되는 특허지역의 수

(C) 케이블 서비스가 배치되지 않았고 제공되지 않은 특허지역의 수 그리고

(D) 케이블 사업자가 특허지역의 단 한 구역(*portion*)만 서비스를 제공하는 특허지역의 구역(*location*) 수 그리고 특허지역 내에서의 그러한 케이블 서비스의 범위

(2) 본 법안의 제정일에 1934년 커뮤니케이션법(47. U.S.C. 541) 제621조에 따라 특허권을 가진 케이블 사업자가 이전까지 서비스를 제공했으나 서비스를 취소당한 특허지역 내 구역의 수 그리고 그러한 특허지역 내 서비스 취소 범위.

(3) 케이블 서비스에 대해 일반적으로 청구되는 요금

(4) 케이블 사업자와 중복, 경쟁관계에 있는(*overlapping and competing*) 다채널 비디오 프로그램 배급 사업자(*multichannel video programming distributors*), 그리고 그에 대한 경쟁관계에 있는 케이블 사업자에 의해 비슷한 서비스 혹은 케이블 서비스에 대해 청구되는 요금

(5) 케이블 서비스가 제공되는 특허지역 혹은 특허지역 내 구역의 가계 평균 소득, 그리고 케이블 서비스가 제공되지 않은 특허지역 혹은 특허지역 내 구역의 가계 평균 소득

(6) 데이터의 각 주 간(*State-by-State*) 분석 및 각 주의 전체 농촌 가구 및 도시 가구 비율 비교를 포함하여 케이블 서비스가 제공되는 특허지역 혹은 특허지역 내 구역에서의 인구통계청(*Bureau of the Census*) 정의에 의한 도시 가계에 대한 농촌 가계의 비율, 그리고 케이블 서비스가 제공되지 않은 특허지역 혹은 특허지역 내 구역에서의 인구통계청 정의에 의한 도시 가계에 대한 농촌 가계의 비율

(7) (본 법안의 제101조가 추가된) 1934년 커뮤니케이션법 제630조에 따른 국가 특허에

의해 서비스가 제공되는 지역과 그렇지 않은 다른 지역의 비율 및 서비스 비교

(b) 케이블 사업자 보고서

연방 커뮤니케이션 위원회는 다음과 같은 권한을 갖는다.

(1) 위원회가 본 조항에 의해 요구되는 보고서를 작성하기 위해 필요한 모든 정보를 케이블 사업자에게 보고하도록 요구할 권한.

(2) 케이블 사업자에게 해당 특허담당기관과 주 위원회에 동일한 정보를 제출하도록 요구할 권한.

제2장 광대역 정책 보고서 집행

(enforcement of broadband policy statement)

제 201 조. 광대역 정책 보고서 집행

1934년 커뮤니케이션법(47 U.S.C. 601 et seq.)의 제7장은 마지막에 다음과 같은 새로운 조항이 추가되어 개정된다.

제 715 조. 광대역 정책 보고서 집행

(a) 권한

위원회는 광대역 정책 보고서 및 그 안에 포함된 원칙들(*principles*)을 집행할 권한을 가져야 한다.

(b) 집행

(1) 일반사항

본 조항은 제4장과 제5장에 따라 위원회에 의해 집행되어야 한다. 위원회의 광대역 정책 보고서 혹은 그 안에 포함되어 있는 원칙에 대한 위반은 본 법안에 대한 위반으로 취급되어야 한다.

(2) 벌금 처벌 상한

제503조의 목적을 위해, 본 조항 (1)항에서 규정된 위반사항에 적용 가능한 벌금 처벌의 상한은 각 위반 건당 50만 달러이다.

(3) 판결 권한 (*adjudicatory authority*)

위원회는 광대역 정책 보고서 및 그 안에 포함되어 있는 원칙들에 대한 위반을 제기하는 모든 민원에 대해 배타적(*exclusive*) 판결 권한을 가져야 한다. 위원회는 민원을 접수한 지 90일 이내에 본 조항에 따라 판결 진행을 완결해야 한다. 본 조항에 따른 판결 진행이 완결되고 위원회가 해당 위반사항이 발생했다고 결정할 경우, 위원회는 민원의 대상이 되는 주체(*the entity subject to the complaint*)에게 광대역 정책 보고서 및 그 안에 포함되어 있는 원칙들을 준수할 것을 요구하는 명령을 채택할 권한을 갖는다. 그러한 권한은 제4장과 제5장에 따른 본 조항을 집행하기 위해 (1)항에서 규정된 권한에 추가되어야한다(*shall be in addition to*). 또한 위원회는 광대역 정책 보고서 및 그 안에 포함된 원칙들에 대한 위반을 제기하는 민원에 대한 판결 절차를 채택할 수 있는 권한도 가져야 한다.

(4) 제한

(1)항에도 불구하고 광대역 정책 보고서 및 그 안에 포함되어 있는 원칙들을 집행할 위원회의 권한은 (3)항에서 제공한 대로 민원 판결 절차 채택 권한만을 제외하고는 광대역 정책 보고서 및 그 안에 포함되어 있는 원칙들의 집행과 관련된 규정과 규칙들을 위원회가 채택하고 이행하는 권한을 포함하지 않는다.

(c) 연구

본 조항의 제정일 이후 180일 이내에 위원회는 광대역 정책 보고서 및 그 안에 포함되어 있는 원칙들이 달성될 수 있는지 여부에 대한 연구를 수행해야 하며 이 결과물을 미연방 하원의 에너지 상업 위원회(*Committee on Energy and Commerce*), 미연방 상원의 상업, 과학, 수송 위원회(*Committee on Commerce, Science, Transportation*)에 제출해야 한다.

(d) 용어 정의

본 조항의 목적을 위해 '위원회의 광대역 정책 보고서'라는 용어는 2005년 8월 5일 채택되고 2005년 9월 23일 발간된 정책 보고서 유선 설비 및 기타 방식을 통한 적절한 광대역 인터넷 접속 구조에 대한 보고서(*In the Matters of Appropriate Framework for Broadband Access to the Internet over Wireline Facilities, and other Matters*)(FCC 05-151 ; CC Docket No. 02-33; CC Docket No. 01-337; CC Docket Nos. 95-0, 98-10; GN Docket No. 00-185; CS Docket No. 02-52)를 의미한다.

제 3 장 VoIP / 911

제 301 조 응급 서비스(*emergency service*) ; 상호연결 (*interconnection*)

1934년 커뮤니케이션법(47 U.S.C. 601 et seq.)의 제7장은 (본 법안의 제201조에 의해 추가된 것과 마찬가지로) 제715조 뒤에 다음과 같은 새로운 조항을 추가함으로써 추가 개정된다.

제 716 조 응급 서비스

(a) 911 및 E-911 서비스

(1) 일반 사항

각각의 VoIP 서비스 제공자는 반드시 911 및 E-911 서비스를 VoIP 서비스 가입자들에게 제공해야 한다는 의무를 갖는다.

(2) 기존 규정들의 이용

VoIP 서비스 제공자들이 그 소비자들에게 911 및 E-911 서비스 성능을 지원해야 한다고 요구하는 위원회의 규정들을 준수하는 VoIP 서비스 제공자, 그리고 본 조항의 제정 당일 효력을 발휘하고 있는(*in effect*) VoIP 서비스 제공자는 해당 규정이 수정되거나 이후 새로운 규정들에 의해 대체되기 전까지 (C)항이 아닌 본 조항의 요구사항들을 준수하는 것으로 여겨진다(*be considered*).

(b) 성능에 대한 비차별적 접근권(*non-discriminatory access to capabilities*)

(1) 접근권

필수적인 E-911 인프라 구조의 소유권 및 통제권을 가진 각각의 (제251조 (h)항에서 규정하는 용어에 따른) 현직 지역 교환 통신 사업자(*local exchange carrier*) 혹은 지방정부 단체는 해당 인프라 구조에 접근을 요구하는 어떠한 VoIP 서비스 제공자에게도 비차별적 접근권을 제공해야 한다. 지역교환 통신사업자 혹은 지방정부 단체는 적절하고(*just*), 합리적이며(*reasonable*) 비차별적인(*non-discriminatory*) 요금(*rates*)과 협약(*terms*), 조건(*condition*)으로 인프라구조에 대한 접근권을 제공해야 한다. 그러한 접근권은 국가 응급전화 협회(*National Emergency Number Association*)에 의해 만들어진 산업표준 혹은 그 밖의 다른 응용 가능한 산업표준 기구들에 의해 만들어진 산업표준들과 일관되어야 한다(*consistent*).

(2) 집행

위원회(*the commission*) 혹은 주 위원회(*state commission*)는 본 조항의 요구사항들과 위원회의 하위 규정들(*regulations thereunder*)의 요구사항들을 집행할 수 있다. VoIP 서비스 제공자는 제717조에 따라 해당 조항에서 기술된 권리 주장에 의해 해당 인프라 구조에 대한 접근권을 취득할 수 있다.

(c) 신규 고객

VoIP 서비스 제공자는 다음과 같은 요구사항에 따라 합리적인 시간 이내에 신규 고객들이 911 서비스를 이용할 수 있도록 해야 한다.

(1) 선택적 라우터(*router*) 연결

VoIP 서비스 제공자 혹은 그 서비스의 제3사업자(*third party vendor*)는 VoIP 서비스 제공자에게 지리적으로 적합한 PSAP으로의 911 서비스를 즉각적으로 제공받을 수 없는 지역 내의 신규 고객들을 위해 30일 이내에 고객에게 PSAP가 해당 정보를 수신하고 처리할 수 있는 911 서비스 혹은 E-911 서비스가 선택적 라우터를 통해 제공될 수 있도록 선택적 라우터로의 접근가능성(*connectivity*)을 제공하는 서비스를 주문하도록 요구해야 한다.

(2) 잠정 서비스(*interim service*)

VoIP 서비스 제공자에게 지리적으로 적합한 PSAP으로의 911 서비스를 즉각적으로 제공받을 수 없는 지역 내(*not within*)의 신규 고객들을 위해 VoIP 서비스 제공자는 다음과 같은 사항을 통해 911 서비스를 제공해야 한다.

(A) VoIP 서비스 제공자와 PSAP 혹은 PSAP 주관 기관에 의해 상호 동의된(*mutually agreed*) 설비(*arrangement*) 혹은

(B) 전국적 전화 라우팅 성능을 갖추고 있는 응급전화 응답센터(*emergency response center*)

이러한 서비스는 VoIP 서비스 제공자가 고객을 얻은 당일 24시간 이내에 제공되어야 하며 VoIP 서비스 제공자가 지리적으로 적합한 PSAP로의 911 서비스를 제공할 수 있을 때까지 제공되어야 한다.

(3) 공고

VoIP 서비스 제공자에게 지리적으로 적합한 PSAP으로의 911 서비스를 즉각적으로 제공받을 수 없는 지역 내의 신규 고객에게 서비스를 제공하기 전에 VoIP 서비스 제공자는 해당 고객에게 911 서비스가 단지 (2)항에 의해 기술된 대로만 가능함을 명확하게 공지해야 한다.

(4) 신규 고객 획득 제한(*restriction on acquisition of new customers*)

만약 VoIP 서비스 제공자가 선택적 라우터에 의한 서비스 제공이 가능한 지리적 지역 안에 있는 신규 고객을 처음 획득하고 난 이후 180일 안에 PSAP가 해당 정보를 수신하고 처리할 수 있는 지리적으로 적합한 PSAP로의 911 서비스 혹은 E 911 서비스를 선택적 라우터에 의한 서비스가 제공되는 기존 고객들에게 제공하지 않을 경우 VoIP 서비스 제공자는 선택적 라우터에 의해 서비스 제공이 가능한 지리적 지역 안에 있는 신규고객을 획득하지 못할 수 있다.

(5) 집행: 1차 경고 없음(*no first warnings*)

제503조 (b)항의 (5)절은 본 조항 혹은 그 아래의 규정 위반에 대한 벌금 처벌 산정에 적용될 수 없다.

(d) 주 권한(*state authority*)

본 법안의 어떤 조항도, 그리고 어떤 위원회 규정 혹은 명령도 만약 그러한 요금과 청구액이 911 서비스와 E-911 서비스 혹은 그러한 서비스들의 향상 지원에 쓰여지지 않거나

다른 목적에 쓰여지도록 되어있다면 주정부, 그 안의 하부단위, 인디언 부족이 VoIP 서비스 제공자에게 형평에 맞는 비차별적 기본 위에서 911 서비스 및 E-911 서비스 지원을 위해 특별히 규정하고 부여한 요금과 비용을 부과하고 거둬들이는 것을 막을 수 없다.

(e) 실행가능성(*feasibility*)

위원회는 (a)항과 (b)항에 따른 요구사항과 의무사항들을 만드는 데 있어 반드시 위원회가 기술적, 운용적으로 실행 가능하다고 결정한 필수적 E-911 인프라구조의 소유권과 통제권을 가진 VoIP 서비스 제공자 혹은 제공단체에게 그러한 기준들이 요구사항들과 의무사항들과 함께 부과될 수 있도록 해야 한다. 위원회는 기술적, 운용적으로 실행 가능한 요구사항들과 의무사항들을 결정하는 데 있어 이용 가능한 산업의 기술 표준 및 운용 표준을 고려해야 한다.

(f) 진척상황 보고

VoIP 서비스 제공자가 E-911 서비스 요구사항과 의무사항들을 준수하기에 기술적, 운용적으로 불가능하다고 위원회가 결론을 내리면 위원회는 미연방 하원의 에너지 상업 위원회(*Committee on Energy and Commerce*), 미연방 상원의 상업, 과학, 수송 위원회(*Committee on Commerce, Science, Transportation*)에 E-911 서비스 배치 및 획득 진행상황에 대한 보고서를 제출해야 한다. 그러한 보고서는 위원회가 VoIP 서비스 제공자가 E-911 서비스 요구사항과 의무사항들을 준수하기에 기술적, 운용적으로 가능하다고 결론 내릴 때까지 1년에 두 번씩 제출되어야 한다. 보고서에는 긴급 서비스가 TCP/IP 프로토콜 혹은 그 밖의 다른 진보된 서비스로 이동하도록 장려하기에 적합하다고 생각하는 추천사항을 포함할 수 있다.

(g) 정보 접근권

위원회는 서비스 제공자들의 본 조항 요구사항 준수를 지원하기 위한 목적으로 PSAP 접속 정보, 시험 절차, PSAP에 의해 지원되는 서비스의 유형 및 종류(*class*) 혹은 필수적인

E-911 인프라구조와 관련된 그 밖의 정보리스트를 작성할 권한을 갖는다.

(h) 긴급전화 라우팅 번호 관리자(*Emergency Routing Number Administrator*)

본 조항의 제정 이후 30일 이내에 연방 커뮤니케이션 위원회는 VoIP 서비스 제공자들이 전국 단위 라우팅을 목표로 하는 911 서비스를 위한 비다이얼식(*non-dialable*) p-ANI (*Pseudo Automatic Number Identification*, 준자동 번호 확인) 번호를 획득할 수 있도록 긴급전화 라우팅 번호 관리자를 만들어야 한다. 위원회는 관리자를 가이드할 필요가 있으며 신속한 번호 할당이 필요할 경우 해당 규칙과 실천사항들(*practices*)을 채택할 수 있다.

(i) 긴급 응답 시스템

(1) VoIP 서비스의 긴급번호 설치 혹은 활동 사전 공고

고객들을 위해 VoIP 서비스 제공자는 긴급번호를 설치하고 활동에 들어가기 이전에 다음과 같은 사항들을 명확하고 분명하게 공고해야 한다.

(A) 고객은 설치 전 시스템을 테스트하기 위해 자신의 긴급 응답 시스템 제공자를 정해야 한다(*arrange with*).

(B) 고객은 설치 이후 시스템을 테스트하기 위해 자신의 긴급 응답 시스템 제공자에게 통보해야 한다. 그리고

(C) 정전 시에도 시스템의 신호 기능이 작동하기 위해서 VoIP 서비스에 연결되어 설치된 고객 건물 내 장비의 배터리 백업(*battery backup*)이 필요하다.

(2) 용어 정의

본 조항에서

(A) '긴급 응답 시스템'이라는 용어는 텔레커뮤니케이션 통신 사업자 혹은 VoIP 서비스 제공자에 의해 긴급 응답 센터에 연결된 경보 및 보안 시스템, 개인 보안 혹은 의료 감시시스템을 의미한다.

(B) '긴급 응답 센터'라는 용어는 긴급 응답 시스템으로부터의 신호 전송을 감시하는 기관을 의미한다.

(j) 국가 보고서

본 조항의 제정 이후 18일 이내에 국가 911 시행 및 조정 사무소(*National 911 Implementation and Coordination Office*)는 긴급전화 커뮤니케이션이 활성화된 모든 시민들의 신호 수신과 응답이 가능한 IP에 의한 전국적 긴급전화 네트워크로의 이동에 관해 의회에 제출할 보고서를 작성해야 한다(*develop*).

(2) 보고서의 내용

(1)항에 의해 요구되는 보고서는 다음과 같은 내용을 포함해야 한다.

(A) 그러한 이동의 잠재적 이익에 대한 개관(*outline*)

(B) 극복되어야 할 장애물 확인 및 그러한 장애물에 초점을 맞춘 메커니즘 자금 확인

(C) 시간계획 제안 및 소요 비용 개관, 잠재적인 비용 축적(*savings*)

(D) 특수 입법 언어에 대한 권고

(E) 용어 정의 갱신을 포함한 IP에 의한 전국적 긴급전화 네트워크 촉진을 위한 입법적 변화에 대한 권고 그리고

(F) 본 조항의 제정 시점 현재 시범적인 IP에 의한 전국적 긴급전화 네트워크를 수행하고 있는 중인 PSAP 및 관련 공공 안전 기관 경험의 분석, 수집, 평가

(3) 자문

(1)항에 의한 보고서를 작성하는 데 있어 사무소는 공공 안전 단체, 기술 및 텔레커뮤니케이션 제공자 및 그 밖의 적절하다고 여겨지는 외부인 대표들의 자문을 구해야 한다.

(k) 시행

(1) 시행 기한

위원회는 본 조항의 제정 이후 120일 이내에 본 조항의 시행을 위한 규정을 만들어야

한다.

(2) 제한

본 조항의 어떤 조항도 위원회가 특정 기술 및 기술적 표준을 부과 혹은 요구하는 규정을 발포하는 것을 허용하지 않는다.

(l) 용어 정의

본 조항의 목적을 위해

(1) VoIP 서비스

'VoIP 서비스'라는 용어는 다음과 같은 서비스를 의미한다.

(A) 〔음성 커뮤니케이션이 VoIP 서비스 제공자에 의해 TCP/IP 프로토콜로부터 혹은 TCP/IP 프로토콜로 변환되고 회로 전환(*circuit switching*) 없이 가입자에게 전송되는 때까지 포함하여〕 TCP/IP 프로토콜 혹은 이를 계승하는 프로토콜을 사용하는 고객 건물 내부 장비를 통해 전송되는 쌍방향 음성 커뮤니케이션을 실시간 무료로 제공하는 서비스

(B) (개별 서비스이던 혹은 번들로 묶여진 서비스의 한 부분이던 상관없이) 공중에게 혹은 공중이 효과적으로 이용 가능한 사용자 부류에게 제공되는 서비스 그리고

(C) 전화 네트워크에 연결된 공중으로부터 트래픽을 차단하고 그 공중을 향한 트래픽을 만들어 낼 수 있는 성능을 갖는 서비스

(2) VoIP 서비스 제공자

'VoIP 서비스 제공자'라는 용어는 VoIP 서비스를 제공하는 모든 개인을 의미한다.

(3) 필수적 E-911 인프라구조

'필수적 E-911 인프라구조'라는 용어는 선택적 라우터(*selective router*), 선택적 라우터 데이터 베이스(*selective router databases*), 자동 발신자 확인 정보 데이터 베이스(*automatic location information databases*), 마스터 거리 주소 가이드(*master street address guides*), 선택적 라우터와 PSAP 사이의 트렁크 라인, 자동 발신자 확인 정보 데이터 베이스와 PSAP

사이의 트렁크 라인, 그리고 그 밖의 911 및 E-911 장비, 설비, 데이터 베이스, 인터페이스, 그리고 위원회에 의해 규정된 관련 설비를 의미한다.

(4) 비다이얼식(*non-dialable*) p-ANI(*Pseudo Automatic Number Identification*, 준자동 번호 확인) 번호

'비다이얼식 p-ANI 번호'라는 용어는 자동번호확인을 위해 사용되는 수들과 동일한 숫자로 이루어진 수로 구성되어 있으며, 북미 번호체계 전화 디렉토리 번호(*North American Numbering Plan telephone directory number*)가 아니며, 특정 의미를 전달하기 위해 자동번호확인번호를 대신해 사용될 수 있는 번호를 의미한다. 비다이얼식 p-ANI 번호에게 할당된 특정 의미는 국가적인 표준 협약 혹은 개별적인 협약, 필요할 경우 통화를 만들어내는 시스템과 그 통화를 다루고 라우팅하는 중개 시스템, 그리고 목적지 시스템 간의 협약을 통해 결정된다.

제 717 조 VoIP 서비스 제공자의 권리와 의무

(a) 일반사항

(1) 설비 기반(*facilities-based*) VoIP 서비스 제공자

설비 기반 VoIP 서비스 제공자는 만약 제공자가 그러한 권리를 주장하기로 정할 경우 제251조와 제252조에 따라 요청하는 텔레커뮤니케이션 통신 사업자와 동일한 권리와 임무 그리고 의무를 갖는다.

(2) VoIP 서비스 제공자

설비 기반 VoIP 서비스 제공자가 아닌 VoIP 서비스 제공자는 만약 제공자가 그러한 권리를 주장하기로 정할 경우 단지 251조 (b)항과 251조 (e)항, 그리고 252조에 따라 요청하는 텔레커뮤니케이션 통신 사업자와 동일한 권리와 임무 그리고 의무를 갖는다.

(3) VoIP 서비스

텔레커뮤니케이션 사업자의 제휴자도 포함하여 텔레커뮤니케이션 통신 사업자는 VoIP 서비스 트래픽을 만들어내는 제공자와는 상관없이 VoIP 서비스 트래픽을 해당 지역 교환

통신 사업자(LEC) 와 교환하기 위해, 제251조 및 제252조에 따라 현직 지역 교환 통신 사업자로부터 얻어진 상호연결, 서비스, 네트워크 요소들을 사용할 수 있다.

(b) 접근권 장애(disabled access)

VoIP 서비스 제공자 및 VoIP 서비스 장비 제조업자는 각각 법의 제710조와 제225조, 제255조에 따른 텔레커뮤니케이션 통신 사업자 및 텔레커뮤니케이션 장비 제조업자와 동일한 권리와 임무 그리고 의무를 갖는다. 건축교통장벽준수위원회(*Architectural and Transportation Barriers Compliance Board*)의 자문을 통해 위원회는 본 조항의 시행을 위해 필요한 경우 해당 규정을 만들어야 한다. 본 조항의 시행에 있어 위원회는 VoIP 서비스 제공자 혹은 VoIP 서비스 장비 제조업자가 커뮤니케이션 서비스, 텔레커뮤니케이션 장비, 고객 건물 내 장비(*customer premises equipment*), 혹은 텔레커뮤니케이션 중계 서비스(*telecommunication relay services*)의 대리(*substitute*)와 같은 서비스와 장비를 주로 마케팅하는지를 고려해야 한다.

(c) 용어 정의

본 조항의 목적을 위해

(1) 설비 기반 VoIP 서비스

'설비 기반 VoIP 서비스'이라는 용어는 사용자의 위치에서 종결하며(*terminate*) 서비스 제공 주체 또는 제휴자가 소유하거나, 그러한 주체 혹은 제휴자가 배타적인 사용권을 갖는 물리적 설비에 대한 VoIP 서비스를 제공하는 주체를 의미한다. 주체 혹은 제휴자는 그러한 물리적 종결 설비가 위치한 지리적 지역 내에서만 설비 기반 VoIP 서비스 제공자로 여겨진다.

(2) VoIP 서비스 제공자

'VoIP 서비스 제공자'라는 용어 그리고 'VoIP 서비스'라는 용어는 제716조 (j)항에 의해 주어진 용어의 의미를 갖는다.

제 4 장 자치단체의 서비스 제공
(municipal provision of services)

제 401 조 서비스 제공 정부 기관

(a) 일반 사항

1934년 커뮤니케이션 법 및 주 법률(*state statute*), 규정 혹은 그 밖의 다른 주의 법적 요구사항은 모두 (해당 법의 제602조와 제3항에서 정의하는 대로의) 텔레커뮤니케이션 서비스, 정보 서비스, 혹은 케이블 서비스의 공공 제공자(*public provider*)가 개인 혹은 주체에게 서비스를 제공하지 못하도록 금지할 수 없다.

(b) 경쟁 중립(*competition neutrality*)

텔레커뮤니케이션 서비스, 정보 서비스 혹은 케이블 서비스를 소유하고 통제하고 혹은 제휴를 맺고 있는 모든 주나 그 안의 하위행정단위(*subdivision*) 혹은 모든 주나 그 안의 하위행정단위의 기관(*agency*), 당국(*authority*), 대행기관(*instrumentality*)은 그러한 서비스 제공자들에게 어떠한 우선권이나 이점을 부여해서는 안 된다. 그러한 주체는 해당 서비스의 다른 제공자와 비교하여 특정 제공자 편에 서는 차별이 없도록 공공 통신망 사용권, 허가권, 계약이행 보증(*performance bonding*), 보고와 관련한 사항들을 포함하여 법령, 규정, 정책을 적용해야 한다.

(c) 영향받지 않는 다른 법규의 준수

본 법안의 모든 조항들은 공공 제공자에게 텔레커뮤니케이션 서비스, 정보 서비스, 케이블 서비스를 제공하는 제공자들에게 적용하는 어떠한 법과 규정도 면제해 줄 수 없다.

(d) 보고

본 법안이 제정된 이후 1년 이내에 연방 커뮤니케이션 위원회는 의회에 주 혹은 그 하위행정단위에 의한 텔레커뮤니케이션 서비스, 정보 서비스, 케이블 서비스 제공 상태에 대한 보고서를 제출해야 한다.

(e) 공공 제공자에 대한 용어 정의

본 조항의 목적을 위해, '공공 제공자'라는 용어는 텔레커뮤니케이션 서비스, 정보 서비스, 혹은 케이블 서비스를 제공하는 모든 주나 그 안의 하위행정단위 혹은 모든 주나 그 안의 하위행정단위의 기관, 당국, 대행기관 혹은 그러한 모든 주나 그 안의 하위행정단위의 기관, 당국, 대행기관에 의해 소유되고 통제 받거나 제휴 맺는 모든 주체들을 의미한다.

제 5 장 광대역 서비스

(Broadband service)

제 501 조 자립형 광대역 서비스(*stand-alone Broadband service*)

1934년 커뮤니케이션법(47. U.S.C. 601 et seq.)의 제7장은 (본 법안의 제301조가 추가된 것처럼) 제717조 뒤에 다음과 같은 새로운 조를 추가함으로써 추가 개정된다.

제 718 조 자립형 광대역 서비스

(a) 금지

광대역 서비스 제공자는 자신에 의해 제공되는 어떠한 케이블 서비스, 텔레커뮤니케이션 서비스, VoIP 서비스도 가입자에게 구매할 것을 요구해서는 안 된다.

(b) 용어 정의

본 조항에서

(1) '광대역 서비스'라는 용어는 최소한 한 방향 이상에서 평균 초당 200킬로비트(*kilobit*) 이상으로 정보를 전송하고 인터넷을 연결하는 쌍방향 전송서비스(*two-way transmission service*)를 의미한다.

(2) '광대역 서비스 제공자'라는 용어는 무료이든 명백한 수익을 위한 교환이든 상관없이, 그리고 어떠한 기술을 사용하건 상관없이 공중에게 광대역 서비스를 제공하기 위해 사용되는 어떠한 설비라도 이를 통제하고(*control*), 운용하며(*operate*), 전매(*resell*)하는 개인

혹은 주체를 의미한다.

(3) 'VoIP'라는 용어는 제716조 (j) 항에서 명시된 용어의 의미를 갖는다.

제 502 조 광대역의 전력시스템 침해 잠재력에 관한 연구(*study of interference potential of broadband over power line systems*)

본 법안의 제정일 이후 90일 이내에 연방 커뮤니케이션 위원회는 광대역의 전력 시스템 침해 잠재력에 관한 연구를 수행해야 하며 미연방 하원의 에너지 상업 위원회(*Committee on Energy and Commerce*), 미연방 상원의 상업, 과학, 수송위원회(*Committee on Commerce, Science, Transportation*)에 결과물을 제출해야 한다.

제6장 무결절 이동성 (seamless mobility)

제601조 무결절 이동성 개발

(a) 무결절 이동성 조사

(1) 위원회는 무결절 이동성 개발을 촉진시켜야 한다.

(2) 본 법안의 제정 이후 120일 이내에 위원회는 복합 인터넷 프로토콜에 의한(*multiple Internet protocol-enabled*) 광대역 플랫폼, 설비 그리고 네트워크 간 커뮤니케이션을 가능케 하는 다중모드 장치들(*multi-mode device*)에 대한 합리적인 조사 및 권한을 위한 절차를 시행해야 한다.

(b) 연구

위원회는 무결절 이동성의 성과에 장애가 되는 것들을 확인하기 위한 조사를 착수해야 한다. 본 법안의 제정 이후 180일 이내에 위원회는 의회에 그러한 장애를 제거하기 위해 밟아야 하는 단계들에 대한 연구 결과 및 추천사항에 대해 보고해야 한다.

(e) 정의

본 조항의 목적을 위해
"무결절 이동성"이라는 용어는 통합 서비스 제공을 위해 실시간 방식으로(*in a real-time manner*) 복합 인터넷 프로토콜에 의해 가능해진 기술 플랫폼, 설비, 그리고 네트워크를 이용하고 선별하는(*select between*) 커뮤니케이션 장치의 능력을 의미한다.

■ 참고문헌

강대갑(2006), "TV 포털 서비스 및 기술," KBS.

강대영(2007), 〈IPTV 제도 개선방안〉, IPTV 성장전략 콘퍼런스 2007 발표자료.

고순주(2006), 〈IPTV 국내외 서비스 동향〉, ETRI.

곽정호(2006), "미국의 망중립성(Network Neutrality) 도입 논의," 〈정보통신정책〉, 제18권 10호, 통권 394호.

곽진희(2000), "인터넷을 통한 유사방송 서비스의 법제적 이슈와 정책 프레임워크," 〈방송·통신 융합과 경계영역 서비스 등장에 따른 규제방안 연구〉, 방송위원회, 2000. 10.

김남심(2005), "VoIP 규제 동향 및 시사점," 〈정보통신정책〉, 제17권 3호.

김대영(2006), "하나TV 망중립성 규제 이슈," 〈Media+Future〉, 11월호, no.05.

김도훈(2006), "NgN과 망중립성 논의: 역사적 배경과 쟁점 및 정책적 시사점," 〈주간기술동향〉, 제1266호. 2006. 10.

김동규(2001), "자유경쟁 체제 아래서 방송산업의 시장점유 규제방안 연구," 〈방송사업자의 소유 규제 및 시장점유에 관한 연구〉, 방송위원회.

김영상(2005), 〈IPTV 서비스의 미래와 가능성〉, 디지털미디어 메가트렌드 2005 발표자료.

김원제(2007), 〈융합 미디어콘텐츠 시장 동향 및 비즈니스 전략〉, 전자부품연구원 전자정보센터(www.eic.re.kr).

김재우 외(2005), "Interactive 서비스 환경 구축을 위한 과제," 2005 미래유망 사업화 아이템이슈 분석(BA430).

김진기(2006), "미국 통신사업자의 미디어 시장 진출 현황 및 전략비교," 〈Digital Media Trend〉, 5월호, no.06-01.

김철균(2007), 〈시범사업 결과 발표 및 다음 IPTV의 경쟁력〉, IPTV 성장전략 콘퍼런스 2007 발표자료.

김희수(2003), 〈인터넷 상호접속 공정경쟁 이슈와 정책 대안〉, KISDI 이슈 리포트, 03-10.

박노익(2006), "네트워크 중립성 논의와 향후 정책방향," 〈Digital Media Trend〉, 7월호, no.06-03.

박종훈(2007), 〈하나로텔레콤 IPTV 사업 추진방향 및 전략〉, IPTV 성장전략 콘퍼런스 2007 발표자료.

방송위원회(2003), 〈디지털케이블TV 정책방향〉, 방송위원회.

_____, 〈방송산업실태조사 보고서〉, 각 년도(2000~2006).

_____(2006), 〈수평적 규제체계에 따른 사업(자) 분류체계 재정립 방안〉.

엔터키너(2005), 〈세계 각국의 IPTV 서비스 현황과 전망〉, http://www.eic.re.kr.

오세근(2007), 〈최근 IPTV 시장 동향과 발전방향〉, 전자부품연구원 전자정보센터(www.eic.

re.kr).
오용수(2006), "수평적 규제체계의 이해와 적용을 위한 소고," 〈Digital Media Trend〉, 8월호, no.06-04.
오정숙(2006), "미국의 IPTV 서비스 시장 현황 및 전망," 〈정보통신정책〉, 18권, 14호.
유재천 외(2005), 《컨버전스와 미디어 세계》, 커뮤니케이션북스.
윤석민(1999), "디지털 다매체 시대의 정책이슈," 〈다매체 다채널 시대의 방송정책〉, 종합유선방송위원회, 제7차 정책세미나.
윤충한·김희수·권남훈(2002), "이동전화서비스 이용자의 가입전환(Churning) 및 가입고착(Lock-in)에 대한 실증분석," 〈정보통신정책연구〉, 제9권 제2호.
이내찬(2004), "융합시대의 상호접속 패러다임의 확장," 〈정보통신정책연구〉, 제11권 제3호.
이덕희(2006), "결합서비스와 통방융합시장의 활성화," 〈Digital Media Trend〉, 10월호, no.06-06.
이상규(2006), "통신서비스의 재판매에 대한 고찰," 〈Digital Media Trend〉, 10월호, no.06-06.
이상식(2001), "방송·통신 융합에 대비한 규제기구 체계 수립방안," 〈방송환경변화에 따른 방송·통신법제 연구〉, 방송위원회.
이상헌(2005), "TV 포털의 등장과 전망 인터넷 콘텐츠TV화면을 점령할 것인가", 〈신문과방송〉, 2005년 8월호, 언론재단.
이영희(2007), 〈KT IPTV 시범사업과 추진 계획〉 IPTV 성장전략 콘퍼런스 2007 발표자료.
이우승·은혜정(2000), "공익적 관점에서 바라본 디지털방송-해외 사례 연구," 한국방송진흥원
이 원(2006), "프랑스, 방통융합과 위성방송사 등의 합병", 〈동향과 분석〉, 통권 240호.
이정희(2006), "유럽 주요국의 IPTV 동향 분석," 〈Digital Media Trend〉, 5월호, no.06-01, 미디어미래연구소.
이정희(2006), "Homechoice의 무료 VoD 서비스," 〈Digital Media Trend〉, 9월호, no.06-05, 미디어미래연구소.
이정희(2006), "IPTV, TPS의 핵심 서비스가 될 것인가," 〈Digital Media Trend〉, 11월호, no.06-07, 미디어미래연구소.
이정희·김유석(2006), "IPTV: 시장 발전 및 규제 조치," 〈Digital Media Trend〉, 12월 특집호, no.06-08.
이찬구(2005), 〈IPTV 등장에 따른 미디어 산업 변화〉, MFI 보고서.
______(2005), 〈IPTV 정책이슈 분석〉, MFI 보고서.
______(2006), "유럽지역의 IPTV 시장 및 규제 환경 분석," 〈Digital Media Trend〉, 12월 특집호, no.06-08.
임동민(2004), "영국 Communication Act 2003의 통신·방송 융합서비스 관련 법령 분석," 〈정보통신정책〉, 제16권 3호 통권341호, 정보통신정책연구원.
장범진(2005), "융합화 현상의 이론적 고찰 및 Wibro, W-CDMA, DMB 시장 사례 연구," 〈방송연구〉, 60호.

장범진 · 이삼호 · 한지연(2005), 〈유무선 통합에 따른 통신서비스 시장의 구조변화〉, 한국정보통신정책연구원, 연구보고서 05-09.
정보통신부(2002), 〈무선인터넷 망개방 추진계획〉, 정보통신부 발표자료.
정보통신정책연구원(1999), 〈방송 · 통신 융합에 대비한 방송발전방안 수립: 사회적 공익보호〉.
정순경(2007), 〈IPTV 도입 정책방안〉, IPTV 성장전략 콘퍼런스 2007 발표자료.
정연준(2002), "국내 무선인터넷망 개방에 따른 시사점," 〈정보통신정책〉, 제14권 12호.
정통부(2006), 〈통신서비스 결합판매 제도개선 정책방향〉, 통신서비스 결합판매 제도개선 정책방향 공청회.
정통부(2007), 〈광대역 융합서비스(IPTV) 도입방안-4대 쟁점에 대한 검토의견〉, 정보통신부 발표자료.
조은기(1999), "방송 · 통신 융합과 경쟁도입에 따른 방송규제모델 연구- OECD 방송 · 통신융합규제모델의 적용가능성을 중심으로," 한국방송진흥원
최영묵(1999), "디지털 시대의 방송의 공공성(Publicness)의 의미," 〈멀티미디어 시대 공영방송의 위상과 진로〉, 한국방송학회
최현철(2001), "방송사업자의 소유규제에 관한 연구," 방송위원회, 정책연구.
KT 경영연구소(2005), 〈해외 주요국의 IPTV 서비스 및 정책/규제 동향〉.
하윤경 외(2006), "TV 포털 서비스 동향," 〈주간기술동향〉, Vol. 1243(TIS-06-15), 2006. 4.
한국디지털위성방송(2006), 〈뉴미디어 글로벌 트렌드〉, 2006년 해외방송사업 벤치마킹, 해외보고서1.
한국케이블TV방송협회, "방송통신 융합에 따른 결합판매에 관한 연구," 〈방송통신융합시대 소유 · 겸영 규제 개선 및 결합상품 서비스 규제방안 연구〉, 한국케이블TV방송협회, 2006.
홍동표 · 전성훈 · 이상승 · 김상택(2002), 〈네트워크 효과가 시장구조에 미치는 영향과 경쟁정책〉, 연구보고서 02-13, 정보통신정책연구원.
황 근(1997), "방송 · 통신융합에 대한 법제적 대응," 〈사이버 커뮤니케이션학보〉.

ACCC(2003), Internet interconnection service.
Arthur, B. (1996), "Increasing Returns and the New World of Business," *Harvard Business Review*, July-August.
Bell South (2005), Annual Report.
Besen, S. & Farrell, J. (1996), "Choosing How to Compete: Strategies and Tactics in Standardization," *Journal of Economic Perspective*, Vol. 8, No. 3, spring.
BRIDGE(2007), "Signs of the Competitive Times: For 2007 And Beyond, Projections Suggest A Bustling Multiplatform Biz," *BRIDGE* No. 2, Vol. 6. (2007년 1월 9일자).
CRTC Homepage, http://www.crtc.go.ca
CSMG(2006), "How to Succeed in IPTV," CSMG ADVENTIS Pre-Conference Workshop. NextGen TV.

Danny KC Lau(2006. 10). "IPTV in Hong Kong Current Status and Regulatory Regime," ITU-T IPTV Global Technical Workshop Seoul, Korea.

Deepa Iyer et al. (2006), "Making TV Meaningful: Consumers and IPTV Applications," A Parks Associates.

Digitalhome(2006). "Digital home launches IPTV Forum," *Friday*, 11 August 2006, http://www.digitalhome.ca/content/view/1471/98/

EC(1998), "Declaring a Concentration to be Compatible with the Common Market," *Official Journal of the European Commission.*

EC(2002), "DIRECTIVE 2002/19/EC OF THE EUROPEAN PARLIAMENT AND OF THE COUNCIL on access to, and Interconnection of, Electronicommunications Networks and Associated Facilities(Access Directive)," *Official Journal of the European Communities.*

Farrell, J. & Shapiro, C. (2000), "Scale Economies and Synergies in Horizontal Merger Analysis," *Antitrust Law Journal.*

FCC(1999), Fairness Report, 2 FCC 2d at 198~221. "Dissenting Statement of Comm," *Harold W. Furchtgott-Ruth*, August 5.

FCC(2000), "CABLE TELEVISION INFORMATION BULLETIN," fact sheet.

FCC(2001), "Report to Congress: On the Public Interest Obligation of Television Broadcasters as The Transition to Digital Television".

Federal Trade Commission(1992), Horizontal Merger Guideline.

Gartner(2006), "Forecast: IPTV Subscribers and Service Revenue," North America 2004~2010, 2006. 7.

Gilbert, R. J. & Shapiro, C. (1996), "An Economic Analysis of Unilateral Refusal to License Intellectual Property," Proc. Natl. Acad. Sci. USA, vol.93, pp.12749~12755, November, Colloquium Paper.

Heinrich, Erik(2006), "IP nightly," *Canadian Business Magazine*, June 19, 2006. http://www.canadianbusiness.com/technology/companies/article.jsp?content=20060620_79112_79112.

IDC(2005), Asia/Pacific(Excluding Japan) IPTV/Triple Play Infrastructure and CPE Spending 2005~2009 Forecast and Analysis.

Informa Telecoms & Media(2006), Americas TV, 9 Ed.

IPlay3(2004), Triple Play White Paper. IPlay3 Consortium.

ITU(2006), IPTV Global Technical Workshop.

ITU-T(2006), IPTV - Market, Regulatory Trends and Policy Options in Europe.

Katz, M & Shapiro, C. (1994), "Systems Competition and Network Effects," *Journal of Economic Perspective*, Vol,8, No,3, spring.

Klein, J. I. (2000), "Rethinking Antitrust Polictics for the New Economy," *Address at the*

Hass/Berkeley New Economy Forum, May 9.

Krattenmaker, T. G. & Salop, S. C.(1986), "Anticompetitive Exclusion: Raising Rival's Costs to Achieve Power over Price," *The Yale Law Journal*, Vol. 6, No. 2, December.

Liebowitz, S. J. & Margolis, S.(1996), "Network Externality; An Uncommon Tragedy," *Journal of Economic Perspective*, Vol. 8, No. 3, spring.

McAfee, P., Mialon, H. and Williams, M.(2004), "What is a Barrier to Entry," *American Economics Review*, vol. 94, no. 2, pp. 461～465.

MPA(2006), Asia Pacific Pay TV & Broadband Markets 2006.

MTS Allstream's annual report and homepage. http://www.mts.ca.

OECD(2004), "THE IMPLICATIONS OF CONVERGENCE FOR REGULATION OF ELECTRONIC COMMUNICATIONS".

OECD(2006). IPTV: Market Development and Regulatory Treatment. Working Party on Communication Infrastructure and Service Policy DSTI/ICCP/COSP(2006)5. Paris. 12-13 December.

OFTEL, Press Release, 2001, 6.

OVUM Report(1999), "Fixed-Mobile Convergence: Service Integration and Substitution", Ovum.

OVUM(2002), IP Interconnect.

Packet(2006), "미국 최초 HDTV급 IPTV 제공: 슈어웨스트, 광통신망 통해 끊김없이 서비스 … 시스코 IP NGN 채택," 〈Packet〉, 28호.

PCCW(2006), 2006 Interrim Results for the period ended june 30, 2006.

PCCW(2006), Now TV Wins Exclusive Rights for Barclays English Premier League(EPL) for Hong Kong.

Rogertowne(2005), IPTV & Triple Play Big Picture, http://www.rogertowne.com/IPTV&TriplePlay.htm#InternationalMarketDevelopments.

Sasktel's annual report and homepage. http://www.sasktel.com.

Shapiro, C. & Varian, H. R.(1998), "Versioning: The Smart Way to Sell Information," *Harvard Business Review*, November-December.

Syracuse Peace Council(1998), 2 FCC Rcd 5050, aff'd, 867 F 2d 654. FCC, "Broadcast News," Speech by Commissioner Gloria Tristani to the Federal Communications Bar Association May 21.

Telus' annual report and homepage, http://www.telus.com.

Time Warner(2007), Annual Report 2006.

Yankee Group(2005), IPTV Integration: Time-to-Market Pressure is Redefining Traditional Roles.

Yankee Group(2005), The Empire Strikes Back: How MSOs will Respond to IPTV.

Yankee Group(2005), The Rise of IPTV Redefines the Pay-TV Market in Asia-Pacific.

Yankee Group(2006), IPTV Will Assume Lead Role in New Bundling Strategies.

Yankee Group(2006), Exploring IPTV Lifecycle and Operational Costs.

Yankee Group(2006), IPTV Will Assume Lead Role in New Bundling Strategies.

Yankee Group(2006), The Battle for Customers Between IPTV and Cable Will Improve the Viewing Experience.

Yankee Group(2006), Turning Content into Services : The Next Generation of IPTV.

Yankee Group(2007), IPTV in the US: A Tale of Two Telcos.

Yankee(2006), PCCW Steps onto the Global Stage.

Yoffie, D.(1996), "Competing in the Age of Digital Convergence," *California Management Review*, Vol.38, No.4, summer 1996.

郵政省(2000), '通信・放送融合時代の情報通信定策の在り方に關する懇談會'-中間取り まとめ.

News.com, 2006. 11. 9.

http://www.homen.co.kr

http://www.hanatv.co.kr

http://www.dt.co.kr

http://www.hellod.co.kr

전자신문, 디지털타임즈, 아이뉴스24, 매일경제, 한국경제 등 신문기사

■ 약어

ACK: Acknowledge Character 수신 측의 확인신호
ADSL: Asymmetric Digital Subscriber Line
AGCOM: (이탈리아) 통신규제청
AOD: Audio On Demand
AOL: America Online, Inc.
AP: Access Providers
ARPA: Advanced Research Project Agency
ARPU: Average Revenue Per User 가입자당 매출
ART: (프랑스) 통신규제청
ASD: Access Service Division
BA: Broadcasting Authority (홍콩) 방송업무관리국
BcN: Broadband Convergence Network 광대역통합망
BDUs: 케이블 방송프로그램배포사업자
BGP: Border Gateway Protocol
BT: British Telecom
CAS: Conditional Access System
CATV: Cable Television
CCITT: International Telegraph and Telephone Consultative Committee 국제전신전화자문위원회
CDMA: Code Division Multiple Access 코드 분할 다중접속
CHE: Central Headend 중앙 헤드엔드
CP: Contents Provider 콘텐츠 제공자
CRTC: Canadian Radio-Television and Telecommunication Commission
CSA: Counseil Superieur de L'Audiovisuel (프랑스) 시청각최고평의회
DATS: Digital Additional Television Service
DAVIC: Digital Audio-Visual Council 디지털 시청각 협의회
DMB: Digital Multimedia Broadcasting
DMC: Digital Media Center
DOCSIS: Data Over Cable Interface Specification
DSL: Digital Subscriber Line
DSLAM: Digital Subscriber Line Access Multiplexer
DTPS: Digital Television Programme Services
DTT: 디지털지상파TV

DTV: Digital Television 디지털 텔레비전
DVD: Digital Versatile Disc
DVR: Digital Video Recorder
EBITDA: Earnings Before Interest, Taxes, Depreciation and Amortization 현금창출능력
ECN: Electronic Communication Network 전자커뮤니케이션네트워크
EPG: Electronic Program Guide
ETRI: Electronics and Telecommunications Research Institute 한국전자통신연구소
FCC: Federal Communications Commission 연방통신위원회
FTTH: Fiber-To-The-Home 광인터넷망
FTTN: Fiber-To-The-Neighborhood
FTTP: Fiber-To-The-Premise
HDSL: High bit-rate DSL
HDTV: High Definition Television
HFC: Hybrid Fiber Coaxial 광동축 혼합망
HSDPA: High Speed Downlink Packet Access 고속하향패킷접속
ICT: Information and Communication Technologies 정보통신기술
IEEE: Institute of Electrical and Electronics Engineers 미국 전기전자기술자협회
IP: Internet Protocol
IPv4: Internet Protocol version 4
IPv6: Internet Protocol version 6
ISDN: Integrated Services Digital Network
ISO: International Standardization Organization 국제 표준화기구
ITS: independent television service
ITU: International Telecommunication Union 국제전기통신연합
LAN: Local Area Network 근거리통신망
LHE: Local Headend 지역 헤드엔드
LLU: Local Loop Unbundling 가입자 선로 공동활용제도
LM: Land to Mobile
LMDS: Local Multipoint Distribution Service 지역 다지점 분배 서비스
ML: Mobile to Land
MM: Mobile to Mobile
MMDS: Multichannel Multipoint Distribution Service 다채널 다지점 분배 서비스
MOC: (이탈리아)정보통신부
MP3: MPEG Audio Layer-3
MPEG: Moving Picture Experts Group
MPP: Multiple Program Provider 복수방송채널사용 사업자

MSO: Multiple System Operator 복수종합유선방송 사업자
MSP: 복합사업자
MVPD: Multichannel Video Program Distribution
NGN: Next Generation Network
NMS: Network Management System 망관리시스템
NTSC: National Television System Committee (미국) 텔레비전 방송 규격 심의회
NVOD: Near Video On Demand 유사 주문형 비디오
OFTA: Office of the Telecommunications Authority 전기통신국
ONU: Optical Fiber Network Unit 광송수신기
OSI: Open System Interconnection 개방형 시스템 간의 상호접속
OSMU: One Source Multi Use
PAL: Phase Alternation Line System
PDA: Personal Digital Assistants
PDU: Protocol Data Unit 프로토콜 데이터 단위
PP: Program Provider 방송채널사용사업자
PPC: Partial Private Circuit 부분민간회로
PPV: Pay-Per-View 프로그램 유료시청제
PSDN: Packet Switched Data Network 공중패킷망
PVR: Personal Video Recorder
QAM: Quadrature Amplitude Modulation
QoE: Quality of Experience
QoS: Quality of Service
QPS: Quadruple Play Services
RF: Radio Frequency 라디오 주파수
RFID: Radio Frequency Identification 전파식별
SDSL: Symmetric DSL
SDTV: Standard Definition TV
SECAM: Sequentiel couleur a memoire
SFUs: Single Family Units
SMS: Short Message Service
SMS: Subscriber Management System
SO: System Operator 유선방송사업자
SSH: Secure Shell
STB: Set-Top Box
STP: Shielded Twisted Pair
TA: Telecommunications Authority (홍콩) 통신업무관리국

TCP: Transmission Control Protocol
TLCS: Television Licensable Content Service
TN: Transit Network
TP: Twisted Pair
TPS: Triple Play Service 초고속인터넷 서비스+VoIP 서비스+방송서비스
USN: Ubiquitous Sensor Network
UTP: Unshielded Twisted Pair
VCR: Videocassette Recorder
VDSL: Very high data rate DSL
VOD: Video On Demand 주문형 비디오
VoIP: Voice over Internet Protocol 인터넷전화
WES: Wholesale Ethernet Service
WiBro: Wireless Broadband Internet 휴대인터넷